Patientencompliance

Christian Schäfer

Patientencompliance

Adhärenz als Schlüssel für den Therapieerfolg im Versorgungsalltag

2. Auflage

Christian Schäfer
Mannheim, Deutschland

ISBN 978-3-658-13002-2   ISBN 978-3-658-13003-9   (eBook)
DOI 10.1007/978-3-658-13003-9

Die Deutsche Nationalbibliothek verzeichnet diese Publikation in der Deutschen Nationalbibliografie; detaillierte bibliografische Daten sind im Internet über http://dnb.d-nb.de abrufbar.

Springer Gabler
© Springer Fachmedien Wiesbaden GmbH 2011, 2017
Die erste Auflage des Werkes erschien unter dem Titel „Patientencompliance - Messung, Typologie, Erfolgsfaktoren. Durch verbesserte Therapietreue Effizienzreserven ausschöpfen".
Das Werk einschließlich aller seiner Teile ist urheberrechtlich geschützt. Jede Verwertung, die nicht ausdrücklich vom Urheberrechtsgesetz zugelassen ist, bedarf der vorherigen Zustimmung des Verlags. Das gilt insbesondere für Vervielfältigungen, Bearbeitungen, Übersetzungen, Mikroverfilmungen und die Einspeicherung und Verarbeitung in elektronischen Systemen.
Die Wiedergabe von Gebrauchsnamen, Handelsnamen, Warenbezeichnungen usw. in diesem Werk berechtigt auch ohne besondere Kennzeichnung nicht zu der Annahme, dass solche Namen im Sinne der Warenzeichen- und Markenschutz-Gesetzgebung als frei zu betrachten wären und daher von jedermann benutzt werden dürften.
Der Verlag, die Autoren und die Herausgeber gehen davon aus, dass die Angaben und Informationen in diesem Werk zum Zeitpunkt der Veröffentlichung vollständig und korrekt sind. Weder der Verlag noch die Autoren oder die Herausgeber übernehmen, ausdrücklich oder implizit, Gewähr für den Inhalt des Werkes, etwaige Fehler oder Äußerungen. Der Verlag bleibt im Hinblick auf geografische Zuordnungen und Gebietsbezeichnungen in veröffentlichten Karten und Institutionsadressen neutral.

Gedruckt auf säurefreiem und chlorfrei gebleichtem Papier

Springer Gabler ist Teil von Springer Nature
Die eingetragene Gesellschaft ist Springer Fachmedien Wiesbaden GmbH
Die Anschrift der Gesellschaft ist: Abraham-Lincoln-Str. 46, 65189 Wiesbaden, Germany

Für

Susanne & Theodor sowie Britta & Rudi

Geleitwort zur 2. Auflage

Die Patientencompliance ist die Bereitschaft jedes einzelnen Patienten, aktiv und eigenverantwortlich an einer eingeschlagenen Therapie mitzuwirken. Soll eine Behandlung erfolgreich sein, ist die Mitwirkung des Patienten unerlässlich. Verhält sich ein Patient noncompliant hat dies direkte negative Auswirkungen auf den individuellen Therapieerfolg und meist auch Gesundheitszustand. Non-Compliance hat auch kostspielige Konsequenzen für das gesamte Gesundheitssystem. So werden durch Folgeerkrankungen oder verzögerte Heilungsprozesse weitere ohnehin knappe Ressourcen unseres Gesundheitswesens in Anspruch genommen.

Vor diesem Hintergrund ist Gesundheit nicht nur für den einzelnen Patienten ein kostbares Gut, sondern besitzt aufgrund der ökonomischen und demografischen Herausforderungen eine hohe gesamtgesellschaftliche Bedeutung. Um Gesundheit zu erhalten bzw. wieder herzustellen, kommt dem Therapietreueverhalten des Patienten eine zentrale Rolle zu.

Herr Christian Schäfer greift die wichtige Frage nach dem Complianceverhalten von Patienten auf. Im Kern untersuchte der Autor ein therorie-geleitetes Verhaltensmodell zur Etablierung einer guten Patientencompliance. Dabei benutzt er sowohl das „Health-Belief-Model" als auch die „Theory of Planned Behaviour". Wichtig und sinnvoll integrierte er dabei andere Berufsgruppen wie nebst der Medizin auch Psychologie und Ökonomie. Der hohe Erkenntnisgewinn der Abhandlung ergibt sich aus dem sehr breit angelegten Erklärungsansatz zum Therapieverhalten von Patienten. Aufbauend auf der umsichtig-differenzierten konzeptionellen Herleitung der Haupttriebkräfte des Therapieverhaltens gelingt es dem Verfasser in der Folge, eine empirisch fundierte Überprüfung der Wirkungszusammenhänge anzustellen. So werden im Rahmen der empirischen Untersuchung sieben Erfolgsfaktoren des Complianceverhaltens benannt. Der stärkste Impuls für die Compliance geht dabei von der Verhaltenskontrolle des Patienten aus, gefolgt von Therapiebarrieren, der Gesundheitsmotivation und der sozialen Normen.

Diese identifizierten Einflussfaktoren stellen eine logische Grundlage zur Ableitung vier unterscheidbarer Patiententypen in Bezug auf ihr Complianceverhalten dar. Hierzu wird argumentiert, dass sich anhand spezifischer soziodemografischer Faktoren eine recht sichere

Zuordnung zu den verschiedenen Verhaltenstypen vornehmen lässt. Die zu unterscheidenden Patiententypen eröffnen insbesondere Medizinern konkrete Ansatzpunkte für eine am individuellen Patientenbedarf orientierte Unterstützung des Therapieerfolges. So ermöglichen die von Herrn Schäfer präsentierten Patiententypologien eine gute Vorabeinschätzung des Risikos unzureichender Therapietreue. Die Anwendung dieses Konzepts erleichtert dem Arzt einen zielgerichteten Einsatz seiner - auch zeitlichen - Ressourcen im Patientendialog. Auch Krankenversicherungen mögen diese Erkenntnisse bei der Etablierung von Compliance-Management-Programmen helfen, indem sie fokussierter auf spezifische Patientengruppen ausgerichtet werden könnten. Eine dem heutigen Zeitgeist entsprechende möglichst individualisierte und bedarfsgerechte Patientenansprache wird durch das präsentierte Konzept ermöglicht.

Aus meiner eigenen Behandlungserfahrung sowohl als Gastroenterologe als auch Geriater erscheint mir die von Herrn Schäfer vorgestellte Konzeption zur bedarfsgerechten Förderung der Therapietreue als schlüssig und praktikabel. So ist gut vorstellbar, dass speziell geschultes Praxispersonal vorab eine Ersteinschätzung der Therapietreue von Neupatienten vornimmt und so dem Behandler effizient zuarbeitet. Hierdurch erscheint die Erreichung eines signifikanten Mehrwertes für das Gelingen der Therapie und einen optimierten Arzt-Patient-Kontakt möglich. So könnten beispielsweise für Patienten, für welche eine hohe Risikoeinschätzung der Non-Compliance im Raum steht, speziell adaptierte Therapieschemata initiiert werden. Dem von Herrn Schäfer entwickelten, in sich schlüssigen Ansatz ist eine breite (Routine-)Anwendung im täglichen Patienten-Management zu wünschen. Auf Grundlage der in Aussicht gestellten optimierten Ressourcenallokation und der vergleichsweise einfachen Umsetzbarkeit in der täglichen Praxisroutine könnten sich auch auf Gesundheitssystemebene Potenziale für Skaleneffekte und Kostenersparnisse eröffnen.

Erwähnenswert sind weiterhin die Untersuchungen zum Einschätzungsvermögen des Patientenverhaltens im Therapieumgang durch den Behandler. Der vorgenommene Abgleich des vom Patienten angegebenen Therapieverhaltens und der arztseitigen Einschätzung jenes Verhaltens offenbart die Grenzen des menschlichen Einschätzungsvermögens. So attestieren die Ergebnisse von Herrn Schäfer grundsätzlich ein gutes Einschätzungsvermögen des Patienten durch den Arzt in etwa drei Viertel der Fälle. Gerade aber für das Viertel der Patienten mit der Gefahr ungenügender Adhärenz aus was für Gründen auch immer könnte der Arzt Compliance-Probleme besser proaktiv aufgreifen und damit die Erfolgsaussichten auf ein verbessertes Behandlungsergebnis positiv beeinflussen. Das gerade Gesagte zeigt auf, wie wichtig eine gemeinsame Entscheidungsfindung zwischen Arzt und Patient ist. Herr Schäfer zeigt somit klar auf, was der heute auch häufig verwendete Begriff Adhärenz meint. Er erweitert letztendlich den klassischen Compliance-Begriff dergestalt, dass eine gemeinsame Entscheidungsfindung und Therapiezielvereinbarung wichtig ist, indem die aktiv erfragte Patientenmeinung in der Behandlungsplanung eine relevante Rolle spielt.

Zusammenfassend liefert die Abhandlung von Herrn Schäfer einen wichtigen Beitrag zur Weiterentwicklung der Forschungsbemühungen zur Patientencompliance. Zusätzlich wird ein fundierter, innovativer und in der täglichen Praxis anwendbarer Ansatz präsentiert, um ein effizientes Compliance-Management in der Gesundheitsversorgung umsetzen zu können. Die vorgetragenen Gedankengänge, Konzepte und Handlungsempfehlungen sind sowohl für Leistungserbringer als auch Entscheidungsträger aus der Praxis unseres Gesundheitswesens interessant und relevant. Sehr hilfreich erscheinen auch die übersichtlichen Abbildungen und Tabellen. So bleibt zu hoffen, dass der begründete Optimismus, welcher dem Buch und dem präsentierten Konzept zu Grunde liegt, dazu beiträgt, unser Gesundheitssystem ein Stück weit „gesünder" und effizienter und zu gestalten. In diesem Sinne ist der vorliegenden Abhandlung in ihrer zweiten Auflage eine weite Verbreitung sowohl für Wissenschaftler und Praktiker im Gesundheitswesen zu wünschen.

Prof. Dr. med. Cornel Sieber

Direktor Institut für Biomedizin des Alterns, Friedrich-Alexander-Universität Erlangen-Nürnberg und
Chefarzt Klinik für Allgemeine Innere Medizin und Geriatrie, Krankenhaus Barmherzige Brüder Regensburg

Geleitwort zur 1. Auflage

Das deutsche Gesundheitswesen unterliegt in den letzten Jahren drastischen Veränderungen. Aufgrund immer engerer finanzieller Spielräume der Gesundheitsversorgung werden zunehmend Fragen nach bisher nicht erschlossenen Effizienzreserven gestellt. So verspricht man sich von einer gesteigerten Therapietreue (engl. Compliance) des Patienten bessere Behandlungserfolge bei gleichzeitig geringeren Kosten.

Für viele Gesundheitsmarktteilnehmer avanciert daher das Therapietreuemanagement des Patienten sowohl zum kritischen Erfolgsfaktor für den Behandlungserfolg des Patienten als auch für den eigenen Markterfolg. So versprechen sich Ärzte und Krankenversicherungen durch eine bessere Compliance gesündere und zufriedenere Patienten. Auch die pharmazeutische Industrie hat ein starkes Interesse an einer hohen Therapietreue. Sie verspricht sich durch eine hohe Therapietreue eine nachhaltig verbesserte Lebensqualität des Patienten, was sich positiv in durch das Institut für Qualität und Wirtschaftlichkeit im Gesundheitswesen (IQWIG) vorgenommenen Nutzenbewertungen von innovativen Medikamenten niederschlagen sollte.

Häufig sind Misserfolge im Bereich des Therapietreueverhaltens multikausal determiniert. Vor diesem Hintergrund scheint eine exaktere Kenntnis der Einflussfaktoren auf das Therapieverhalten im Patientenalltag unabdingbar.

Die Studie von Dr. Schäfer greift das Phänomen der Patientencompliance auf. Gestützt auf eine umfassende Betrachtung der Triebkräfte der skizzierten Diskussion entwickelt er zunächst eine theoretische Basis für das allgemeine Verständnis dieses Phänomens. Hierbei greift er auf ein breites Spektrum verhaltenswissenschaftlicher Theorien zurück.

Hierauf aufbauend wird ein sieben Facetten der Therapietreue berücksichtigendes Verhaltensmodell konzeptualisiert. Die Konfrontation des theoretischen Modells mit den empirischen Daten erfolgt auf Basis einer eindrucksvollen Datengrundlage. Durch Kooperationen mit der Deutsche Herzstiftung e.V., 66 Apotheken und 32 Selbsthilfegruppen ist es dem Verfasser gelungen, Daten von mehr als 1.000 Bluthochdruckpatienten zu gewinnen.

Die Ergebnisse der Studie von Dr. Schäfer zeigen Defizite der Behandlungssituation auf, weisen aber auch auf konkrete Lösungsmöglichkeiten hin, wie man den Patienten zu einem besseren und konsequenterem Umgang mit seiner Therapie bewegen kann. Der Verfasser legt interessante Erkenntnisse im Hinblick auf Determinanten und Niveaubetrachtung der Patientencompliance vor. Überraschend ist in diesem Zusammenhang insbesondere das Ergebnis, dass sich eine von Vertrauen in den behandelnden Arzt geprägte Behandlungssituation insbesondere auf die Therapietreue von Männern positiv auswirkt.

Erwähnenswert ist schließlich die Typologisierung der Patienten anhand ihrer Therapietreue. Es konnte vier trennscharfe Patientencluster herausbilden werden, die es Professionellen aus dem Gesundheitswesen ermöglichen, chronisch Kranke möglichst bedarfsgerecht im Umgang mit ihrer Therapie anzusprechen und zu unterstützen. Weiterhin gelingt es dem Verfasser auf Grundlage eines robusten gesundheitsökonomischen Schätzansatzes, die Kosten unzureichender Therapietreue für das Indikationsgebiet des Bluthochdrucks zu ermitteln. Die ökonomische Analyse verdeutlicht eindrucksvoll die Dimension des Problems unzureichender Therapietreue.

Insgesamt kann der Studie von Dr. Schäfer bescheinigt werden, dass sie ein aktuelles Thema theoretisch fundiert und empirisch mit größter Sorgfalt untersucht. Die auf diese Weise erzielten Erkenntnisse sind in dieser Form als neu einzustufen. Daher ist die Lektüre dieses Buches für Wissenschaftler und Praktiker aus dem Gesundheitswesen gleichermaßen zu empfehlen. Insofern ist der Arbeit eine weite Verbreitung zu wünschen.

Prof. Dr. med. Hellmut Oelert

Vorstand Deutsche Herzstiftung e.V.

Prof. Dr. Frank Huber

Lehrstuhl für ABWL und Marketing I, Johannes Gutenberg-Universität Mainz

Vorwort zur 2. Auflage

Die 2. Auflage berücksichtigt den aktuellen Stand der gesundheitspolitischen Diskussionen rund um das Thema der Patientencompliance bzw. Adhärenz im deutschsprachigen Raum bis Anfang 2017. Die Literatur sowie Zahlen und Daten wurden wo nötig aktualisiert. Die Inhalte der bereits aus der 1. Auflage bekannten Kapitel wurden leicht überarbeitet und teilweise gekürzt. Der Fokus der 2. Auflage liegt stärker auf der praktischen Umsetzung konkreter Adhärenz-Management-Konzepte im Versorgungsalltag. Die Gliederung ist verändert worden, um der beschriebenen Neuausrichtung des Buches gerecht zu werden.

Seit Erstellung der Erstauflage sind nunmehr 7 Jahre vergangen. In dieser Zeit hat sich die im deutschen und englischen Sprachraum etablierte Begrifflichkeit rund um das Thema Therapietreue zunehmenden weg von der Bezeichnung „Compliance" hin zur „Adhärenz" verschoben. Unter Adhärenz wird eine noch stärkere beidseitige Verantwortung von Patient und Arzt für den Therapieerfolg verstanden. Diesem Wandel, welchem das Verständnis von Therapietreue unterliegt, soll im Rahmen der zweiten Auflage, soweit möglich, Rechnung getragen werden. Die Auslegung der Begrifflichkeit von Therapietreue in der 2. Auflage orientiert sich daher an jener von der Weltgesundheitsorganisation (WHO) gewählten Definition von Adhärenz.

„Adherence is the extent to which a person´s behavior - taking medication, following a diet, and/or executing lifestyle changes, corresponds with agreed recommendations from a health care provider." (WHO 2003)

In Kapitel 6 wurde bewusst darauf verzichtet, das innerhalb der Erstauflage vorgestellte und im Rahmen von verschiedensten Studien seit dieser Zeit angewandte und nunmehr etalbierte Instrumentarium des Patienten-Compliance-Index (PCI) zur Therapietreue-Messung im Versorgungsalltag umzubenennen. Auch in einigen anderen Passagen der 2. Auflage wurde aus unterschiedlichsten Gründen nicht gänzlich auf die Begrifflichkeit der Compliance verzichtet. Hier ist stets ein partnerschaftliches Verhältnis zwischen Arzt und Patient und beiderseitige Verantwortung für den Therapieerfolg unterstellt worden.

Den Wünschen von Leserinnen und Lesern nach Kapiteln zum Einschätzungsvermögen des Patientenverhaltens durch den Behandler und einer vergleichenden Analyse der Unterschiede des Patientenverhaltens nach dem Bundesland wurde durch die Aufnahme von zwei neuen Kapiteln Rechnung getragen. Im Hinblick auf das praktische Therapiemanagement im Versorgungsalltag stellt das neue 7. Kapitel zum Einschätzungsvermögen des Arztes eine sinnvolle Ergänzung der in der 1. Auflage bereits aufgezeigten Möglichkeiten und Grenzen eines bedarfsgerechten Patienten-Managements dar.

Das steigende Interesse an Analysen regionaler Unterschiede des Gesundheitsverhaltens wird im neuen 8. Kapitel aufgegriffen. Von Entscheidungsträgern aus der Gesundheitspolitik wurde das Interesse an einer noch feingliedrigeren (Kreisebene) Untersuchung des Gesundheitsverhaltens an mich herangetragen. Um jedoch innerhalb des vorliegenden Datensatzes (n > 1.000) eine noch feingliedrigere regionale Unterteilung vorzunehmen und statistisch signifikante Ergebnisse zu erzielen, erscheint die grundsätzlich umfangreiche Stichprobengröße als zu klein.

Das neue Kapitel 10 präsentiert konkrete Handlungsempfehlungen für die Praxis des Adhärenz- und Therapie-Managements. Hierbei wird u.a. auf die Anwendbarkeit des Patiententypen-Konzepts in der täglichen Patientenversorgung eingegangen. Weiterhin werden Möglichkeiten der Therapieunterstützung durch Smartphone und Smart-Home-Applikationen diskutiert und die latente Marktnische eines Serviceanbieters als Gesundheitsberater thematisiert, welche ggf. auch von Apothekern besetzt werden könnte.

Ganz herzlich bedanken möchte ich mich bei all jenen Personen (insbesondere all den niedergelassenen Ärzten, Apothekern und Krankenversicherungen, welche mich immer wieder kontaktiert haben), die mich durch ihr permanent hohes Interesse und Fragen zur Umsetzung des vorgestellten patiententypbasierten Adhärenz-Management-Konzepts zur Erstellung einer 2. Auflage motiviert haben. Ich hoffe, dass ich den Erwartungen an die 2. Ausgabe gerecht werden konnte und freue mich über Anmerkungen, Diskussionen, Fragen aber auch gerne Verbesserungsvorschläge.

Mannheim im April 2017

Prof. Dr. Christian Schäfer

Email: christian.schaefer@dhbw-mannheim.de
Homepage: www.patientencompliance.de

Vorwort 1. zur Auflage

Die vorliegende Studie ist am Lehrstuhl für ABWL und Marketing an der der Johannes Gutenberg-Universität Mainz entstanden. Nicht zuletzt aufgrund der Unterstützung einer Reihe von Personen war es möglich, das vorliegende Buch zu verfassen.

Für die erhaltene Unterstützung danke ich in besonderer Weise Herrn Prof. Dr. Frank Huber, der mich an die interessanten und hochaktuellen Gebiete der Versorgungsforschung und des Compliancemanagements herangeführt hat. Er stand mir als Förderer meiner Arbeit stets hilfreich zur Seite.

Ferner möchte ich mich bei dem gesamten Lehrstuhlteam für ihre konstruktiven fachlichen Anregungen und die sonstige Unterstützung meines Forschungsprojekts bedanken. Es ist mir wichtig, namentlich Johannes Vogel, Dr. Isabel Matthes, Vanessa Vetter, Imma Baumgärtner sowie Frederik Meyer hervorzuheben.

Besonderer Dank gilt außerdem der Deutsche Herzstiftung e.V., welche die Durchführung des Projekts unterstützt hat. Insbesondere möchte ich mich bei dem Vorstandsmitglied, Prof. Dr. med. Hellmut Oelert und der stv. Geschäftsführerin, Renate Horst, für ihr persönliches Engagement bedanken.

Weiterhin bedanke ich mich bei dem Präsidenten des Bundesverbandes der Pharmazeutischen Industrie (BPI), Dr. Bernd Wegener, für fruchtbare Diskussionen zu möglichen Auswirkungen der Forschungsergebnisse auf das Gesundheitswesen.

Mainz im Mai 2010

Dr. Christian Schäfer

Inhaltsverzeichnis

Abbildungsverzeichnis   xxi

Tabellenverzeichnis   xxiii

Abkürzungsverzeichnis   xxvii

1. **Versorgungsrealität der Therapietreue im deutschen Gesundheitswesen**   1
   - 1.1 Adhärenz als Effizienzreserve im Gesundheitswesen 1
   - 1.2 Gesundheitsverhalten und neues Rollenverständnis des modernen Patienten . 4
   - 1.3 Zur Notwendigkeit der Analyse von Real World Daten des Therapietreueverhaltens 6
   - 1.4 Zur Beantwortung ungeklärter Fragen des Adhärenzverhaltens im Versorgungsalltag 8
   - 1.5 Struktur der Abhandlung 11

2. **Grundlagen der Patientencompliance und Adhärenz**   13
   - 2.1 Ausgangspunkt und Handlungsfeld 13
     - 2.1.1 Ein Begriff im Wandel 13
     - 2.1.2 Adhärenz versus Non-Adhärenz 18
     - 2.1.3 Ausmaß und Folgen der Non-Adhärenz 22
     - 2.1.4 Methoden der Adhärenzmessung 23
   - 2.2 Bestandsaufnahme der Literatur 27
     - 2.2.1 Merkmale des Patienten 27
     - 2.2.2 Merkmale des Vertrauens in den Arzt 31
     - 2.2.3 Merkmale der Erkrankung und des Therapieschemas 33
     - 2.2.4 Übersicht einzelner Studien zur Adhärenz 36

3. Modellkonzeptualisierung zur Erklärung des Adhärenzverhaltens 41

3.1 Grundlagen und Ausrichtung des Modellbildungsprozesses 41

3.2 Das Health-Belief-Modell als theoretische Basis 42

    3.2.1 Gestiegener Einfluss des Patienten auf medizinische Entscheidungen . . 42

    3.2.2 Selektion theoretischer Ansätze zur Erklärung von Adhärenzverhalten 43

3.3 Erklärung der Adhärenz mit Hilfe des Health Belief Modells 55

    3.3.1 Einfluss der Einstellung 57

    3.3.2 Einfluss der Gesundheitsmotivation 63

    3.3.3 Einfluss des Vertrauensverhältnisses zum Arzt 66

    3.3.4 Einfluss der sozialen Norm 70

3.4 Kontext für die Untersuchung situativer Faktoren 73

    3.4.1 Krankheitsbezogene Merkmale 73

    3.4.2 Soziodemografische Merkmale 78

3.5 Zusammenfassung der Hypothesen 80

3.6 Vorgehensweise bei der Spezifizierung der Modellkonstrukte 83

4. Empirische Überprüfung des patientenseitigen Adhärenzverhaltens 97

4.1 Methodische Grundlagen von Strukturgleichungsmodellen 97

    4.1.1 Abgrenzung verschiedener Schätzverfahren 101

    4.1.2 Schätzung linearer Strukturgleichungsmodelle 103

    4.1.3 Evaluation der Güte auf Messmodellebene 105

    4.1.4 Evaluation der Güte auf Strukturmodellebene 108

    4.1.5 Gruppenvergleich - Einfluss moderierender Variablen 110

4.2 Datenbasis 111

    4.2.1 Studien- und Fragebogendesign 111

    4.2.2 Datenerhebung 113

    4.2.3 Deskriptive Struktur der Stichprobe 117

4.3 Zur Eignung der Messmodelle des Adhärenzverhaltens 121

    4.3.1 Verhaltensabsicht gegenüber therapietreuem Verhalten 121

    4.3.2 Barrieren der Therapieintegration in den Lebensablauf 123

    4.3.3 Wirksamkeit von therapiekonformem Verhalten 125

    4.3.4 Affektive Einstellungskomponente 126

    4.3.5 Wahrgenommene Verhaltenskontrolle 128

    4.3.6 Gesundheitsmotivation 129

    4.3.7 Vertrauensverhältnis zum Arzt 131

		4.3.8	Soziale Norm 132
	4.4	\multicolumn{2}{l}{Analyse der Wirkungszusammenhänge des Adhärenzverhaltens . . . . 134}

5. Untersuchung situativer Einflussfaktoren auf das Adhärenzverhalten 145

    5.1 Krankheitsinvolvement 145

    5.2 Behandlungsdauer 150

    5.3 Geschlecht 153

    5.4 Krankenversicherungsstatus 156

6. Identifikation vier verschiedener Patiententypen 161

    6.1 Ergebnisse der Clusteranalyse 162

    6.2 Der Patienten-Compliance-Index 165

    6.3 Beschreibung und Abgrenzung der vier Patiententypen 168

        6.3.1 Der selbstbewusst adhärente Patient 171

        6.3.2 Der engagiert partiell-adhärente Patient 172

        6.3.3 Der unmotiviert partiell-adhärente Patient 173

        6.3.4 Der unsichere non-adhärente Patient 174

    6.4 Gesundheitsökonomische Bewertung des Schadens der Non-Adhärenz 176

7. Einschätzungsvermögen des Adhärenzverhaltens durch den Arzt 179

    7.1 Eine vergleichende Analyse der Einschätzung des Therapieverhaltens 180

    7.2 Wie Praxispersonal den Arzt optimal auf den Patientenkontakt vorbereitet . 186

8. Regionale Unterschiede des Therapieverhaltens nach dem Bundesland 189

    8.1 Datenmaterial und Methodik 190

    8.2 Analyse der regionalen Verhaltensunterschiede der Patienten 195

    8.3 Implikationen der Erkenntnisse der Regionalanalyse 207

9. Transparenz im Versorgungsalltag durch strategische Adhärenzforschung 209

    9.1 Gesetzliche und private Krankenversicherung 209

    9.2 Arzneimittelhersteller 212

    9.3 Gesundheitspolitik 215

    9.4 Forschungsorientierte Implikationen der Untersuchung 216

10. Handlungsempfehlungen für die Praxis des Adhärenz-Managements 221

10.1 Konzepte für den niedergelassenen Arzt und Ärztenetze 222

10.2 Konzepte für den Apotheker und neue Player 224

10.3 Konzepte für gesetzliche und private Krankenversicherung 226

10.4 Konzepte im Bereich E-Health 228

10.5 Konzepte im Kontext sozialer Netzwerke 230

10.6 Konzept einer konzertierten Aktion des Gesundheitswesens 231

10.7 Berücksichtigung situativer Rahmenbedingungen 232

11. Schlussbetrachtung der zentralen Erkenntnisse 235

A. Verweise 243

A.1 Fragebogen 243

A.2 Codierung 247

A.3 Eignung der Modellkonstrukte - Moderatoren 248

A.4 Übersicht der Wirkungszusammenhänge in den Moderatormodellen 265

A.5 Gruppenvergleich zwischen Online- und Offlinestichprobe 274

Literaturverzeichnis 277

Abbildungsverzeichnis

1	Begriffliche Bedeutungsänderung: von der Compliance zur Adhärenz	17
2	Schematische Darstellung unterschiedlicher Adhärenzmuster	21
3	Beziehung zwischen Adhärenzniveau und Schweregrad der Erkrankung	34
4	Abnahme der Adhärenz mit steigender Dauer der Erkrankung bzw. Therapie	35
5	Abhängigkeit der Adhärenz von der Dosisfrequenz	36
6	Das hierarchische Modell intrinsischer und extrinsischer Motivation	46
7	Das Modell gesundheitlicher Überzeugungen - Health Belief Model	48
8	Die Theorie des geplanten Verhaltens - Theory of Planned Behavior	52
9	Modifikation des Health Belief Modells	63
10	Basismodell zur Erklärung von Adhärenzverhalten	80
1	Geographische Verteilung der Studienteilnehmer in Deutschland	120
2	Überblick des Basismodells	137
15	Boxplot des Merkmals Krankheitsinvolvement (Likert-Skala 1-7)	146
16	Modellvergleich hinsichtlich des Krankheitsinvolvements: KIH vs. KIN	148
17	Boxplot des Merkmals Behandlungsdauer (in Jahren)	150
18	Modellvergleich nach der Länge der Behandlungsdauer: BDH vs. BDN	151
19	Modellvergleich hinsichtlich des Geschlechts: GEM vs. GEW	155
20	Modellvergleich hinsichtlich des Geschlechts: GKV vs. PKV	158
21	Elbow Kriterium des Ward Verfahrens	164
22	Grafische Darstellung der Patiententypen nach dem Adhärenzverhalten	166
23	Häufigkeitsverteilung der Patienten nach dem Kriterium des PCI	168
24	Abweichung der vom Patienten getroffenen eigenen Therapieadhärenzbewertung zur Einschätzung der Therapieadhärenz durch den behandelnden Arzt	181
25	Abweichung der vom Patienten empfundenen Gesundheitsmotivation zur Motivationseinschätzung durch den behandelnden Arzt	182

26	Zusammenhangsanalyse zwischen den Einschätzungsabweichungen der Gesundheitsmotivation und der Adhärenz - Korrelationskoeffizient +0,38	183
27	Abweichung der vom Patienten empfundenen Bedenken hinsichtlich der Nebenwirkungen seiner Medikamente zur Bedenkeneinschätzung durch den behandelnden Arzt	184
28	Zusammenhangsanalyse zwischen den Einschätzungsabweichungen der Nebenwirkungen und der Adhärenz - Korrelationskoeffizient +0,01	185
29	Abweichung der vom Patienten empfundenen sozialen Unterstützung zur Einschätzung der sozialen Umfeld Unterstützung durch den behandelnden Arzt	186
30	Zusammenhangsanalyse zwischen den Einschätzungsabweichungen der Therapieunterstützung durch das soziale Umfeld und der Adhärenz - Korrelationskoeffizient -0,16	187
31	Regionale Niveauunterschiede des Therapietreueverhaltens (ADH)	200
32	Regionale Niveauunterschiede der empfundenen Barrieren im Therapieverlauf (BAR)	201
33	Regionale Niveauunterschiede der empfundenen Qualität des Arzt-Patient-Verhältnisses (DOC)	202
34	Regionale Niveauunterschiede der empfundenen Betroffenheit von der Erkrankung (INV)	203
35	Regionale Niveauunterschiede der empfundenen Gesundheitsmotivation (MOT)	204
36	Regionale Niveauunterschiede des empfundenen Gesundheitswissens (MKN)	205
37	Regionale Niveauunterschiede der Therapieunterstützung durch das soziale Umfeld (SOC)	206
38	Fragebogen Seite 1	244
39	Fragebogen Seite 2	245
40	Fragebogen Seite 3	246
41	Modellvergleich hinsichtlich des Umfragedesigns: ONL vs. OFF	276

Tabellenverzeichnis

1	Begrifflichkeit der Patientencompliance und vorgeschlagene Synonyme	15
2	Direkte Methoden der Adhärenzmessung	24
3	Indirekte Methoden der Adhärenzmessung	26
4	Ausgewählte patientenseitige Einflussfaktoren für Adhärenz	28
5	Literaturüberblick - Studien zum Adhärenzverhalten	37
6	Literaturüberblick - Studien zum Adhärenzverhalten	38
7	Literaturüberblick - Studien zum Adhärenzverhalten	39
8	Literaturüberblick - Studien zum Adhärenzverhalten	40
9	Charakteristisches Verhalten in Abhängigkeit der Intensität des Involvements	75
10	Hypothesen 1-10 im Überblick	81
11	Hypothesen 11-22 im Überblick	82
12	Konzeption der Verhaltensabsicht gegenüber therapieförderlichem Verhalten	85
13	Konzeption von Barrieren der Therapieintegration in den Lebensablauf	86
14	Konzeption der Wirksamkeit von therapiekonformem Verhalten	88
15	Konzeption der affektiven Einstellungskomponente	89
16	Konzeption der wahrgenommenen Verhaltenskontrolle	91
17	Konzeption der Gesundheitsmotivation	92
18	Konzeption des Vertrauensverhältnisses zwischen Patient und Arzt	93
19	Konzeption der subjektiven Norm	94
20	Konzeption des Krankheitsinvolvements	95
21	Vergleich des LISREL- und PLS-Verfahrens	104
22	Gütekriterien für Strukturgleichungsmodelle auf Messmodellebene	108
23	Gütekriterien für Strukturgleichungsmodelle auf Strukturmodellebene	109
24	Stichprobenstruktur hinsichtlich soziodemographischer Merkmale	118
25	Stichprobenstruktur hinsichtlich krankheitsbezogener Merkmale	119
26	Faktorladung und t-Werte der Verhaltensabsicht gg. therapietreuem Verhalten	121
27	Gütekriterien des Konstrukts Verhaltensabsicht gg. therapietreuem Verhalten	122

28	Gewichte und t-Werte der Barrieren einer Therapie	123
29	Gütekriterien des Konstrukts Barrieren der Therapieintegration	124
30	Faktorladung und t-Werte der wahrgenommenen Therapiewirkung	125
31	Gütekriterien des Konstrukts wahrgenommenen Therapiewirkung	126
32	Faktorladung und t-Werte der affektiven Einstellungskomponente	126
33	Gütekriterien des Konstrukts affektive Einstellungskomponente	127
34	Faktorladung und t-Werte der wahrgenommenen Verhaltenskontrolle	128
35	Gütekriterien des Konstrukts wahrgenommene Verhaltenskontrolle	129
36	Faktorladung und t-Werte der Gesundheitsmotivation	130
37	Gütekriterien des Konstrukts Gesundheitsmotivation	130
38	Gewichte und t-Werte des Vertrauensverhältnisses zum Arzt	131
39	Gütekriterien des Konstrukts Vertrauensverhältnis zum Arzt	132
40	Faktorladung und t-Werte der sozialen Norm	133
41	Gütekriterien des Konstrukts soziale Norm	133
42	Wirkungsbeziehungen im Basismodell	136
43	Totaleffekte auf das Zielkonstrukt Verhaltensabsicht im Basismodell	142
44	Prüfung des Moderatoreinflusses des Krankheitsinvolvements	149
45	Prüfung des Moderatoreinflusses der Behandlungsdauer	152
46	Prüfung des Moderatoreinflusses des Geschlechts	154
47	Prüfung des Moderatoreinflusses des Versicherungsstatus	157
48	Clusterhistorie des Ward-Verfahrens mit Abbruchkriterien	163
49	Mittelwerte der auf den Wertebereich 0-100 normierten Clustervariablen	165
50	Beschreibung der Patientenprofile anhand ihrer Verhaltensmerkmale	169
51	Beschreibung der Patiententypen anhand verschiedener Merkmale	170
53	Kostenschätzung der Non-Adhärenz für das Indikationsgebiet der Hypertonie	176
54	Soziodemografischer Überblick der Stichprobe nach Bundesländern	191
55	Konstrukte und Indikatorentextet	193
56	Konstrukte und Indikatorentextet	194
57	Korrelationskoeffizienten der 6 Verhaltensdeterminanten mit der Adhärenz (ADH) nach dem Bundesland	196
58	Werte der 7 Determinanten des Gesundheitsverhaltens nach dem Bundesland	198
59	Werte der 7 Determinanten des Gesundheitsverhaltens nach dem Bundesland	199
60	Codierung der Indikatoren und Modelle	247
61	Faktorladung und t-Werte der Verhaltensabsicht gg. therapietreuem Verhalten	249

Tabellenverzeichnis

62	Gütekriterien des Konstrukts Verhaltensabsicht gg. therapietreuem Verhalten	250
63	Faktorladung und t-Werte der Barrieren einer Therapie	251
64	Gütekriterien des Konstrukts Barrieren einer Therapie	252
65	Faktorladung und t-Werte der wahrgen. Theapiewirkung	253
66	Gütekriterien des Konstrukts wahrgen. Therapiewirkung	254
67	Faktorladung und t-Werte der affektiven Einstellungskomponente	255
68	Gütekriterien des Konstrukts affektive Einstellungskomponente	256
69	Faktorladung und t-Werte der wahrgen. Verhaltenskontrolle	257
70	Gütekriterien des Konstrukts wahrgen. Verhaltenskontrolle	258
71	Faktorladung und t-Werte der Gesundheitsmotivation	259
72	Gütekriterien des Konstrukts Gesundheitsmotivation	260
73	Gewichte und t-Werte des Vertrauensverhältnisses zwischen Patient und Arzt	261
74	Gütekriterien des Konstrukts Vertrauensverhältnis zwischen Patient und Arzt	262
75	Faktorladung und t-Werte der sozialen Norm	263
76	Gütekriterien des Konstrukts soziales Umfeld	264
77	Wirkungsbeziehungen im Modell Krankheitsinvolvement hoch	266
78	Wirkungsbeziehungen im Modell Krankheitsinvolvement niedrig	267
79	Wirkungsbeziehungen im Modell Behandlungsdauer hoch	268
80	Wirkungsbeziehungen im Modell Behandlungsdauer niedrig	269
81	Wirkungsbeziehungen im Modell Geschlecht männlich	270
82	Wirkungsbeziehungen im Modell Geschlecht weiblich	271
83	Wirkungsbeziehungen im Modell online Umfrage	272
84	Wirkungsbeziehungen im Modell offline Umfrage	273
85	Prüfung des Moderatoreinflusses des Umfragedesigns	275

Abkürzungsverzeichnis

allg.	allgemein
bzgl.	bezüglich
BMGS	Bundesministerium für Gesundheit und Soziales
bzw.	beziehungsweise
ca.	circa
DEV	durchschnittlich erfasste Varianz
d.h.	das heißt
DHL	Deutsche Hochdruck Liga e.V.
dt.	deutsche
DV	Diskriminanzvalidität
ECHF	European Health Care Foundation
et al.	und andere
evtl.	eventuell
FL	Faktorladung
Gew.	Gewicht
gg.	gegenüber
ggfs.	gegebenenfalls
GKV	gesetzliche Krankenversicherung
GKV-WSG	GKV-Wettbewerbsstärkungsgesetz
GMG	GKV-Moderisierungsgesetz
H	Hypothese
HBM	Health Belief Model
HCCQ	Health-Care Climate Questionnaire
HWG	Heilmittelwerbegesetz

i.S.v.	im Sinne von
inkl.	inklusive
KR	Konstruktreliabilität
KV	Krankenversicherung
LISREL	Linear Structural Relationship
MIMIC	Multiple Indicators Multiple Causes
Mio.	Millionen
mmHg	Millimeter Quecksilbersäule
Morbi-RSA	morbiditätsorientierter Risikostrukturausgleich
Mrd.	Milliarden
n.s.	nicht signifikant
o.S.	ohne Seite
PBC	Perceived Behaviour Control
PCI	Patienten-Compliance-Index
PKV	private Krankenversicherung
PLS	Partiel Least Squares
PRM	Patienten-Relationship-Management
PSK	Pill skipp
RKI	Robert-Koch-Institut
S.	Seite
sog.	sogenannte
TPB	Theory of Planned Behavior
u.a.	unter anderem
VIF	Variance Inflation Factor
vgl.	vergleiche
Vol.	Volume
vs.	versus
WHO	Weltgesundheitsorganisation
z.B.	zum Beispiel
z.T.	zum Teil

Kapitel 1

Versorgungsrealität der Therapietreue im deutschen Gesundheitswesen

1.1 Adhärenz als Effizienzreserve im Gesundheitswesen

Die aktuelle Situation des deutschen Gesundheitswesens ist durch zahlreiche Gesundheitsreformen (Bundesministerium für Gesundheit 2016) während der letzten Jahre gekennzeichnet, welche z.T. mit tief greifenden Einschnitten einhergingen. Hauptmerkmal dieser Umbruchphase und Neuorientierung des Gesundheitssektors ist es, dass dem bisher wenig beachteten Marktteilnehmer Patient fortlaufend höhere Aufmerksamkeit zu Teil wird und die Relevanz von Real World Data (RWD) (Peperell K, Lones R, Devlin N 2012, S. 460) aus dem Versorgungsalltag stetig zunimmt. Der Patient avanciert „... zu einem immer verheißungsvolleren Akteur auf dem deutschen Gesundheitsmarkt" (Wöllstein H 2003, S. 28). Sowohl in der gegenwärtigen wissenschaftlichen als auch der gesundheitspolitischen Diskussion werden Schlagworte wie Patientenorientierung, Patientenmündigkeit, Patientenverhalten, Adhärenz sowie Patientencompliance zunehmend inflationär verwendet. Die genannten Begriffe verdeutlichen den Paradigmenwechsel im deutschen Gesundheitswesen und fordern zum einen ein stärkeres Mitspracherecht des „modernen Patienten" ein, weisen aber auch auf die gestiegene Verantwortung des einzelnen Patienten für das Gelingen seiner Therapie hin (Klemperer D 2015, S. 257).

Potenzielle Effizienzreserven unseres Gesundheitssystems zu benennen ist ein Interesse des Handlungsfeldes von Public Health. Daher stellt sich in der Gesundheitspolitik immer häufiger die Frage, welche Aspekte für das Gelingen oder Misslingen eines eingeschlagenen Therapiepfades verantworlich sind (Egger M, Razum O 2014, S. 101). Die Frage nach dem Therapieerfolg wiederum führt schnell zur Adhärenz bzw. der Patientencompliance. Therapietreueverhalten umfasst in diesem Zusammenhang die Bereitschaft des Patienten, den ärztlichen Empfehlungen und Ratschlägen z.B. zur Medikamenteneinnahme, zur Ernährung oder zur Veränderung des Lebensstils aktiv zu folgen (Hayden B 2012, Laufs U et al. 2011). Eine hohe bzw. gute Therapietreue verringert die Wahrscheinlichkeit, dass eine Anschlusstherapie notwendig wird oder durch Komplikationen zusätzliche Folgekosten verursacht werden.

Die mannigfaltigen Handlungsempfehlungen für eine höhere Therapietreue erscheinen nahe liegend und in der Praxis zunächst einfach auszuführen. Deshalb muss man sich die Frage stellen, warum nicht schon früher über gezielte Programme zur Förderung der Adhärenz nachgedacht wurde. Ein häufig angeführtes Argument ist, dass der Kostendruck unseres Gesundheitswesens erst in den letzten Jahren ein Niveau erreicht habe, weshalb medizinische Leistungen und Gesundheitsleistungen zunehmend unter Kosten-Nutzen- und Wirtschaftlichkeits-Gesichtspunkten beurteilt würden (Rychlik R 2005, S. 2).

Wie skizziert, kommt dem Thema nicht nur aus medizinischer Perspektive hohe Bedeutung zu. Die Gesamtkosten der Non-Compliance bzw. Non-Adhärenz, welche dem deutschen Gesundheitssystem aufgrund mangelhafter Therapietreue entstehen, werden auf bis zu 10 Mrd. EUR jährlich beziffert (Laufs U et al. 2011, S. 1616). Die angeführten Zahlen belegen die hohe ökonomische Relevanz des Themas und legen eine weitere Intensivierung der Versorgungsforschung auf diesem Gebiet nahe. Ein optimiertes und spezifischeres Therapietreue-Management könnte entscheidend dazu beitragen, die Gesundheitskosten im Allgemeinen zu senken und die Lebensqualität des einzelnen Patienten zu steigern (Wasem J 2005, S. 3).

Den gesetzlichen (GKV) und privaten Krankenversicherungen (PKV) würden durch eine verbesserte Adhärenz aufgrund der sinkenden Zahl von Folgeerkrankungen geringere Kosten entstehen. Insbesondere im Fall chronischer Krankheiten ist das Einsparpotenzial sehr groß. Des Weiteren könnten sich die Patienten einer höheren Lebensqualität erfreuen und der behandelnde Arzt hätte einen naheliegenden Reputationserfolg zu verzeichnen. Weiterhin ergäben sich für Hersteller pharmazeutischer Produkte eine nachhaltigere Umsatzentwicklung bereits zugelassener Arzneimittel.

Die vorgetragenen Argumente verdeutlichen, dass eine gesteigerte Adhärenz des Patienten auf dem Gesundheitsmarkt zu einer „Win-win-Situation" (Kartte J, Neumann K 2008, S. 31) oder, ökonomisch ausgedrückt, zu einem neuen Pareto-Optimum führen könnte, in welchem sich alle beteiligten Parteien unter den angeführten Argumenten besser stellen würden. Konzepte zur Steigerung der Therapietreue werden als probate Strategien für die Genesung finanziell kollabierender Gesundheitssysteme gehandelt (Laufs U et al. 2011, Wasem J 2005). Den Ausgangspunkt der Betrachtung bildet die Tatsache, dass das im Rahmen der GKV mehrheitlich solidarisch finanzierte bundesdeutschen Gesundheitssystem nicht nur an einem Einnahmen- und Ausgabenproblem, sondern zudem an dem angeführten Effizienz- und Qualitätsproblem krankt.

In diesem Zusammenhang stellt die wenig vorhandene Transparenz gesundheitsbezogener Leistungen hinsichtlich des Qualitäts-, Kosten- und Nutzengesichtspunkts ein Kernproblem unseres Gesundheitswesens dar. Hier können adhärenzfördernde Strategien ansetzen, welche zu einer stärker nutzenorientierten, effizienteren Mittelverwendung und einer Dämpfung der Kostenentwicklung führen (Eagle K et al. 2004). In der gesundheitspolitischen Diskussion wird es immer wichtiger, die vielfältigen Versorgungsstrukturen im Patientenalltag zu erfassen und zu analysieren. Ziel ist es, die Transparenz von Erfolg bzw. Misserfolg von Interventionsmaßnahmen zu erhöhen (Peperell K, Lones R, Devlin N 2012).

Führt man sich vor Augen, dass der Patient das zentrale Bindeglied aller Beteiligten im Gesundheitssystem ist, erkennt man, dass diesem Marktteilnehmer im Kampf gegen Effizienzmängel und Ressourcenverschwendung eine wichtige Kompetenz und Verantwortung zukommt (Dietz B 2006, Reibnitz C, Schnabel P-E, Hurrelmann K 2001). Denn Effizienzsteigerungen können nur mit dem Patienten, nicht gegen ihn, durchgesetzt und realisiert werden. Somit knüpfen sich an eine gesteigerte Therapietreue des Patienten Hoffnungen auf eine rationalere und effizientere Nutzung der vom Gesundheitssektor angebotenen Therapiemöglichkeiten. Hierzu gilt es jedoch, den Patienten zunächst in die Lage zu versetzen, den eigenen gesteigerten Nutzen von therapietreuem Verhalten wahrzunehmen. In diesem Zusammenhang merkt Kolodinsky Folgendes an: "It has been suggested that one way to contain costs and increase the quality of medical care in the United States is to increase medical consumerism [...]. By becoming more informed, consumers may be able to make more intelligent decisions about the quality and quantity of medical care they consume." (Kolodinsky J 1993, S. 193) Diese Aufgabe können gezielte Adhärenz-Management-Programme übernehmen. Für die Initiierung eines erfolgreichen Therapietreue-Programms ist es zunächst notwendig, vielversprechende Erfolgsfaktoren aufzudecken, welche einen Patienten veranlassen, sich überhaupt therapietreu zu verhalten.

Bevor sich die vorliegende Studie mit der zentralen Frage der unterschiedlichen Determinanten des Therapietreueverhaltens eines Patienten befasst, sollen weitere einführende Hintergrundinformationen zum Thema Real World Evidence im Versorgungsalltag und zur aktuellen Diskussion um den Marktteilnehmer Patient auf dem deutschen Gesundheits- und Arzneimittelmarkt gegeben werden.

1.2 Gesundheitsverhalten und neues Rollenverständnis des modernen Patienten

Das klassische Rollenverständnis des Patienten im Kontext des ärztlichen Behandlungsprozesses unterliegt seit den 1990er Jahren einem stetigen Wandel. Ausgelöst durch eine Kombination gesellschaftlicher, technologischer, ökonomischer und gesundheitspolitischer Veränderungen haben sich die Ambitionen und das Selbstverständnis des Patienten hin zu einem stärkeren Mitspracherecht und gestiegener Mündigkeit etwa im Rahmen einer Therapieentscheidung verändert (Ohlbrecht H 2016, Simon M 2005). Infolge der gestiegenen Informiertheit durch das mannigfaltige digitale Informationsangebot im Internet und einer höheren Wachsamkeit des Patienten hinsichtlich gesundheitsbezogener Themen, wurde das latente Informationsungleichgewicht zwischen Arzt und Patient ein Stück weit zugunsten des Patienten verschoben (Homburg C, Dietz B 2006, S. 288).

Das Verständnis der Arzt-Patient-Interaktion befindet sich seither im Fluss und entwickelt sich zunehmend hin zu einer gleichberechtigteren Arzt-Patient-Partnerschaft und weg von einem einseitig weisungsbezogenen Patientenverhalten (Eggert B 2006, S. 81). Dieses Patientenverständnis verkörpert den modernen Patienten, der nicht blind und ohne zu fragen ärztlichen Weisungen folgt (Deber R B et al. 2005). Dass Fragestellungen nach den Auswirkungen des veränderten Patientenverständnisses von verschiedenen Marktteilnehmern unseres Gesundheitswesens auch unter Marketingaspekten zunehmend in den Fokus des Interesses gerückt sind, zeigen die Beiträge von Prigge et. al. (Prigge J-K et al. 2015) im *International Journal of Research in Marketing*, der Artikel von Dellande, Gilly & Graham(Dellande S, Gilly M C, Graham J L 2004) im *Journal of Marketing* und die Abhandlung von Ahmad et al. (Ahmad K et al. 2013, S. 2010) im *International Journal of Marketing Studies*.

Im Zuge der beobachteten Emanzipierung des Patienten zu einem mündigen Verbraucher von Gesundheitsleistungen werden diesem zunehmend Attribute aus der Konsumentenverhaltensforschung wie „selbstbewusst, selektiv, problembewusst, skeptisch, preisbewusst und qualitätsbewusst"(Geyer S 2016) zugeschrieben. Barth folgend ist „der Patient [...] mündiger Bürger und zunehmend kritischer Verbraucher in Personalunion" (Barth D 1999, S. 163). Festmachen lässt sich diese Entwicklung bspw. an dem zunehmenden Druck des Patienten auf das Verschreibungsverhalten des Arztes (Knight A 2013). So fordert der Patient vielfach die Verordnung eines speziellen Medikaments, verbunden mit der Drohung, bei Nichterteilung des geforderten Rezepts den Arzt zu wechseln (Prigge J-K et al. 2015).

Der Gesetzgeber hat den Patienten in den zurückliegenden Gesundheitsreformen zunehmende in den Mittelpunkt gerückt und unterstützt eine stärkere Patientenorientierung und -integration innerhalb unseres Gesundheitswesens. Im Jahre 2004 wurden mit dem GKV-Modernisierungsgesetz[1] (GMG) und im Jahr 2007 mit dem GKV-Wettbewerbsstärkungsgesetz[2] (GKV-WSG) die Verbraucher- und Patientenrechte gestärkt, was die Position des Patienten gegenüber den anderen Akteuren auf dem Gesundheitsmarkt deutlich verbessert hat.

Im Zuge der beschriebenen Gewichtsverschiebung der Akteure auf dem deutschen Gesundheitsmarkt rückt der Patient zunehmend in den Fokus absatzpolitischer Bemühungen pharmazeutischer Hersteller. Der moderne Patient ist aufgrund des digitalen Informationsangebots besser informiert und partizipiert mit seinem behandelnden Arzt - im Sinne des Shared Decision Making (Sachverständigenrat für die Konzertierte Aktion im Gesundheitswesen 2001/2002, S. 107) - selbstbewusst an der Ausrichtung einer geeigneten Therapie (Barth N, Nassehi A, Schneider A 2013, S. 1). Die Eigenständigkeit wird noch verstärkt durch zunehmende finanzielle Eigenbeteiligungen auch der GKV-Versicherten an den Arzneimittelkosten. Hier sitzt sowohl der Hebel für Aktivitäten pharmazeutischer Hersteller als auch der von Krankenversicherungen. Folgerichtig ist der Patient nicht mehr nur Leistungsnehmer, sondern zu einem nicht unerheblichen Teil neben dem Arzt auch Leistungsentscheider und über Medikamentenzuzahlungen ebenfalls direkter Kostenträger von Gesundheitsleistungen.

Da der Patient als Endverbraucher pharmazeutischer Erzeugnisse im Sinne des Nachfragers, Konsumenten und Finanziers in Personalunion gestärkt wurde, ist es nun für Behandler, Apotheker sowie Arzneimittelhersteller notwendig, gezielte Patienten-Relationship-Maßnahmen zu etablieren, um so langfristige Patientenbeziehungen zum Endverbraucher aufzubauen (Finset A 2013, S. 93). In einem besonderen Fokus stehen hier sicherlich chronisch kranke Patienten.

---

[1] Es wurde festgestellt, dass Deutschland im Vergleich zu anderen Ländern trotz hoher Ausgaben im Gesundheitswesen eine zu geringe Qualität und Effizienz erreicht. Ein zentrales Ziel des GKV-Modernisierungsgesetzes besteht darin, die Qualität und Wirtschaftlichkeit des Gesundheitswesens zu steigern. Dazu braucht es einen strukturellen Wandel und eine Neuordnung der Finanzierung. Dies beinhaltet mehr Transparenz, mehr Mitverantwortung und stärkere Beteiligungsrechte für Versicherte, mehr Wettbewerb sowie Entbürokratisierung aufseiten der Kostenträger und Leistungserbringer.

[2] Der eingeleitete Weg, den Wettbewerb um Qualität und Wirtschaftlichkeit zwischen Krankenversicherern und den Leistungserbringern zu intensivieren, wird durch das GKV-WSG fortgesetzt. Neben der verbesserten Transparenz von Angeboten, Leistungen und Abrechnungen erweitert es darüber hinaus die Wahl- und Entscheidungsmöglichkeiten der Versicherten (Bundesministerium für Gesundheit und Soziales 2008).

1.3 Zur Notwendigkeit der Analyse von Real World Daten des Therapietreueverhaltens

Es ist notwendig, eine möglichst exakte Vorstellung von den Determinanten zu haben, die das Therapietreueverhalten des Patienten besonders beeinflussen. Mit diesem Wissen könnten gezielte Maßnahmen angestoßen werden, die ein verbessertes Adhärenzverhalten des Patienten zum Ziel haben. Nur wenn sich das Therapietreueverhalten kausal nachvollziehbar begründen lässt, können zielführende Interventionsmöglichkeiten zur Erreichung einer höheren Therapietreue abgeleitet werden. Roner merkt an, dass „better understanding how patients view their illness could open up significant opportunities ... to improve patient adherence/compliance to medication" (Roner L 2008, S. 1). Eine fokussierte Ansprache der scheinbar neuen Zielgruppe Patient im Rahmen eines Adhärenz-Management-Programms bietet den Gesundheitsmarktteilnehmern wie Krankenversicherungen, Arzneimittelhersteller, behandelnden Ärzte, Kliniken sowie Apothekern die Chance, durch planvolle Serviceangebote und -programme nicht nur die Patienten stärker in Entscheidungsprozesse für eine spezielle Therapie einzubinden, sondern zudem die Therapietreue und somit den Behandlungserfolg positiv zu beeinflussen (Illert G et al. 2004, S. 719).

Vor dem Hintergrund des 2009 neu eingeführten Gesundheitsfonds (Bundesversicherungsamt 2008, Kaluweit I 2008) und des angepassten morbiditätsorientierten Risikostrukturausgleichs (Morbi-RSA) (Ballhaus J, Seibold M 2009, S. 15) ist der Druck zur Intensivierung der Versorgungsforschung zur Erreichung einer höheren Patientencompliance auf die Marktteilnehmer der GKV und der Arzneimittelhersteller bereits gestiegen. Das Gebot der Stunde heißt evidenzbasierte Versorgungsforschung, wobei es um die Gewinnung und Bewertung von Real World Data (RWD) aus dem Versorgungsalltag der Patienten geht (Egger M, Razum O 2014, S. 57).

Angesichts der Aktualität und hohen Praxisrelevanz des Themas Therapietreue von Patienten ist es überraschend, dass die aktuelle Diskussion nach wie vor weitestgehend ohne spezifische empirische Datengrundlage geführt wird. In verschieden Literaturbeiträgen wird wiederholt über Strategien des Adhärenz-Managements diskutiert, ohne zu erläutern, was genau unter den genannten Konzepten zu verstehen ist. Auch eine Übersicht oder einen Leitfaden zur systematischen Erarbeitung und Herleitung von Adhärenz-Management-Programmen fehlt in der Literatur gänzlich. Hierzu wäre es zunächst notwendig, Erfolgsfaktoren des Therapietreueverhaltens von Patienten aufzudecken, um im nächsten Schritt über Interventions- und Kommunikationsmaßnahmen (Harms F, Gänshirt D 2006, S. 673) zur Erhöhung der Therapietreue nachdenken zu können. Hohensohn merkt an, dass „in der

Literatur zum Pharmamarketing zunehmend Hinweise auf die wachsende Bedeutung des Patienten zu finden sind" (Hohensohn H 1998, S. 1), jedoch kaum über die Betonung des Patienten als neuen Marktteilnehmer hinausgegangen wird.

Vor dem Hintergrund des eingangs diskutierten Effizienzsteigerungspotenzials für das deutsche Gesundheitswesen, welches von einer höheren Adhärenz ausgeht und die sich hieraus ableitende „Win-win-Situation" aller beteiligten Teilnehmer unseres Gesundheitssystems ausgeschöpft werden könnte, erscheint die Frage angebracht, weshalb bis heute kaum nachhaltige Anstrengungen hinsichtlich eines gezielten Adhärenz-Managements mit Fokus auf den Patienten unternommen wurden. Folgt man Moormann, könnte durch die Übertragung herkömmlicher Verfahren der Konsumentenverhaltensforschung auf das Patienten-Marketing wichtiges Wissen hinsichtlich des Informations- und Entscheidungsverhaltens von Patienten generiert werden. Moormann merkt an, dass „consumer research can make important contributions to the study of health and the resolution of health problems" (Moormann C 2002, S. 152).

Verschiedene Autoren weisen zurecht darauf hin, dass in der Debatte um das Therapietreueverhalten des Patienten zwar intensiv über das Thema Adhärenz diskutiert wird, jedoch bisher kaum Grundlagenforschung auf diesem Gebiet betrieben worden ist (Eversole K 2008, Roner L 2008). Einen Beitrag, dieses wissenschaftliche Vakuum zu füllen, soll die vorliegende Analyse leisten.

Wenn Therapietreue mehr als ein Motto oder Mythos sein und sich daraus ein wissenschaftlicher und gesellschaftlicher Fortschritt ableiten lassen soll, ist es für das deutsche Gesundheitswesen von zentraler Bedeutung, empirisch fundierte Erkenntnisse über das Patientenverhalten zu erlangen. Die vorgetragenen Argumente erklären, warum es sinvoll ist, eine erste bundesweite Real World Studie über das Therapietreueverhalten durchzuführen, um Erfolgsfaktoren, Einflussgrößen und Auswirkungen für bestimmte Verhaltensmuster, welche zu einer gesteigerten Therapietreue führen, offen zu legen.

1.4 Zur Beantwortung ungeklärter Fragen des Adhärenzverhaltens im Versorgungsalltag

Um das Thema der Therapietreue möglichst umfassend und ganzheitlich zu betrachten, ist es zunächst notwendig, ein einheitliches Begriffsverständnis der Schlagworte Compliance, Therapietreue, Accordance oder Adhärenz abzuleiten. Die aktuelle Diskussion ist durch die synonyme Verwendung der aufgeführten Schlagworte gekennzeichnet, da sich bis heute sowohl im Englischen als auch im Deutschen keine eindeutige und allgemein akzeptierte Definition der Begriffe Adhärenz bzw. Compliance durchgesetzt hat. Die mangelnde Homogenität der Begrifflichkeit und die hiermit einhergehende fehlende Konzeptualisierung birgt die Gefahr von Fehlinterpretationen und letztendlich verzerrten Ergebnissen. Daher wird zunächst auf konzeptioneller Ebene ein einheitliches Begriffsverständnis von Adhärenz geschaffen und die wichtigsten Determinanten des Begriffs aufgezeigt. Basierend auf dieser Begriffsauslegung soll im weiteren Verlauf der vorliegenden Analyse die Konzeptualisierung von Adhärenz erfolgen.

Ausgangspunkte für das Interesse und die Notwendigkeit einer verhaltenstheoretischen Analyse der Therapietreue sind die von verschiedenen Autoren aufgezeigten Forschungslücken für ein möglichst ganzheitliches und kausal begründbares Verständnis des Therapietreueverhaltens von Patienten (Eversole K 2008, Scheibler J 2004). Einzelne Aspekte des Patientenverhaltens im Therapieverlauf wurden in verschiedenen Studien der Medizin (Ayalon L et al. 2006, Gasse C et al. 2001, Chanudet X, De Champvallins M 2001), der Sozialwissenschaften (Fittschen B 2002, Nell M 1993) sowie der Ökonomie (Homburg C, Dietz B 2006, Landgraf R, Huber F, Bartel R 2006) auf unterschiedlichen Wegen untersucht. Ein interdisziplinärer Forschungsansatz zur Klärung von verhaltensauslösenden Stimuli für ein bestimmtes Patientenverhalten wurde bisher nicht gewählt. In einigen Studien werden interdisziplinäre Ansätze zwar implizit angenommen, eine systematische Untersuchung fehlte jedoch häufig (Kühnemund H 2006, Hannig J 2004).

Den zitierten Studien ist gemein, dass sie lediglich einzelne Aspekte im Therapieverhaltenskontext analysiert haben, jedoch eine globale Beleuchtung vermissen lassen. Gerade die Analyse von Ursache-Wirkungsbeziehungen und Rückkopplungen zwischen den unterschiedlichen, das Verhalten prägenden Determinanten sollte von hohem Interesse sein, um mögliche Erfolgsfaktoren der Therapietreue aufdecken zu können. In den seltensten Fällen lässt sich nur eine sichere Ursache für das jeweilige Ausmaß und die Form der Non-Compliance ermitteln. In diesem Zusammenhang werden in der Literatur weitere Forschungsbemühungen zur Untersuchung wechselseitiger Effekte zwischen den einzelnen Determinanten gefordert

1.4. Zur Beantwortung ungeklärter Fragen des Adhärenzverhaltens im Versorgungsalltag

(Dietz B 2006, Roner L 2008). Um diese Wissenslücke zu schließen, wird ein möglichst globaler, Interaktionen berücksichtigender Forschungsansatz gewählt, um ein tiefes Verständnis der Erfolgsfaktoren des Therapietreueverhaltens unter besonderer Berücksichtigung des Patientenalltags zu erlangen. Das offensichtliche Forschungsdefizit soll im Rahmen der Beantwortung der ersten Untersuchungsfragestellung reduziert bzw. beseitigt werden.

> **1. Untersuchungsfragestellung**
> *Welche Einflussfaktoren determinieren den Erfolg der Adhärenz und wie beeinflussen sich die einzelnen Determinanten untereinander?*

Ein weiteres Ziel dieser Untersuchung liegt in der Identifikation der Erfolgsauswirkung unterschiedlicher Kontextfaktoren. Es ist von Interesse, herauszufinden, ob in Abhängigkeit krankheits- bzw. patientenspezifischer Einflussgrößen die Effektstärke der Erfolgswirkung einzelner Verhaltensdeterminanten variiert. Aus den Ergebnissen einer solchen Untersuchung lassen sich hilfreiche Anhaltspunkte für ein möglichst effektives und effizientes Adhärenz-Management ableiten. Die zweite Untersuchungsfragestellung lautet:

> **2. Untersuchungsfragestellung**
> *Wie unterscheiden sich die Erfolgsfaktoren der Adhärenz bei unterschiedlichen Kontextfaktoren?*

Homburg & Dietz folgend, ist im Zuge einer möglichst zielgerichteten und effizienten Patientenkommunikation eine problembezogene Patientensegmentierung notwendig (Homburg C, Dietz B 2006, S. 290). Durch die Ableitung eines Patientenportfolios ließen sich, aus den Erkenntnissen der Untersuchungen zu den ersten Untersuchungsfragestellungen, gezielte Adhärenz-Förderprogramme für unterschiedliche Patiententypen entwickeln. Da bisherige Untersuchungen verschiedener Patiententypologien weitestgehend ohne empirische Basis durchgeführt worden sind, soll dieses Forschungsdefizit beseitigt werden. Dierks et al. merken an dieser Stelle an, dass „... es hilfreich wäre, eine Typologie des autonomen Nutzers des Gesundheitswesens zu generieren, die den Professionellen hilft, die Gratwanderung zwischen Über- und Unterforderung ihres Gegenüber besser zu gestalten" (Dierks M L, Siebeneick S, Röseler S 2001, S. 118). Die dritte Untersuchungsfragestellung lautet somit:

> **3. Untersuchungsfragestellung**
> *Welche typischen Patientengruppen lassen sich anhand ihreres Adhärenzverhaltens identifizieren?*

Neben einem genaueren Verständnis des Patientenverhaltens soll die vorliegende Untersuchung das Ausmaß der Therapietreue für die untersuchte Patientengruppe der Hypertoniker in Deutschland bestimmen. Diese Größe spielt vor dem Hintergrund der Diskussionen um mögliche Effizienzsteigerungspotenziale und Skaleneffekte im deutschen Gesundheitswesen eine entscheidende Rolle (Robert-Koch-Institut 2016, Wasem J 2005).

Schon Urquart, einer der Pioniere auf dem Gebiet der Compliancemessung, hat mit seiner Aussage „wer die Compliance verbessern will, muss sie messen" (Urquart J 1993, o.S.) verdeutlicht, dass die Wissenschaft nicht umhinkommt, die Entwicklung methodischer Werkzeuge für eine möglichst exakte und aussagekräftige Messung des Phänomens Adhärenz voranzutreiben. Zur Erhöhung der Messgenauigkeit des Therapietreueniveaus von Patienten soll die vorliegende Studie mit der Entwicklung eines Patienten-Compliance-Index (PCI) einen Beitrag leisten. Hieraus leitet sich die vierte Untersuchungsfragestellung ab:

---
4. Untersuchungsfragestellung

Wie adhärent sind Hypertoniepatienten heute?

Das Interesse an der gesundheitsökonomischen Bewertung, der aus unzureichender Adhärenz resultierenden Opportunitätskosten für das Gesundheitssystem, ist während der letzten Jahre stetig gestiegen (Schöffski O, Fricke F-U, Guminski W 2008). Bezogen auf das Indikationsgebiet der Hypertonie soll im Rahmen dieser Studie eine Antwort gegeben werden:

---
5. Untersuchungsfragestellung

Welche Kosten entstehen dem deutschen Gesundheitssystem aufgrund zu geringer Therapietreue auf dem Indikationsgebiet der Hypertonie?

Weiterhin soll der Frage nachgegangen werden, wie gut der behandelnde Arzt das Therapieverhalten und die verhaltensbeeinflussenden sozialen Umstände, in welchen seine Patienten ihre tägliche Therapie ausführen, einschätzen kann. Das Wissen um das Einschätzungsvermögen des behandelnden Arztes ist von hoher Bedeutung, da dies ihn ggf. in die Lage versetzt, frühzeitig auf mögliche Probleme der Therapieausführung im Arzt-Patient-Dialog einzuwirken.

---
6. Untersuchungsfragestellung

Welche Qualität hat das Einschätzungsvermögen des patientenseitigen Therapieverhaltens durch den behandelnden Arzt?

Außerdem soll der Frage nach regionalen Unterschieden des Gesundheitsverhaltens nach dem Bundesland nachgegangen werden.

> **7. Untersuchungsfragestellung**
> *Variiert das Gesundheitsverhalten der Patienten nach dem Bundesland?*

Abschließend wird diskutiert, welche Rolle gegenwärtigen und zukünftigen Entwicklungen im Bereich des Einsatzes von Smartphones und Smart-Home Anwendungen im Hinblick auf die Adhärenz zukommt. Somit lautet die achte und letzte Untersuchungsfragestellung:

> **8. Untersuchungsfragestellung**
> *Welche Rolle kommt dem Einsatz von Smart-Devices zu Erreichung einer gesteigerten Adhärenz zu?*

1.5 Struktur der Abhandlung

Der Aufbau der vorliegenden Abhandlung orientiert sich im Wesentlichen an den in Abschnitt 1.4 formulierten Untersuchungsfragestellungen, welche sämtlich dem Handlungsfeld der Public Health zuzuordnen sind. In Kapitel 1 wurde zunächst ein Bewusstsein für den latenten Bedarf und die Relevanz einer eingehenden Untersuchung des Therapietreueverhaltens basierend auf Real World Daten geschaffen. Gegenstand von Kapitel 2 ist die Abgrenzung des Adhärenzbegriffs und eine Bestandsaufnahme der Literatur zur Adhärenzforschung. Kapitel 3 hat die Konzeptualisierung eines Therapietreuemodells für das Patientenverhalten zum Inhalt, dessen empirische Überprüfung in Kapitel 4 unternommen wird. Die Analyse situativer Einflussfaktoren auf das Therapietreueverhalten sind Gegenstand von Kapitel 5.

In Kapitel 6 wird eine am Adhärenzverhalten orientierte Patientenmarktsegmentierung vorgenommen und mit dem Patienten-Compliance-Index (PCI) ein standardisiertes Instrument zur Messung des Niveaus der Therapietreue vorgestellt. Weiterhin ist die gesundheitsökonomische Evaluation der Kosten, welche aufgrund unzureichender Compliance von Hypertonikern für das deutsche Gesundheitswesen entstehen, Forschungsgegenstand dieses Kapitels.

Kapitel 7 geht der Frage nach, wie gut der behandelnde Arzt das Therapieverhalten seines Patienten einschätzen kann. Hier werden patientenseitige und arztseitige Einschätzungen des Adhärenzverhaltens des Patienten vergleichend analysiert und Implikationen für den Versorgungsalltag in der Arztpraxis thematisiert. Kapitel 8 widmet sich der Untersuchung regionaler Unterschiede des Therapieverhaltens nach dem Bundesland.

Kapitel 9 thematisiert strategische Einsatzbereiche von Compliancedaten in Krankenversicherung, bei Arzneimittelherstellern und in der deutschen Gesundheitspolitik. Im nachfolgenden Kapitel 10 werden operative Handlungsempfehlungen für die tägliche Praxis des Adhärenz-Managements von Patienten im Versorgungsalltag gegeben. Hierbei wird dezidiert auf die verschiedenen Marktteilnehmer, welche gemeinsam für das Gelingen der eingeschlagenen Therapie beteiligt sind, eingegangen. Eine Schlussbetrachtung wird in Kapitel 11 vorgenommen.

Kapitel 2

Grundlagen der Patientencompliance und Adhärenz

2.1 Ausgangspunkt und Handlungsfeld

Die dem Handlungsfeld von Public Health zuzuordnende Untersuchung beschäftigt sich mit dem Krankheitsbild der Hypertonie. Im Speziellen setzt sich die Studie mit dem Compliance- bzw. Adhärenzverhalten der betroffenen Patienten auseinander. Die in diesem Kapitel geführte Dikussion dient der Ableitung eines einheitlichen Begriffsverständnisses und zur Orientierung innerhalb der vorliegenden Untersuchung. Abschließend wird die aktuelle Literatur zum Therapietreueverhalten von Patienten ausgewertet.

2.1.1 Ein Begriff im Wandel

Compliance wird im Allgemeinen definiert als das Ausmaß, in dem ein Patient seine Medikation wie vom Arzt verschrieben einnimmt (Frank E et al. 1992). Die lexikalische Übersetzung von Compliance aus dem Englischen bedeutet Einhaltung, Erfüllung, Befolgung, Gefügigkeit und Fügsamkeit (Reuter P 2015, S. 178). In einem klinischen Wörterbuch ist Compliance als die Bereitschaft eines Patienten zur Zusammenarbeit mit dem Arzt bzw. zur Mitarbeit bei diagnostischen und therapeutischen Maßnahmen (Pschyrembel W 2015, S. 310) definiert. Wille & Ulrich verstehen hierunter die gesundheitsfördernden Anstrengungen des Patienten, die dieser zusätzlich zur medizinischen Behandlung durch den Arzt unternimmt (Wille E, Ulrich V 1991, S. 27). Eine eindeutige und allg. akzeptierte Definition des Begriffs Compliance gibt es sowohl im Englischen als auch im Deutschen nicht. Im medizinisch-pharmazeutischen Kontext wird Compliance in der Fachliteratur häufig mit den Worten Therapietreue, Zuverlässigkeit und Einwilligung gleichgesetzt, jedoch konnte sich bisher kein deutsches Synonym durchsetzen (Kyngäs H 2000).

Schon vor etwa 2.600 Jahren wurde von Hippokrates die Übereinstimmung zwischen dem so genannten Alltagsverhalten und dem nach dem medizinischen Wissensstand wünschenswerten Verhalten bei der Behandlung von Krankheiten als ein zu lösendes Problem erkannt (Haynes R B 1986, S. 13). Erst in den 1960er Jahren wurde Compliance zum Gegenstand sowohl medizinischer als auch sozialwissenschaftlicher Forschung. Vorreiter waren Wissenschaftler aus dem angelsächsischen Raum, was den Weg des Wortes Compliance in die deutschsprachige Fachliteratur mitbegründet (Weber E 1982, S. 23).

Die vorgestellten Begriffsbestimmungen deuten auf eine Zweideutigkeit des Begriffs Compliance hin. Zum einen kann Compliance als das Einverständnis zwischen Arzt und Patienten über das Verhalten des Patienten in Bezug auf die anstehende Therapie verstanden werden. Zum anderen zielt der Begriff auf ein einseitiges, autoritäres, am Willen des Arztes orientiertes Patientenverhalten ab (Meyer C 2005, S. 12).

Als Patient im klassischen Sinne wird eine Person verstanden, welche „vom Arzt oder einem Angehörigen anderer Heilberufe behandelt" (Alsleben B 2003, S. 1001) wird. Diese Sichtweise versteht den Patienten in einer passiven oder erduldenden Behandlungsposition gegenüber dem Arzt (Alsleben B 2003, S. 981). In der Literatur bis in die späten 1980er Jahre dominierte eindeutig die letztere Bedeutung. Meißel ist der Meinung, dass diese Dominanz auch für den Zeitraum danach tendenziell gegeben ist (Meißel T 1996, S. 28). Die Definition des Begriffs ist im Fluss und entwickelt sich gerade in den letzten Jahren immer mehr hin zur gleichberechtigten Arzt-Patient-Partnerschaft und weg von einem einseitig weisungsbezogenen Patientenverhalten (Eggert B 2006, S. 81). Dieses Patientenverständnis verkörpert den „modernen Patienten" (Deber R B et al. 2005), der nicht blind und ohne zu fragen ärztlichen Weisungen folgt. Treiber der Entwicklung zugunsten erhöhter Partizipation des Patienten im medizinischen Entscheidungsprozess ist, neben dem Einfluss wachsender ökonomischer und haftungsrechtlicher Fragestellungen, der zunehmend besser informierte Bürger in Bezug auf gesundheitliche Fragestellungen (Simon M 2005, S. 3). Als Patient im weiteren Sinne werden all jene Personen bezeichnet, die ermutigt werden, präventiv etwas für ihre Gesundheit zu tun - wie auch jene, die aktiv eine Behandlung durchführen oder mit chronischen Krankheiten leben müssen (Meichenbaum D, Turk D C 1994, S. 15).

Die Entwicklung des Compliancebegriffs wird im Folgenden zusammenfassend dargestellt. Eine der am häufigsten zitierten Definitionen ist jene von Haynes. Danach ist Compliance als der Grad beschrieben, „... in dem das Verhalten einer Person in Bezug auf die Einnahme eines Medikamentes, das Befolgen einer Diät oder die Veränderung des Lebensstils mit dem ärztlichen oder gesundheitlichen Rat korrespondiert" (Haynes R B 1986, S. 12). Haynes nimmt mit seiner Begriffswahl zwar keine Wertung vor, setzt Compliance jedoch

2.1. Ausgangspunkt und Handlungsfeld

mit konsequentem Befolgen gleich. Stärker wertend äußern sich Heuer & Heuer. Sie sehen in Non-Compliance ein Fehlverhalten, Versagen oder Verschulden des Patienten durch das Abweichen von einer verordneten Therapie (Heuer H O, Heuer S H 1999a, S. 6).

Aus der beschriebenen Begriffsspaltung bzw. Mehrdeutigkeit des Compliancebegriffs leitete sich fortwährende Kritik an dem Wort ab - sei es, weil damit die Eigenständigkeit des Patienten bei seinen Entscheidungen kaum berücksichtigt wurde oder weil der Eindruck eines sündigen bzw. hörigen Patienten damit einhergeht. Kritik übte die Literatur ebenfalls an der häufig als hierarchisch unterstellten Arzt-Patient-Interaktion. Resultierend aus jener Konnotation des Compliancebegriffs gab es Bestrebungen, andere Begriffe für Compliance zu finden. Hierzu eröffnet Tabelle 1 einen kurzen Überblick über einzelne Konstrukte, welche den Begriff Compliance ersetzen können.

Englischer Begriff	Deutscher Begriff	Begriffsverständnis
Accordance	Zustimmung / Übereinstimmung des Patientenverhaltens mit den Erwartungen des Therapieplans	Patient als gleichberechtigter Partner, der die Empfehlungen des Therapeuten akzeptiert und sich daran hält
Adherence	Adhärenz, Einhalt der Verordnung	Einhaltung der gemeinsam von Patient und Behandler gesetzten Therapieziele
Alliance	Allianz	Gute Behandler-Patient-Interaktion als Basis für gute Zusammenarbeit
Compliance	Zuverlässigkeit	Autoritär-hierarchische Behandler-Patient-Interaktion
Concordance	Siehe Accordance, Zustimmung des Patienten zum Therapieplan	Patient als gleichberechtigter Partner
Empowerment	Ermächtigung, Befähigung	Patient als Experte in eigener Sache
Fidelity	Treue / Übereinstimmung mit dem Therapieplan	Neutral in Bezug auf die Behandler-Patient-Interaktion
Maintenance	Aufrechterhaltung / Durchhalten eines Therapieplanes	Insbesondere bei chronischer Therapie

Tabelle 1: Begrifflichkeit der Patientencompliance und vorgeschlagene Synonyme

Die Diskussion um die Begrifflichkeit und den Bedeutungswandel der Bezeichnung Compliance spiegelt sich in den Versuchen wider, den jeweiligen Bedeutungsinhalt in Form eines semantischen Netzes entsprechend greifbar zu machen. Während der letzten Jahre hat sich die im deutschen und englischen Sprachraum etablierte Begrifflichkeit rund um das Thema Therapietreue zunehmenden weg von der Bezeichnung „Compliance" hin zur „Adhärenz" verschoben. Unter Adhärenz wird eine noch stärkere beidseitige Verantwortung von Patient und Arzt für den Therapieerfolg verstanden. Diesem gesellschaftlichen Wandel, welchem das Verständnis von Therapietreue unterliegt, soll durch die Verwendung des Begriffs der Adhärenz im Rahmen der vorliegenden Studie soweit möglich, Rechnung getragen werden.

Unter den in Tabelle 1 genannten Begriffen wird Adhärenz in der Fachliteratur mittlerweile gar häufiger als das der Begriff der Compliance verwendet. In der klinischen Pharmakologie wird der Begriff Compliance als das Ausmaß verwendet, in welchem der Körper ein Medikament verarbeitet (Meyer C 2005, S. 13). Somit beschreibt das Wort sowohl ein Verhaltensmerkmal als auch einen biochemischen Prozess. Um dieses Begrifflichkeitsproblem zu lösen, schlugen Frank et al. vor, den Ausdruck Adhärenz zu verwenden (Frank E et al. 1992). Die Definition des Begriffes Adhärenz erfuhr 2003 durch die Weltgesundheitsorganisation (WHO) eine weitere Präzisierung. Hiernach ist Adhärenz „the extent to which a person´s behavior - taking medication, following a diet, and/or executing lifestyle changes, corresponds with agreed recommendations from a health care provider" (World Health Organization 2003) definiert. Trotz der klaren theoretischen Unterscheidung und gegenseitigen Abgrenzung der Begriffe Compliance und Adhärenz, ist es bei Sichtung der aktuellen Schriften nicht einfach, die Begriffe eindeutig auseinanderzuhalten, da beide häufig gleichbedeutend benutzt werden.

Den zeitlichen Bedeutungswandel des Begriffs Compliance veranschaulicht Abbildung 1. Es ist darauf hinzuweisen, dass hier der Entwicklungsprozess des Begriffs Compliance von den 1960er Jahren bis in die Gegenwart veranschaulicht wird, ohne für jedes der vier Modelle einen eindeutigen Beginn bzw. Ende feststellen zu können. Die Gesellschaft wird sich darauf einstellen müssen, dass sich die Begrifflichkeit auch in den kommenden Jahren weiter verändern könnte, weil es in Zukunft aufgrund besserer Informiertheit des Patienten zunehmend weniger „Herrschaftswissen" von Ärzten geben wird (Eggert B 2006, S. 97).

Ursprünglich verstand man unter dem Begriff Compliance den passiven Therapiegehorsam des Patienten. Hier wurde der Patient als unmündig und wenig selbstverantwortlich angesehen (Coulter A 1999, S. 719). Der Patient musste nichts weiter tun, als den Anweisungen des paternalistischen Arztes Folge zu leisten. Gerade dieses Verständnis von Compliance wurde in der Literatur zunehmend kritisch hinterfragt und weiterentwickelt. Die unterstellte Informationsasymmetrie zwischen Patient und Arzt, in der dem Arzt die dominante Rolle

2.1. Ausgangspunkt und Handlungsfeld

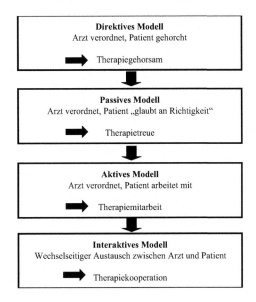

Abbildung 1: Begriffliche Bedeutungsänderung: von der Compliance zur Adhärenz

des Verordners und dem Patienten die passive Rolle des Befolgenden zugeschrieben wird, ist heute nicht mehr zeitgemäß (Schwarzer R 2004, S. 141).

Die aktuelle, zeitgemäße Auslegung ist die, welche der Kooperation und Interaktion, also der Partnerschaftlichkeit beider Akteure (Coulter A, Magee H 2003, S. XII), eine hohe Bedeutung beimisst und somit „zu einem diversifizierten Begriff, in dem der Patient als Kunde auftritt" (Landgraf R, Huber F, Bartel R 2006, S. 13), geführt hat. Die in früheren Zeiten unterstellte Asymmetrie wird aufgehoben, sodass es keine hierarchische Reihung mehr zwischen Arzt und Patient gibt, sondern beide Akteure auf einer Ebene kommunizieren (Schwarzer R 2004, S. 141). Gerade in der unterstellten stetigen Kommunikation zwischen beiden Akteuren liegt ein weiterer entscheidender Punkt des heutigen Verständnisses von Adhärenz. Therapietreue wird als ein „dynamischer, komplexer und situationsabhängiger" (Petermann F 1998, S. 9) Prozess verstanden, welcher sich im Therapieverlauf drastisch wandeln kann (Petermann F, Mühlig S 1998, S. 74).

Nach intensiver Diskussion verschiedener Auslegungsrichtungen des Konstrukts der Therapietreue soll an dieser Stelle eine Definition gegeben werden, an welcher sich die vorliegende Untersuchung orientiert. Um dem interaktiven Gedanken, welcher Adhärenz als einen dynamischen Prozess der Therapiekooperation zwischen Arzt und Patient versteht, Rechnung zu tragen, wird auf die breit angelegte Definition der Weltgesundheitsorganisation zurückgegriffen.

> **Definition des Begriffs der Adhärenz**
> „Adherence is the extent to which a person´s behavior - taking medication, following a diet, and/or executing lifestyle changes, corresponds with agreed recommendations from a health care provider." (World Health Organization 2003)

Da es sich bei dem Thema des Adhärenzverhaltens um ein äußerst komplexes und vielschichtiges dynamisches System mit zahlreichen, noch zu erörternden, exogenen und endogenen Variablen handelt, wurde die Definition des Wortes auf ein möglichst breit angelegtes Fundament gestellt.

2.1.2 Adhärenz versus Non-Adhärenz

In einfache Worte gefasst bezeichnet Non-Adhärnz bzw. Non-Compliance das genaue Gegenteil von Adhärenz bzw. Compliance, nämlich die unzureichende Bereitschaft an der Therapie mitzuwirken (Petermann F, Mühlig S 1998, S. 77). Diese unzureichende Motivation kann sich sowohl auf den Patienten als auch auf den Arzt beziehen und bewusster oder unbewusster Natur sein. (Heuer H O, Heuer S H 1999a, S. 6). Die Ursachen des Phänomens Non-Adhärenz sind genau wie jene, welche die Adhärenz beschreiben, sehr vielschichtig und können sich auf die gesamte Bandbreite von Therapiemaßnahmen beziehen (Sonnenmoser M 2002, S. 6). Beschreibt Non-Adhärenz patientenseitiges Verhalten, sind Verhaltensweisen wie das Auslassen von Arzt- und/oder Physiotherapieterminen, die schlechte oder mangelnde Teilnahme an Gesundheitsprogrammen, die unregelmäßige Medikamenteneinnahme und die Nichteinhaltung von Diäten gemeint. Spielt der Begriff jedoch auf das arztseitige Verhalten an, kann hiermit eine falsche Diagnose oder eine falsche Therapie gemeint sein, welche der Behandler angestellt bzw. veranlasst hat.

Im Wesentlichen lassen sich drei Stufen des Grades der Übereinstimmung zwischen dem tatsächlichen Patientenverhalten und dem idealen Therapieplan unterscheiden.

- **Adhärenz**

  Kann das Patientenverhalten mit einem Befolgungsgrad von 80% und mehr beschrieben werden, wird dieses Verhaltensmuster in der Literatur als adhärent bezeichnet (Heuer H O, Heuer S H 1999a, S. 11). Ein Patient, welcher als adhärent bezeichnet wird, gilt als der „ideale Patient" (Sonnenmoser M 2002, S. 4), da er sich eng an die abgesprochenen Therapieinhalte hält. In Bezugnahme auf die verschriebene Medikation hält er sich quasi perfekt an die Dosis und die vereinbarten Einnahmezeitpunkte.

- **Partielle-Adhärenz**

  Befolgen Patienten den Therapieplan zu einem Grad zwischen 20-80%, spricht man von einem Verhalten, welches als partiell-adhärent definiert ist (Heuer H O, Heuer S H 1999a, S. 11). Bei diesem Verhaltensmuster weicht das Gesamttherapieverhalten des Patienten z.T. deutlich von der vereinbarten Therapielinie ab. Die verordnete Medikation wird in diesem Fall nach einem vom Therapieplan abweichenden Muster eingenommen, das zwischen einem fast perfekten Muster der Therapietreue und Unterbrechungen durch mehrfaches Auslassen einzelner Dosen oder der Über- bzw. Unterdosierung liegt. Es handelt sich bei dieser Form der Partiellen-Adhärenz um eine eigenmächtige Änderung der Dosis und/oder des Einnahmezeitpunktes durch den Patienten.

  An dieser Stelle ist anzumerken, dass ein Patient, welcher sich partiell-adhärent verhält, im strengen Sinne non-adhärent ist, da er sich willentlich oder unwillentlich nicht an das ideale Therapieschema hält. Da diese Patientengruppe jene ist, welche durch geeignete Maßnahmen am ehesten positiv in Richtung einer Verbesserung der Therapietreue zu beeinflussen ist, wird sie als Zwischengruppe gewertet.

- **Non-Adhärenz**

  Liegt der Befolgungsgrad des Therapieplans unter 20%, spricht man folgerichtig von einem Patientenverhalten, welches als „non-adhärent" bezeichnet wird (Sonnenmoser M 2002, S. 4). In diesem dritten Verhaltensmuster, welches die absolut und relativ schwächste Therapietreue aufweist, wird noch einmal zwischen Primärer- und Sekundärer-Non-Adhärenz unterschieden.

  „Primäre-Non-Adhärenz" liegt vor, wenn der Patient es nach einem Arztbesuch unterlässt, sein Rezept in der Apotheke einzulösen (Heuer H O, Heuer S H 1999a, S. 11). Es wird bei dieser Form der Non-Adhärenz nicht unterschieden, ob der Grund für das Nichteinlösen eine bewusste Verweigerung der Therapie oder Vergesslichkeit ist.

  Sobald der Patient das ihm ausgestellte Arztrezept in der Apotheke einlöst und sich danach nicht therapieplankonform mit einem Grad von unter 20% verhält, fällt dieser in die Kategorie „Sekundär-Non-Adhärent" (Sonnenmoser M 2002, S. 5).

Das beschriebene Stufenkonzept ist nach Heuer & Heuer vor allem für chronische Erkrankungen validiert (Heuer H O, Heuer S H 1999a, S. 12). Neben dem vorgestellten Therapietreuemuster werden, Petermann & Mühlig folgend, drei Grundformen der Non-Adhärenz unterschieden (Petermann F, Mühlig S 1998, S. 78).

- **Non-Adhärenz 1. Ordnung**

  Unter genereller Therapieverweigerung versteht man die mit rationalen Argumenten begründbare und absichtliche Therapieverweigerung. Hervorgerufen wird dieses Verhaltensmuster z.B. durch weltanschauliche Gründe, religiöse Einstellungen oder übertriebene Risikoängste. Diese Form der Non-Adhärenz über den herkömmlichen Arzt-Patient-Dialog zu mindern oder gar völlig abzustellen, ist äußerst schwer (Petermann F, Mühlig S 1998, S. 78). Patientenseitiges Verhalten wie der ausschließliche Rückgriff auf Selbstbehandlung oder der Ausschluss aller nicht alternativen Heilmethoden beschneidet die Möglichkeiten zur Reduktion der bestehenden Non-Adhärenz.

- **Non-Adhärenz 2. Ordnung**

  Hierbei handelt es sich um die Verweigerung bestimmter Therapiemaßnahmen. Der Fokus liegt auf dem Verweigern einzelner Elemente des Therapieplans. Diese Ablehnung kann entweder offen artikuliert oder verdeckt vollzogen werden. Letzterer Fall muss zunächst aufgedeckt werden, um überhaupt die Chance einer Einflussnahme auf das Patientenverhalten zu erlangen (Arnold N 2005, S. 7). Ein Beispiel ist die Verweigerung einer speziellen Behandlungsmaßnahme, bei welcher langfristige Folgen schwer absehbar sind oder es häufig zu Nebenwirkungen kommt.

- **Non-Adhärenz 3. Ordnung**

  Der dritten Gruppe sind Mühlig folgend jene Patienten hinzuzurechnen, welche eine eigenmächtige oder unbeabsichtigte Modifikation der Verordnungen des Arztes vornehmen (Mühlig S 1998, S. 78). Dieses Verhaltensmuster kann auch wieder eine Vielzahl unterschiedlicher Verhaltensweisen aufweisen, z.B. die Ergänzung der verordneten Medikation durch weitere unsachgemäße Ersatzpräparate, die eigenmächtige Umstellung der Einnahmefrequenz oder die unabsichtliche Verwechslung von verschiedenen Medikamenten. Wie anhand der Beispiele dargestellt, kann eine Divergenz zwischen Verhalten und Therapieplan willentlich oder unwillentlich auftreten. Der beschriebenen „Non-Adhärenz 3. Ordnung" kann durch gezielte Schulungen und vorallem durch die Förderung und Steigerung der Therapiemotivation am einfachsten entgegengetreten werden. Fittschen (Fittschen B 2002) zu Folge, liegt bei Patienten dieser Gruppe das höchste Potenzial, die Therapietreue zu steigern.

Neben den vorgestellten Formen der Adhärenz und Non-Adhärenz gibt es bestimmte Verhaltensmuster des Patienten im Umgang mit seiner Arzneimitteltherapie. In Abbildung 2 sind einige mögliche Comliance-Muster veranschaulicht. Diese sind z.T. Schnittmengen aus bereits vorgestellten Verhaltensweisen. Therapietreuemuster beschreiben das zeitliche und dosismäßige Einnahmeverhalten der verordneten Arznei.

2.1. Ausgangspunkt und Handlungsfeld

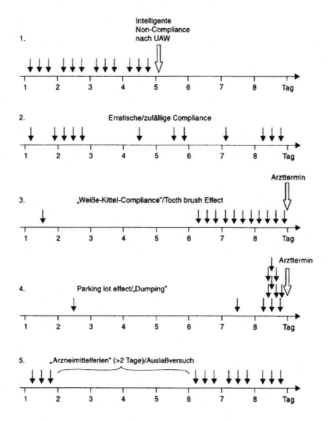

Abbildung 2: Schematische Darstellung unterschiedlicher Adhärenzmuster

Aus der Praxis ist bekannt, dass die meisten Therapeuten das Konstrukt der Non-Compliance zwar kennen, dieses jedoch regelmäßig unterschätzen. So ist nach Sackett et al. der Arzt oft der Letzte, der von einer Non-Adhärenz erfährt (Gordis L 1986). Aus rein medizinischer Sichtweise wird das Nichtbefolgen der Therapieanweisungen durch den Patienten als nicht rationales und nicht erwünschtes Verhalten empfunden. Ein Verschulden des Arztes bleibt in diesem Verständnis von Non-Adhärenz häufig außen vor (Hannig J 2004, S. 13).

In Abschnitt 2.1.1 wurde die Entwicklung des Begriffs Compliance bzw. Adhärenz weg von einer autoritär geprägten hin zu einer partnerschaftlichen Behandlungssituation beschrieben. Merkwürdigerweise findet diese beiderseitige Teamverantwortung in dem Begriff und dem Verständnis der Non-Adhärenz keine gleichberechtigte Bedeutung. Es liegt noch immer ein Ungleichgewicht hin zur Vorverurteilung des Patienten vor. Die Ursachen für Non-Adhärenz sollten stets sowohl aufseiten des Patienten wie auch des Therapeuten und in der beiderseitigen Kommunikation gesucht werden. Genau diese Sicht- und Herangehensweise soll der vorliegenden Studie zugrunde liegen. Nur wer unvoreingenommen versucht, das Konstrukt Therapietreue tiefer zu ergründen und Zusammenhänge aufzudecken, hat die Chance, möglichst unverzerrte und objektive Aussagen über die Erfolgsfaktoren des Therapietreueverhaltens treffen zu können.

2.1.3 Ausmaß und Folgen der Non-Adhärenz

Unbestritten ist Non-Adhärenz in der Arzneimitteltherapie ein sehr ernstes, aber zugleich vernachlässigtes Problem. Eine Vielzahl von Studien belegt, dass die Non-Compliance häufig unterschäzt wird (Greißing C et al. 2016, Arnold N 2005). Untersuchungen zufolge kommt man zu dem Ergebnis, dass etwa 20% aller Patienten ihre Rezepte überhaupt nicht einlösen, die verbleibenden 80% der Rezepte werden zur Hälfte, gar nicht oder nicht vorschriftsmäßig angewendet. Schätzungen zufolge soll jede vierte Krankenhauseinweisung direkt oder indirekt in Zusammenhang mit falscher Medikamenteneinnahme stehen. Andere Schätzungen gehen davon aus, dass etwa jeder dritte Patient seine Arzneimittel wie verordnet einnimmt und sich somit therapietreu verhält. Ein weiteres Drittel führt die Arzneimitteltherapie mehr oder weniger zuverlässig durch, ist somit partiell-adhärent. Das letzte Drittel ist völlig unzuverlässig, also non-adhärent (Sonnenmoser M 2002, S. 14)

Aus diesen Studienergebnissen leiten sich sowohl Folgen für die Gesundheit des Patienten (mit erhöhter Morbidität und Mortalität) sowie die Gesundheitskosten, als auch die Volkswirtschaft insgesamt ab. Letztere werden insbesondere unter Public Health Aspekten der Non-Adhärenz betrachtet. Schätzungen zufolge entstehen 10-15% aller Krankheitskosten aufgrund von Nicht-Einnahme oder der falschen Einnahme von Arzneimitteln. Mühlig und Sonnenmoser schätzen die Kosten der Non-Adhärenz in Deutschland auf etwa 7,5-10 Mrd. EUR jährlich (Laufs U et al. 2011, S. 1616). Diese Kosten werden durch vermehrte Einweisung in Krankenhäuser und Pflegeheime sowie zusätzliche Kosten für therapeutische Maßnahmen oder Arzneimittel verursacht. Aus gesellschaftlicher Perspektive erscheint eine Verbesserung der Compliance grundsätzlich als ökonomisch sinnvoll, da dies zu besseren Kosten-Nutzen-Relationen der eingesetzten Ressourcen und optimierten gesundheitlichen Outcomes bei gleichem Ausgabenniveau führen kann (Wasem J 2005, S. 3).

Die Kriterien bzgl. der Folgen von Non-Adhärenz sind für verschiedene Krankheitsbilder sehr unterschiedlich, vergegenwärtigt man sich die Komplexität unterschiedlicher Behandlungen zur Lösung verschiedener gesundheitlicher Probleme (Meichenbaum D, Turk D C 1994, S. 24). Untersuchungen haben gezeigt, dass bei bestimmten Krankheitsbildern weniger als 100% Adhärenz erforderlich sind, um ein gewünschtes Therapieergebnis zu erzielen. Für Hypertoniker haben Lüscher et al. analysiert, dass bei einer Medikamentenadhärenz von 80% und mehr ein normalisierter Blutdruck zu erzielen ist. Bei Raten von 50% und weniger muss die Therapie als ineffizient bezeichnet werden (Lüscher T F et al. 1985, S. 5).

Da im weiteren Verlauf die Therapietreue von Hypertonikern untersucht wird, soll anhand dieser Patientengruppe, welche in Deutschland ca. 20 Mio. diagnostizierte Fälle umfasst, ein Beispiel für das Ausmaß und die Folgen der Non-Adhärenz gegeben werden. Anerkannten Schätzungen zufolge liegt die Einnahmerate der verordneten Medikamente bei chronisch kranken Patienten bei lediglich ca. 50% (Baroletti S, Dell'Orfano H 2010, Cutler DM, Everett W 2010). Somit ist bei 10-16 Mio. Patienten die verordnete Therapie medizinisch gesehen zu einem großen Teil vergebens. Der Gesellschaft entstehen zum einen durch die eingeschlagene Therapie zum anderen infolge der Non-Adhärenz Kosten in Höhe von bereits erwähnten 7,5-10 Mrd. EUR jährlich. Die Folgekosten setzten sich u.a. aus zusätzlichen Arztleistungen, Arzneimittelkosten und Arbeitsausfall zusammen.

Das teuerste Medikament ist demnach jenes, welches der Patient nicht einnimmt, sodass dieser Größe vor dem Hintergrund der aktuellen Diskussion ein ganz besonderer Stellenwert zukommt (Homburg C, Dietz B 2006, S. 291). Angesichts immer knapper werdender Ressourcen im Gesundheitswesen und vor allem in den öffentlichen Kassen wird ein kosteneffektiverer Einsatz von Arzneimitteln zunehmend relevanter. Dies kann nur erreicht werden, wenn Akzeptanz und Therapietreue für eine wirksame Therapie entscheidend verbessert werden. Heilmann zufolge werden durch Maßnahmen zur Adhärenzförderung sowohl das therapeutische Nutzen-Risiko-Verhältnis als auch das wirtschaftliche Kosten-Nutzen-Verhältnis optimiert (Heilmann K 1988).

2.1.4 Methoden der Adhärenzmessung

Es existiert eine Vielzahl von Methoden zur Messung der Adhärenz, jedoch sind die meisten Adhärenzwerte mit relativ hoher Unsicherheit behaftet (Peruche B, Hagedorn M, Schulz M 1995, S. 2817). Es gibt nicht „die" Methode, welche Therapietreue zuverlässig misst, sondern es wird zur möglichst genauen Bestimmung der Adhärenz häufig auf einen Methoden-Mix zurückgegriffen (Petermann F 1994, S. 77). Die im Folgenden vorgestellte Vielzahl unterschiedlichster Messverfahren zeigt, wie schwierig es ist, das Konstrukt Adhärenz möglichst genau messen zu können. Fest steht jedoch, wie schon Urquart mit seiner Aussage „wer die Compliance verbessern will, muss sie messen" (Urquart J 1993) verdeutlicht hat, die Wissenschaft kommt nicht umhin, die methodischen Werkzeuge für eine möglichst exakte und aussagekräftige Messung des Phänomens Therapietreue voranzutreiben. Mit dem Grad der Messgenauigkeit steigt ebenfalls das Verbesserungspotenzial im Management der Adhärenz.

Bei den Methoden zur Adhärenzmessung wird grundsätzlich zwischen den so genannten direkten und indirekten Methoden unterschieden (Gordis L 1986, S. 38). Bei den direkten Verfahren wird die Aufnahme bzw. Nichtaufnahme eines Arzneimittels oder eines Markers im Organismus direkt nachgewiesen. Es wird mehr oder weniger direkt der Grad der Medikamenten-Adhärenz gemessen. Bei den indirekten Methoden kann das Ausmaß der Adhärenz nur mittelbar gemessen bzw. geschätzt werden. Die indirekte Messung kann mittels eines Patienten- bzw. Arztinterviews oder dem Auslesen eines Patiententagebuches vorgenommen werden. In Tabelle 2 ist eine Übersicht über verschiedene direkte Messmethoden und in Tabelle 3 ein Überblick über indirekte Messmethoden gegeben.

Bei einem Vergleich der verschiedenen Methoden zur Adhärenzmessung kann festgestellt werden, dass jedes Verfahren charakteristische Vor- und Nachteile bzgl. der Durchführbarkeit der Methode an sich, als auch in Hinblick auf die Verlässlichkeit und Prognosegüte der Therapietreue hat (Arnold N 2005, S. 10) Welche Methode einer anderen über- bzw. unterlegen ist, hängt von der Fragestellung der zu untersuchenden Patientengruppe oder der Therapiesituation ab.

Um das Konstrukt Adhärenz quantifizierbar zu machen und vor allem den sensitiven Bereich im Übergang von Non-Adhärenz zur Adhärenz messbar zu machen, wird auf Verfahren der logistischen Regression oder Discrete-Choice-Analyse zurückgegriffen (?, S. 426). Diese Verfahren beschreiben und modellieren dichotome Ereignisse, wie es das Phänomen Adhärenz ist. Die spezielle Messtechnik zur Quantifizierung von Therapietreue im Rahmen der logistischen Regression ist in Avenhaus et al. detailliert beschrieben (Avenhaus R, Canty M J 1996, S. 13).

Direkte Methode	**Beispiel**	**Anmerkung**
Beobachtung	Tabletteneinnahme unter Aufsicht	I.d. Regel ungeeignet in der Praxis; evtl. im Krankenhaus oder Pflegeheim geeignet
Bestimmung des Arzneimittels oder eines Metaboliten in biologischen Flüssigkeiten	In Blut, Urin, Stuhl oder Speichel	Geeignet in vielen Fällen
Messung eines biologischen Markers	Messung von pharmakologisch unwirksamen Dosen einer Markersubstanz, die einem Placebo oder einer Behandlung beigefügt wird	Nur in klinischen Prüfungen geeignet

Tabelle 2: Direkte Methoden der Adhärenzmessung

Am genauesten und unmittelbar kann man die Adhärenz mithilfe der direkten Methoden beobachten. Bei direkten Messverfahren, welche im Vergleich zu den indirekten Verfahren erheblich objektivere Messergebnisse liefern, können mithilfe eines Markers oder Metaboliten eindeutige Nachweise über die erfolgte Einnahme oder Nichteinnahme eines Medikaments gewonnen werden (Hasford J, Behrend C, Sangha O 1998, S. 30). Der Patient hat bei der Anwendung einer direkten Messung kaum Möglichkeiten, eine erhöhte Therapietreue vorzutäuschen. Nicht jedes Therapieschema eignet sich für diese Methode. Eine stationäre Behandlung oder die einmalige Behandlung mit einer Tablette sind sinnvolle Möglichkeiten zum Einsatz direkter Messmethoden. Eine Dauertherapie mit einem solchen Verfahren zu überwachen, bedeutet hingegen einen deutlich höheren Zeit-, Kosten- und Personalaufwand.

So klare Ergebnisse die direkten Verfahren zur Adhärenzmessung auch liefern mögen, ist doch im Vergleich zu den indirekten Methoden auf die meist deutlich höhere Kosten- und Zeitintensivität hinzuweisen (Wilker F-W 1994, S. 285). Direkte Methoden lassen nur vage Rückschlüsse auf den kausalen Ursprung des Therapietreueverhaltens eines Patienten zu. Zur Klärung der kausalen Zusammenhänge, welche zu einem bestimmten Einnahmeverhalten des Patienten führen, bietet sich die indirekte Messmethodik an.

Die in Tabelle 3 aufgelisteten indirekten Methoden zur Adhärenzmessung zeichnen sich gegenüber den direkten Verfahren durch eine einfachere und meist schnellere Durchführbarkeit und geringere Kosten aus (Arnold N 2005, S. 11). Im Vergleich zu den direkten Methoden wird bei den indirekten Messtechniken von einer Patienten- oder Arztaussage auf die Arzneimitteleinnahme geschlossen. Die generierten Daten erscheinen zunächst als weniger zuverlässig und lassen Interpretationsspielräume zu. Indirekte Methoden sind stets auf subjektive Aussagen und Einschätzungen hinsichtlich des eigenen oder des Verhaltens weiterer Personen angewiesen. Ein großes Problem stellt in diesem Zusammenhang die Überschätzung der Therapietreue dar. Schätzt sich ein Patient als non-adhärent ein, kann diesem in der Regel Glauben geschenkt werden. Falsch-negative Beurteilungen (Unterschätzung der Compliance) sind selten. Anders ist es bei der Angabe einer hohen Therapietreue, hier kommt es häufig zu falsch-positiven Aussagen (Überschätzung der Compliance) (Heuer H O, Heuer S H 1999*b*, S. 35).

Das Gespräch mit dem Patienten über den Therapieverlauf in Verbindung mit gezielten Fragen zur Ermittlung der Adhärenz stellt ein bedeutendes Analyseinstrument dar, um den individuellen Adhärenzgrad abzuschätzen (Sandy R, Connor U 2015). Neben einem tieferen Verständnis der kausalen Zusammenhänge, welche hinter dem Konstrukt Adhärenz stehen, eröffnet das Patienteninterview die Möglichkeit, ein differenziertes Bild über Hindernisse im Therapieverlauf und gleichzeitig Ansatzpunkte für eine Verbesserung der Compliance zu gewinnen (Dinger M 2002, S. 7). Zu dieser indirekten Analysemethode gibt es kaum eine Alternative, wenn man Gründe der Non-Adhärenz analysieren und verstehen möchte (Hasford J, Behrend C, Sangha O 1998, S. 35). Gehen die Fragestellungen über das Einnahmeverhalten der verordneten Medizin hinaus, wie z.B. das Sport- oder Essverhalten, spielt die Methode der Patientenbefragung die entscheidende Rolle im Methodenmix.

Abschließend bleibt sowohl für die direkten als auch die indirekten Methoden ein Problem bestehen. Der Patient wird bei quasi allen Messmethoden vor Beginn der Messung darüber informiert, dass seine Therapietreue überwacht wird (Heuer H O, Heuer S H 1999b, S. 38). Diese Aufklärung alleine reicht schon aus, das Verhalten im Vergleich zum uninformierten Zustand in Richtung einer erhöhten Adhärenz zu beeinflussen. Dies führt zu der aufgezeigten Tendenz, die eigene Therapietreue zu überschätzen.

Indirekte Methode	Beispiel	Anmerkung
Patientenbefragung / Interviews	Mündliche oder schriftliche Befragung z.B. durch offene Fragen, strukturierte Interviews oder Fragebogen.	Für die Praxis gut geeignet.
„Klinische" Einschätzung durch den Arzt oder Apotheker	Einschätzung nach Gefühl unter Berücksichtigung von Ansprechen auf Therapie, Patienten-Charakteristika und Erfahrung.	Relativ unzuverlässig, nur 50% Trefferwahrscheinlichkeit.
Arzneimittelverbrauch im Verhältnis zur Verordnung bilanzieren	„Pill count", Tablettenzählen	In der Praxis mittels Patientenkarten erfassbar.
In Arzneimittelpackung eingebaute elektronische Verbrauchsmonitore	MEMS = medication event monitoring system	Besonders geeignet zur Erfassung des Adhärenzmusters.
Therapeutische Wirkparameter	Bluthochdruck, Blutzucker, Herzfrequenz	Über Befragung und Messung in der Praxis erfassbar.
Auswertung von Patiententagebüchern über den Medikamentverbrauch	Bei Asthma, Diabetes, Hypertonie mit Dokumentation von Medikation und Wirkparametern.	Keine starke Abhängigkeit von dem Erinnerungsvermögen, aber Schlagseite zum Überschätzen durch compliancegemäßes Ausfüllen.

Tabelle 3: Indirekte Methoden der Adhärenzmessung

2.2 Bestandsaufnahme der Literatur

Im Folgenden wird ein systematischer Literaturüberblick zu Untersuchungen des Therapietreueverhaltens von Patienten, insbesondere von Hypertonikern, gegeben. Zunächst erscheinen Ursache-Wikungsbeziehungen zwischen verschiedenen Determinanten der Compliance vielschichtig zu sein. Im Wesentlichen lassen sich die drei Kernbereiche der Patientenmerkmale, des Vertauens in den Arzt und allgemeine Merkmale des Krankheitsbildes bzw. Therapieschemas identifizieren. Die genannten Segmente tragen in unterschiedlichem Ausmaß zur Adhärenz bzw. Non-Adhärenz eines Patienten bei und lassen auch untereinander wechselseitige Beziehungen vermuten (Hammer S, Graf F 2013). Die wichtigsten der im Folgenden zitierten Studien sind am Ende dieses Abschnitts in den Tabellen 5 bis 8 zusammengefasst.

2.2.1 Merkmale des Patienten

Der Bereich der patientenseitigen Faktoren lässt sich in vier Aspekte unterteilen, die in Tabelle 4 aufgeführt sind. In Hinblick auf den Zusammenhang zwischen soziodemografischen Merkmalen und Compliance stellen Studien fest, dass soziodemografische Faktoren wie Alter, Geschlecht, ethnische Zugehörigkeit, Intelligenz oder Ausbildungsgrad als Determinanten lassen aufgrund widersprüchlicher Studien keine eindeutige Typisierung zu (Sandy R, Connor U 2015, Jakob K, Fischer K 2013). Diese in der Literatur postulierten Widersprüche kommen u.a. zustande, weil sich die beobachteten Personen- bzw. Patientengruppen der verschiedenen Untersuchungen oft strukturell voneinander unterschieden haben. Manche Studien wurden ausschließlich in Krankenhäusern, andere ausschließlich im niedergelassenen Bereich durchgeführt und später verglichen. Durch die implizite Vorauswahl der befragten Personen wird es nahezu unmöglich, den potenziellen Einfluss soziodemografischer Merkmale auf die Adhärenz vergleichend zu analysieren. Ein Ausweg aus diesem Dilemma sind bevölkerungsbasierte Studien, aus welchen sich ein nicht unwesentlicher Einfluss soziodemografischer Persönlichkeitsmerkmale auf das Adhärenzverhalten vermuten lässt.

Auf dem Gebiet der Hypertonie scheinen weibliche Hypertoniker eher therapietreu zu sein als männliche Patienten. Jankowska et al. fanden heraus, dass jüngere Männer stärker zur Non-Adhärenz neigen und bei Frauen mit ansteigendem Alter zunehmend ein compliantes Verhalten zu beobachten ist (Jankowska-Polanska B et al. 2016). Diese Ergebnisse lassen vermuten, dass Geschlecht und Alter nicht separat, sondern in Kombination betrachtet werden sollten.

Merkmal	Beispiel
Soziodemographische Merkmale	Alter, Geschlecht, Bildung, soziale Schicht
Wissensstand, Einstellungen und Motivation	Teilnahme an Patientenschulungen
Kontrollüberzeugungen, Laienhypothesen, Health Beliefs	konträre Auffassung zum Wesen der Erkrankung und Art der Behandlung
psychische und soziale Aspekte	mangelnde Unterstützung durch Angehörige

Tabelle 4: Ausgewählte patientenseitige Einflussfaktoren für Adhärenz

Der Einfluss des Alters wird in der Literatur unterschiedlich diskutiert. Farmer et al. verneinen einen Einfluss des Alters auf die Adhärenz eines Patienten (Farmer K C, Jacobs E W, Phillips C R 1994). Demgegenüber gibt es Studien, welche zu dem Schluss kommen, dass „ältere Hypertoniker eine geringere Compliance aufweisen als jüngere" (Bailey J E et al. 1996). Gründe können in der Vergesslichkeit oder in einem komplexeren Therapieschema, etwa durch die Einnahme einer größeren Anzahl von Medikamenten, liegen. Andere Analysen zeigen ein genau umgekehrtes Bild, wonach bei älteren im Vergleich zu jüngeren Hypertonikern ein höheres Maß an Adhärenz zu beobachten ist (Sherbourne C D et al. 1992).

Einige Untersuchungen widmen sich dem Zusammenhang zwischen Morbidität bzw. Mortalität und dem sozioökonomischen Status eines Patienten. In der Regel werden Angaben zum Bildungsstand, zum beruflichen Status oder zum Einkommen herangezogen, um einen Patienten einer bestimmten sozialen Schicht zuordnen zu können (Mielck A 2005, S. 48). Bei der Patientengruppe der Hypertoniker stellte sich in zahlreichen Studien heraus, dass Patienten höherer sozioökonomischer Schichten eher zu einer besseren Therapietreue tendieren als diejenigen niedriger gestellter Gruppen. Hier ist insbesondere auf die Studie von Conroy et al. zu verweisen (Conroy R M et al. 1986).

Auf welche Art und Weise soziale Unterstützung die Adhärenz eines Patienten beeinflusst, existieren in der Literatur unterschiedliche Auffassungen. Die deutliche Mehrheit unterstellt, dass die Menge an psychischer und sozialer Unterstützung, die ein Patient erfährt, positiv mit seiner Adhärenz korreliert ist. Dieser Zusammenhang war allerdings in den meisten Untersuchungen lediglich moderat ausgeprägt (Gallant M P 2003). Keine positive Beziehung zwischen sozialem Zuspruch und gesteigerter Therapietreue konnten Schafer et al. messen, jedoch führte in jener Studie fehlende Unterstützung zu einem höheren Maß an Non-Compliance (Schafer L C, McCaul K D, Glasgow R E 1986). Zusammenfassend kann festgehalten werden, dass psychischer und sozialer Zuspruch nicht zwangsläufig zu einer gesteigerten Adhärenz führen muss, jedoch fehlende Unterstützung ein Hindernisgrund für die Adhärenz darstellen kann (Williams K, Bond M 2002).

Der Einfluss von Wissen, Fertigkeiten und Fähigkeiten eines einzelnen Patienten auf seine Therapietreue muss differenziert betrachtet werden. Ein gutes Beispiel hierfür ist eine Studie von Bone et al., in der Hypertoniker nach Beweggründen dafür gefragt wurden, warum sie ihre Bluthochdruckmedikamente nicht mehr einnehmen. 48% der Befragten gaben an, ihr Arzt hätte sie angewiesen, das Arzneimittel nicht mehr einzunehmen, 11% meinten, sie hätten keinen Bluthochdruck mehr, 9% meinten, sie hätten überhaupt keinen Bluthochdruck und 7% der Patienten führten unerwünschte Nebenwirkungen der jeweiligen Medikamente als Begründung auf (Bone L R et al. 1984, S. 201). Diese Ergebnisse zeigen ein deutliches Informationsdefizit des Patienten auf. Weitere Untersuchungen ergaben, dass Schulungsprogramme für Patienten einen positiven Einfluss auf das Wissen und Krankheitsbewusstsein von Patienten haben. Dies wiederum beeinflusst den Behandlungserfolg positiv. Bei dem Vergleich verschiedener Studien konnte in Dreien ein positiver Zusammenhang zwischen dem Kenntnisstand von Hypertonikern und ihrer Adhärenz festgestellt werden (Jankowska-Polanska B et al. 2016). Die Ergebnisse der Studie von Webb (Webb P A 1980, S. 1050) deuten auf keinen Zusammenhang hin, wohingegen Swain et al.(Swain M A, Steckel S B 1981, S. 215). sogar mit steigendem Kenntnisstand des Patienten eine schlechtere Compliance messen konnten. In der Literatur wird hierbei von „Knowledge-Action-Gap"(Chan Y M, Molassiotis A 1999) gesprochen, wonach der Patient trotz vorhandenem Wissen dieses nicht in seinem täglichen Gesundheitsverhalten umsetzt.

Miller et al. analysierten, dass Einstellung und Motivation eines Patienten gegenüber dem Therapieplan signifikanten Einfluss auf die gesundheitlichen Ergebnisse der Therapie haben (Miller P, Wikoff R, Hiatt A 1992, S. 105). In jener Studie wurde das „Model of Reasoned Action"[3] von Fishbein auf das Adhärenzverhalten von Hypertonie-Patienten angewandt. Den Ergebnissen von Miller et al. folgend, erwiesen sich Einstellung und Motivation als starke Prädiktoren für die Medikamenteneinnahme.

Bei dem Vergleich weiterer Studien, die den Einfluss von so genannten „Interventionen" (Velicer W F, Prochaska J O, Fava J L 1999, S. 23) zur Steigerung der Therapietreue untersucht haben, stellte sich heraus, dass Aktionen, welche die Selbstständigkeit des Patienten fördern, wie Blutdruckeigenmessung, Protokollieren des Blutdruckes und der Medikamenteneinnahme, zu einer Verbesserung der Adhärenz führen.

In diesem Zusammenhang ist das Konstrukt „locus of control of reinforcement" (Rotter J B 1966, S. 3) (kurz: „locus of control", Kontrollüberzeugung) zu nennen, wonach Personen, die

---

[3]Das Model of Reasoned Action wird in 3.2.2 detailliert vorgestellt.

Erkrankungen primär als Folge des eigenen Verhaltens und Handelns ansehen, als internal kontrollierte Personen bezeichnet werden. Patienten, die dagegen der Meinung sind, dass ihr Gesundheitszustand von nicht kontrollierbaren externen Faktoren bestimmt wird, gelten als external kontrolliert. Verschiedene Studien konnten einen signifikanten Zusammenhang zwischen den Kontrollüberzeugungen eines Patienten und ihrem Adhärenzverhalten nachweisen. Hiernach sind Patienten mit internaler Kontrollüberzeugung um ein vielfaches stärker therapietreu als jene, welche einer externalen Kontrollüberzeugung folgen (Murphy G C et al. 1999). Internal kontrollierte Patienten gehen davon aus, dass sie z.B. durch ihr eigenes Medikamenteinnahmeverhalten ihre Erkrankung positiv beeinflussen können und zeigen dementsprechend ein complianteres Verhalten (Arnold N 2005, S. 16).

Feldmann et al. untersuchten, inwieweit ein Patient dem Rat oder der Empfehlung seines Arztes Folge leistet, wenn das empfohlene Verhalten im Gegensatz zu seiner eigenen „Laienhypothese"[4] bzgl. des zu Grunde liegenden Sachverhaltes steht. Jene Studie kommt zu dem Ergebnis, dass der Patient eher an seiner eigenen Hypothese festhält, als den Empfehlungen Dritter zu folgen (Feldmann J A 1994, S. 206). Somit ist es ein Irrtum, dass Ärzte davon ausgehen, dass Patienten die Therapieerklärungen akzeptieren und umsetzten, um der Verordnung z.B. von Medikamenten Folge zu leisten. Die eigenen Vorstellungen und auch Ängste bestimmen viel stärker das Handeln des Patienten als die Informationen und Beratung durch den Arzt (Heuer H O, Heuer S H 1999c, S. 66). Verfügt ein Patient zudem über unzureichenden Zugang zu Therapieinformationen scheint häufig alleine seine Laienhypothese über das Therapieverhalten zu entscheiden. Insbesondere bei Hypertonikern kann dies soweit führen, dass durch den geringen Leidensdruck der Krankheit bei dem Patienten kein Krankheitsbewusstsein hervorgerufen wird, sodass dieser weder die Diagnose noch die vom Arzt vorgeschlagene Therapie akzeptiert.

Abschließend lässt sich festhalten, dass von den patientenseitigen Merkmalen, welche die Adhärenz beeinflussen, den Variablen Motivation und Einstellung des Patienten zur Therapie besondere Bedeutung zukommt. Arnold konnte den empirischen Nachweis erbringen, dass motivierte Patienten zu einer positiven Einstellung zur eingeschlagenen Therapie tendieren, was sich förderlich auf deren Therapietreueverhalten auswirkt (Arnold N 2005, S. 16). Aus der Literatur geht weiterhin hervor, dass durch geeignete Bereitstellung von Therapieinformationen, bspw. im Rahmen von Patientenschulungen, die Adhärenz positiv beeinflusst wird (Buhk H, Lotz-Rambaldi W 2001).

---

[4]Das Health Belief Model (HBM) wird in Abschnitt 3.2.2 detailliert vorgestellt.

2.2.2 Merkmale des Vertrauens in den Arzt

Das Zusammenspiel zwischen dem behandelnden Arzt und seinem Patienten im Rahmen der Behandlungssituation ist als Einflussfaktor auf das Adhärenzverhalten des Patienten in den letzten Jahren zunehmend in das Interesse der Forschung geraten. Dabei erscheint das Vertauen des Patienten in die Fähigkeiten des behandelnden Arztes als mitentscheidend für den späteren Heilerfolg (Bartels M, Voll S 2013, Schumpelick V, Vogel B 2006). Die Relevanz dieses Merkmals in Hinblick auf das Therapieverhalten des Patienten wird deutlich, wenn man sich vor Augen hält, dass in dem Kontakt zwischen Arzt und Patient wichtige Entscheidungen für das Gelingen einer Behandlung getroffen werden. So entscheidet sich während der ärztlichen Untersuchung, ob der erhöhte Bluthochdruck festgestellt wird und der Patient von der Notwendigkeit einer Langzeittherapie überzeugt werden kann (Arnold N 2005, S. 18).

Eine Vielzahl verschiedener Einflussfaktoren kennzeichnen die Behandlungssituation. In der Literatur werden aufseiten des Arztes dessen Persönlichkeit, Empathie, Therapiemotivation, Haltung und Erwartung gegenüber dem Patienten, ausreichend Zeit bei den Terminen und das Verhalten gegenüber dem Patienten als entscheidende Stellgrößen genannt. Als Patientenfaktoren, welche in Hinblick auf die Arzt-Patient-Interaktion von Relevanz sind, werden der Wissensstand, Ängste, Erwartungen, Vertrauen in den Arzt, Interesse für den eigenen Gesundheitszustand, Verständnisfähigkeit, Kommunikationsfähigkeit und Disziplin genannt (Hannig J 2004, S. 21).

Mangelnde Kommunikation und Aufklärung vonseiten des Arztes scheinen nach Heilmann eine häufige Ursache für Non-Adhärenz zu sein (Heilmann K 1988). Die zitierte Studie ergab, dass sich 66% der Patienten nach einem Arztbesuch daran erinnern konnten, wie lange und in welcher Dosierung ein bestimmtes Arzneimittel eingenommen werden sollte. Eine verbesserte und aktivere Kommunikation und Zusammenarbeit zwischen Arzt und Hypertoniker bei der Erstellung einer Diagnose und der daraus abgeleiteten Therapie führen zu einer höheren Therapietreue des Patienten. Hinter dieser individuellen Patientenbeteiligung im medizinischen Entscheidungsprozess steht der Ansatz des „Shared Decision Making" (Härter M 2004, S. 89), dessen Grundidee eine partizipative Entscheidungsfindung in Diagnose und sich anschließender Therapie ist (Landgraf R, Huber F, Bartel R 2006).

Die Studien deuten ebenfalls auf einen positiven Zusammenhang zwischen Therapietreue und der Art des Umgangs bzw. des Vertrauens zwischen Arzt und Patient hin. Fink-Anthe zufolge fordern 50% der Patienten eine stärkere direkte Beteiligung an Therapieentscheidungen und mehr Beachtung ihrer Präferenzen in der Kommunikation mit dem Arzt. (Fink-Anthe C 2005, S. 375). Erst wenn der Patient sich als gleichberechtigten Partner in der

Behandlungssituation sieht, lässt sich aus dieser Konstellation ein positiver Beitrag auf die zu erwartende Langzeitadhärenz ableiten .

Mit der Art der Kommunikation ist das bestehende oder sich entwickelnde Vertrauensverhältnis zwischen Arzt und Patient eng verzahnt. Die deutliche Mehrheit der Studien zeigt einen starken positiven Zusammenhang zwischen dem Vertrauen des Patienten in seinen Arzt und der Adhärenz auf (Bartels M, Voll S 2013). 37% der befragten Patienten geben in der Studie von Owens et al. an, aufgrund eines gestörten Vertrauensverhältnisses zum behandelnden Arzt dessen Empfehlungen nicht zu befolgen. Die Gründe des gestörten Vertrauens sind vielschichtig, so werden nicht-integratives Verhalten des Arztes, mangelnde Kommunikation sowie generelles Misstrauen gegenüber dem Arzt genannt (Kühnemund H 2006, S. 171). Wird das Vertrauensverhältnis und damit die Zufriedenheit mit der gesamten Behandlungssituation durch regelmäßige Termine und Gespräche verstärkt, lässt sich ein moderater aber dennoch positiver Beitrag für eine Langzeitadhärenz nachweisen.

Hinsichtlich der Rolle des Patienten in der Behandlungssituation stammt eine der ersten Studien auf diesem Gebiet von Hohensohn (Hohensohn H 1998). Anhand eines Kausalmodells wird das Entscheidungsverhalten von 247 Patienten untersucht, wobei der Nachweis erbracht wird, dass sich Patienten seit Anfang der 1990er Jahre verstärkt an der Therapieentscheidung beteiligen.

Homburg & Dietz untersuchen in ihrer Studie u.a. den Einfluss der Patientenmündigkeit auf die Therapietreue. Dieser Einfluss scheint eine schwach positive Ausprägung zu haben (Homburg C, Dietz B 2006, S. 293). Dietz zerlegt Patientenmündigkeit in die drei Dimensionen Informationsverhalten, Wissen und Mitbestimmung (Dietz B 2006, S. 137). Hiernach ist der Zusammenhang zwischen den beiden erstgenannten Dimensionen und der Adhärenz schwach positiv ausgeprägt, der Einfluss der Mitbestimmung des Patienten auf die Compliance sogar leicht negativ.

Der Artikel von Dellande et al. (Dellande S, Gilly M C, Graham J L 2004) im *Journal of Marketing* beschäftigt sich mit dem Einfluss der vom Patienten empfundene Servicequalität der ärztlichen Behandlung auf die Patientencompliance. Die Autoren konnten nachweisen, dass die ärztliche Dienstleistungsqualität substanziellen Einfluss auf die Therapiemotivation, Behandlungszufriedenheit und nicht zuletzt die Adhärenz des Patienten haben. Der Beitrag von Hausman (Hausman A 2004) im *Journal of the Academy of Marketing Science* geht der Frage nach, ob die Therapietreue, durch die vom Patienten empfundene Sympathie und Vertrauen in den behandelnden Arzt, geprägt wird. Die Ergebnisse des Kausalmodells der Studie bestätigen die Vermutung, dass Sympathie und Vertrauen gegenüber dem Arzt eine Grundvoraussetzung für eine gute Therapietreue des Patienten ist. Keller (Keller T

2002) widmete sich der Analyse des Kommunikations-Managements zwischen Arzt und Patient. Er kommt zu der Erkenntnis, dass die Adhärenz und Patientenzufriedenheit stark von der Intensität der Arzt-Patient-Kommunikation beeinflusst werden. Je stärker der Informationsaustausch zwischen den beiden Parteien ist, desto zufriedener und therapietreuer verhalten sich Patienten.

Zusammenfassend bleibt festzustellen, dass von dem Vertrauensverhältnis zwischen Arzt und Patient erhebliche Wirkungen auf das zu beobachtende Therapietreueverhalten ausgehen. Es zeigt sich jedoch das in der Prädiktorenforschung immer wiederkehrende Problem, dass Zusammenhänge oft nur von geringer Stärke sind.

2.2.3 Merkmale der Erkrankung und des Therapieschemas

Verschiedene Studie konnten einen Einfluss des Krankheitsbildes auf die Adhärenz von Patienten nachweisen (Prigge J-K et al. 2015). Da für verschiedene Indikationsgebiete, unabhängig von der indikationsspezifischen Therapie, signifikant unterschiedliche Non-Complianceraten erreicht werden, deutet dies darauf hin, dass die Art der Erkrankung selbst einen Einfluss auf die erreichte Therapietreue hat.

Neben der Art der Erkrankung sind außerdem die Schwere und Dauer einer Erkrankung entscheidende Treiber der Adhärenz. So wird in der Literatur darauf hingewiesen, dass je deutlicher die Symptome eine Erkrankung zu spüren oder belastend und unangenehm sind, desto höher werden Therapiemotivation und Compliance des Patienten sein. Bei initial quasi symptomlosen Gesundheitsstörungen hingegen, wie es bei Bluthochdruck der Fall ist, wird die Adhärenz eher negativ beeinflusst.

Die bei Hypertonikern im Vergleich zu Patienten anderer Indikationen vergleichsweise hohe Non-Adhärenz wird u.a. auf das Fehlen von Symptomen zurückgeführt. Da sich auch nach der Einstellung auf ein bestimmtes Antihypertonikum bei dem Patienten keine bzw. nur eine geringfügige Reduktion der ohnehin meist nicht vorhandenen Symptome einstellt, ist der Weg zur Non-Adhärenz für viele Patienten ein sehr kurzer. Bei Hypertonikern, welche Symptome von Begleiterkrankungen aufweisen, lässt sich eine leicht geringere Non-Adhärenz-Rate messen als bei beschwerdefreien Patienten.

Arnold beschreibt den Zusammenhang zwischen Adhärenz und der Schwere einer Erkrankung (allg. nicht nur für Hypertoniker) grafisch in Form der in Abbildung 3 abgebildeten Parabel (Arnold N 2005, S. 19). Die höchste Therapietreue zeigen Patienten mit mittelmäßig ausgeprägten Beschwerden. Mit zunehmendem Schweregrad der Erkrankung nimmt die Adhärenz jedoch ab. Patienten mit milden Symptomen sind hingegen am wenigsten adhärent. Verschiedene Studien deuten zudem darauf hin, dass mit zunehmender

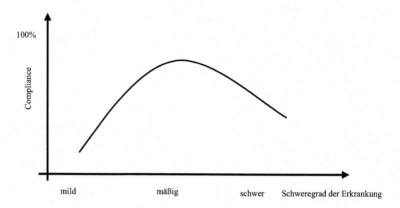

Abbildung 3: Beziehung zwischen Adhärenzniveau und Schweregrad der Erkrankung

Schwere der Erkrankung sowohl das Bedürfnis nach Information als auch die Bereitschaft zur Zusammenarbeit mit der Pharmaindustrie ansteigt (Harms F, Gänshirt D 2006, S. 675).

Einige Studien untersuchen den Einfluss von Komorbiditäten und Komplikationen auf die Adhärenz eines Patienten. Hernández-Ronquillo & Téllez-Zenteno konnten einen negativen Zusammenhang zwischen dem Auftreten von Komorbiditäten und der Adhärenzrate feststellen (Hernández-Ronquillo L, Téllez-Zenteno J F 2003, S. 193). Die beiden Untersuchungen von Toljamo & Hentinen und Vincze & Barner ließen keinen Rückschluss auf einen Zusammenhang zwischen Komorbiditäten oder Komplikationen und dem Therapieverhalten des Patienten zu (Toljamo M, Hentinen M 2001, Vincze G, Barner J C 2004).

Die Dauer der Erkrankung und die damit verbundene Therapiedauer beeinflussen mit zunehmender Therapiedauer das Treueverhalten negativ. In diesem Zusammenhang soll die Begrifflichkeit der Persistenz definiert werden. Die Persistenz oder Therapieverweildauer misst, wie lange ein Patient, welcher auf ein bestimmtes Therapieprinzip ein- oder umgestellt wurde, nach definierten Zeiträumen noch diese Therapie verfolgt (Hammer S, Polchow S 2013). Hinsichtlich des diskutierten Zusammenhangs gibt es in der Literatur widersprüchliche Meinungen. Vincze & Barner erkennen keinen Einfluss der Erkrankungsdauer auf die Therapietreue (Vincze G, Barner J C 2004). Unabhängig vom Krankheitsbild stellen die meisten Studien eine Abnahme der Adhärenzrate mit steigender Erkrankungs- bzw. Therapiedauer fest (Coleman C I et al. 2012). Dieser allg. Zusammenhang ist in Abbildung 4 grafisch veranschaulicht.

Neben krankheitsbedingten Merkmalen bestehen auch zwischen Behandlungsmerkmalen und dem Therapietreueverhalten von Patienten interessante Beziehungen. Man kann nach Arnold davon ausgehen, dass „mit der Zunahme der vom Patienten erwarteten Verhal-

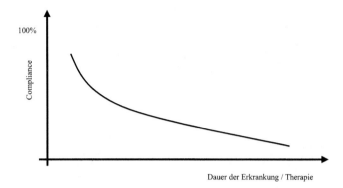

Abbildung 4: Abnahme der Adhärenz mit steigender Dauer der Erkrankung bzw. Therapie

tensänderung aufgrund einer ärztlichen Verordnung oder Maßnahme die Wahrscheinlichkeit von adhärentem Verhalten abnimmt" (Arnold N 2005, S. 19).

Eine finnische Studie auf dem Gebiet der Hypertonie hat untersucht, ob die Art und Organisation des Behandlungsprozesses einen Einfluss auf das Adhärenzverhalten eines Patienten hat. In dieser Analyse von Takala et al. reduzierte sich der Anteil der non-adhärenten Patienten um rund 25% (Takala J, Leminen A, Telaranta T 1985, S. 235). Erreicht wurde dieses Ergebnis durch eine intensive Gesundheitserziehung, für jeden individuellen Fall genaue Sprechstundentermine und Erinnerungsbriefe an Patienten, welche einen Termin nicht wahrgenommen hatten. Durch weitere kontrollierte Studien konnte gezeigt werden, dass Schulungsprogramme für Patienten im Allgemeinen einen positiven Einfluss auf das Wissen und die Compliance eines Patienten haben (Cole T, Underhill A, Kennedy S 2016). Andererseits gibt es Untersuchungen, welche diesen positiven Zusammenhang widerlegen bzw. keine Abhängigkeit feststellen können.

Als letzter Einflussfaktor soll die in der Literatur diskutierte und untersuchte Komplexität des Therapieschemas beleuchtet werden. Für Hypertoniker zeigten drei Studien einen stark ausgeprägten Zusammenhang zwischen Einnahmehäufigkeit bzw. -komplexität und der Adhärenz auf (Coleman C I et al. 2012, Hannig J 2004). Insbesondere ist darauf hinzuweisen, dass bei Therapieplänen, welche mehrere Einnahmezeitpunkte pro Tag vorsehen, eine deutlich höhere Non-Adhärenz zu verzeichnen ist als bei Patienten mit längeren Zeitintervallen zwischen den einzelnen Einnahmezeitpunkten. Hinsichtlich des Einnahmezeitpunktes erwies sich eine Einnahme um die Mittagszeit am problematischsten. Bei älteren Patienten scheint eine Steigerung der Therapietreue durch so genannte Kalenderpackungen möglich zu sein (Coleman C I et al. 2012). Häufig wird das Medikamenteneinnahmeschema von Antihypertonika durch die Einnahme weiterer Medikamente gegen andere Leiden

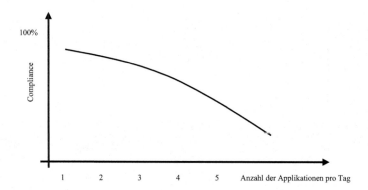

Abbildung 5: Abhängigkeit der Adhärenz von der Dosisfrequenz

überlagert. Auch hier erweist sich, unabhängig vom Krankheitsbild der Hypertonie, dass mit steigender Anzahl der Medikamente und zunehmender Häufigkeit der täglichen Applikationen die Non-Adhärenz zunimmt (Donnan P T, MacDonald T M 2002, Claxton A J, Cramer J, Pierce C 2001). Die negative Abhängigkeit der Adhärenz von der Dosisfrequenz ist in Abbildung 5 veranschaulicht.

Zusammenfassend bleibt festzuhalten, dass in der Literatur weitestgehende Einigkeit darüber besteht, dass eine Störung der Lebensumstände durch ein aufwendiges Therapieschema die Adhärenz negativ beeinflusst. Für viele Patienten scheint die häufige Anwendung von Medikamenten ein Störfaktor im Tagesablauf zu sein, welcher sie bewusst oder unbewusst davon abhält, den Therapieplan zu befolgen.

2.2.4 Übersicht einzelner Studien zur Adhärenz

Die Tabellen 5 bis 8 fassen die wichtigsten der zitierten Studien zusammen.

2.2. Bestandsaufnahme der Literatur

Autor	Jahr	n =	Indikation	Auswertung	zentrale Konstrukte	Ergebnis
Arnold	2005	345	Diabetes	Explorative Zusammenhangsanalyse	Behandlungszufriedenheit, Motivation, Kontrollüberzeugung, soziales Umfeld, Complianceverhalten; Kontextfaktoren: Soziodemografische- und Krankheitsmerkmale	Internal motivierte sind complianter als external motivierte Patienten. Vertraut ein Patient seinem Arzt und fühlt sich als gleichberechtigter Partner desselben, steigt die Langzeitcompliance. Zusammenhänge zwischen soziodemografischen Merkmalen und Compliance sind schwach ausgeprägt.
Bailey, Lee, Somes, Graham	1996	1.395	Hypertonie	Explorative Zusammenhangsanalyse	Antihypertensive medication, non-compliance, managed-care; Kontextfaktor: age	Mit steigendem Alter nimmt die Compliance systematisch ab. Kalenderpackungen können dieser Entwicklung im Alter entgegenwirken und unterstützend auf die Therapietreue wirken.
Beena & Jimmy	2011	-	ohne Spezifikation	Metaanalyse (11 Studien)	Compliance, Alter, Arzt-Patient-Verhältnis, Inverventionen	Studie zeigt die hohe Relevanz von Interventionen für das Gelingen der Therapie auf.
Buhk & Lotz-Rambaldi	2001	-	Diabetes	Metaanalyse (7 Studien)	Patientenschulungen, Compliance, Alter	Schulungsprogramme haben einen positiven Einfluss auf die wahrgenommene Kompetenz zur Therapieausführung und die Compliance. Lerneffekt nimmt mit dem Alter ab.
Cole et al.	2016	-	Handtherapie	Explorative Zusammenhangsanalyse	Compliance, Sport, Soziale Norm, Motivation	Studie zeigt die hohe Relevanz der Sozialen Norm, der Motivation sowie der sportlichen Betätigung für das Gelingen der Therapie auf.
Dellande, Gilly, Graham	2004	376	Gewichtskontrolle	Kausalanalyse	Provider expertise, customer role clarity, customer ability, customer motivation, customer compliance, customer satisfaction, customer goal attainment	Die vom Patienten empfundene Servicequalität der ärztlichen Behandlung hat nachhaltigen Einfluss auf seine Therapiemotivation, Compliance und Zufriedenheit mit der eingeschlagenen Therapie.

Tabelle 5: Literaturüberblick - Studien zum Adhärenzverhalten

Autor	Jahr	n=	Indikation	Auswertung	zentrale Konstrukte	Ergebnis
Farmer, Jacobs, Phillips	1994	2.377	Hypertonie	Explorative Zusammenhangsanalyse	Long-term patients, compliance, dosing regimen	Das Patientenalter scheint keinen direkten Einfluss auf die Compliance zu haben. Gleichwohl konnte zwischen Behandlungsdauer und Compliance ein negativer Zusammenhang gemessen werden.
Fink-Anthe	2005	8.000	kein festgelegtes Indikationsgebiet	Explorative Zusammenhangsanalyse	Informationsverhalten, Behandlungsentscheidung, Gesundheitskompetenz	Patienten fordern besseren Einblick in die Gesundheitsversorgung, stärkere Beachtung ihrer Präferenzen und stärkere Einbindung in Behandlungsentscheidungen.
Gallant	2003	-	Chronische Erkrankungen	Metaanalyse (29 Studien)	Social support, social networks, illness self-management	Von der empfundenen psychischen und sozialen Unterstützung, die ein Patient aus seinem sozialen Umfeld erfährt, geht ein unterstützender Effekt auf die Therapietreue aus.
Gonzalez-Fernandez, Rivera, Torres, Jackson	1990	47	Hypertonie	Explorative Zusammenhangsanalyse	Educational programs, compliance, interventions	Schulungsprogramme helfen, ein besseres Verständnis bzw. Wissen für die Notwendigkeit einer Therapie zu entwickeln, und beeinflussen die Compliance nachhaltig positiv.
Hannig	2004	102	Hypertonie	Explorative Zusammenhangsanalyse, basierend auf dyadischen Daten	Krankheitsverarbeitung, Lebensqualität, Compliance, Arztkompetenz, Therapiekomplexität	Starker Zusammenhang zwischen der Komplexität des Therapieschemas und der Compliance. Die Intensität der Arzt-Patient-Kommunikation steigt mit dem Grad des Vertrauens in den Arzt, der Gesundheitsmotivation, der empfundenen Gesundheitsbedrohung und den kommunikativen Fähigkeiten des Patienten an.

Tabelle 6: Literaturüberblick - Studien zum Adhärenzverhalten

2.2. Bestandsaufnahme der Literatur

Autor	Jahr	n=	Indikation	Auswertung	zentrale Konstrukte	Ergebnis
Hausman	2004	62	kein festgelegtes Indikationsgebiet	Kausalanalyse	Communication, physician interaction, participation, satisfaction, repatronization, compliance	Für eine gute Compliance sind vom Patienten empfundene Sympathie und Vertrauen gegenüber seinem Arzt eine Grundvoraussetzung. Ferner scheinen Ärzte Probleme damit zu haben, bei unmotivierten Patienten, deren Therapie wenig erfolgreich verläuft, ein Sympathie- und Vertrauensverhältnis aufzubauen, was wiederum die Compliance negativ beeinflusst.
Hernández-Ronquillo & Téllez-Zenteno	2003	79	Diabetes	Regressionsanalyse	Co-morbidity, depression, gender, compliance,	Bei Patienten mit Komorbiditäten, insbes. Hypertonie, wurde eine signifikant niedrigere Compliance gemessen als bei Patienten ohne weitere Erkrankungen.
Homburg & Dietz	2006	1.700	Diabetes, Adipositas, HIV, Brustkrebs	Kausalanalyse	Patientenmündigkeit, Compliance, Zufriedenheit mit Arzt	Es konnte ein nur geringer Einfluss der Patientenmündigkeit auf die Compliance nachgewiesen werden.
Homburg & Dietz	2006	1.700	Diabetes, Adipositas, HIV, Brustkrebs	Kausalanalyse	Patientenmündigkeit, Compliance, Zufriedenheit mit Arzt	Es konnte ein nur geringer Einfluss der Patientenmündigkeit auf die Compliance nachgewiesen werden.
Jankowska-Polanska et al.	2016	102	Hypertonie	Korrelationsanalyse	Akzeptanz der Erkrankung, Medikamententherapie, Compliance, Bildung, Geschlecht	Es wurde der Nachweis erbracht, dass die Akzeptanz der Erkrankung dazu beiträgt, die Therapietreue zu steigern.

Tabelle 7: Literaturüberblick - Studien zum Adhärenzverhalten

Autor	Jahr	n=	Indikation	Auswertung	zentrale Konstrukte	Ergebnis
Landgraf, Huber, Bartl	2006	239	Osteoporose	Kausalanalyse	Affektive Einstellung, kognitive Einstellung, subjektive Norm, Verhaltenskontrolle, Motivation, Verhaltensabsicht gg. Maßnahmen zur Patientenintegration	Wichtigste Einflussgrößen auf die Bereitschaft des Patienten zur aktiven Beteiligung am Behandlungsprozess sind soziale Norm, kognitive Einstellung, Verhaltenskontrolle und Motivation.
Sandy & Connor	2015	353	Hypertonie	Clusteranalyse	Adherence, Emotionen, Verhaltenskontrolle, Kosten	Empfundene Verhaltenskontrolle eines Patienten über seine Therapie ist der wesentliche Erfolgsfaktor für das Gelingen einer Therapie.
Sherbourne, Hays, Ordway, DiMatteo, Kravitz	1992	1.198	Hypertonie, Diabetes, Herzerkrankungen	Regressionsanalyse	Adherence, doctor's recommendations, social support, age	Erfahrung im Umgang mit einer Therapie führt bei älteren, im Vergleich zu jüngeren Patienten, zu einer höheren Compliance. Zwischen der Unterstützung des sozialen Patientenumfeldes und der Compliance besteht ein moderat positiver Zusammenhang.
Vincze, Barner, Lopez	2004	933	Diabetes	Multivariate logistische Regression	Healthcare utilization, co-morbidities, self-efficacy, outcome expectations, environmental barriers, support factors, insurance coverage, demographic variables	Je überwindbarer Probleme der Therapieintegration in den Lebensalltag wahrgenommen werden, desto positiver gestaltet sich die Compliance. Es konnte kein Zusammenhang zwischen Behandlungsdauer und Compliance nachgewiesen werden.
Williams & Bond	2002	94	Diabetes	Explorative Zusammenhangsanalyse	Self-efficacy, outcome beliefs, social support	Sozialer Zuspruch impliziert nicht zwangsläufig eine hohe Compliance und Selbstsicherheit, jedoch stellt mangelnde Therapieunterstützung der sozialen Bezugsgruppe ein Hindernisgrund für gute Compliance dar.

Tabelle 8: Literaturüberblick - Studien zum Adhärenzverhalten

Kapitel 3

Modellkonzeptualisierung zur Erklärung des Adhärenzverhaltens

3.1 Grundlagen und Ausrichtung des Modellbildungsprozesses

Ziel der Untersuchung ist es, das Therapietreueverhalten von Patienten in einem ersten Arbeitsschritt zu konzeptualisieren, um die das Verhalten prägenden Determinanten zu bestimmen. In einem zweiten Arbeitsschritt schließt sich die Operationalisierung des konzeptualisierten Untersuchungsmodells an. Im Rahmen der Konzeptualisierung werden zunächst inhaltlich relevante Aspekte und Dimensionen des Adhärenzverhaltens herausgearbeitet. Grundlage der inhaltlichen Überlegungen sind verschiedene wissenschaftliche Theorien, sofern diese in ausreichendem Umfang auf die zu untersuchende Fragestellung anwendbar sind. Andernfalls bedarf es einer exploratorischen Untersuchung.

Wie aus dem Literaturüberblick in Abschnitt 2.2 hervorgeht, waren einzelne Aspekte des Adhärenzverhaltens bereits Gegenstand wissenschaftlicher Abhandlungen. In diesen Studien kamen unterschiedliche Theorien zur Konzeptualisierung der Untersuchungsmodelle zum Einsatz. Es erscheint daher sinnvoll, auch im Rahmen der vorliegenden Untersuchung, dem theoretischen Pluralismus folgend, ein Untersuchungsmodell auf Grundlage mehrerer theoretischer Ansätze zu entwickeln. Feyerabend argumentiert, dass sich durch die Zusammenführung und Berücksichtigung verschiedener Theorien ein empirisch belastbareres Erklärungsmodell entwickeln lässt. Eine solche pluralistische Vorgehensweise soll bei dem Aufbau des Theoriegebäudes der vorliegenden Studie zur Anwendung kommen. Die Selektion der Theorien orientiert sich dabei an Ansätzen, die bereits im Rahmen früherer Studien im Compliancekontext erfolgreich angewandt wurden.

3.2 Das Health-Belief-Modell als theoretische Basis

3.2.1 Gestiegener Einfluss des Patienten auf medizinische Entscheidungen

Patientenbeziehungs-Management oder im englischen Sprachgebrauch Patienten-Relationship-Management (PRM) kann als innovatives Konzept für den Aufbau und Erhalt langfristig profitabler Geschäftsbeziehungen zum Patienten als Endverbraucher von Arzneimitteln gesehen werden. Die klassische Rollenverteilung zwischen Arzt, Apotheker und Patienten wird aufgebrochen, wobei der Patient zum Mitentscheider bei allen Gesundheitsfragen wird. Aus diesem Grund sind Produktanbieter gefordert, neue und zusätzliche Dienstleistungs- und Serviceangebote, welche stärker auf den Endverbraucher bzw. Patienten zugeschnitten sind, zu entwickeln und vielfältige Kontakt- und Vertriebskanäle aufzubauen. Vor dem Hintergrund einer stärkeren Integration des Patienten in den medizinischen Entscheidungsprozess steigt das Interesse für ein tieferes Verständnis des Patientenverhaltens.

Der beschriebene Prozess hin zu einer stärkeren Patientenorientierung steht erst am Anfang. Dies belegt ein Blick in die Marketingliteratur, da sich hier nur vereinzelt Beiträge zu diesem Themengebiet finden lassen. Arbeiten, welche dem Patienten als Marktteilnehmer im Gesundheitsmarkt beachten, sind selten. Erstmals gehen Singh et al. im Jahre 2004 in ihrer Veröffentlichung im *Journal of Business Research* auf den Paradigmenwechsel der Patientenperspektive ein. Sie hielten fest, dass „... the consumer's role has been somewhat marginalized to peripheral issues such as patient satisfaction, compliance and subjective well being. Researchers have paid less attention to examining consumers' role in medical decision making concerning their health" (Singh J, Cuttler L, Silvers J B 2004, S. 1045). Die Arbeit von Singh et al. fordert, die gestiegenen Aktivität des Patienten im medizinischen Entscheidungsprozess zu berücksichtigen, und unterstreicht die Beachtung dieses Zustandes von allen anderen Marktteilnehmern.

Die 1. Untersuchungsfragestellung zielt darauf ab zu verstehen, welche Einflussfaktoren den Grad der Therapietreue determinieren. Die aufgeworfene Fragestellung zu beantworten, ist für die verschiedenen Teilnehmer des Gesundheitsmarktes von hoher Relevanz. Auf dieser Basis ist es möglich, effektive Interventionsmaßnahmen (Egger M, Razum O 2014) und mögliche Gestaltungsoptionen im Rahmen des Patienten-Relationship-Managements (PRM) zu entwerfen und einzusetzen. Im Vergleich zu vorausgegangenen Studien auf dem Gebiet der Adhärenzforschung hat die vorliegende Untersuchung den in Kapitel 1 formulierten Anspruch, ein globales Modell des Therapietreueverhaltens zu erstellen. Dazu sollen möglichst viele Aspekte mit einbezogen werden, die das Patientenverhalten tangieren.

Interessant für die Beantwortung der 1. Untersuchungsfragestellung erscheinen die Arbeiten von Coleman et al. (Coleman C I et al. 2012), Williams & Bond (Williams K, Bond M 2002) und Cole, Underhill & Kennedy (Cole T, Underhill A, Kennedy S 2016), die Einflussgrößen auf das Gesundheitsvorsorgeverhalten untersuchen. Dabei rekurrieren die Studien auf das Health Belief Modell (Rosenstock I M 1966, S. 94), welches eines der ältesten und anerkanntesten gesundheitspsychologischen Modelle ist. Das Health Belief Modell wird im Folgenden detailliert vorgestellt und soll als theoretischer Kern zur Erklärung des Adhärenzverhaltens herangezogen werden.

3.2.2 Selektion theoretischer Ansätze zur Erklärung von Adhärenzverhalten

Die Ursprünge des Health Belief Modells (HBM) liegen in den frühen 1950er Jahren. Eine Arbeitsgruppe des US-amerikanischen Gesundheitsministeriums um Rosenstock (Rosenstock I M 1974, S. 328) und Becker (Becker M H et al. 1986, S. 94) hat das Modell zur Beurteilung des Einflusses von Gesundheitsprogrammen auf das Patientenverhalten entwickelt. Die Aufgabe jener Gruppe war es, Faktoren aufzudecken, welche im Rahmen von Gesundheits- und Vorsorgeprogrammen beeinflussbar sind, um das Gesundheitsverhalten der Bevölkerung nachhaltig verändern und lenken zu können. Das Modell steht in der Tradition der Erwartungstheorie und geht davon aus, dass gesundheitsorientiertes Verhalten von der Bewertung des Verhaltensziels sowie der wahrgenommenen Wahrscheinlichkeit, dass ein gegebenes Verhalten zum Ziel führt, abhängig ist. Es war bekannt, dass das Gesundheitsverhalten vor allem mit deterministischen Variablen, wie dem Alter, Geschlecht oder dem sozioökonomischen Status einer Person in Wechselwirkung steht. Somit bestand die Aufgabe von Rosenstock & Becker darin, beeinflussbare bzw. veränderliche Faktoren zu identifizieren, bei welchen durch Intervention das Gesundheitsverhalten verändert werden kann (Sheeran C, Abraham C 1996, S. 25).

Die Grundannahme des HBM besteht darin, dass die Wahrscheinlichkeit einer Gesundheitsverhaltensänderung mit dem wahrgenommenen Grad der Bedrohung der eigenen Gesundheit und dem Ausmaß der wahrgenommenen Wirksamkeit einer Verhaltensänderung, als Mittel der Bedrohungsreduktion, positiv korreliert ist (Knoll N, Scholz U, Rieckmann N 2005, Schwarzer R 2004). Somit zieht die Verhaltenskonzeptualisierung zum einen die Attraktivität des Ergebnisses einer bestimmten Handlung heran, zum anderen stellt die persönliche Einschätzung der Wahrscheinlichkeit, mit der ein mögliches Handeln zu eben diesem Ergebnis führt, die zweite entscheidende Einflussgröße der Verhaltenskonzeption des HBM dar (Schwarzer R 2004, Trosche Freiherr v J 1998).

Im Kern erklärt das HBM das Gesundheitsverhalten eines Individuums mit vier so genannten Health Beliefs, welche im deutschsprachigen Raum auch als „Laienhypothesen" (Heuer H O, Heuer S H 1999d, S. 86) bezeichnet werden.

Hierbei setzt sich die wahrgenommene Gesundheitsbedrohung aus den beiden Konstrukten des wahrgenommenen Schweregrades einer Krankheit und der subjektiven Vulnerabilität eines Individuums zusammen. Mit dem Schweregrad einer Erkrankung ist die Einschätzung über die Schwere der persönlichen Konsequenz einer Erkrankung gemeint (Schwarzer R 2004, S. 40). Der Begriff subjektive Vulnerabilität beschreibt je nach Fragestellung die persönliche Anfälligkeit für Erkrankungen im Allgemeinen oder gegenüber einer bestimmten Krankheit im Speziellen (Warschburger P 1998, S. 106).

Der wahrgenommenen Gesundheitsbedrohung steht im HBM die wahrgenommene Wirksamkeit einer Gegenmaßnahme gegenüber. Es werden wiederum zwei Konstrukte herangezogen, um die wahrgenommene Wirksamkeit einer Maßnahme und deren Einfluss auf die Handlungsbereitschaft eines Individuums, sich an Gesundheitsmaßnahmen zu beteiligen, zu beschreiben. Auf der einen Seite sind das die „wahrgenommene Verfügbarkeit und relative Effektivität von bekannten Alternativen, um die Gesundheitsbedrohung zu verhindern" (Kühner K M 1987, S. 19). Hierunter ist der gesundheitliche Nutzen oder Vorteil einer bestimmten Verhaltensweise oder verordneten Handlung zu verstehen. Dem stehen Kosten in Form von sog. „wahrgenommenen Barrieren gegen die gesundheitsbezogene Handlung" (Kühner K M 1987, S. 19). gegenüber. Diese Barrieren können finanzieller, psychischer oder physischer Natur sein (Ayalon L et al. 2006, S. 486). Kosten und Nutzen eines Gesundheitsverhaltens sind somit das positive und negative erwartete Handlungsergebnis. Knoll et al. ziehen in diesem Zusammenhang Kosten-Nutzen-Erwägungen heran, welche ein Individuum vornimmt und aus welcher sich eine spezifische Handlungsbereitschaft ableitet (Knoll N, Scholz U, Rieckmann N 2005, S. 33). Wichtig ist, dass bei dieser Kosten-Nutzen-Analyse die relative Effektivität bekannter Alternativen und deren wahrgenommene Verfügbarkeiten den jeweils wahrgenommenen Kosten und Nutzen entsprechen.

Eine weitere Variable komplettiert das Modell. Um bei hoher Handlungsbereitschaft, einem hohen wahrgenommenen Nutzen und Nichtvorhandensein von Barrieren schließlich eine Handlung zu veranlassen, bedarf es eines passenden Auslösers, damit es tatsächlich zum Einsetzen eines entsprechenden Verhaltens kommt (Schwarzer R 2004, S. 41). Solche Auslöser oder Stimuli machen dem Individuum seine Gefühle gegenüber der gesundheitlichen Bedrohung bewusst (Sheeran C, Abraham C 1996, S. 30). Die Aktivierung von Gefühlen kann entweder intern oder extern geschehen. So ist beispielsweise die Wahrnehmung von Krankheitssymptomen ein interner und ein Arztgespräch über den Gesundheitszustand ein externer Stimulus.

3.2. Das Health-Belief-Modell als theoretische Basis

Da ein Individuum zwar unzählige verschiedene Gesundheitsüberzeugungen besitzt, zu einem speziellen Zeitpunkt jedoch nicht im Bewusstsein aller Health Beliefs handelt, ist es von hohem Interesse, zu wissen, welche dieser Stimuli ein bestimmtes Gesundheitsverhalten letzten Endes auslösen (Kühner K M 1987, S. 20).

Becker et al. nahmen Ende der 1970er Jahre eine Revision des HBM vor, indem sie als zusätzliches Konstrukt die allg. Gesundheitsmotivation eines Individuums in das Modell integrierten (Becker M H, Haefner D P, Maiman L A 1977, Barber M 2001). Unter Gesundheitsmotivation versteht man die Bereitschaft, sich mit gesundheitlichen Fragen und Themen kritisch auseinanderzusetzen, sodass ein generelles Gesundheitsinteresse eines Individuums erkennbar ist (Knoll N, Scholz U, Rieckmann N 2005, Radi S M 2006, S. 33).

Zur Integration des Konstrukts der Gesundheitsmotivation soll im Rahmen der vorliegenden Studie auf Vallerands Hierarchisches Motivationsmodell (Vallerand R J 1997, S. 271), welches eine Weiterentwicklung der Selbstbestimmungstheorie der Motivation von Deci & Ryan (Ryan R M, Deci E L 2004, Deci E L, Ryan R M 1985, S. 4) ist, zurückgegriffen werden. Beiden Theorien ist gemein, dass sie das Individuum in den Mittelpunkt der Motivationsentwicklung stellen und die Befriedigung menschlicher Grundbedürfnisse als zentrales Moment im motivationalen Entstehungsprozess betrachten. Weiterhin liegt beiden Modellen die Annahme eines Motivationskontinuums zugrunde, welches sich von intrinsischer Motivation über extrinsische Motivation bis hin zur Amotivation erstreckt (Vallerand R J 2000, Deci E L 1991, Guay F, Vallerand R J, Blanchard C 2000). Außerdem sehen beide Motivationstheorien externale Einflüsse, wie Belohnung oder Bestrafung, als schädigend für die intrinsische Motivation an und unterstellen sogar einen korrumpierenden Effekt auf das Verhalten einer Person.

Unter Motivation wird im Allgemeinen eine dynamische Richtungskomponente im Verhalten einer Person verstanden. Der Begriff Motiv beinhaltet hierbei je nach Lehrmeinung unterschiedliche Bezeichnungen, wie Bedürfnis, Trieb, Neigung oder Streben eines Individuums (Nieschlag R, Dichtl E, Hörschgen H 2002, S. 165). Motive können als Mangelzustände verstanden werden, welche eine Person dazu veranlassen, nach geeigneten Wegen zu suchen, den aktuellen Mangel aufzuheben. Wird ein solches Motiv wirksam und veranlasst ein entsprechendes Verhalten, bezeichnet man dies als Motivation (Heckhausen J, Heckhausen H 2006, S. 286).

Im Vergleich zur Selbstbestimmungstheorie der Motivation geht das Hierarchische Motivationsmodell von Vallerand einen Schritt weiter. Es nimmt für den Motivationsprozess eines Individuums eine hierarchische Struktur an. In Deci & Ryan's Modell wird lediglich zwischen globaler und persönlichkeitsbezogener Motivationsebene unterschieden, ohne dass dies in einem integrierten Modell mündet (Vallerand R J, Ratelle C F 2004, S. 40). Dieser Kritik möchte das Hierarchische Motivationsmodell von Vallerand entgegentreten. Es sieht nicht nur eine globale Motivationsebene, sondern beschreibt den Motivationsprozess sowohl global als auch bezogen auf verschiedene Kontexte und situationsabhängi (Landgraf R, Huber F, Bartel R 2006, S. 21). Das Hierarchische Motivationsmodell wird an dieser Stelle aufgegriffen, weil es die situative Einflussnahme auf den allg. Motivationsprozess stärker unterstreicht.

Das Modell geht, wie auch die Selbstbestimmungstheorie, von einer hohen Bedeutsamkeit menschlicher Bedürfnisse (Deci E L 1991, Richer S, Vallerand R J 1998) im Motivationsprozess und der Grundannahmen eines Motivationskontinuums (Vallerand R J et al. 1992, S. 1006) von intrinsischer über extrinsische Motivation bis hin zur Amotivation aus. Wie in Abbildung 6 dargestellt, wird die motivationale Struktur in Vallerands Modell auf drei verschiedenen Generalisierungsebenen festgemacht (Vallerand R J, Ratelle C F 2002, S. 41). Es entsteht eine mehrdimensionale Perspektive auf den Motivationsprozess. Welche Bindungen zwischen den verschiedenen Motivationsebenen bestehen und wie sie determiniert sind, soll im Folgenden näher beschrieben werden.

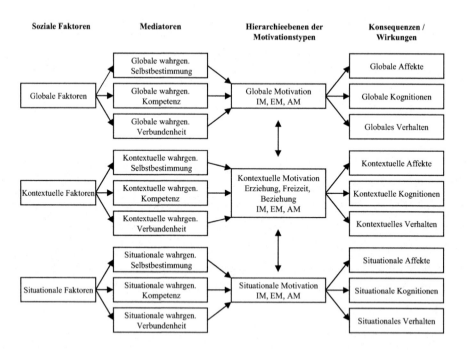

Abbildung 6: Das hierarchische Modell intrinsischer und extrinsischer Motivation
Quelle: In Anlehnung an (Vallerand R J 2000, S. 313).

Vallerand geht in seinem Modell von drei Generalisierungsstufen der Motivation aus:

1. Die globale Motivation stellt die erste Stufe der Motivation dar. Diese Ebene bezieht sich auf die am breitesten angelegte Disposition eines Individuums, inwieweit es sich eher intrinsisch oder extrinsisch motiviert fühlt (Vallerand R J 1997, S. 288). Die an der Spitze des Modells stehende globale Motivation stellt dar, was Deci & Ryan mit „kausaler Orientierung" umschrieben haben (Deci E L, Ryan R M 1985).

2. Die zweite und mittlere Ebene des Modells bildet die kontextuelle Motivation. Hiermit ist eine motivationale Orientierung und emotionale Regulationsstrategie beschrieben, welche sich in unterschiedlichen Kontexten, wie Freizeit, Schule, Arztbesuch oder zwischenmenschlichen Beziehungen widerspiegelt (Vallerand R J 1997, S. 290). Eine Person kann beispielsweise in Bezug auf eine Freizeitaktivität intrinsisch, im beruflichen Umfeld jedoch extrinsisch motiviert sein und ausschließlich zur Arbeit gehen, um Geld zu verdienen.

3. Die unterste und feinste Modellstufe ist die situationale Motivation. Hier kommen situationsbezogene Aspekte zum Tragen und haben entscheidenden Einfluss auf die Motivation einer Person (Vallerand R J 2000, S. 313). So kann ein im Allgemeinen intrinsisch motivierter Sportler durchaus lustlos sein und nur wegen der positiven Wirkung für sein Image an einem Schauwettkampf teilnehmen.

Weiterhin sind an das Modell die Annahmen gekoppelt, dass auf den unterschiedlichen Generalisierungsebenen unterschiedliche Treiber für die jeweilige Motivation ausschlaggebend sind. Das Modell geht davon aus, dass verschiedene Motivationsebenen durch unterschiedliche soziale, globale, kontextuelle und situative Faktoren determiniert sind (Vallerand R J 1997, S. 274). Solche Faktoren können beispielsweise Anweisungen anderer Personen, Normen oder Regeln des Zusammenlebens oder Kommentare anderer Personen sein. Die Einflussnahme solcher sozialer Faktoren wird durch die wahrgenommene Kompetenz, Autonomie und soziale Eingebundenheit hergestellt, wobei diese Faktoren im Modell als individuell verschieden und nicht universell angenommen werden (Reis H T et al. 2000, Blanchard C, Vallerand R J 1996, Guay F, Vallerand R J 1997). Ein solcher mediierender Effekt kann auf allen drei Hierarchieebenen auftreten. Des Weiteren kommt in Vallerands Modell die Annahme über die sog. Bottom-up- und Top-down-Effekte zum Tragen. Dies bedeutet, dass ein globales Motivationslevel auf eine spezielle Situation wirken kann und umgekehrt die motivationale Struktur innerhalb einer Situation auch nachhaltig die globale motivationale Orientierung eines Individuums beeinflussen kann (Blanchard C, Vallerand R J 1998, o.S.).

Das um die Gesundheitsmotivation erweiterte HBM nach Becker ist in Abbildung 7 schematisch dargestellt. Die Abbildung visualisiert die verschiedenen Konstrukte des HBM und deren Abhängigkeiten. So lässt sich die Grundannahme, welche davon ausgeht, dass die Wahrscheinlichkeit gesundheitskonformen Verhaltens mit dem Ausmaß der wahrgenommenen Gesundheitsbedrohung und dem Grad der wahrgenommenen Wirksamkeit von gesundheitskonformem Verhalten ansteigt, gut anhand der Abbildung 7 nachvollziehen.

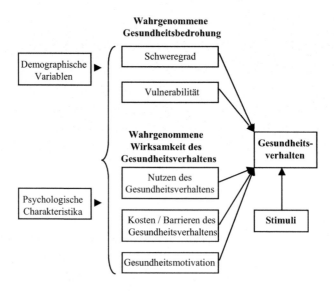

Abbildung 7: Das Modell gesundheitlicher Überzeugungen - Health Belief Model
Quelle: In Anlehnung an (Knoll N, Scholz U, Rieckmann N 2005, S. 34).

Eine Vielzahl von Studien hat das HBM von Rosenstock & Becker für die Untersuchung unterschiedlichster Fragestellungen auf dem Gebiet des Gesundheitsverhaltens erfolgreich herangezogen (Heuer H O, Heuer S H 1999d, Knoll N, Scholz U, Rieckmann N 2005). Ursprünglich war das HBM zur Erklärung des Präventionsverhaltens von gesunden Personen entwickelt worden. Wie erinnerlich war es Zielsetzung, Determinanten aufzudecken, welche Individuen dazu veranlassen, Vorsorgemaßnahmen zu ergreifen. Im Laufe der Zeit wurde das HBM auch mit Erfolg zur Beschreibung von Verhaltensweisen bereits erkrankter Personen eingesetzt (Warschburger P 1998, Schwarzer R 2004, Turner L W et al. 2004). In zahlreichen empirischen Studien zum Adhärenzverhalten von Patienten konnte das HBM entscheidende Beiträge für ein größeres Verständnis von therapietreuem Verhalten leisten (Heuer H O, Heuer S H 1999d, S. 68). Dies ist ein entscheidender empirischer Aspekt, weshalb die Kernidee des HBM im weiteren Verlauf zur Erklärung des Adhärenzverhaltens von Patienten herangezogen wird.

Knoll et al., Cromer et al. und Iannotti et al. merken kritisch an, dass Verhaltensentscheidungen im HBM ausschließlich auf Basis rationaler Erwägungen und Einflussfaktoren getroffen werden (Knoll N, Scholz U, Rieckmann N 2005, Cromer B A, Tarnowski K J 1989, Iannotti R J, Bush P J 1993). Das HBM sollte nach ihren Vorstellungen um emotionale Aspekte in Form von affektiven Verhaltenskomponenten ergänzt werden. Auch Leventhal et al. machen ihre Kritik an einer fehlenden emotionalen Komponente in der Kausalkette des HBM fest. Die hohe Bedeutung der intuitiven bzw. kognitiven Verarbeitung von Symptomen als Stimulus der Therapietreue wurde durch jene Gruppe erstmalig empirisch nachgewiesen (Leventhal H, Diefenbach M, Leventahl E A 1992, Knoll N, Scholz U, Rieckmann N 2005). Dem vorgetragenen Kritikpunkt am HBM wird im weiteren Verlauf mittels der gezielten Integration kognitiver und affektiver Konstrukte in das HBM Rechnung getragen.

Bei näherer Betrachtung finden sich vereinzelt weitere theoretische und empirische Kritikpunkte am originären HBM. Nach der Auffassung einiger Autoren lässt sich aus dem durch das HBM beschriebenen Gesundheitsverhalten keine direkte Prognose für das zukünftige Verhalten einer Person ableiten (Knoll N, Scholz U, Rieckmann N 2005, Harrison J A, Mullen P D, Green L W 1992). Dieser Kritikpunkt soll durch die Integration der Theory of Planned Behavior in das HBM entkräftet werden.

Theory of Planned Behaviour

Für die Untersuchung der Determinanten, welche die Patientenentscheidung für eine aktive und möglichst exakte Therapieteilnahme im Rahmen des Krankheitsbildes der Hypertonie beeinflussen, ist die Wahl auf die Theory of Planned Behavior (TPB) von Ajzen gefallen (Ajzen I 2006). Im deutschen Sprachraum wird die TPB als Theorie des geplanten Verhaltens bezeichnet. Diese versucht, das Verhalten von Individuen durch deren Einstellung gegenüber einem Objekt zu erklären. Es ist das Anliegen der TPB, Determinanten für Verhaltensentscheidungen eines Individuums zu finden, welches sich zwischen verschiedenen Handlungsalternativen entscheiden muss.

Die Ursprünge der TPB liegen nicht in der Gesundheitspsychologie, sondern in der Sozialpsychologie auf dem Gebiet der Einstellungs- und Verhaltensforschung (Ajzen I 1985, S. 11). Sie ist eine Weiterentwicklung der Theory of Reasoned Action (TRA) von Fishbein & Ajzen, welche ursprünglich das Verhalten einer Person infolge deren Einstellung zum Verhalten und zu der subjektiven Norm erklären sollte (Fishbein M, Ajzen I 1975). In der Literatur wurde fortwährend Kritik an der TRA laut, welche an dem mangelnden Prognosegehalt der Einstellung eines Individuums für dessen Verhalten ansetzte (Ajzen I 1988, S. 132). Folgt man der TRA, ist der Ursprung jeglicher Verhaltensweisen ausschließlich deren totale Verhaltenskontrolle. Der TRA nach wäre jedes Verhalten allein durch rationale Argumente erklärbar (Eagly A H, Chaiken S 1993, S. 182).

Um dem Einfluss emotionaler und affektiver Determinanten auf das Verhalten einer Person Rechnung zu tragen, modifizierte Ajzen die TRA durch eine zusätzliche Komponente, die wahrgenommene Verhaltenskontrolle oder Intention: „The third and novel antecendent of intention is the degree of perceived behavioral control" (Ajzen I 1988, S. 132). Hiernach lässt sich das Verhalten eines Individuums auf einem Kontinuum zwischen vollständiger willentlicher Kontrolle auf der einen Seite und Verhaltensweisen, welche sich gänzlich willentlicher Steuerung entziehen, auf der anderen Seite beschreiben.

Kann ein Individuum gänzlich unabhängig entscheiden, ob es sich für die Durchführung oder Unterlassung einer Verhaltensweise entscheidet, liegen keine externen oder internen Beschränkungen vor und man spricht von vollständig kontrolliertem Verhalten. Nach Ajzen ist das Ausbleiben jeder Verhaltenskontrolle das Resultat von fehlenden Möglichkeiten, Ressourcen und Fähigkeiten einer Person (Ajzen I, Madden T J 1986, S. 456). Somit ist hier eine Abhängigkeit der Verhaltensentscheidung von verschiedenartigen, situationsabhängigen Faktoren gegeben. Um genau diesen zufälligen und nicht zufälligen Determinanten und deren Impulse auf das geplante Verhalten Rechnung zu tragen, zieht Ajzen das Konstrukt der Perceived Behaviour Control (PBC) heran (Ajzen I 1988, S. 132). Hiermit sind die Beschränkungen der TRA durch eine Weiterentwicklung zur TPB überwunden, und das geplante Verhalten kann auf theoretischer Ebene ganzheitlich erklärt werden.

Das Konstrukt der Einstellung, welches häufig als Schlüsselkonstrukt der Sozialpsychologie angesehen wird, spielt in der Marketingtheorie und -praxis eine herausragende Rolle (Bänsch A 2002, Nieschlag R, Dichtl E, Hörschgen H 2002, Kroeber-Riel W, Weinberg P 2003). „Kein Konstrukt der Verhaltenstheorie ist häufiger zur Erklärung des Konsumentenverhaltens herangezogen worden als das der Einstellung" (Müller-Hagedorn L 1998, S. 344). oder wie Kassarjian & Kassarjian es ausdrücken: „attitudes clearly have become the central focus of consumer behavior resarch" (Kassarjian H H, Kassarjian W M 1979).

Obwohl sich in Anbetracht dieser Relevanz eine Vielzahl von Autoren damit auseinandergesetzt hat, existiert kein eindeutiges Begriffsverständnis des Konstruktes der Einstellung (Gröppel-Klein A 2001, S. 206). Bereits Osgood et al. (Osgood C E, Suci G J, Tannenbaum P H 1957, S.189) sprachen von einer Unmenge („Plethora") von Definitionen. Die klassische Einstellungsforschung folgt der Sichtweise, dass Einstellungen gemäß der so genannten Einstellungs-Verhaltens-Hypothese das Handeln bestimmen und demnach als „Prädiktor für das beobachtbare, tatsächlich auftretende, overte Verhalten" (Güttler P O 2003, S. 201). fungieren. Insbesondere aufgrund der Funktion als Verhaltensprädiktor hat dieses Konstrukt seine Bedeutung erlangt (Franzoi S L 1996, S. 173). Exemplarisch wird an dieser Stelle auf einige Definitionen eingegangen, um wesentliche Aspekte der Bedeutung für den Kontext dieser Studie aufzuzeigen.

3.2. Das Health-Belief-Modell als theoretische Basis

Fishbein definiert Einstellung als „learned predisposition to respond to any object in a consistently favorable or unfavorable way" (Fishbein M 1967, S. 483). Kotler et al. vertreten eine ähnliche Ansicht, nach der Einstellung als „a person's relatively consistent evaluations, feelings and tendencies towards an object or idea" (Kotler P, Wong V, Saunders J, Armstrong G 2005, S. 275) anzusehen ist. Dabei gehen die Autoren allerdings nicht explizit auf den Handlungsaspekt der Reaktion ein, wie es Fishbein tut. Eagly & Chaiken sprechen wie Kotler et al. nur von einer psychologischen Tendenz, „that is expressed by evaluating a particular entity with some degree of favor or disfavor" (Eagly A H, Chaiken S 1993, S. 1). Trommsdorff dagegen greift, ähnlich wie Bänsch, den Handlungsaspekt auf und definiert Einstellung als „den Zustand einer gelernten und relativ dauerhaften Bereitschaft, in einer entsprechenden Situation gegenüber dem betreffenden Objekt regelmäßig mehr oder weniger stark positiv bzw. negativ zu reagieren" (Trommsdorff V 2004, S. 159). Gemeinsam ist den vorgestellten Definitionen, dass sich Einstellungen immer auf Objekte beziehen, bei denen es sich sowohl um konkrete Gegenstände, Personen als auch um abstrakte Objekte, wie Verhaltensweisen oder Werte handeln kann (Nieschlag R, Dichtl E, Hörschgen H 2002, Bohner G 2002). Im Gegensatz zu kurzfristigen Stimmungen und Emotionen sind Einstellungen im Zeitverlauf relativ resistent gegen Veränderungen (Ajzen I 2001, S. 38). Genau hier setzt die Fragestellung der vorliegenden Untersuchung an. Im Folgenden wird versucht, die Einstellung gegenüber dem Konstrukt therapieförderlichen Verhaltens zu messen.

An dieser Stelle kann auf die Informationsintegrationstheorie und das Konzept der Verfügbarkeit von Einstellungen zurückgegriffen werden, um im übertragenen Sinne eine theoretische Fundierung des Verständnisses der Patienteneinschätzung gegenüber der eingeschlagenen Therapie zu erhalten (Simonin B L, Ruth J A 1998, S. 32). Die Informationsintegrationstheorie beschreibt den Prozess der Evaluation und Integration von Informationen zu einem Gesamturteil. Neue, für den Rezipienten relevante Informationen können die Aktivierung und Kombination mit bereits gespeicherten Informationen auslösen, um den neuen Stimulus zu bewerten und ihn in bestehende Einstellungen zu integrieren.

Nach dem Konzept der Verfügbarkeit von Einstellungen ist es von entscheidender Bedeutung, inwiefern eine Einstellung für das Individuum verfügbar ist, d.h., wie es auf diese zugreifen kann. Die Verfügbarkeit, die als Maß ebenso bedeutend sein kann wie die positive oder negative Stärke der Einstellung, wird dabei durch die Stärke der Assoziation zwischen dem Objekt und seiner Bewertung verstanden. Ein höherer Grad an Verfügbarkeit bedeutet, dass diese Einstellung schneller aktiviert wird und als relevanter angenommen wird (Fazio R H 1986, S. 212).

Die wahrgenommenen Schwierigkeiten einer geplanten Verhaltensweise eines Individuums im Rahmen der TPB stehen in starker Verbindung zu dessen Ressourcen und Fähigkeiten, wodurch einer Person inhärente Eigenschaften in das Modell der wahrgenommenen Verhaltenskontrolle integriert werden (Magin S 2003, S. 38). Folgt man dem Konzept der Selbstwirksamkeit von Bandura, geht es bei der PBC um die Selbsteinschätzung einer Person, ein bestimmtes Verhalten ausführen zu können. Die beiden Konzepte unterscheiden sich darin, dass Bandura ausschließlich auf interne Determinanten zurückgreift, die wahrgenommene Verhaltenskontrolle jedoch auch Einflüsse der externen Umwelt berücksichtigt (Knoll N, Scholz U, Rieckmann N 2005, Bandura A 1999). Tatsächlich beschreibt Ajzen die wahrgenommene Verhaltenskontrolle in einem neueren Beitrag als übergeordnetes Konstrukt, das sich aus wahrgenommener Kontrollierbarkeit und Selbstwirksamkeit zusammensetzt. Auf diese Weise reagiert Ajzen auf die Kritik an der TRA und relativiert die Erklärung für die Verhaltensentscheidung eines Individuums durch die Integration der PBC in die TPB (Knoll N, Scholz U, Rieckmann N 2005, S. 40).

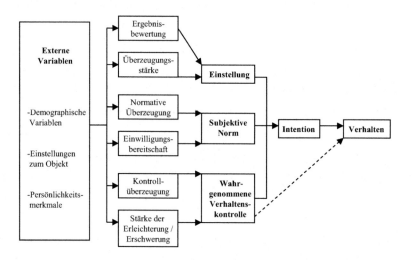

Abbildung 8: Die Theorie des geplanten Verhaltens - Theory of Planned Behavior

Quelle: In Anlehnung an (Ajzen I 2006).

Das in Abbildung 8 dargestellte Modell der TPB beinhaltet drei unabhängige Variablen, welche der Intention vorgelagert sind. Aus der TRA bleiben die beiden Konstrukte der Einstellung zum Verhalten und der subjektiven Norm erhalten. Zusätzlich wird als drittes Konstrukt die PBC eingeführt. Für die Modellierung der TPB gilt grundsätzlich, dass je vorteilhafter die Einstellung gegenüber einer Handlung, je günstiger die subjektive Norm und je stärker die PBC sind, desto stärker ist die Verhaltensabsicht eines Individuums, ein bestimmtes Verhalten auszuführen (Ajzen I 1991, S. 188).

Nach Ajzen & Madden wird das Verhältnis zwischen Intention und dem tatsächlichen Verhalten wie folgt beschrieben: „The stronger a person's intention, the more the person is

3.2. Das Health-Belief-Modell als theoretische Basis

expected to try, and hance the greater the likelihood that the behavior will actually be performed." (Ajzen I, Madden T J 1986, S. 454). Hierbei wird die Verhaltensabsicht als einziger Prädiktor für eine Verhaltensweise betrachtet (Braunstein C 2001, S. 128).

Der beschriebene Zusammenhang und der unterstellte Prognosegehalt der Verhaltensabsicht wurde in der Literatur vielfach bestätigt. So merken z.B. Frey et al. an, dass der beste Prädiktor des Verhaltens eines Individuums die Verhaltensabsicht gegenüber eben diesem Verhalten ist (Conner M, Sparks P 1996, Frey D, Stahlberg D, Gollwitzer P M 1993). Auch in anderen Studien wird die Grundstruktur der TPB zur Prognose und Beschreibung von Gesundheitsverhalten erfolgreich herangezogen. Rivis & Sheeran (Rivis A, Sheeran P 2003) konnten mit Hilfe der TPB einen Beitrag zum tieferen Verständnis von körperlichem Aktivitätsverhalten, Johnston & White (Johnston K L, White K M 2003) zum Verständnis von Alkohol- und Tabakkonsumverhaltensweisen, Conner (Conner M, Norman P, Bell R 2002) zum Ernährungsverhalten, Albarracin et al. (Albarracin D et al. 2001) zum HIV-Präventionsverhalten, Jones et al. (Jones F et al. 2001) zum Sonnenschutzvorsorgeverhalten und Drossaert et al. (Drossaert C H, Boer H, Seydel E R 2003) zum Krebsvorsorgeverhalten leisten.

Ein zweiter Ansatz der TPB geht davon aus, dass die beiden Konstrukte Einstellung und subjektive Norm nach wie vor nur einen direkten Einfluss auf die Verhaltensabsicht haben, während die wahrgenommene Verhaltenskontrolle sowohl einen Einfluss auf die Verhaltensabsicht als auch auf das Verhalten hat. Es wird unterstellt, dass der Effekt der wahrgenommenen Verhaltenskontrolle auf das Verhalten nicht ausschließlich von dieser moderiert wird, sondern ein direkter Einfluss der PBC auf das Verhalten gegeben ist (Ajzen I, Madden T J 1986, Magin S 2003). Folgt man Braunstein, ist dieser direkte Einfluss nur signifikant messbar, sofern eine Übereinstimmung von subjektiver Einschätzung einer Verhaltensweise und einem tatsächlich hohen Maß an Selbstkontrolle über diese Verhaltensentscheidung vorliegt (Braunstein C 2001, S. 129). Der gestrichelte Pfeil in Abbildung 8 trägt jenem direkten Einfluss Rechnung. Die beschriebene Konstellation dürfte vor allem dann von Relevanz sein, wenn ein Individuum über ein gewisses Maß an Erfahrung im Umgang mit dem jeweils geplanten Handeln verfügt. Genau diese Voraussetzungen sind bei der Anwendung der TPB zur Verhaltensprognose im Bereich der Patientencompliance als gegeben zu erachten. Aus diesem Grund dient die TPB in der vorliegenden Studie als theoretische Grundlage zur Prognose des Therapietreueverhaltens.

Risikotheorie

Die Risikotheorie erfährt im Bereich der Konsumentenverhaltensforschung hohe Aufmerksamkeit, wenn es um die Beschreibung und Messung des hypothetischen Konstruktes des wahrgenommenen Risikos geht (Foscht T, Swoboda B 2007, S. 83). Jene Theorie geht im Allgemeinen davon aus, dass das Kaufverhalten eines Kunden durch die Reduzierung von verschiedenen Risikofaktoren bestimmt ist. Bauer (Bauer R A 1960, S. 389) führte in den 1960er Jahren sein Konzept der Risikotheorie in der Konsumentenverhaltensforschung ein, woran sich die folgenden Ausführungen orientieren. Er geht davon aus, dass ein Konsument versucht, das subjektiv gefühlte Risiko eines Kaufprozesses auf ein akzeptables Restrisiko zu reduzieren (Bauer R A 1967, S. 25). Analog zu dem HBM, welches das wahrgenommene Risiko als eine beeinflussende Determinante des Gesundheitsverhaltens betrachtet, nimmt auch die Risikotheorie an, dass das subjektiv wahrgenommene Risiko einen entscheidenden Einfluss auf das Entscheidungsverhalten einer Person hat (Wiswede G 1995, Conchar M P et al. 2004, Cox D F, Rich U S 1967). In diesem Zusammenhang setzt sich die Risikotheorie mit dem intrapersonellen Ungleichgewicht auseinander, welches durch gefühltes Risiko ausgelöst wird (Homburg C, Stock R 2003, S. 75).

In der Literatur finden sich unterschiedliche Definitionen des Risikobegriffs. Die vorliegende Analyse soll der Definition von Bauer folgen. Danach umfasst Risiko „... alle möglichen Konsequenzen einer Handlung, die nicht mit Sicherheit antizipiert werden und somit negative Folgen nach sich ziehen können" (Hoyer W D, MacInnes D J 2004, S. 68). Hierbei sind die wesentlichen Bestandteile des subjektiv wahrgenommenen Risikos die Eintrittswahrscheinlichkeit möglicher negativer Konsequenzen und die Bedeutung, die einem potenziellen Verlust beigemessen wird (Conchar M P et al. 2004, S. 419).

Letztgenannte Definition zeigt den engen Bezug des wahrgenommenen Risikos zu dem Involvement eines Konsumenten auf (Chaudhuri A 2000, Hoyer W D, MacInnes D J 2004). Wie eingeführt, wird unter Involvement"... the level of perceived personal importance and/ or interest evoked by a stimulus within a specific situation" (Antil J H 1984, S. 204). verstanden. Verschiedene empirische Studien belegen die Theorie, wonach gering involvierte Konsumenten ein geringeres Risiko wahrnehmen (Jain D 1994, Mowen J C 1992, Zaichkowsky J L 1985), was gerade vor dem Hintergrund therapiebedürftiger Patienten von hoher Bedeutung ist. Im Umkehrschluss sollten Patienten, die ein hohes Krankheitsinvolvement empfinden, ihrer Erkrankung eine höhere Bedeutung zuteilwerden lassen. Dies sollte eine intensivere Auseinandersetzung mit der einer Erkrankung innewohnenden Unsicherheit zur Folge haben. Im Allgemeinen ist in diesem Zusammenhang von risikoaversem Entscheidungsverhalten auszugehen, was zahlreiche empirische Studien belegen (Lambrecht A, Skiera B 2006, S. 593).

In der vorliegenden Studie stehen das physische und das funktionale Risiko im Vordergrund, da die nachhaltige gesundheitliche Gefährdung des Patienten durch die Krankheit von allen Risikoarten am intensivsten gefühlt wird. Sowohl der Verlauf einer Erkrankung als auch der Therapieverlauf sind häufig mit erheblicher Unsicherheit behaftet. Das wahrgenommene Risiko für einen Patienten ergibt sich daher in Hinblick auf Art, Menge und Angemessenheit einer medizinischen Behandlung. (Frisk J E 2003, S. 36). Im Fall einer Fehlentscheidung im Therapieverlauf kann dies für den Patienten z.T. lebensbedrohliche Konsequenzen haben, sodass der Unsicherheit in einer solchen Entscheidungssituation ein besonderes Gewicht zukommt (Dietz B 2006, S. 91).

Als Konsequenz des empfundenen Risikos unterstellt die Risikotheorie, dass der Konsument eine Risiko-Reduktionsstrategie (Foscht T, Swoboda B 2007, Engel J E, Blackwell R D, Miniard P W 1993, Homburg C, Stock R 2003, Immes S 1993, Ross I 1975) einschlägt, um die wahrgenommene Unsicherheit zu verringern. Im Kontext der mit einer Therapie verbundenen Unsicherheit wird häufig eine Orientierung der Entscheidungsfindung an der Meinung weiterer Personen aus dem sozialen Umfeld beobachtet (Dowling G R, Staelin R 1994, Hausman A 2004). Das gefühlte funktionale Risiko, welches ein Arzneimittel beinhaltet, kann durch Hersteller- oder Markenloyalität oder den Gebrauch von Proben herabgesetzt werden (Gemünden H G 1985, Mitra K, Reiss M C, Capella L M 1999, Vann J W 1984). Durch Mund-zu-Mund-Propaganda empfinden Patienten eine stärkere Verringerung des wahrgenommenen Risikos als durch Informationen einer Selbsthilfegruppe oder unabhängigen Beratungsstelle (Murray K B 1991, S. 12). Die eingeschlagene Typologie einer Risiko-Reduktionsstrategie hängt stark von der persönlich wahrgenommenen Bedrohung und dem Krankheitsinvolvement eines Patienten ab (Foscht T, Swoboda B 2007, S. 84). Ist dieser stark involviert, ist davon auszugehen, ein deutlich nachhaltigeres Informationsverhalten zur Risikoreduktion zu beobachten.

3.3 Erklärung der Adhärenz mit Hilfe des Health Belief Modells

Auf Grundlage der Literaturrecherche in Abschnitt 2.2 und der theoretischen Basis aus Abschnitt 3.2 erfolgt in diesem Abschnitt die Konzeptualisierung eines Untersuchungsmodells für das Therapietreueverhalten. Im Folgenden werden daher Einflussgrößen definiert und in einem Gesamtmodellzusammenhang diskutiert. Weiterhin werden Hypothesen über unterstellte Wirkungszusammenhänge zwischen den Modellkonstrukten abgeleitet.

Aufgrund der Tatsache, dass sich das Health Belief Modell (HBM) bereits in einer Vielzahl theoretischer als auch empirischer Studien zur Untersuchung des Patientenverhaltens erfolgreich herangezogen wurde (Leventhal H, Diefenbach M, Leventahl E A 1992, Knoll N, Scholz U, Rieckmann N 2005, Heuer H O, Heuer S H 1999d, Warschburger P 1998, Schwarzer R 2004, Kühner K M 1987, Turner L W et al. 2004), erscheint eine Anwendung zur Analyse des Therapietreueverhaltens als angebracht. Das in diesem Abschnitt entworfene Theoriengebäude stützt sich daher im Kern auf die Grundidee des HBM (Rosenstock I M 1966, 1974, Becker M H et al. 1986). Wie in Abschnitt 3.2.2 beschrieben, hängt die Wahrscheinlichkeit einer Gesundheitsverhaltensänderung von zwei Faktoren ab: Erstens von dem wahrgenommenen Grad der Gesundheitsbedrohung und zweitens von der gefühlten Wirksamkeit einer Verhaltensänderung als ein Mittel der Bedrohungsreduktion (Knoll N, Scholz U, Rieckmann N 2005, Schwarzer R 2004, Stroebe W, Stroebe M 1998). Die Entscheidung des Patienten, sich künftig mehr oder weniger therapietreu im Rahmen einer eingeschlagenen Therapie zu verhalten, ist dabei von unterschiedlichen Variablen abhängig.

Den Autoren Knoll et al. und Iannotti & Bush folgend, lässt sich aus dem im HBM beschriebenen Patientenverhalten keine direkte Prognose hinsichtlich des zukünftigen Verhaltens eines Patienten ableiten (Knoll N, Scholz U, Rieckmann N 2005, Iannotti R J, Bush P J 1993). Um diese Kritik am HBM zu entkräften, wird das Patientenverhalten durch die Integration der Theory of Planned Behavior (TPB) (Ajzen I 1991, 2006, S. 179) beschrieben. Ajzen & Madden und Braunstein folgend, ist im Rahmen der TPB die Verhaltensabsicht einziger Prädiktor für eine Verhaltensweise, hier dem Adhärenzverhalten (Ajzen I, Madden T J 1986, Braunstein C 2001). Die Verhaltensabsicht bzw. Intention hinsichtlich adhärenten Verhaltens erfährt nach der TPB eine Prägung durch die Einstellung gg. therapietreuem Verhalten, die subjektive Norm und die wahrgenommene Verhaltenskontrolle des Patienten (Ajzen I 1991, S. 188).

Der skizzierte Zusammenhang zwischen dem postulierten Prognosegehalt der Verhaltensabsicht und dem tatsächlichen Verhalten konnte in der Literatur zu Fragestellungen rund um das Thema des Patientenverhaltens bereits vielfach empirisch belegt werden (Rivis A, Sheeran P 2003, Johnston K L, White K M 2003, Conner M, Norman P, Bell R 2002, Albarracin D et al. 2001, Landgraf R, Huber F, Bartel R 2006). Daher wird auch bei der Entwicklung des Untersuchungsmodells zur Erklärung des Adhärenzverhaltens auf die Verknüpfung des HBM mit der TPB zurückgegriffen (Ajzen I, Madden T J 1986, Braunstein C 2001).

Eine Erweiterung erfährt die TPB durch die Integration des Konstrukts der Motivation, welches in dem erweiterten HBM nach Becker bereits als latente Variable vorgesehen ist (Becker M H et al. 1986). Hierbei wird auf Vallerands (Vallerand R J, Ratelle C F 2002,

S. 41) hierarchisches Modell extrinsischer und intrinsischer Motivation zurückgegriffen. Auf Grund der Tatsache, dass zahlreiche empirische Untersuchungen einen Einfluss des Vertrauensverhältnisses zwischen Patient und Arzt auf das Complianceverhalten nachweisen konnten (Arnold N 2005, Dellande S, Gilly M C, Graham J L 2004, Hannig J 2004, Hausman A 2004), sollen diese Ergebnisse durch die Integration des Konstrukts des Vertrauens zum Arzt einbezogen werden. Das vorrangige Interesse des entwickelten Modells liegt auf der Untersuchung der unterschiedlichen Einflussstärken der Einstellung, der Motivation, des Vertrauens in den Arzt und der sozialen Norm auf die Therapietreueentscheidung des Patienten.

3.3.1 Einfluss der Einstellung

Folgt man der in Abschnitt 3.2.2 diskutierten Theorie zur Verhaltensforschung im Compliancekontext, tragen die Erkenntnisse der Einstellungsforschung wesentlich zur Erklärung des Therapietreueverhaltens von Patienten bei. Die TPB unterstellt, dass das Wirkungsgefüge zwischen der Einstellung gegenüber dem Therapietreueverhalten und der entsprechenden Verhaltensabsicht von Interesse ist. Auch die empirische Studie von Miller et al. ergab, dass die Einstellung eines Patienten gegenüber der eingeschlagenen Therapie entscheidenden Einfluss auf die erzielte Therapietreue hat (Miller P, Wikoff R, Hiatt A 1992, S. 105).

Im vorliegenden Modell wird die beabsichtigte Adhärenz eines Patienten unter Anwendung einer indirekten Messmethode (Fragebogen) erfasst, da die Anwendung eines direkten Messverfahrens zum einen zu kosten- und zeitintensiv gewesen wäre und zum anderen der Patient sich in einem deutlich stärken Maße überwacht gefühlt hätte als bei der Befragung mit einem anonymen Fragebogen.[5] Es wurde Wert darauf gelegt, dass der Patient den Fragebogen in anonymer Atmosphäre ausfüllen konnte, um im Vergleich zu direkten Messmethoden den Verzerrungsgrad der Verhaltensangaben bei der Beantwortung des Patientenfragebogens gering zu halten (Hasford J, Behrend C, Sangha O 1998, S.28).

Zur Messung des Patientenverhaltens soll daher auf den von Ajzen & Fishbein (Ajzen I 2006) mehrfach empirisch belegten positiven Zusammenhang zwischen den beiden Konstrukten Verhaltensabsicht und tatsächlichem Verhalten zurückgegriffen werden. Die Verhaltensabsicht fungiert als Kuppler zwischen Einstellung und Verhalten, wie ausführlich in Abschnitt 3.2.2 diskutiert. Daher genügt es im Folgenden, die Verhaltensabsicht gegenüber therapieförderlichem Verhalten zu messen, um fundierte Aussagen zum Therapietreueverhalten eines Patienten treffen zu können (Braunstein C 2001, S. 128).

---

[5] Für weitere Ausführungen zum Studiendesign siehe Abschnitt 4.2.

Die Definition des Zielkonstrukts der Verhaltensabsicht gg. therapieförderlichem Verhalten geht auf die Diskussion des Adhärenz- bzw. Compliancebegriffs in Abschnitt 2.1.1 zurück. Die nachstehende Definition orientiert sich an dem Begriffsverständnis von Fittschen, wonach „... unter Compliance die Übereinstimmung zwischen dem Patientenverhalten im Alltag und dem Verhalten, das nach aktuellem medizinischen Wissensstand in Behandlung und Prävention von Krankheiten erwünscht ist" (Fittschen B 2002, S. 60), verstanden wird.

> **Definition: Verhaltensabsicht gg. therapieförderlichem Verhalten**
> *„Die Verhaltensabsicht gg. therapieförderlichem Verhalten wird durch das Ausmaß an Übereinstimmung zwischen dem beabsichtigten Patientenverhalten im Alltag und dem Verhalten, das nach aktuellem medizinischen Wissensstand in Therapie und Prävention erwünscht ist, verstanden."*

Zuerst soll ein einheitliches Verständnis der beiden Konstrukte geschaffen werden, die die kognitive Einstellungskomponente modellieren. Dann können, basierend auf der Theorie von Ajzen & Fishbein, Hypothesen über den aufgezeigten Zusammenhang zwischen der Einstellung zur Adhärenz und dem geplanten Therapietreueverhalten formuliert werden. Die kognitive Einstellungskomponente setzt sich zum einen aus den wahrgenommenen Barrieren der Therapieintegration in den Lebensalltag und zum anderen der gefühlten Wirksamkeit von therapiekonformem Verhalten zusammen.

Die therapeutische Behandlung einer Erkrankung, hier der Hypertonie, ist stets mit Beeinträchtigungen des alltäglichen Lebensablaufs eines Patienten verbunden. Je nach Therapie fallen diese obligatorischen Einschränkungen (Toljamo M, Hentinen M 2001, Vincze G, Barner J C 2004), wie Umstellung des Ernährungsverhaltens, Verzicht auf Ausübung einer Sportart oder regelmäßige Medikamenteneinnahme (Hannig J 2004, S. 84), stärker oder weniger stark aus. Weitere Barrieren der Therapieintegration in den Alltag wurden bereits im Rahmen der Literaturbestandsaufnahme ausführlich diskutiert. Aus den angeführten Gründen kommt der Integrierbarkeit der eingeschlagenen Therapie in den Lebensablauf eines Patienten hohe Bedeutung zu. Verschiedene Untersuchungen konnten nachweisen, dass der Grad der Integrationsfähigkeit einer Therapie in den Lebensalltag eines Patienten bedeutsam ist in Hinblick, eine möglichst hohe Therapietreue zu erreichen (Arnold N 2005, Hannig J 2004, Buhk H, Lotz-Rambaldi W 2001).

> **Definition: Barrieren der Therapieintegration in den Lebensablauf**
> *„Der Schweregrad der Therapieintegration in den Lebensablauf eines Patienten wird durch das Ausmaß gekennzeichnet, in welchem sich die eingeschlagene Therapie und die tägliche Lebensroutine als nicht vereinbar darstellen."*

Den Einschränkungen im Lebensablauf, welche auch als Kosten der Therapie bezeichnet werden, steht Nutzen in Form der Erreichung eines höheren Gesundheitsniveaus gegenüber (Knoll N, Scholz U, Rieckmann N 2005, S. 33). Jener wahrgenommene Nutzen einer Therapie soll durch das Konstrukt der wahrgenommenen Wirksamkeit von therapiekonformem Verhalten repräsentiert werden. Hierunter fallen bspw. die positiven Empfindungen, welche mit einem niedrigeren gemessenen Blutdruck einhergehen oder das Gefühl, aufgrund der eingeschlagenen Therapie den Blutdruck dauerhaft senken zu können. Es ist wichtig, an dieser Stelle anzumerken, dass Kosten und Nutzen einer Therapie nicht unbedingt in einem reziproken Verhältnis stehen müssen, weshalb die Messung beider Konstrukte notwendig ist.

> **Definition: Wahrgenommene Wirksamkeit von therapiekonformem Verhalten**
>
> *„Die Wirksamkeit von therapiekonformem Verhalten ist durch das Ausmaß der wahrgenommenen Verbesserung des allg. Gesundheitszustandes in Abhängigkeit des Grades der Therapiebefolgung beschrieben."*

Im Folgenden soll zur Analyse der Einstellung das „heuristische Organisationsschema" (Trommsdorff V 2004, Kroeber-Riel W, Weinberg P 2003) der Dreikomponententheorie der Einstellung herangezogen werden. Die genannte Theorie geht davon aus, dass der Bildung einer Verhaltensabsicht der Prozess der Informationsverarbeitung vorgelagert ist. Der kognitive Prozess der Informationsverarbeitung wird im Rahmen des HBM zum einen durch die gefühlte Wirksamkeit einer Therapie und zum anderen durch die Wahrnehmung von Barrieren im Therapieverlauf repräsentiert. Hat der Patient die kognitive Informationsverarbeitung abgeschlossen, schließt sich - nach der Dreikomponententheorie - die Bewertung der Informationen in Form der Bildung der affektiven Einstellungskomponente an (Ajzen I 2001, Bagozzi R P 1982). Bagozzi folgend, werden im Rahmen des vorliegenden Modells die kognitive und die affektive Einstellungskomponente nicht alternativ, sondern als in kausaler Beziehung stehenden Faktoren gestaltet, was die mögliche Eigenständigkeit beider Einflussgrößen hervorhebt. In Anlehnung an die Dreikomponententheorie wird die zweigeteilte kognitive Einstellungskomponente (wahrgenommene Wirksamkeit und wahrgenommene Barrieren) neben der affektiven Einstellungskomponente zur Prädiktion der Verhaltensabsicht sowie der affektiven Einstellungskomponente selbst herangezogen.

Die TPB formuliert direkte Einflüsse der beiden Konstrukte Barrieren und Wirksamkeit von therapiekonformem Verhalten auf die Stärke der Verhaltensintention gegenüber therapietreuem Verhalten (Ajzen I 1988, S. 132). Der direkte Einfluss der wahrgenommenen Barrieren auf die Intention wird als negativer Zusammenhang und der Einfluss der wahrgenommenen Wirksamkeit auf die Intention als positiver Zusammenhang modelliert. Der theoretische Ansatz dieser Untersuchungen steht daher im Einklang mit der Theorie des HBM. Vor dem Hintergrund der unterstellten theoretischen Zusammenhänge können die Hypothesen $H1 - H2$ über den direkten Zusammenhang zwischen der zweigeteilten kognitiven Einstellungskomponente und der Verhaltensabsicht hinsichtlich therapietreuen Verhaltens wie folgt formuliert werden:

> *H1:*
> *„Je höher die Barrieren der Therapieintegration in den Lebensablauf erscheinen, desto geringer ist die Absicht des Patienten, sich therapieförderlich zu verhalten."*
>
> *H2:*
> *„Je stärker die Wirksamkeit von therapiekonformem Verhalten wahrgenommen wird, desto höher ist die Absicht des Patienten, sich therapieförderlich zu verhalten."*

Die meisten derzeit diskutierten Modelle zur Erklärung von Gesundheitsverhalten gründen auf einem Rational-Choice-Ansatz und betonen die hohe Bedeutung kognitiver Einflussgrößen im Verhaltensprozess (Opp K-D 2005, o.S.). Die Studie von Kiviniemi (Kiviniemi M 2004, o.S.) zeigt jedoch, dass gesundheitsbezogenes Verhalten sich am besten durch eine Verhaltensmodellierung in Anlehnung an das Dreikomponentenmodell der Einstellung abbilden lässt, wodurch eine emotionale Variable in das Untersuchungsmodell einbezogen wird. Aufgrund der Krankheitssituation, in der sich ein Patient befindet, sind therapiebezogene Verhaltensentscheidungen häufig einem starken emotionalen Einfluss ausgesetzt. Die Integration der affektiven Einstellung in das Untersuchungsmodell beachtet den emotionalen Einfluss auf das Complianceverhalten.

> *Definition: Affektive Einstellungskomponente*
> *„Die affektive Einstellungskomponente ist durch das Ausmaß der einer Therapie entgegengebrachten und durch eine Therapie ausgelösten Emotionen und Gefühle gekennzeichnet."*

Um dem unterstellten Konzept der Dreikomponententheorie zu entsprechen, gilt es, den Einfluss der kognitiven auf die affektive Einstellungskomponente zu beschreiben. (Kroeber-Riel W, Weinberg P 2003, S.170). Analog zu den Ausführungen bzgl. des Einflusses der gefühlten Barrieren auf die Handlungsintention ist auch hier ein negativer Effekt der wahrgenommenen Barrieren auf die affektive Einstellungskomponente wahrscheinlich. Gleiches, jedoch dieses Mal mit einem positiven Effekt, gilt für den Impuls der wahrgenommenen Wirksamkeit von therapiekonformem Verhalten auf die Verhaltensintention. Die Hypothesen $H3 - H4$ sollen unter realen Umständen überprüft werden.

3.3. Erklärung der Adhärenz mit Hilfe des Health Belief Modells

> **H3:**
> „Je höher die wahrgenommenen Barrieren der Therapieintegration in den Lebensablauf sind, desto negativer gestaltet sich die affektive Einstellungskomponente zur eingeschlagenen Therapie."
>
> **H4:**
> „Je höher die wahrgenommene Wirksamkeit von therapiekonformem Verhalten ist, desto positiver gestaltet sich die affektive Einstellungskomponente zur eingeschlagenen Therapie."

Aus der angeführten Definition der affektiven Einstellungskomponente und der Dreikomponententheorie lässt sich vermuten, dass, je stärker die einer Therapie entgegengebrachten Emotionen und Gefühle positiver Natur sind, sich dies förderlich auf die Verhaltensabsicht auswirken sollte. Der unterstellte Zusammenhang wird in Hypothese $H5$ formuliert:

> **H5:**
> „Je positiver die affektive Einstellungskomponente zur Therapie ist, desto höher ist die Absicht des Patienten, sich therapieförderlich zu verhalten."

Der TPB folgend, lässt sich ein Einfluss des Konstrukts wahrgenommene Barrieren der Therapieintegration in den Lebensablauf auf das Konstrukt der wahrgenommenen Verhaltenskontrolle begründen. Letztgenanntes Konstrukt verkörpert nach Ajzen die von einem Individuum subjektiv wahrgenommene Möglichkeit, ein bestimmtes Verhalten durchzuführen (Ajzen I 1988, S. 133). Nach der sozial-kognitiven Theorie Banduras, stellt im Rahmen gesundheitsbezogener Verhaltensänderungen das Konzept der wahrgenommenen Verhaltenskontrolle eine entscheidende Determinante dar (Knoll N, Scholz U, Rieckmann N 2005, Sandy R, Connor U 2015, Fishbein M. et al. 2001).

> **Definition: wahrgenommene Verhaltenskontrolle**
> „Die wahrgenommene Verhaltenskontrolle bzw. Kompetenz zur Therapieverfolgung ist durch das Ausmaß an Vertrauen eines Patienten in die Fähigkeit zur selbstbestimmten und konsequenten Einhaltung der Therapie gekennzeichnet."

Das Maß der selbstbestimmten Verhaltenskontrolle ist in Hinblick auf das Therapietreueverhalten hoch bedeutsam, um Barrieren im Therapieverlauf zu überwinden und aufzulösen. Hierbei zeichnet sich eine hohe eigene Kompetenzwahrnehmung und Verhaltenskontrolle hinsichtlich der Durchführung von selbstbestimmten Interventionen zur Erreichung eines Therapieziels als wichtige Determinante aus (Bandura A 1986, Jankowska-Polanska B et al. 2016). Jankowska folgend, beeinflusst die Integrierbarkeit der Therapie in den Alltag eines Patienten die wahrgenommene Verhaltenskontrolle dahingehend, als dass hierdurch die selbstbestimmte Einhaltung der vereinbarten Therapie erschwert wird. Da sich die gefühlten Barrieren der Therapieintegration in den Lebensablauf im Rahmen der TPB dem Konstrukt der wahrgenommenen Verhaltenskontrolle zuordnen lassen, kann man hier einen negativen Zusammenhang zwischen diesen beiden Konstrukten unterstellen. Je schlechter sich eine Therapie in den Lebensalltag integrieren lässt (im Sinne hoher Barrieren), desto stärker wird die wahrgenommene Verhaltenskontrolle und persönliche Ressourcenausstattung in Hinblick auf eine Therapiebefolgung tangiert. Hypothese $H6$ fasst den unterstellten Zusammenhang zusammen:

H6:

„Je höher die wahrgenommenen Barrieren der Therapieintegration in den Lebensablauf sind, desto negativer wirkt sich dies auf die subjektiv wahrgenommene Verhaltenskontrolle in Hinblick auf die Einhaltung der Therapie aus."

Wie in der Definition zur wahrgenommenen Verhaltenskontrolle dargelegt, erfährt diese ihre maßgebliche Prägung durch die Fähigkeiten, Fertigkeiten und Ressourcenausstattung einer Person bzw. deren mehr oder weniger starker Abhängigkeit von anderen Menschen (Magin S 2003, S. 38). Dabei gilt nach der TPB, dass, je unabhängiger ein Patient seine Entscheidung zur Therapiebefolgung treffen kann und je stärker seine Ressourcenausstattung im oben genannten Sinne ist, desto positiver wird der Beitrag der wahrgenommenen Verhaltenskontrolle auf eine kompetente Selbstregulation im Sinne hoher Therapietreue sein (Bandura A 1989, Woodgate J, Brawley L R, Weston Z J 2005). Schwartz schließt sich den Aussagen an, indem er behauptet, dass „a person who believes that he or she can produce a desired effect can conduct a more active and self-dertermined life course" (Schwartz F W 2000, S. 487). Projeziert auf die Therapietreue lässt sich eine Vermutung ableiten: Ein Patient, mit einem hohen Maß an eigener Verhaltenskontrolle und Therapieausführungskompetenz sieht sich befähigt, sein Leben auch in problematischen Situationen, wie sie eine Erkrankung darstellt, selbst in die Hand zu nehmen und Interventionen einzuleiten (Wentura D, Greve W, Klauer T 2002, Weis J 2002). Daraus leitet sich folgende Hypothese $H7$ ab:

H7:

„Je positiver die Wahrnehmung persönlicher Fähigkeiten für eine therapiekonforme Verhaltenskontrolle ist, desto größer ist die Absicht des Patienten, sich therapieförderlich zu verhalten."

Eine Übersicht der Einstellung zum Objekt der Therapietreue basierend auf der TPB ist Abbildung 9 zu entnehmen. Wie ersichtlich, ist das originäre HBM, welches lediglich die beiden Konstrukte gefühlter Nutzen und Kosten einer Therapie zur Erklärung der Verhaltensintention herangezogen hat, um die beiden Determinanten der affektiven Einstellungskomponente und der wahrgenommenen Verhaltenskontrolle ergänzt worden. Die Diskussion der TPB vor dem Hintergrund des Dreikomponentenmodells führte zu dem Schluss, dass die Erweiterung des Modells im Sinne einer verfeinerten Messung der einzelnen Einstellungskomponenten eine verbesserte Verhaltensprognose gewährleisten sollte. Neben den einstellungstheoretischen Einflussgrößen spielen darüber hinaus auch die Gesundheitsmotivation und externe Einflüsse, wie die subjektive Norm und das Vertrauensverhältnis zwischen Patient und Arzt, erwiesenermaßen eine entscheidende Rolle bei der Gesundheitsverhaltensentscheidung. Daher wird in den folgenden Abschnitten versucht genannte Determinanten in das bestehende Untersuchungsmodell zu integrieren.

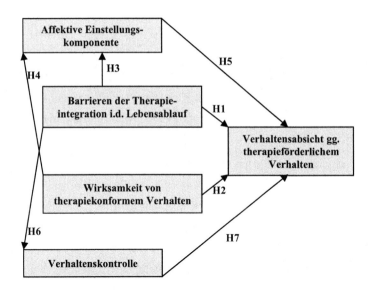

Abbildung 9: Modifikation des Health Belief Modells

3.3.2 Einfluss der Gesundheitsmotivation

Die TPB von Ajzen sieht in ihrer originären Form nicht die explizite Berücksichtigung einer motivationalen Komponente vor.(Ajzen I 1985, S.), S. 11f., (Ajzen I 2006). Das erweiterte HBM (Rosenstock I M 1966, 1974) hingegen unterstellt, dass es trotz einer hohen Handlungsbereitschaft, eines hohen wahrgenommenen Nutzens einer Therapie und der Abwesenheit von Barrieren eines passenden Auslösers bedarf, damit tatsächlich ein entsprechendes Therapietreueverhalten einsetzt (Schwarzer R 2004, S. 41). Solche Auslöser oder Stimuli machen dem Patienten seine Gefühle und Motivation, einer gesundheitlichen Bedrohung entgegenzutreten, bewusst (Sheeran C, Abraham C 1996, S. 30). Die Aktivierung von Gefühlen, auch Motivation genannt, kann entweder von intern oder extern kommen. In diesem Abschnitt soll das Konstrukt der Gesundheitsmotivation widerspruchsfrei in den Kontext der TPB eingebunden werden, wodurch den Ansprüchen des HBM an den Stimulus für ein bestimmtes Gesundheitsverhalten Rechnung getragen wird. Ein Blick in die Literatur bestätigt das Zusammenwirken von Einstellung und Motivation eines Patienten in Hinblick auf die erreichte Therapietreue (Miller P, Wikoff R, Hiatt A 1992, S. 105).

Wie erinnerlich versteht man unter Motivation eine dynamische Richtungskomponente im Verhalten einer Person. Wichtig ist es in diesem Zusammenhang, zunächst das Motiv der Verhaltensrichtung, hier den Wert Gesundheit, genauer zu beschreiben. Gesundheit kann als ein Zustand der Abwesenheit von Krankheit beschrieben werden. Auffällig ist, dass sich diejenigen Personen am tiefsten gehend mit ihrer Gesundheit befassen, die gerade nicht mehr über den Zustand der Abwesenheit von Krankheit verfügen (Fargel M 1991, S. 38). Neben der vorgetragenen Negativdefinition von Gesundheit finden sich in der Literatur weitere Definitionen, wobei es bis heute zu keinem einheitlichen Begriffsverständnis gekommen ist (Frank U et al. 1998, Schachenhofer B 1997). Klas folgend, nimmt Gesundheit den höchsten Stellenwert in unserem Leben ein und hat somit einen Wert von fundamentaler Bedeutung (Klas C 2000, S. 12).

Die Definition von Jayanti & Burns orientiert sich mit dem Statement „Health motivation refers to consumers' goal-directed arousal to engage in preventive health behaviors" (Jayanti R K, Burns A C 1998, S. 9) an einer Studie von Moorman & Matulich (Moorman C, Matulich E 1993). Die Mehrheit der Studien auf dem Forschungsgebiet des Gesundheitsverhaltens verankert die Gesundheitsmotivation über das Interesse und die Bereitschaft zur Teilnahme an gesundheitsrelevanten Vorsorgemaßnahmen (Fürniß W et al. 1996, S. 56). Aus den diskutierten Facetten der Gesundheitsmotivation leitet sich die folgende Definition ab:

> **Definition: Gesundheitsmotivation**
>
> *„Die Gesundheitsmotivation einer Person ist das Ausmaß an Bedeutung, das ein Mensch seinem Gesundheitszustand entgegenbringt, wobei der persönlichen Relevanz durch entsprechendes gesundheitsbewusstes Verhalten und Interesse an Vorsorgemaßnahmen Nachdruck verliehen wird."*

Wie erinnerlich ist es Zielsetzung, das Konstrukt der Motivation in die TPB einzubinden. Die Motivationsmodelle von Deci & Ryan und Vallerand sollen aus den im Folgenden vorge-

3.3. Erklärung der Adhärenz mit Hilfe des Health Belief Modells

stellten Argumenten, welche sich aus der Konsequenz der Motivation ergeben, zur Erklärung des Adhärenzverhaltens herangezogen werden. Der Selbstbestimmungstheorie von Deci & Ryan folgend, setzen sich Individuen mit bestimmten Sachverhalten und Werten auseinander, weil diese in ihrem Wertesystem von hoher Relevanz sind (Ryan R M, Deci E L 2004, Deci E L, Ryan R M 1985). Die Orientierung des Handelns an solch hohen Werten wird als in hohem Maße selbstbestimmt bezeichnet. Zieht man Vallerands Hierarchisches Modell intrinsischer und extrinsischer Motivation hinzu, sind die das Verhalten beeinflussenden Affekte und Kognitionen eines Individuums eine Konsequenz der Motivation (Vallerand R J 2000, Pelletier L G et al. 2002, Standage M, Treasure D C 2002).

H8:
„Je höher die Gesundheitsmotivation des Patienten ist, desto positiver gestaltet sich die affektive Einstellungskomponente zur eingeschlagenen Therapie."
H9:
„Je höher die Gesundheitsmotivation des Patienten ist, desto überwindbarer erscheinen Barrieren der Therapieintegration in den Lebensablauf."
H10:
„Je höher die Gesundheitsmotivation des Patienten ist, desto positiver gestaltet sich die wahrgenommene Wirksamkeit von therapiekonformem Verhalten."

Die beiden genannten Konstrukte entsprechen exakt denen der TPB, was die Integration der Gesundheitsmotivation in die TPB und damit in das HBM widerspruchsfrei unterstützt. Weitere Autoren wie Chatzisarantis et al. (Chatzisarantis N L D 2006, S. 229) legen eine solche Synthese der genannten Theorien nahe und weisen auf die höhere Vorhersagekraft der TPB hin. Vallerands Aussagen zum Einfluss der Motivation auf das Verhalten bzw. die Verhaltensintention folgend, wird ein positiver Einfluss der Gesundheitsmotivation auf die affektive und kognitive Einstellungskomponente sowie die Verhaltensintention gegenüber therapieförderlichem Veralten unterstellt. Zu beachten ist, dass Motivation vorstehend als ein Motivationskontinuum mit abnehmender Stärke von intrinsischer über extrinsische bis hin zur Amotivation zu verstehen ist (Vallerand R J 2000, S. 312). Diese Vermutungen werden in den Hypothesen $H8 - H10$ formuliert.

Weiterhin wird unterstellt, dass die Wahrnehmung eigener Ressourcen in Hinblick auf therapietreues Verhalten umso höher ist, je stärker die Gesundheitsmotivation einer Person ausgeprägt ist. Nimmt der Wert Gesundheit im Leben eines Menschen einen hohen Stellenwert ein und orientieren sich seine Verhaltensweisen eng an der Erhaltung eines hohen Gesundheitszustandes, sollte ein positiver Einfluss auf die wahrgenommene Verhaltenskontrolle im Sinne eines hohen Maßes an selbstbestimmtem Therapieverhalten zu verzeichnen sein. Der vermutete Zusammenhang wird in Hypothese $H11$ wiedergegeben:

> **H11:**
> „Je höher die Gesundheitsmotivation des Patienten ist, desto höher ist die Wahrscheinlichkeit, dass der Patient die Aktivierbarkeit persönlicher Ressourcen der Verhaltenskontrolle in Richtung von therapiekonformem Verhalten wahrnimmt."

3.3.3 Einfluss des Vertrauensverhältnisses zum Arzt

In der Literatur wird vielfach die Bedeutung des Vertrauensverhältnisses zwischen Patient und seinem behandelnden Arzt für den Therapieerfolg thematisiert. Verschiedene Studien konnten den empirischen Nachweis erbringen, dass ein intaktes Vertrauensverhältnis den Erfolg einer Therapie positiv beeinflusst (Bartels M, Voll S 2013, Dellande S, Gilly M C, Graham J L 2004, Hausman A 2004). Bevor an dieser Stelle Auswirkungen auf das Therapietreueverhalten diskutiert werden, soll zunächst das Konstrukt des Vertrauensverhältnisses zwischen Patient und Arzt definiert werden. Die folgenden Ausführungen sind vor dem Hintergrund der zitierten Literaturbeiträge in Abschnitt 2.2 zu verstehen.

Seit Anfang der 1990er Jahre unterliegt die Behandlungssituation zwischen Arzt und Patient einem spürbaren Wandel: Weg von einer autoritär geprägten, hin zu einer verstärkt partizipativen, partnerschaftlichen Therapieentscheidung (Bürger C 2003). Verschiedenen Autoren zufolge hat sich die Erkenntnis durchgesetzt, dass eine wirksame Behandlung gesundheitlicher Leiden am besten durch eine möglichst intensive Zusammenarbeit und ein intaktes Vertrauensverhältnis zwischen den beteiligten Parteien realisiert werden kann (Peintinger M 2003, Schumpelick V, Vogel B 2006). Der Patientenintegration folgend, spielt der Patient als Experte im Therapieprozess zunehmend eine entscheidende Rolle, da ohne dessen aktive Beteiligung und sein Mitwirken im Rahmen der Therapie die ärztliche Leistung als unvollständig anzusehen ist.

Hinter der Patientenbeteiligung im medizinischen Entscheidungsprozess steht der Ansatz des „Shared Decision Making" (Härter M 2004, S. 89), dessen Grundidee eine partizipative Entscheidungsfindung in Diagnose und sich anschließender Therapie ist (Landgraf R, Huber F, Bartel R 2006, S. 2). Eine partizipative Entscheidungsfindung wird durch ein hohes Maß an Vertauen des Patienten in die ärztlichen Fähigkeiten seinen behandelnden Arztes erheblich erleichtert. Daher gilt das Vertrauensverhältnis als eines der Schlüsselkonstrukte für den späteren Therapieerfolg (Bartels M, Voll S 2013, Arnold N 2005, Dellande S, Gilly M C, Graham J L 2004).

3.3. Erklärung der Adhärenz mit Hilfe des Health Belief Modells

Ob die Behandlung von Vertrauen und Partnerschaft geprägt ist, hängt häufig von der Situation in der ärztlichen Praxis ab. Präsentiert der Arzt seinem Patienten unterschiedliche Therapieoptionen inkl. aller Vor- und Nachteile, geht er detailliert auf mögliche Komplikationen und Risiken im Behandlungsverlauf ein und versucht anschließend gemeinschaftlich mit dem Patienten eine Therapieentscheidung abzuleiten, so hat der Patient eine Chance, aktiv Einfluss auf die eingeschlagene Behandlung zu nehmen und ein Vertauensverhältnis zu seinem Arzt aufzubauen. Mit dem Grad der angebotenen Informationen steigt das Krankheitsbewusstsein des Patienten an. Damit kann dieser das Potenzial der eingeschlagenen Therapie realistisch einschätzen (Quaas M, Zuck R 2004, S. 35). Weiterhin sollten in einem partnerschaftlichen Austauschprozess die Aspekte der emotionalen Unterstützung und Zuwendung sowie Vertrauen, fachliche Informationen und Beratung des Patienten durch seinen Arzt gleichberechtigt nebeneinanderstehen (Keller T 2002, Hofmann T 2003).

Nach Heuer & Heuer endet in der ärztlichen Praxis mit der Verschreibung eines Medikaments die Untersuchung und Beratung durch den Arzt (Heuer H O, Heuer S H 1999c, S. 65) Sobald das Medikament verschrieben ist, wird der Patient mit seinen Fragen und Ängsten gegenüber der Therapie allein gelassen. Schmädel zufolge werden in der hausärztlichen Praxis nur durchschnittlich 60 Sekunden für Adhärenzfördernde Informationsvermittlung aufgewendet (Schmädel D 1980, S. 11). Gerade an dieser Stelle setzt das ursprüngliche Anliegen des Patienten an, dass dieser für die im Anschluss an den Arztbesuch in Eigenregie durchgeführte medikamentöse Therapie genügend aufgeklärt und auf evtl. Probleme und Barrieren vorbereitet wird. Eggert merkt an, dass die Möglichkeiten der modernen Diagnostik dazu geführt haben, dass die Aufklärung des Patienten in den letzten Jahren eine ganz andere Qualität erhalten hat und damit die Anforderungs- und Erwartungshaltung des Patienten an Informationen aus Ärztehand deutlich intensiviert worden ist (Eggert B 2006, S. 87). Ein intaktes Vertrauensverhältnis zwischen Patient und Arzt kann hier den Abbau von Vorbehalten gegenüber der eingeschlagenen Therapie positiv beeinflussen (Arnold N 2005).

Mit der Art der Kommunikation ist das bestehende oder sich entwickelnde Vertrauensverhältnis zwischen Arzt und Patient eng verzahnt. Nach Heuer & Heuer kann ein funktionierendes Vertrauensverhältnis zwischen Patient und Arzt an der „Art und Ausführlichkeit der Kommunikation und Information über Diagnose und Therapie, ... Berücksichtigung der Bedenken und Ängste des Patienten und der Zufriedenheit des Patienten mit der Kompetenz des Therapeuten, seiner Persönlichkeit und der Durchführbarkeit der Therapie" (Heuer H O, Heuer S H 1999c, S. 66) gemessen werden. Stosberg folgend, kommt der Laienverständlichkeit ärztlicher Äußerungen in Hinblick auf die Verständlichkeit der offerierten Informationen Bedeutung zu (Stosberg M 1996, S. 72). Hannig stellt ebenfalls fest, dass Kommunikations-

und Vertrauensprobleme bei der Ableitung einer Diagnose zu einer reduzierten Adhärenz des Patienten führen können (Hannig J 2004). Zieht man weitere empirische Befunde heran, ergibt sich aus einer Metaanalyse des Bundesministerium für Gesundheit und Soziales (BMGS) ein positiver Beitrag aus einem intakten Vertrauensverhältnis zwischen Patient und Arzt auf die psychosozialen und gesundheitlichen Ergebnisse (Bundesministerium für Gesundheit und Soziales 2007).

Aus der vorstehenden Diskussion und den Annahmen an das Vertrauensverhältnis lässt sich dieses für die vorliegende Studie wie folgt definieren:

> **Definition: Vertrauensverhältnis zum Arzt**
>
> *„Das Vertrauensverhältnis zum Arzt ist durch das Ausmaß an Offenheit, Partnerschaftlichkeit, das Zeitfenster, welches ein Arzt seinem Patienten zum Dialog offeriert, die Qualität und Quantität der angebotenen Informationen und nicht zuletzt die patientenseitig wahrgenommene Verlässlichkeit in die medizinischen Fähigkeiten des behandelnden Arztes gekennzeichnet."*

In der Literatur zur Neuen Institutionenökonomik wird die Arzt-Patient-Interaktion häufig als klassisches Beispiel für eine Prinzipal-Agenten-Beziehung genannt (Foscht T, Swoboda B 2007, S. 22). Untersuchungsgegenstand in diesem Kontext ist der Wissensvorsprung des Arztes gegenüber dem Patienten, aber auch ein in umgekehrter Richtung verlaufendes Informationsungleichgewicht (Keller T 2002, Singh J, Cuttler L, Silvers J B 2004, Arrow K J 1985). Durch den Ansatz des Shared Decision Making wird die doppelte Informationsasymmetrie teilweise neutralisiert. Nach Singh et al. ist der Arzt durch eine einvernehmliche Entscheidungsfindung im Therapieverlauf nicht mehr alleiniger Entscheider, sondern stellt dem Patienten Informationen zur Verfügung, sodass dieser sich ein eigenes Bild des möglichen Therapieverlaufs machen kann (Singh J, Cuttler L, Silvers J B 2004, S. 1055). Im Gegenzug wird der Patient, sofern er ein hohes Maß an Vertrauen in seinen behandelnden Arzt und die eingeschagene Therapie besitzt, dem Arzt weniger Informationen über seinen Gesundheitszustand vorenthalten, was zu einer beiderseitigen besseren Informiertheit und qualitativ höherwertigen Kommunikation führt. Vor dem Hintergrund der vorliegenden doppelseitigen Informationsasymmetrie wird die Bedeutung des beiderseitigen Vertrauens für den Behandlungserfolg sehr deutlich.

Die Beurteilung des Vertrauensverhältnisses durch den Patienten wird häufig stark an subjektiven Ersatzindikatoren wie der sog. Struktur- und Prozessqualität der ärztlichen Behandlung festmacht. Unter Prozessqualität wird der Vorgang der medizinischen Behandlung, die Ableitung einer Diagnose sowie die Güte der Erklärung der einzelnen Behandlungsschritte für den Patienten verstanden. Auf Strukturqualitätsebene wird zwischen persönlichen Merkmalen, bspw. Fort- und Weiterbildungen des Arztes, Empathie und Qualifikation des Arztes, und sachlichen Merkmalen unterschieden. Unter sachlichen Aspekten subsumieren sich etwa das räumliche Ambiente und Ausstattung der Praxis.

Der Selbstbestimmungstheorie folgend, konnte Williams feststellen, dass sich aus einem intakten Vertrauensverhältnis zwischen Patient und Arzt für das Autonomiestreben und die Handlungstendenzen eines Patienten nicht zu unterschätzende Effekte ergeben (Williams K, Bond M 2002, S. 238). Auch Bandura geht in seinem reziproken Determinismus auf den Einfluss von Personen aus dem Umfeld des Patienten, hier des Arztes, auf dessen Therapieverarbeitung ein (Bandura A 1998, o.S.). Bandura stellt fest, dass sich aus einem funktionierenden Vertrauensverhältnisses zwischen Patient und Arzt positive Effekte auf die Kompetenzwahrnehmung des Patienten ergeben.

Auf Grundlage der angeführten, theoretisch begründeten Zusammenhänge und Annahmen über verschiedene Auswirkungen des Vertrauensverhältnisses zwischen Patient und Arzt lassen sich die Hypothesen $H12 - H13$ ableiten:

H12:
„Je stärker das Vertrauensverhältnis zum Arzt ausgeprägt ist, desto höher ist die Wahrscheinlichkeit, dass der Patient Barrieren der Therapieintegration in seinen Tagesablauf als überwindbar ansieht."

H13:
„Je stärker das Vertrauensverhältnis zum Arzt ausgeprägt ist, desto höher ist die Wahrscheinlichkeit, dass der Patient die Wirksamkeit von therapiekonformem Verhalten positiv wahrnimmt."

Die Ablösung des Paternalismus durch ein partnerschaftliches Verhältnis zwischen Arzt und Patient hat bedeutenden Einfluss auf das Vertrauensverhältnis der beiden beteiligten Parteien (Dietz B 2006, S. 159). Die aktive Einbindung des Patienten in die Behandlung und den Entscheidungsprozess setzt ein gewisses Maß an Patientenaktivierung durch den Arzt voraus, indem dieser seinen Gegenüber „ermutigt und befähigt, seine Handlungsabsichten zu formulieren und konkrete Handlungspläne zu entwerfen" (Pfaff H et al. 2003, Singh J, Cuttler L, Silvers J B 2004). Anders ausgedrückt: Nach Dietz soll das ehemals durch den Arzt kontrollierte Verhalten eines Patienten nun durch die Einbeziehung und Aktivierung desselben in ein selbstbestimmtes und von Vertrauen in die Behandlungssituation geprägtes Verhalten überführt werden (Dietz B 2006, S. 158). Das theoretische Fundament dieses Aspekts liefert die Selbstbestimmungstheorie, wonach sich ein hohes Maß an selbstbestimmtem Verhalten auch in einer aktiveren und selbstbewussteren Kommunikation und letztendlich Vertrauen gegenüber dem Arzt zeigen kann (Baard P B, Deci E L, Ryan R M

2004, Williams K, Bond M 2002). Aus den vorgetragenen Überlegungen leitet sich Hypothese $H14$ ab.

> **H14:**
>
> *„Je stärker die wahrgenommene Verhaltenskontrolle eines Patienten in Hinblick auf seine Therapie ist, desto höher ist die Wahrscheinlichkeit, dass das Vertrauensverhältnis zum Arzt positiv geprägt ist."*

Weiterhin wird unterstellt, dass Patienten die dem Wert Gesundheit hohe Relevanz zukommen lassen, stärker zu einer von Offenheit und Vertrauen gegenüber dem Arzt geprägten Behandlungssituation tendieren.

Nach Singh et al. erkennen motivierte Patienten in einem Arzt-Patient-Dialog, der beiderseitig von Offenheit geprägt ist, die Chance, möglichst viele Verfahrens- und Therapiemöglichkeiten aufzudecken und damit ein hohes Gesundheitsniveau zu erreichen (Singh J, Cuttler L, Silvers J B 2004, S. 1055). Bei weniger stark motivierten Patienten sei dies weniger der Fall. Daher ist zu vermuten, dass der Stellenwert von Gesundheit im Leben eines Menschen, ausgedrückt durch das Niveau der Gesundheitsmotivation, einen positiven Einfluss auf das Vertrauensverhältnis zwischen Patient und Arzt haben sollte. Der unterstellte Zusammenhang wird in Hypothese $H15$ zusammengefasst:

> **H15:**
>
> *„Je höher die Gesundheitsmotivation des Patienten ist, desto wahrscheinlicher ist es, dass das Vertrauensverhältnis zum Arzt positiv geprägt ist."*

3.3.4 Einfluss der sozialen Norm

Die Literatur zur Adhärenzforschung weist immer wieder auf den Einfluss des sozialen Umfeldes eines Patienten auf dessen Therapietreue hin. Im Folgenden soll dem Leser zunächst eine genauere Beschreibung und Definition des Konstrukts der sozialen Norm gegeben werden.

Eine Prägung erfährt das Verständnis des Patienten von seiner Erkrankung neben dem ärztlichen Einfluss in erheblichem Maße durch seine soziale Umgebung, wie Familie, Freunde oder sonstige externe Informationsquellen (Jakob K, Fischer K 2013, Laufs U et al. 2011). In diesem Zusammenhang sind Berichte von Familienmitgliedern und Freunden über deren Therapieerfahrungen eine einflussreiche Determinante. Heuer & Heuer folgend, ist es insbesondere das direkte Umfeld, welches psychologischen Druck auf den Patienten ausübt,

3.3. Erklärung der Adhärenz mit Hilfe des Health Belief Modells

sodass dieser Empfehlungen des Arztes starke Skepsis entgegenbringt und lieber den Laienhypothesen seines sozialen Umfeldes folgt (Heuer H O, Heuer S H 1999a, S. 73). Landgraf et al. folgend, manifestiert sich der Einfluss des sozialen Umfeldes in dem Konstrukt der sozialen Norm (Landgraf R, Huber F, Bartel R 2006, S. 43).

Wie angeführt, kommt es zu negativen Impulsen des sozialen Umfeldes auf das Therapietreueverhalten, sofern die soziale Umwelt generell einen Mangel an Unterstützung oder gar eine sabotierende Haltung gegenüber einer eingeschlagenen Behandlung des Patienten einnimmt. Petermann & Mühlig zufolge kommt es zu gravierenden Konflikten zwischen dem sozialen Umfeld eines Patienten und dessen Adhärenz, sofern in der sozialen Umgebung therapieinkompatible Meinungen vorherrschen (Petermann F, Mühlig S 1998, S. 82).

Anders sieht es aus, wenn sich ein Patient bei der Befolgung seiner Therapie nicht nur in der Rolle des Patienten sieht, sondern bspw. Aspekte weiterer sozialer Rollen, wie der des Familienmitgliedes oder des Vaters, bei der Einhaltung seiner Therapie berücksichtigt. Wer in seiner Rolle als Familienvater den tieferen Sinn von Therapietreue versteht, reflektiert diesen ganz anders als in seinem zeitlich und inhaltlich deutlich limitierteren Rollenverständnis als Patient. In der vorliegenden Untersuchung wird das Konstrukt der sozialen Norm wie folgt definiert:

> **Definition: Soziale Norm**
> *„Die soziale Norm ist durch das Ausmaß an Unterstützung, Verständnis und das einer Therapie entgegengebrachte Vertrauen des direkten sozialen Umfeldes eines Patienten gekennzeichnet."*

Der Definition der sozialen Norm folgend, unterstellt die TPB einen direkten Einfluss der subjektiven Norm auf die Verhaltensabsicht in der Form, dass die Unterstützung oder die Ablehnung entscheidungsrelevanter Personen die Therapiebefolgung erheblich beeinflusst (Fishbein M, Ajzen I 1975). Da sich in dem Konstrukt der sozialen Norm die Vorstellungen und Erwartungen all derjenigen Personen wiederfinden, die zur normativen Bezugsgruppe des Patienten gehören, ist die Untersuchung des direkten Einflusses auf die Verhaltensabsicht eines Patienten von hohem Stellenwert (Schwarzer R 2004, S. 47).

Die Messung des von Seiten der TPB unterstellten Zusammenhangs zwischen sozialer Norm und der Verhaltensintention soll ergründen, inwieweit Patientenentscheidungen für oder gegen eine Therapiebeteiligung eher autonom getroffen werden oder einem starken Einfluss von Personen aus dem Patientenumfeld ausgesetzt sind. Vogelgesang folgend, wird die subjektive Norm über die Summe der Vorstellungen und Erwartungen aller einzelnen Bezugsgruppen handlungswirksam (Vogelgesang F 2003, S. 19). Aus der vorgetragenen Argumentation leitet sich Hypothese $H16$ ab.

> **H16:**
> „Je stärker die soziale Norm ausgeprägt ist, desto größer ist die Absicht des Patienten, sich therapieförderlich zu verhalten."

In Hinblick auf die Therapieintegration in den Lebensablauf kommt je nach Ausprägung des sozialen Umfeldes entweder unterstützender oder durchkreuzender Druck zur Therapiebefolgung auf. Die konsequente Verfolgung der Bluthochdrucktherapie geht z.T. mit erheblichen Einschränkungen der Lebensroutine des Patienten einher. Ändert ein Patient bestimmte Lebensabläufe bzw. Verhaltensweisen, kann dies in seinem sozialen Umfeld Unterstützung oder Ablehnung hervorrufen. Dürfen bspw. bestimmte Speisen aufgrund des ärztlichen Rates nicht mehr in der gewohnten Form verzehrt werden, kann dieser Therapieaspekt mit vorherrschenden Normen und Konventionen in Konflikt geraten. Gerade dieser potenzielle Konflikt mit vorherrschenden Normen und Konventionen begründet den Einfluss des sozialen Umfeldes auf die Integrationsfähigkeit der Behandlung in alltägliche Lebensabläufe.

Ein soziales Umfeld, das einen Patienten in der Weise beeinflusst, dass er ein Selbstverständnis entwickelt, dass Bluthochdruck bzw. dessen Therapie als manifesten Konflikt mit den vorherrschenden Normen versteht, wird die Integrationsfähigkeit der Behandlung in den täglichen Lebensablauf insofern behindern, als dass der Patient dies als eine noch stärkere Störung der alltäglichen Routine versteht, als dies ohnehin der Fall ist. Andererseits ist zu vermuten, dass in einem sozialen Umfeld, das die eingeschlagene Behandlung unterstützt, die Therapiebefolgung leichter ist und Therapiebarrieren einfacher überwunden werden. Über den Einfluss der sozialen Norm auf die wahrgenommenen Barrieren der Therapieintegration in den Lebensablauf lässt sich Hypothese $H17$ formulieren:

> **H17:**
> „Je stärker die soziale Norm ausgeprägt ist, desto höher ist die Wahrscheinlichkeit, dass der Patient Barrieren der angewandten Therapie als überwindbar ansieht."

Verschiedenen Autoren folgend, erscheint es fraglich, dass das soziale Umfeld eines Patienten lediglich Auswirkungen auf die Einstellung zu einer Verhaltensweise bzw. die Verhaltensintention hat (Ajzen I 1988, Bandura A 1999). Heuer & Heuer messen einen von der sozialen Norm ausgehenden signifikanten Einfluss des wahrgenommenen Vertrauensverhältnisses des Patienten in seinen behandelnden Arzt (Heuer H O, Heuer S H 1999a, S. 73). Daher erscheint es aus Plausibilitätsgründen ratsam, das Wirkungsspektrum des sozialen Umfeldes um die Determinante des Arztvertrauenes zu erweitern.

Vergegenwärtigt man sich den vollzogenen Wandel (Bürger C 2003, o.S.) in der Behandlungssituation hin zu einer stärker von gegenseitigem Vertrauen gekennzeichneten Interaktion der beiden Akteure, dann spielt die Prägung des Patienten durch dessen soziale Bezugsgruppe eine entscheidende Rolle. Das dem Arzt entgegengebrachte Vertrauen hängt zu einem großen Teil von der Selbstwahrnehmung des Patienten bzw. von dem Verständnis seiner Rolle als Partner in der Behandlungssituation ab. Ein Patient, dessen soziales Umfeld in der Weise auf ihn einwirkt, dass er eine positive Selbstwahrnehmung seiner Patientenrolle entwickelt, wird ein besseres Vertrauensverhältnis zu seinem Arzt aufbauen, als derjenige, der durch sein Umfeld dahingehend beeinflusst wird, eine negative oder ignorante Selbstwahrnehmung zu entwickeln. Somit kommt dem Konstrukt der sozialen Norm in Hinblick auf das Vertrauensverhältnis zu dem Arzt Relevanz zu. Aus der vorstehenden Argumentation lässt sich die Vermutung ableiten, dass Patienten, welche sich durch ihr soziales Umfeld ermutigt und in der eingeschlagenen Therapie bestätigt fühlen, auch über ein höheres Maß an Glauben in die Fähigkeiten des Arztes verfügen sollten. Hieraus ergibt sich Hypothese $H18$:

> **H18:**
> „Je stärker die soziale Norm ausgeprägt ist, desto höher ist die Wahrscheinlichkeit, dass das Vertrauen in den Arzt steigt."

3.4 Kontext für die Untersuchung situativer Faktoren

In diesem Abschnitt wird der moderierende Einfluss verschiedener situativer Einflussfaktoren auf den Erfolg der Therapietreue diskutiert. Es wird sowohl die Einflussnahme krankheitsbezogener als auch patientenbezogener Kontextfaktoren untersucht. Hierzu werden Gruppenvergleiche in Hinblick auf die vermuteten Einflussfaktoren durchgeführt. Es wird unterstellt, dass in Abhängigkeit der Ausprägung der im Folgenden vorgestellten Determinanten, sich die Wirkungszusammenhänge des Basismodells der Untersuchung signifikant voneinander unterscheiden.

3.4.1 Krankheitsbezogene Merkmale

Aufseiten der krankheitsbezogenen Merkmale wird zum einen der Einfluss der persönlich wahrgenommenen Betroffenheit des Patienten durch seine Krankheit, welche im Folgenden als Krankheitsinvolvement bezeichnet wird, analysiert. Zum anderen kommt der Untersuchung des Einflusses der Behandlungsdauer auf das Adhärenzverhalten eines Patienten besondere Bedeutung zu. Im weiteren Verlauf dieses Abschnitts wird zunächst ein allgemeines Verständnis für das Involvementkonstrukt und im Speziellen das Krankheitsinvolvement geschaffen.

Das Involvement findet sowohl in der Sozialpsychologie- als auch in der Marketingforschung als eine Ausprägung der Persönlichkeit breite Aufmerksamkeit. Das Involvementkonstrukt taucht erstmals in der sozialpsychologischen Literatur der 1940er Jahre auf und wurde dort ab den 1960er Jahren als Erklärungsvariable für die Einstellungsbildung diskutiert (Laaksonen P 1994, Wricke M 2000). Im Marketing blieb das Konstrukt dagegen länger unbeachtet, erst von Krugmann wurden die Auswirkungen des Involvements auf das Konsumentenverhalten beachtet (Krugmann H E 1965, S. 349).

Seit dieser Zeit hat das Involvement „die verhaltenstheoretischen Grundlagen revolutioniert und zählt nun zu den wichtigsten Konstrukten zur Beschreibung, Erklärung, Prognose und Beeinflussung des Konsumentenverhaltens" (Trommsdorff V 1995, S. 1067). Der Fokus der Forschungsarbeiten lag anfänglich auf der Untersuchung der Bedeutung des Involvements für die Werbewirkung (Krugmann H E 1965, Petty R E, Cacioppo J T, Schumann D 1983, Mühlbacher H 1988) und erweiterte sich im Laufe der „wissenschaftlichen Diffusion" (Kanther V 2001, S. 21) auf andere Bereiche wie etwa der Bedeutung als Determinante von Kundenzufriedenheit (Matzler K 1997) oder des Kaufverhaltens (Flynn L R, Goldsmith R E 1993, Kanther V 2001). Inzwischen gilt das Involvement als eine der wesentlichen Größen, die das Käuferverhalten beeinflussen. Besonders groß ist der Einfluss auf die Informationsverarbeitung und die Einstellungsbildung (Foscht T, Swoboda B 2007, S. 122), welche im weiteren Verlauf der vorliegenden Studie von besonderer Relevanz sein wird.

Obwohl sich das Involvement zu einem „Basiskonstrukt" (Trommsdorff V 2004, S. 56) der Marketingtheorie entwickelt hat und einen zentralen Stellenwert innerhalb der Käuferverhaltensforschung einnimmt (Meffert H 2000, S. 122), herrscht bzgl. Definition, Interpretation, Konzeptualisierung und Operationalisierung wenig Einigkeit (Kroeber-Riel W, Weinberg P 2003, Andrews C J, Durvasulu S, Akhter S H 1990, Poiesz T B, de Bont C J 1995). Im Rahmen einer Metaanalyse kam Costley zu dem Schluss, dass „... the analysis does not identify a right definition of involvement. Rather, it highlights that the term cannot be used in a global sense because effects differ depending on how the involvement construct is defined" (Costley C L 1988, o.S.).

Die Ökonomie war lange Zeit von der Homo-Oeconomicus-Prämisse geprägt und man ging von einem rational informationsverarbeitenden Konsumenten aus. In der marketingtheoretischen Modellvorstellung verfügte dieser über eine praktisch unbegrenzte Bereitschaft, sich mit Informationen auseinanderzusetzen, um aus diesen dann Einstellungen zu bilden oder zu ändern. Der erste Forscher, der die Diskrepanz zwischen der damaligen Vorstellung vom hoch involvierten Konsumenten und der Praxis des „Low Involvement-Konsumentenverhaltens" (Krugmann H E 1965, S. 349) aufzeigen konnte, war Krugmann. Zwar gibt es sicherlich auch heute noch hoch involvierte Konsumenten, die eingangs dieses Kapitels geschilderte Beschreibung trifft aber eher auf Extremfälle zu (Trommsdorff V 2004, S. 55). In der Literatur zum Involvement schlägt sich die Erkenntnis Krugmanns in die dichotome Aufteilung in High und Low Involvement nieder (Sherif M, Sherif C W 1967, Petty R E, Cacioppo J T 1986, Nieschlag R, Dichtl E, Hörschgen H 2002, Kuss A, Tomczak T 2004).

	High Involvement	Low Involvement
Informationssuche	Aktiv und umfangreich	Passiv und begrenzt
Kognitive Verarbeitung	Aktive Auseinandersetzung; hohe Verarbeitungstiefe; wenig akzeptable Alternativen; viele Merkmale beachtend	Geschehen lassen; niedrige Verarbeitungstiefe; viele akzeptable Alternativen; wenige Merkmale beachtend
Einstellung	Stabile Einstellung	Weniger stabile Einstellung

Tabelle 9: Charakteristisches Verhalten in Abhängigkeit der Intensität des Involvements
Quelle: In Anlehnung an Trommsdorff (2004), S. 56 und Moser (2002), S. 133.

Eine Auswahl charakteristischer Verhaltensweisen, die sich unter High und Low Involvement subsumieren lassen, wird in Tabelle 9 gegeben. Anzumerken ist hierbei, dass diese eine gewissermaßen polarisierende Aufteilung der Konsumenten beinhaltet, die in der Praxis wohl nicht vorzufinden ist. Die Auflistung beschreibt die Endpunkte eines Kontinuums für das Konstrukt Involvement. „Meistens liegt der Grad des Involvement der Konsumenten irgendwo in der Mitte der Skala" (Solomon M R, Bamossy G, Askegaard S 2001, S. 129). Antil spricht sich darum strikt gegen die Anwendung dieser Dichotomie aus: „Involvement must be conceptualized and operationalized as a continuous variable, not as a dichotomous variable. There is no reason to believe nor any research results to support the notion that involvement consists of two mutually exclusive and exhaustive states, one being high and the other low" (Antil J H 1984, S. 205). Einige Autoren versuchen dem näherungsweise gerecht zu werden und ergänzen die bipolare Intensitätsausprägung um das Medium Involvement (Zaichkowsky J L 1994, S. 64).

Im Zusammenhang gesundheitsbezogener Forschungskontexte wurde das Konstrukt in der Literatur nur ansatzweise konzeptualisiert, weshalb in dieser Untersuchung das Konstrukt des Krankheitsinvolvements erstmals Berücksichtigung findet. Im Folgenden wird angenommen, dass jeder Patient mit seiner persönlichen Krankheitssituation, welche in der vorliegenden Studie die Hypertonie ist, speziell involviert ist. Dies bedeutet, dass er seiner

Erkrankung eine besondere Relevanz und Bedrohung für seine Lebenssituation zurechnet. Patienten, welche hoch involviert sind, empfinden die Kategorie eines zu hohen Bluthochdrucks bedrohlicher für ihr Leben als niedrig involvierte Patienten. Das Krankheitsinvolvement beschreibt allein das Attribut einer konkreten Erkrankung und alle dieser innewohnenden Eigenschaften bzw. durch sie ausgelöste Komplexitäten in Hinblick auf den Umgang mit der Erkrankung im täglichen Leben.

Aus der gegebenen Beschreibung wird deutlich, dass es sich im Vergleich zur Gesundheitsmotivation nicht um ein i.S.v. hohem Gesundheitsbewusstsein und auf Prävention angelegtes Interesse handelt, sondern um den durch eine Erkrankung erreichten Aktivierungsgrad zum Umgang mit beschriebener Problemsituation. Gerade bei Hypertonikern kann dies soweit führen, dass durch den geringen Leidensdruck der Krankheit beim Patienten kaum Krankheitsinvolvement vorhanden ist (Heuer H O, Heuer S H 1999c, S. 67). Eine Definition des Konstrukts Krankheitsinvolvement im Sinne der Überlegungen wird nachstehend gegeben:

> **Definition: Krankheitsinvolvement**
> „Das Krankheitsinvolvement ist durch das Ausmaß an persönlicher Betroffenheit und den durch eine Krankheit ausgelösten Aktivierungszustand eines Patienten im Umgang mit der Krankheitssituation gekennzeichnet."

Zur Verarbeitung der persönlich wahrgenommenen Gesundheitsbedrohung durch Bluthochdruck und der damit verbundenen Einstellungsänderung gegenüber seiner Erkrankung stehen dem Patienten je nach Involviertheitsgrad grundsätzlich zwei Wege offen (Petty R E, Cacioppo J T, Schumann D 1983, MacKenzie S B, Lutz R J 1989). Verschiedene Autoren sehen in Hinblick auf die Verarbeitung der Gesundheitsbedrohung einer Krankheit die zentrale Route als maßgebend. Dies bedeutet, dass mehr kognitive Informationsverarbeitung durch eine intensive Auseinandersetzung mit der Krankheitssituation erfolgt als über die periphere Route (Lafferty B A, Goldsmith R E 1999, MacKenzie S B, Lutz R J 1989). Während eine periphere Einstellungsänderung durch periphere Hinweisreize oder Heuristiken (Baumgarth C 2003, S. 182) erfolgt, werden bei der zentralen Route Informationen zu dem Einstellungsobjekt bewusst gesucht und das Einstellungsobjekt daraufhin beurteilt. Werden Einstellungsänderungen über die zentrale Route gebildet, gelten diese im Zeitablauf als besonders stabil.

Dass die zentrale Route zu einer dauerhaften Einstellungsbildung und -änderung führt, ist umso wahrscheinlicher, je größer die persönliche Gesundheitsmotivation und die Fähigkeit ist, Argumente im Zusammenhang mit der Krankheits- und Therapiesituation zu verarbeiten (Lafferty B A, Goldsmith R E 1999, S. 111). Des Weiteren wird angenommen, dass die kognitive Auseinandersetzung mit der Krankheitssituation Einfluss auf die Einstellungsbildung hinsichtlich des Therapietreueverhaltens hat, da dies mit einer kognitiven Leistung i.S.v. Informationsverarbeitung verbunden ist (Meichenbaum D, Turk D C 1994, S. 89). Weiterhin wird unterstellt, dass bei Patienten, die sich mehr Gedanken über ihre Krankheit machen und zu dem Entschluss kommen, dass eine Erkrankung eine Bedrohung darstellt, aufgrund der zentralen Route der Elaboration ein positiver Einfluss auf die Einstellung hinsichtlich der Therapietreue zu messen ist. Diese Einstellungsbildung wäre bei dem Vorliegen eines hohen Krankheitsinvolvements relativ stabil im Zeitverlauf. Daher unterstellt Hypothese *H*19, dass sich in Abhängigkeit der Intensität des Krankheitsinvolvements signifikant unterschiedliche Wirkungszusammenhänge, insbesondere im Bereich der kognitiven, affektiven und konativen Komponenten im Basismodell ergeben.

> ***H19:***
> *„Je stärker sich ein Patient mit seiner Krankheit involviert fühlt, desto stärker unterscheiden sich die Verhaltensmodelle hinsichtlich der Wirkungszusammenhänge signifikant voneinander."*

Im Rahmen dieser Studie kommt es zur Untersuchung einer weiteren krankheitsbezogenen Determinante. Es handelt sich um den Einfluss der Behandlungsdauer auf das Adhärenzverhalten des Patienten. In der Literatur wird die Behandlungsdauer, i.S.v. Erfahrungen mit Behandlung und Krankheitssituationen, neben der Informationssuche als geeignete Determinante zum Abbau von Qualitätsunsicherheit im Gesundheitswesen herangezogen (Nelson P 1970, S. 312). Um die genannten Effekte offenzulegen, erscheint die Untersuchung dieses moderierenden Faktors interessant.

Erhält ein Patient von seinem behandelnden Arzt die Erstdiagnose einer Erkrankung, ist der Patient darauf oft nicht vorbereitet und mehr oder weniger plötzlich mit der Krankheitssituation konfrontiert. Er ist in dieser Situation auf Empfehlungen des Arztes und die aktive Informationsbeschaffung aus weiteren Informationsquellen angewiesen. Aufgrund der bestehenden Informationsasymmetrie ist er zu Beginn einer Behandlung, mangels eigener Erfahrungen, deutlich stärker auf externe Informationen angewiesen als dies mit steigender Behandlungsdauer der Fall ist (Picot A, Dietel H, Franck E 2005, S. 88). Mit zunehmendem zeitlichen Behandlungshorizont steigt der Erfahrungsschatz über den Umgang mit Therapie und Krankheit kontinuierlich an.(Weiber R 1996, S. 69). Die Behandlungsdauer wird wie folgt definiert:

Unterstellt man den beschriebenen Zusammenhang zwischen Behandlungsdauer und Erfahrungen im Umgang mit Therapie bzw. Krankheit, kann man davon ausgehen, dass „das anfängliche Vertrauen des Prinzipals Patient in den Agenten Arzt mit zunehmender Zeit der

> **Definition: Behandlungsdauer**
>
> „Die Behandlungsdauer ist durch die Zeitspanne gekennzeichnet, seit der ein Patient von seinem Arzt die Erstdiagnose erhalten hat und sich in ärztlicher Behandlung befindet."

Erkrankung durch dessen Informationssuche, Wissen und Erfahrung substituiert" (Dietz B 2006, S. 180) wird. Auch der sozial-kognitiven Theorie von Bandura folgend, wird durch einen Anstieg an Erfahrungen die wahrgenommene Kompetenzerwartung gestärkt, was somit direkte Auswirkungen des Erfahrungsschatzes auf die verschiedenen Einstellungskomponenten eines Individuums hat (Bandura A 1999, S. 258). Die Aussage von Grusec, „Competencies, self-efficacy beliefs, and self-regulation capacities are acquired through experience" (Grusec J E 1992, S. 781), bestätigt den unterstellten Zusammenhang. Die Behandlungsdauer eines Patienten sollte, nach Hypothese $H20$, daher moderierenden Einfluss auf die Basismodellzusammenhänge haben.

> **H20:**
>
> „Je länger sich ein Patient in ärztlicher Bluthochdruckbehandlung befindet, desto stärker unterscheiden sich die Verhaltensmodelle hinsichtlich der Wirkungszusammenhänge signifikant voneinander."

Wie vorstehend unterstellt, steigt mit zunehmendem Behandlungshorizont die Erfahrung eines Patienten mit seiner Krankheit und Behandlung an. Steigende Erfahrung wird in der Literatur mit einem steigenden Wissen über das Bezugsobjekt gleichgesetzt, da Wissen auf Erfahrungswerten beruht (Moore W L, Lehmann P R 1980, S. 302). Geht man davon aus, dass Informationen aus dem Langzeitspeicher generell weniger häufig verloren gehen, steigt mit der Behandlungsdauer implizit die Wissensbasis im Zeitverlauf kontinuierlich an. Der Einfluss des letztgenannten Konstrukts der Wissensbasis wurde in zahlreichen Studien untersucht (siehe Abschnitt 2.2). Daher wurde in der vorliegenden Studie der Untersuchung des moderierenden Einflusses der Behandlungsdauer gegenüber dem Konstrukt der Wissensbasis der Vorzug gegeben.

3.4.2 Soziodemografische Merkmale

Wie in Abschnitt 2.2.1 eingeführt, stellen Hasford et al. in Hinblick auf den Zusammenhang zwischen soziodemografischen Merkmalen und der Adhärenz fest, dass soziodemografische Faktoren wie Alter und Geschlecht keine eindeutige Typisierung hinsichtlich des Therapietreueverhaltens zulassen (Hasford J, Behrend C, Sangha O 1998, Volmer T, Kielhorn A

1998). Diese in der Literatur diskutierten Widersprüche leiten sich aus dem Umstand ab, dass sich die beobachteten Patientengruppen der verschiedenen Studien strukturell voneinander unterschieden haben. Diesem Kritikpunkt kann Haynes folgend durch bevölkerungsbasierte Studien entgegengetreten werden (Haynes R B 1979, S. 27). In bevölkerungsbasierten Untersuchungen konnte ein nicht unwesentlicher Einfluss soziodemografischer Persönlichkeitsmerkmale auf das Adhärenzverhalten nachgewiesen werden. Andere Untersuchungen der Konsumenten- und Gesundheitsverhaltensforschung lassen ebenfalls einen Beitrag soziodemografischer Merkmale zur Erklärung von Verhaltensweisen vermuten (Dierks M L, Schwartz F W 2001, S. 296). Da sich das ausgewählte und in Abschnitt 4.2 detailliert beschriebene Studiendesign der vorliegenden Untersuchung als bevölkerungsbasierte Untersuchung bezeichnen lässt, wird der moderierende Effekt zumindest eines soziodemografischen Merkmals auf die Therapietreue von Hypertonikern untersucht.

In der vorliegenden Studie soll der Einfluss des Geschlechts auf das Patientenverhalten näher beleuchtet werden, da der Einfluss dieses Konstrukts in der Literatur zur Patientenverhaltensforschung unklar ist. Die Aussage, dass Männer und Frauen in Krankheits- und Belastungssituationen ein unterschiedliches Maß an Risikoeinstellung und Entscheidungsverhalten aufweisen, wird in der Literatur vielfach bestätigt (Maschewsky-Schneider U, Babitsch B, Ducki A 1998, S. 360). Frauen scheinen stärker auf Detailinformationen Wert zu legen, was sie in die Lage versetzt, effizientere Entscheidung zu treffen bzw. zu einer ausgewogeneren Urteilsbildung zu finden. Ausgehend von dem traditionellen Rollenverständnis, treten Männer tendenziell selbstbewusster als Frauen (Sauer N E 2003, S. 224) auf, was Dietz (Dietz B 2006, S. 182) zufolge in dem Vertrauensverhältnis zwischen Patient und Arzt zum Ausdruck kommen sollte. Der unterstellte Zusammenhang wird anhand von Hypothese $H21$ überprüft.

> *H21:*
> *„In Abhängigkeit des Geschlechts eines Patienten unterscheiden sich die Verhaltensmodelle hinsichtlich der Wirkungszusammenhänge signifikant voneinander."*

Außerdem wird der Frage nachgegangen, ob das Therapietreueverhalten mit dem Versicherungsstatus variiert. Es erscheint daher naheliegend das Verhalten der GKV- mit den PKV-Versicherten Patienten anhand eines Gruppenvergleichs näher vergleichend zu analysieren. Es wir im Folgenden Hypothese $H22$ geprüft.

> *H22:*
> *„In Abhängigkeit des Versicherungsstatus eines Patienten unterscheiden sich die Verhaltensmodelle hinsichtlich der Wirkungszusammenhänge signifikant voneinander."*

3.5 Zusammenfassung der Hypothesen

In den beiden vorstehenden Abschnitten stand die Entwicklung eines Modells zur Erklärung des Adhärenzverhaltens von Hypertonikern im Vordergrund. Dieses Basismodell fußt auf der Theorie des HBM, welche durch einstellungs- und motivationstheoretische Überlegungen ergänzt und auf eine breitere Basis gestellt wurde. Das erklärte Forschungsziel, die theoriegeleitete Entwicklung eines Modells zur Identifikation unterschiedlicher Erfolgsfaktoren des Adhärenzverhaltens, mündet in jenem in Abschnitt 3.3 entwickelten Basismodell. Abbildung 10 visualisiert das Basismodell, welches die Konstrukte Verhaltensabsicht gegenüber therapieförderlichem Verhalten, wahrgenommene Barrieren der Therapieintegration, wahrgenommene Wirksamkeit von therapiekonformem Verhalten, wahrgenommene Verhaltenskontrolle, affektive Einstellungskomponente, Gesundheitsmotivation, Vertrauensverhältnis zum Arzt und soziale Norm umfasst.

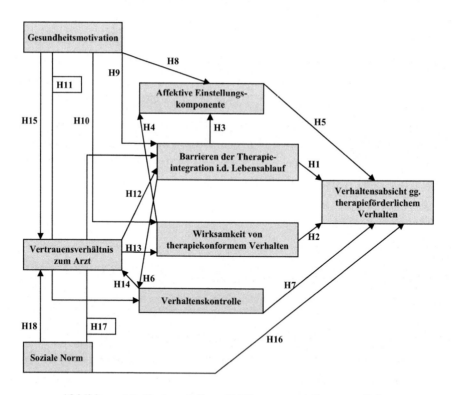

Abbildung 10: Basismodell zur Erklärung von Adhärenzverhalten

Es ist davon auszugehen, dass Wirkungszusammenhänge des vorgestellten Basismodells in Abhängigkeit des Niveaus des Krankheitsinvolvements, der Behandlungsdauer und des Geschlechts variieren. Der Einfluss dieser drei Moderatorvariablen auf das Basismodell wird

3.5. Zusammenfassung der Hypothesen

empirisch überprüft. In den Tabellen 10 und 11 sind alle aufgestellten Hypothesen zusammengefasst.

H1: „Je höher die Barrieren der Therapieintegration in den Lebensablauf erscheinen, desto geringer ist die Absicht des Patienten, sich therapieförderlich zu verhalten."
H2: „Je stärker die Wirksamkeit von therapiekonformem Verhalten wahrgenommen wird, desto höher ist die Absicht des Patienten, sich therapieförderlich zu verhalten."
H3: „Je höher die wahrgenommenen Barrieren der Therapieintegration in den Lebensablauf sind, desto negativer gestaltet sich die affektive Einstellungskomponente zur eingeschlagenen Therapie."
H4: „Je höher die wahrgenommene Wirksamkeit von therapiekonformem Verhalten ist, desto positiver gestaltet sich die affektive Einstellungskomponente zur eingeschlagenen Therapie."
H5: „Je positiver die affektive Einstellungskomponente zur Therapie ist, desto höher ist die Absicht des Patienten, sich therapieförderlich zu verhalten."
H6: „Je höher die wahrgenommenen Barrieren der Therapieintegration in den Lebensablauf sind, desto negativer wirkt sich dies auf die subjektiv wahrgenommene Verhaltenskontrolle in Hinblick auf die Einhaltung der Therapie aus."
H7: „Je positiver die Wahrnehmung persönlicher Fähigkeiten für eine therapiekonforme Verhaltenskontrolle ist, desto größer ist die Absicht des Patienten, sich therapieförderlich zu verhalten."
H8: „Je höher die Gesundheitsmotivation des Patienten ist, desto positiver gestaltet sich die affektive Einstellungskomponente zur eingeschlagenen Therapie."
H9: „Je höher die Gesundheitsmotivation des Patienten ist, desto überwindbarer erscheinen Barrieren der Therapieintegration in den Lebensablauf."
H10: „Je höher die Gesundheitsmotivation des Patienten ist, desto positiver gestaltet sich die wahrgenommene Wirksamkeit von therapiekonformem Verhalten."

Tabelle 10: Hypothesen 1-10 im Überblick

H11: *„Je höher die Gesundheitsmotivation des Patienten ist, desto höher ist die Wahrscheinlichkeit, dass der Patient die Aktivierbarkeit persönlicher Ressourcen der Verhaltenskontrolle in Richtung von therapiekonformem Verhalten wahrnimmt."*
H12: *„Je stärker das Vertrauensverhältnis zwischen Arzt und Patient ausgeprägt ist, desto höher ist die Wahrscheinlichkeit, dass der Patient Barrieren der Therapieintegration in seinen Tagesablauf als überwindbar ansieht."*
H13: *„Je stärker das Vertrauensverhältnis zwischen Arzt und Patient ausgeprägt ist, desto höher ist die Wahrscheinlichkeit, dass der Patient die Wirksamkeit von therapiekonformem Verhalten positiv wahrnimmt."*
H14: *„Je stärker die wahrgenommene Verhaltenskontrolle eines Patienten in Hinblick auf seine Therapie ist, desto höher ist die Wahrscheinlichkeit, dass das Vertrauensverhältnis zwischen Arzt und Patient positiv geprägt ist."*
H15: *„Je höher die Gesundheitsmotivation des Patienten ist, desto wahrscheinlicher ist es, dass das Vertrauensverhältnis zwischen Arzt und Patient positiv geprägt ist."*
H16: *„Je stärker die soziale Norm ausgeprägt ist, desto größer ist die Absicht des Patienten, sich therapieförderlich zu verhalten."*
H17: *„Je stärker die soziale Norm ausgeprägt ist, desto höher ist die Wahrscheinlichkeit, dass der Patient Barrieren der angewandten Therapie als überwindbar ansieht."*
H18: *„Je stärker die soziale Norm ausgeprägt ist, desto höher ist die Wahrscheinlichkeit, dass das Vertrauen des Patienten in seinen Arzt steigt."*
H19: *„Je stärker sich ein Patient mit seiner Krankheit involviert fühlt, desto stärker unterscheiden sich die Verhaltensmodelle hinsichtlich der Wirkungszusammenhänge signifikant voneinander."*
H20: *„Je länger sich ein Patient in ärztlicher Bluthochdruckbehandlung befindet, desto stärker unterscheiden sich die Verhaltensmodelle hinsichtlich der Wirkungszusammenhänge signifikant voneinander."*
H21: *„In Abhängigkeit des Geschlechts eines Patienten unterscheiden sich die Verhaltensmodelle hinsichtlich der Wirkungszusammenhänge signifikant voneinander."*
H22: *„In Abhängigkeit des Versicherungsstatus eines Patienten unterscheiden sich die Verhaltensmodelle hinsichtlich der Wirkungszusammenhänge signifikant voneinander."*

Tabelle 11: Hypothesen 11-22 im Überblick

3.6 Vorgehensweise bei der Spezifizierung der Modellkonstrukte

Um die unterstellten theoretischen Zusammenhänge der einzelnen Modellkonstrukte einer empirischen Überprüfung unterziehen zu können, bedarf es einer realen Messung der latenten Variablen. Da es sich bei sämtlichen Variablen des Basismodells um hypothetische Größen handelt, die sich einer direkten Messung entziehen[6]

Der Operationalisierung wurde in Abschnitt 3.3 die Konstruktkonzeptualisierung vorgeschaltet, um ein einheitliches Verständnis der latenten Variablen zu schaffen. In diesem Abschnitt schließt sich die Operationalisierung der Konstrukte mittels eines geeigneten Messinstrumentariums zur empirischen Erfassung an. Der Vorgang der Konstruktspezifikation stellt den Transfer der theoretischen Konzeption in eine Messvorschrift dar.

Bei den meisten Konstrukten der Untersuchung handelt es sich um latente Variablen, welche bereits in anderen empirischen Studien in ähnlicher Form Verwendung fanden. Aus diesem Grund empfiehlt es sich, auf bewährte Messinstrumente dieser Auswertungen zurückzugreifen (Homburg C, Pflesser C 2000, S. 640). Die in Betracht gezogenen Indikatoren sollten sich durch eine hohe empirische Validität und Reliabilität zur Messung des jeweiligen Modellkonstrukts auszeichnen (Huber F 2004, S. 180).

Genügt eine potenzielle Skala nicht den formulierten Validitäts- und Reliabilitätsansprüchen, kommt auf Basis der definitorischen Eingrenzung eines Konstrukts eine Weiterentwicklung des bestehenden Messansatzes in Betracht. Für einen ersten Test der weiterentwickelten Messbatterie kommen neben dem Einsatz von qualitativen Methoden der Sozialforschung auch Experteninterviews zwecks einer ersten Validierung infrage. Unabhängig davon, ob auf bestehende Indikatoren zurückgegriffen wurde oder nicht, gilt es, möglichst einfache Formulierungen zu wählen, um eine größtmögliche Verständlichkeit der einzelnen Items sicherzustellen. Die Entwicklung der Messmodelle für die einzelnen Konstrukte der vorliegenden Studie orientiert sich an dem beschriebenen Vorgehen.

Verhaltensabsicht gegenüber therapieförderlichem Verhalten

Unterschiedlichen empirischen Studien zufolge ist die Messung der Verhaltensabsicht gegenüber einer Verhaltensweise ein guter Prädiktor des eigentlichen Verhaltens (Ajzen I 2006, Bagozzi R P 1981). Bagozzi (Bagozzi R P 1982, S. 576), Ajzen (Ajzen I 2005, S. 188) und Landgraf et al. (Landgraf R, Huber F, Bartel R 2006, S. 106) konnten den Nachweis der Messgüte für den spezifischen Fall gesundheitsbezogener Verhaltensweisen erbringen. Auf-

---

[6]Bei manifesten Variablen handelt es sich um direkt messbare Sachverhalte, die das nicht erfassbare Phänomen möglichst gut abbilden (Fornell C 1987, S. 407), müssen diese über geeignete Ersatzindikatoren erfasst werden (Homburg C, Giering A 1996, S. 5).

grund der empirisch belegten, engen positiven Relation zwischen einer Verhaltensabsicht und der tatsächlichen Verhaltensweise, soll es genügen, das Konstrukt der Verhaltensabsicht gegenüber therapieförderlichem Verhalten zu messen (Ajzen I 1991, S. 179).

In der Literatur zur Marketingforschung wird die Verhaltensabsicht in Hinblick auf gesundheitsbezogene Verhaltensweisen häufig mit einem Singelindikator operationalisiert (McCarthy M S, Norris D G 1999, Ajzen I, Fishbein M 1980). Um Verzerrungen der Messung durch lediglich ein Item vorzubeugen, schlagen Homburg & Dobratz (Homburg C, Dobratz A 1998, S. 450) den Einsatz mehrerer Items zur Operationalisierung des Konstrukts vor. Dieser Forderung folgend, wird in der vorliegenden Studie zur Messung der Verhaltensabsicht ein 3-Item-Ansatz gewählt.

Sichtet man die Literatur der Messinventare zur Verhaltensabsicht, stößt man auf zwei verschiedene Arten der Konstruktmessung. Es handelt sich auf der einen Seite um eine Wahrscheinlichkeitseinschätzung [7] gegenüber einer bestimmten Verhaltensweise und auf der anderen Seite um eine Absichtserklärung[8] gegenüber einem Verhalten. Literaturvergleichen zufolge ist auffällig, dass bei der Prognose gesundheitsbezogenen Verhaltens die Formulierung der Messitems unter Zuhilfenahme einer Wahrscheinlichkeitseinschätzung überwiegt, was neben dem nachstehend beschriebenen Pretest den Ausschlag für diese Variante in der vorliegenden Studie gab.

Das gewählte Indikatorenset wurde im Rahmen eines Pretests einer Tauglichkeitsprüfung unterzogen. Es wurden einem Teil der Pretest-Teilnehmer Fragebögen mit einer Wahrscheinlichkeitseinschätzung und dem anderen Teil mit einer Absichtserklärung in Hinblick auf ihr zukünftiges Gesundheitsverhalten vorgelegt. Die Gruppe der Bögen mit einer Wahrscheinlichkeitsformulierung schätzte ihre zukünftige Therapietreue signifikant[9] niedriger ein als die Vergleichsgruppe. Da Patienten ihre Adhärenz bei der Abfrage über eine Wahrscheinlichkeitsformulierung signifikant niedriger einschätzen als bei der Befragung über eine Absichtserklärung, erscheint erste Formulierung die tatsächliche Therapietreue exakter messen zu können. Insbesondere vor dem Hintergrund der in der Literatur vielfach diskutierten Tendenz zur Überschätzung der eigenen Therapietreue, erscheint dieses Argument für die Befragung durch eine Wahrscheinlichkeitsformulierung zu sprechen (Hasford J, Behrend C, Sangha O 1998, S. 28).

Zur Messung des Zielkonstrukts der Verhaltensabsicht gegenüber therapieförderlichem Verhalten wird auf ein Item von Ajzen & Fishbein (Ajzen I, Fishbein M 1980, S. 42) aus einer

---

[7] Z.B.: „Für wie wahrscheinlich halten Sie es, sich in Zukunft an Ihre Therapie zu halten?" (Hrubes D, Ajzen I, Daigle J J 2001, S. 165).
[8] Z.B.: „Ich beabsichtigte es, mich therapiekonform zu verhalten." (Magin S 2004, S. 107).
[9] 2-Stichproben t-Test zum Signifikanzniveau $\alpha = 0{,}05$.

Studie zum Gesundheitsverhalten von Individuen zurückgegriffen. Ergänzend kommen zwei Indikatoren einer neueren Studie über Möglichkeiten der Patientenintegration im Gesundheitswesen von Landgraf et al. (Landgraf R, Huber F, Bartel R 2006, S. 106) zum Einsatz. Diese beiden Items gehen der Frage nach einer zeitbezogenen Verhaltensabsicht in Hinblick auf das Therapietreueverhalten der kommenden 12 Monate bzw. einem darüber hinausgehenden Zeitraum nach. Die Bewertung der Verhaltensabsicht erfolgt in Hinblick auf die einleitende Frage, wie der Patient in Zukunft den Umgang mit seiner Therapie plant.

Indikatoren	Rating-Skala	Autor
Wie planen Sie in Zukunft den Umgang mit Ihrer Therapie?		
Ich werde mich in Zukunft sehr genau an meine Therapie halten.	$+3$ = sehr wahrscheinlich -3 = sehr unwahrscheinlich	Ajzen/ Fishbein (1980)
Wie hoch schätzen Sie die Wahrscheinlichkeit ein, dass Sie sich innerhalb der nächsten 12 Monate therapietreu verhalten werden?	$+3$ = sehr wahrscheinlich -3 = sehr unwahrscheinlich	Landgraf/ Huber/ Bartels (2006)
Wie hoch schätzen Sie die Wahrscheinlichkeit ein, dass Sie sich auch nach einem Jahr noch therapietreu verhalten werden?	$+3$ = sehr wahrscheinlich -3 = sehr unwahrscheinlich	Landgraf/ Huber/ Bartels (2006)

Tabelle 12: Konzeption der Verhaltensabsicht gegenüber therapieförderlichem Verhalten

Die zur Messung der Einstellung zum Therapieverhalten verwendeten Indikatoren haben sich in den zitierten empirischen Untersuchungen hinsichtlich Reliabilität und Validität bewährt. Der erste Indikator aus der Skala von Ajzen & Fishbein wurde ins Deutsche übersetzt und auf den Kontext der vorliegenden Untersuchung angepasst. Eine Anpassung hinsichtlich des Zeitraums, über den sich ein Patient therapietreu verhalten möchte, wurde bei den beiden Indikatoren der Messbatterie von Landgraf et al. vorgenommen. Das im Folgenden zur Messung der Verhaltensabsicht gegenüber therapieförderlichem Verhalten angewandte Inventar ist in Tabelle 12 zusammengefasst.

Barrieren der Therapieintegration in den Lebensablauf

Im Zuge der Messung der Barrieren der Therapieintegration in den Lebensablauf dienen die Skalen von Ajzen(Ajzen I 2006, S.), S. 1f., Meichenbaum & Turk (Meichenbaum D, Turk D C 1994, S. 89) und Sherbourne (Sherbourne C D et al. 1992) als Grundlage der

Untersuchungen. Die Messinventare fanden bereits in verschiedenen Studien Anwendung und haben sich hinsichtlich Validität und Reliabilität bewährt. Unter dem Rückgriff auf die Theorien des HBM und der TPB erhielt das Konstrukt der Barrieren der Therapieintegration in den Lebensablauf Eingang in das Untersuchungsmodell. Aus Sicht des HBM soll das dazugehörige Messinventar die gefühlten Barrieren bzw. „Kosten" messen, welche durch die eingeschlagene Behandlung verursacht werden. Aus Perspektive der TPB ist dieses Konstrukt dem der wahrgenommenen Verhaltenskontrolle vorgelagert und dient der Messung der kognitiven Einstellungskomponente zur eingeschlagenen Therapie (Ajzen I 2006, S. 7).

Indikatoren	Rating-Skala	Autor
Die folgenden Fragen beziehen sich auf Ihre Bluthochdrucktherapie. Bewerten Sie, wie sich Ihre Bluthochdrucktherapie mit Ihrem täglichen Lebensablauf vereinbaren lässt.		
Mein täglicher Lebensablauf würde es zulassen, mich sehr genau an meine Therapie zu halten.	+3 = Stimme voll zu −3 = Stimme nicht zu	Ajzen (2006)
Für mich ist es aufgrund meines täglichen Lebensablaufs möglich, mich in Zukunft genau an meine Therapie zu halten.	+3 = Stimme voll zu −3 = Stimme nicht zu	Ajzen (2006)
Ich ärgere mich darüber, von den Medikamenten bestimmt zu werden.	+3 = Stimme voll zu −3 = Stimme nicht zu	Meichenbaum/ Turk (1994)
Es fällt mir schwer, mich an die Therapieempfehlung meines Arztes zu halten.	+3 = Stimme voll zu −3 = Stimme nicht zu	Sherbourne (1992)
Ich habe Angst vor Nebenwirkungen meiner Medikamente.	+3 = Stimme voll zu −3 = Stimme nicht zu	Schäfer (2007)

Tabelle 13: Konzeption von Barrieren der Therapieintegration in den Lebensablauf

Damit der Proband keiner kognitiven Überlastung ausgesetzt ist, wurden die Skalen im Rahmen der vorliegenden Untersuchung in reduzierter Form angewandt. Insgesamt fanden vier Indikatoren Eingang in die Untersuchungen. Hierbei sind zwei Items aus Ajzens Inventar und ein Indikator aus Meichenbaum & Turks und Sherbournes Studie entnommen. Das Messinventar wurde wiederum an den Kontext dieser Studie angepasst.

Weiterhin wurde von Patienten- und Expertenseite bei der Diskussion des Fragebogens darauf hingewiesen, dass im Zusammenhang des Fragenkomplexes zu Barrieren im Therapieverlauf, der Berücksichtigung von Nebenwirkungen der Arzneimittel hohe Bedeutung zukommt. Da dieser Aspekt in keiner dem Autor bekannten Untersuchungen explizit gemessen wurde, kam hier, der Literatur folgend, nur die Entwicklung eines neuen Messinstruments infrage (Homburg C, Giering A 1996, Hurrle B, Kieser A 2005a). Um das Konstrukt der Therapiebarrieren im Tagesablauf vollständig zu messen, kam man nicht umhin, diesen von Patientenseite wiederholt geforderten Aspekt in dem Messinventar in Form eines weiteren Items zu verankern.

Zur Problemlösung wurden in Expertengesprächen potenzielle Items zur Berücksichtigung von Nebenwirkungen der Bluthochdruckmedikamente formuliert. Homburg folgend, wurden möglichst einfache Formulierungen gewählt, um größtmögliche Verständlichkeit der einzelnen Items sicherzustellen (Homburg C, Giering A 1996, S. 96). Im Anschluss an die Expertenrunde reihte sich eine Patientendiskussion über die Verständlichkeit und Einordnung des neu entwickelten Items in den Fragenkomplex zur Messung des Konstrukts Barrieren der Therapieintegration in den Lebensablauf. Im nächsten Schritt wurde das Item im Rahmen eines Pretests[10] des gesamten Fragebogens einer ersten empirischen Überprüfung unterzogen. Die neu entwickelte Frage konnte sich durch gute Reliabilität und Validität im Sinne der in Abschnitt 4.1.3 vorgestellten Prüfgrößen auszeichnen. Tabelle 13 fasst das vorgestellte Messinstrumentarium zusammen.

Wirksamkeit von therapiekonformem Verhalten

Um die Wirksamkeit von therapiekonformem Verhalten zu messen, wird auf verschiedene, in der Literatur bewährte Messbatterien zurückgegriffen. Wie erinnerlich rekurriert sowohl das HBM als auch die TPB auf das Konstrukt der Wirksamkeit von therapiekonformem Verhalten. Vom Gesichtspunkt des HBM aus, dient genanntes Konstrukt der Erfassung des gefühlten Gesundheitsnutzens, welcher sich durch therapietreues Verhalten entfaltet (Kühner K M 1987, S. 19). Der TPB folgend, verkörpert das Konstrukt der Wirksamkeit therapiekonformen Verhaltens die kognitive Einstellungskomponente des Patienten (Ajzen I 2006, S. 7).

Ein weit verbreitetes Instrument zur direkten Einstellungsmessung stellen semantische Differenziale dar. Häufig wird mithilfe eines semantischen Differenzials die Bewertung gegensätzlicher Adjektivpaarungen abgefragt. Am häufigsten werden die Paarungen „good - bad" und „favorable - unfavorable" verwendet (Muehling D, Laczniak D, Russell N 1988, Madrigal R 2001, Ruth J, Simonin A, Bernard L 2003, Rodgers S 2004). Ursprünglich wurden semantische Differenziale zur Messung der Bedeutung von Worten entwickelt und angewandt (Osgood C E, Suci G J, Tannenbaum P H 1957, o.S.). Der Aufbau sieht bipolare Skalen vor, welche an den Enden mit gegensätzlichen Adjektivpaaren besetzt sind (Kroeber-Riel W, Weinberg P 2003, S. 198). Der Studienteilnehmer wird im Folgenden

---

[10]Weitere Informationen zu dem durchgeführten Fragebogenpretest siehe Abschnitt 4.2.1.

Indikator	Rating-Skala	Autor
Wie wirkt sich therapietreues Verhalten auf Ihren Gesundheitszustand aus?	+3 = förderlich −3 = schädlich	Ajzen (2006)
	+3 = angenehm −3 = unangenehm	Ajzen (2006)
	+3 = gut −3 = schlecht	Ajzen (2006)
	+3 = wertvoll −3 = wertlos	Ajzen (2006)
	+3 = sinnvoll −3 = sinnlos	Ajzen (2006)

Tabelle 14: Konzeption der Wirksamkeit von therapiekonformem Verhalten

aufgefordert, die ihm vorliegenden Assoziationen in Form von Wortpaaren zu bewerten. Spiegel folgend, müssen die Wortpaare nicht zwingend eine sachliche Beziehung aufweisen, sondern viel mehr einen metaphorischen Bezug zueinander haben (Spiegel B 1961, S. 43). Die Bewertung durch den Studienteilnehmer erfolgt auf Basis einer fünf- oder siebenstufigen Skala. Es wird nicht nur die Assoziation, sondern auch die Stärke zum Stimuluswort gemessen (Kroeber-Riel W, Weinberg P 2003, S. 198). Es werden meistens Skalen mit einer ungeraden Zahl an Stufen gewählt, sodass eine neutrale Mitte wählbar ist (Karmasin F, Karmasin H 1977, S. 125).

In der Marketingforschung erfreut sich die Anwendung semantischer Differenziale insbesondere zur Messung der einzelnen Einstellungskomponenten hoher Beliebtheit. Als vorteilhaft erweisen sich die einfache Anwendung der direkten Messmethode sowie die empirisch belegte hohe Plausibilität und Zuverlässigkeit der Messergebnisse. (Trommsdorff V 2004, S. 170). Die zur Messung der Wirksamkeit von therapiekonformem Verhalten herangezogenen fünf Indikatoren aus einer Messbatterie von Ajzen (Ajzen I 2006, S. 5) haben sich in verschiedenen empirischen Studien hinsichtlich ihrer Reliabilität und Validität auszeichnen können. Tabelle 14 fasst das ins Deutsche übersetzte und an den Kontext der Studie angepasste Inventar zusammen.

Affektive Einstellungskomponente

Zur Messung des Konstrukts der affektiven Einstellungskomponente wird ebenfalls ein semantisches Differenzial zur Operationalisierung eingesetzt. Das Messinstrumentarium ori-

3.6. Vorgehensweise bei der Spezifizierung der Modellkonstrukte

entiert sich an einer Untersuchung von Orbell et al. (Orbell S et al. 2006, S. 610), welche auf Basis der TPB und der Self-Regulation-Theory die Therapietreue von Patienten nach dem Empfang einer bedenklichen Diagnose untersucht hat. Ursprünglich sieht die Messbatterie acht Items vor, wovon vier der vorliegenden Studie zugrundegelegt wurden. Bei den vier ausgewählten Indikatoren handelt es sich um Adjektivpaare, welche auf einer bipolaren Skala einander gegenübergestellt wurden. In Analogie zum Konstrukt der wahrgenommenen Wirksamkeit wurde der Studienteilnehmer aufgefordert, die ihm vorliegenden Assoziationen zu bewerten. Die Bewertung erfolgte auf Basis einer siebenstufigen Skala, wodurch nicht nur die Assoziation, sondern auch die Stärke zum Stimuluswort gemessen wurde (Kroeber-Riel W, Weinberg P 2003, S. 198). Das vorgestellte Messinventar konnte sich in der Studie von Orbell et al. durch ein hohes Maß an Reliabilität und Validität auszeichnen. Die Messinstrumente zur Operationalisierung der affektiven Einstellungskomponente sind in Tabelle 15 zusammengefasst.

Indikatoren	Rating-Skala	Autor
Ein Patient verhält sich therapietreu, wenn er sich in hohem Maße an die ärztliche Therapieempfehlung hält.		
Was halten Sie von therapietreuem Verhalten?	$+3$ = wichtig -3 = unwichtig	Orbell et al. (2006)
	$+3$ = nützlich -3 = nutzlos	Orbell et al. (2006)
	$+3$ = wertvoll -3 = wertlos	Orbell et al. (2006)
	$+3$ = notwendig -3 = überflüssig	Orbell et al. (2006)

Tabelle 15: Konzeption der affektiven Einstellungskomponente

Wahrgenommene Verhaltenskontrolle

Zur Operationalisierung des Konstrukts der wahrgenommenen Verhaltenskontrolle bzw. der Selbstwirksamkeit bieten sich auf der einen Seite kontextspezifische Messinstrumente und auf der anderen Seite Messinventare zur Erfassung einer generalisierten Selbstwirksamkeit an. Beide Ansätze unterscheiden sich dahingehend, dass das Konstrukt im letztgenannten Fall als eine stabile Persönlichkeitseigenschaft, unabhängig von einem jeweiligen Lebensbereich, aufgefasst wird und im kontextorientierten Fall eine Ausrichtung der Selbstwirksamkeit auf eine bestimmte Lebenssituation, hier die Krankheitssituation, stattfindet (Jonas K, Brömer P 2002, S. 285). Da in einer Krankheitssituation das höchste Gute eines Menschen, die Gesundheit, einer konkreten Bedrohung ausgesetzt ist, erscheint es vor diesem Hintergrund sinnvoll, die wahrgenommene Verhaltenskontrolle mit einem kontextspezifischen Messinstrumentarium zu belegen (Hohensohn H 1997, S. 42).

In Hinblick auf die Selbstwirksamkeit unterscheidet Bandura drei Determinanten mit Einfluss auf das Verhalten einer Person. Erstens wird das Niveau oder Ausmaß genannt, zweitens die Gewissheit oder der Nachdruck der Selbstwirksamkeit und drittens der Allgemeinheitsgrad der Gültigkeit der Verhaltenskontrolle in Hinblick auf eine Verhaltensintention. Der Allgemeinheitsgrad zielt auf ähnliche Verhaltensweisen in unterschiedlichen Situationen ab, für welche die Kompetenzerwartung von Bedeutung ist. Da es sich bei einer Erkrankung, wie angemerkt, um eine Ausnahmesituation im Vergleich zu anderen Lebenssituationen handelt, spielt die allg. Gültigkeit der Selbstwirksamkeit an dieser Stelle eine untergeordnete Rolle. Wichtiger sind im Kontext der Fragestellung dieser Studie die beiden anderen Facetten der Selbstwirksamkeit. Hierbei bezieht sich das Niveau auf den Schwierigkeitsgrad und die Komplexität einer Aufgabe. Die subjektive Stärke und Gewissheit hingegen umfasst die Überzeugung, über eine entsprechende Kompetenz in Hinblick auf die erfolgreiche Verfolgung einer Therapie zu verfügen.

Es kann unterstellt werden, dass eine gewisse Abhängigkeit der Therapiebefolgung von anderen Personen besteht. So sind beispielsweise ältere Patienten häufig hinsichtlich der Mobilität auf Mitmenschen angewiesen, sei es, um zum Arzt zu gelangen, Medikamente einzukaufen oder an Informationsveranstaltungen teilzunehmen. Des Weiteren ist der Einfluss auf den Speiseplan häufig sehr eingeschränkt, was eine Therapiebefolgung negativ tangieren kann. Daher wird die wahrgenommene Verhaltenskontrolle als Grad der Abhängigkeit des eigenen Verhaltens von anderen Personen erfasst (Ajzen I 1988, S. 132).

Vier der fünf Items zur Messung der wahrgenommenen Verhaltenskontrolle rekurrieren auf das Messinventar des „TpB-Questionnaire" von Ajzen (Ajzen I 2006). Ajzens Messbatterie umfasst mehr als die übernommenen und an den Kontext der vorliegenden Studie angepassten Items zur Messung der Selbstwirksamkeit im Rahmen der TPB. Um die Studienteilnehmer kognitiv nicht zu überlasten und die zeitliche Beanspruchung zu begrenzen, wurde auf eine reduzierte Form des Messinventars zurückgegriffen. Bei der Kürzung des Inventars wurde darauf geachtet, dass die beiden in der vorliegenden Studie im Vordergrund stehenden Aspekte des Schwierigkeitsgrades und der subjektiven Stärke der Selbstwirksamkeit in besonderem Maße abgebildet worden sind. Neben den Items von Ajzen wurde die Messbatterie um ein Item aus einer Studie von Landgraf et al. (Landgraf R, Huber F, Bartel R 2006, S.102). ergänzt. Alle sechs aufgenommenen Items zur Messung der wahrgenommenen Verhaltenskontrolle konnten sich in vergleichbaren Studien hinsichtlich Validität und Reliabilität bewähren. Das Messinventar ist in Tabelle 16 zusammenfasst.

Indikatoren	Rating-Skala	Autor
Bewerten Sie bitte die Aussagen zum Umgang mit Ihrer Bluthochdrucktherapie.		
Ich glaube, ich bin fähig, meine Bluthochdrucktherapie wie mit dem Arzt vereinbart durchzuführen.	+3 = Stimme voll zu −3 = Stimme nicht zu	Ajzen (2006)
Ich bin zuversichtlich, die Bluthochdrucktherapie wie mit dem Arzt besprochen durchzuhalten.	+3 = Stimme voll zu −3 = Stimme nicht zu	Ajzen (2006)
Ich habe die vollständige persönliche Kontrolle, meine Bluthochdrucktherapie wie vereinbart auszuführen.	+3 = Stimme voll zu −3 = Stimme nicht zu	Ajzen (2006)
Es liegt allein an mir, meine Bluthochdrucktherapie wie vereinbart durchzuführen.	+3 = Stimme voll zu −3 = Stimme nicht zu	Ajzen (2006)
Meine Entscheidung, mich therapietreu zu verhalten, hängt von anderen Personen ab.	+3 = Stimme voll zu −3 = Stimme nicht zu	Landgraf/ Huber/ Bartels (2006)

Tabelle 16: Konzeption der wahrgenommenen Verhaltenskontrolle

Gesundheitsmotivation

Um die Gesundheitsmotivation zu messen, werden drei Items aus den Messinventaren der Studien von Moormann (Moorman C 1990, S. 365) und Moorman & Matulich (Moorman C, Matulich E 1993, S. 215) herangezogen. Die beiden Untersuchungen können dem Gebiet der Präventionsforschung zugeschrieben werden. Aus den Messbatterien der zitierten Studien wurde eine wissenschaftlich anerkannte Skala von neun Items zur Messung der Gesundheitsmotivation im Marketing Scales Handbook synthetisiert (Burner G, Hensel P, James K 2005, S. 233). Aus Gründen der zeitlichen Beanspruchung und kognitiven Belastung für die Studienteilnehmer wurden von den ursprünglichen neun Items nur drei in den Fragebogen aufgenommen (Moore K A et al. 2002, S. 531). Das Messwerkzeug wurden ins Deutsche übersetzt und dem Patienten mit der Bitte um Einschätzung seiner Gesundheitsmotivation vorgelegt. Das ausgewählte Messinventar hat sich hinsichtlich Reliabilität und Validität während des letzten Jahrzehnts zur Messung der Gesundheitsmotivation bewährt (Dietz B 2006). In Tabelle 17 sind die ausgewählten Items aufgeführt.

Indikatoren	Rating-Skala	Autor
Wie schätzen Sie Ihre Gesundheitsmotivation ein?		
Ich versuche, Gesundheitsproblemen vorzubeugen, obwohl ich noch keine Anzeichen von Krankheitssymptomen verspüre.	+3 = Stimme voll zu −3 = Stimme nicht zu	Moorman / Matulich (1990)
Ich befasse mich mit Gesundheitsgefahren und schütze mich mit vorbeugenden Maßnahmen.	+3 = Stimme voll zu −3 = Stimme nicht zu	Moorman / Matulich (1990)
Ich versuche, mich vor mir bekannten Gesundheitsrisiken zu schützen.	+3 = Stimme voll zu −3 = Stimme nicht zu	Moorman / Matulich (1990)

Tabelle 17: Konzeption der Gesundheitsmotivation

Es ist von Bedeutung, an dieser Stelle zu erwähnen, dass der Fragenkomplex zur Gesundheitsmotivation im Rahmen der Fragebogenkonzeption den Fragen zum Krankheitsinvolvement vorangestellt wurde, sodass möglichst keine Spill-over-Effekte hinsichtlich eines direkten Krankheitsbezuges erzielt werden. Dieser wichtige Aspekt sollte eine Einschätzung der Gesundheitsmotivation im Sinne der Definition aus Abschnitt 3.3.2 ermöglichen.

Vertrauensverhältnis zum Arzt

Im Zuge der Messung des Vertrauens zwischen Patient und behandelndem Arzt werden zur Erfassung des Konstrukts vier Indikatoren herangezogen. Das Konstrukt wird mit einem formativen Messmodell operationalisiert. Somit wird das Vertrauensverhältnis als Funktion der einzelnen Indikatoren modelliert. Bei der Formalisierungsvorschrift wird auf den „Health-Care Climate Questionnaire" (HCCQ) von Williams et al.

zurückgegriffen, welcher sich in zahlreichen Studien hinsichtlich Validität und Reliabilität bewährt hat. Es fanden 2 Indikatoren aus dem HCCQ direkten Eingang in die Untersuchung. Zwei weitere Items aus Erhebungen von Hofmann (Hofmann T 2003) und Landgraf et al. (Landgraf R, Huber F, Bartel R 2006, S. 160) orientierten sich in der Formulierung an dem HCCQ von Williams et al. Da der HCCQ u.a. entwickelt wurde, um das Vertrauen in die Behandlungssituation zu erfassen, ist dieser Aspekt in dem gewählten Messinstrumentarium ausreichend enthalten. Das leicht veränderte Messinventar der genannten Autoren ist in Tabelle 18 zusammenfassend dargestellt.

Indikatoren	Rating-Skala	Autor
Bewerten Sie das Vertrauensverhältnis zu dem Arzt, der Ihren Bluthochdruck behandelt.		
Ich bringe selbst Vorschläge in die Behandlung mit ein.	+3 = Stimme voll zu −3 = Stimme nicht zu	Williams (2002)
Mein Arzt gibt mir die Möglichkeit, das zu sagen, was mich wirklich beschäftigt.	+3 = Stimme voll zu −3 = Stimme nicht zu	Williams (2002)
In Zusammenarbeit mit meinem Arzt kann ich bessere Blutzuckerwerte erreichen.	+3 = Stimme voll zu −3 = Stimme nicht zu	Hofmann (2003)
Ich habe Vertrauen in das Können meines Arztes.	+3 = Stimme voll zu −3 = Stimme nicht zu	Landgraf/ Huber/ Bartel (2006)

Tabelle 18: Konzeption des Vertrauensverhältnisses zwischen Patient und Arzt

Soziale Norm

Die soziale Norm wird von Fishbein & Ajzen als „the person's perception that most people who are important to him think he should or should not perform the behaviour in question" (Fishbein M, Ajzen I 1975, S. 302) definiert. Dieses Verständnis des Indikators rekurriert auf das persönliche Umfeld einer Person (Landgraf R, Huber F, Bartel R 2006, S. 100). Bei der Operationalisierung der sozialen Norm als zentrales Konstrukt des HBM und der TPB wird auf die von Ajzen zur TPB entwickelte Messmethodik des Artikels „Constructing a TpB Questionnaire: Conceptional and Methodological Considerations"

zurückgegriffen. In der zitierten Literatur wird detailliert auf die Fragebogenkonstruktion zur Erfassung der unterschiedlichen Konstrukte der TPB eingegangen.

Zur Messung der sozialen Norm werden Indikatoren vorgeschlagen, welche soziale Einflüsse in Form von Zustimmung oder Ablehnung einer bestimmten Verhaltensweise ausdrücken (Orbell S et al. 2006, S. 611). Erkenntnissen von Ajzen folgend, ist die Messung des Konstrukts des sozialen Umfeldes mit Hilfe von direkten Fragen nach der Meinung von Bezugspersonen kein zuverlässiges und belastbares Messinstrument. Dies ist der Fall, weil die Meinung einer Person aus dem unmittelbaren sozialen Umfeld in der Form aufgenommen wird, dass sie nur wünschenswertes Verhalten unterstützen. Ajzen schlägt vor, die Fragen in der Form zu formulieren, wie sich eine Person aus dem sozialen Umfeld in einer vergleichbaren Situation verhalten würde, wodurch die so genannte deskriptive Norm abgefragt wird

(Ajzen I 2006, S. 6). Der Konzeption von Ajzen folgend, wurden vier der fünf Items zur Messung der sozialen Norm dem TpB-Questionnaire entnommen und an den Kontext der vorliegenden Studie angepasst. Hinzu kommt ein Item aus einer Studie von Landgraf et al. (Landgraf R, Huber F, Bartel R 2006, S. 101), welches in seiner Formulierung ebenfalls der Konzeption des TpB-Questionnaire folgt. Beide Skalen konnten sich in unterschiedlichen Studien hinsichtlich Reliabilität und Validität auszeichnen. Das Messinventar zur Operationalisierung der sozialen Norm ist in Tabelle 19 zusammenfassend dargestellt.

Indikatoren	Rating-Skala	Autor
Bewerten Sie, inwieweit Ihre Mitmenschen auf Ihre Therapie Einfluss nehmen.		
Mein persönliches Umfeld würde mich zur Befolgung meiner Therapie ermutigen.	+3 = Stimme voll zu −3 = Stimme nicht zu	Landgraf/ Huber/ Bartel (2006)
Menschen aus meinem persönlichen Umfeld, die so sind wie ich, halten sich sehr genau an ihre Therapie.	+3 = Stimme voll zu −3 = Stimme nicht zu	Ajzen (2006)
Mein persönliches Umfeld würde meine Entscheidung befürworten, mich in Zukunft therapietreu zu verhalten.	+3 = Stimme voll zu −3 = Stimme nicht zu	Ajzen (2006)
Menschen, auf deren Meinung ich großen Wert lege, halten sich sehr genau an ihre ärztliche Verordnung.	+3 = Stimme voll zu −3 = Stimme nicht zu	Ajzen (2006)
Die meisten für mich sehr wichtigen Leute, würden sich in meiner Situation sehr genau an die vereinbarte Therapie halten.	+3 = Stimme voll zu −3 = Stimme nicht zu	Ajzen (2006)

Tabelle 19: Konzeption der subjektiven Norm

Krankheitsinvolvement

In Anbetracht, dass das Konstrukt des Krankheitsinvolvements in Orientierung an der Definition aus Abschnitt 3.4.1 in keiner dem Autor bekannten Studie gemessen wurde, wird der Versuch unternommen, eine Operationalisierung in Anlehnung an möglichst eng an dem Konstrukt der Krankheitsinvolviertheit orientierten Studien zu erreichen. An dieser Stelle ist anzumerken, dass in dem Autor bekannten Studien auf dem Gebiet „Health-Behavior" das Konstrukt des Involvements stets mit dem Konstrukt der Gesundheitsmotivation verschmolzen wurde. In jenen Untersuchungen lag der Fokus stärker auf dem Gesundheitsa-

3.6. Vorgehensweise bei der Spezifizierung der Modellkonstrukte

spekt und nicht, wie in der vorliegenden Involvementdefinition, auf der krankheitsspezifischen Betroffenheit des Patienten.[11]

Indikatoren	Rating-Skala	Autor
Bewerten Sie bitte die persönliche Betroffenheit von Ihrem Bluthochdruck.		
Ich bin sehr besorgt, wenn ich an meinen Bluthochdruck denke.	+3 = Stimme voll zu −3 = Stimme nicht zu	Kühnert (1987)
Die Folgen einer nicht eingehaltenen Therapie können mich sehr stark beeinträchtigen.	+3 = Stimme voll zu −3 = Stimme nicht zu	Kühnert (1987)
Folgekrankheiten von Bluthochdruck können lebensbedrohend sein.	+3 = Stimme voll zu −3 = Stimme nicht zu	Hirt (2004)

Tabelle 20: Konzeption des Krankheitsinvolvements

Zur Operationalisierung des Konstrukts wird auf die von Huber (Huber F 2004, S. 152) und Homburg (Homburg C, Giering A 1996, S. 11) vorgeschlagene Weiterentwicklung eines bestehenden Messansatzes zurückgegriffen. Es bietet sich zum einen die Studie von Kühnert (Kühnert K M 1987) zur Analyse des Vorsorgeverhaltens im Bereich der Zahnmedizin und zum anderen die Untersuchung von Hirt (Hirt F 2004) zur Krankheitsverarbeitung von Typ-I-Diabetes-Patienten an. Aus den genannten Untersuchungen konnten drei Items ausgewählt werden, welche in besonderer Weise die persönliche Betroffenheit und gefühlten Gesundheitsbedrohung eines Patienten von einer Erkrankung hinterfragen. Die Items wurden an den Kontext der vorliegenden Studie angepasst. Somit sollte der Aspekt der persönlichen Involviertheit mit der Krankheitssituation erfolgreich gemessen werden können. Die ausgewählten Items haben sich in den Studien von Kühnert und Hirt durch ein hohes Maß an Reliabilität und Validität auszeichnen können und erscheinen vom quantitativen Standpunkt aus als eine solide Basis zur Messung des Krankheitsinvolvements.

Die von Homburg und Hurrle & Kieser (Homburg C, Giering A 1996, Hurrle B, Kieser A 2005a) empfohlene Auswertung von Pretest-Daten konnte die hohe Messgenauigkeit der komponierten Messbatterie für das Konstrukt des Krankheitsinvolvements bestätigen.[12] Weiterhin haben durchgeführte Experten- und Patientengespräche die gewünschte Trennschärfe der Konstrukte Krankheitsinvolvement und Gesundheitsmotivation anhand des Fragebogens bestätigt, was auch vom qualitativen Standpunkt aus ein weiterer Beleg für die angestrebte Messgenauigkeit ist. Die drei Items sind in Tabelle 20 aufgeführt.

---

[11]Siehe hierzu Definition des Krankheitsinvolvements in Abschnitt 3.4.1.
[12]Weitere Informationen zu dem durchgeführten Fragebogenpretest siehe Abschnitt 4.2.1.

Kapitel 4

Empirische Überprüfung des patientenseitigen Adhärenzverhaltens

4.1 Methodische Grundlagen von Strukturgleichungsmodellen

Das im letzten Kapitel theoriegeleitet erarbeitete Untersuchungsmodell der Therapietreue wird in diesem Kapitel auf empirische Fundiertheit geprüft. Hierzu kommen verschiedene statistische Methoden der Konstruktmessung zum Einsatz. Neben der Erläuterung und Darstellung der Gütebeurteilung von latenten Variablen werden in den folgenden Abschnitten zunächst Verfahren der Kausalanalyse vorgestellt.

Das entwickelte Modell und die aufgestellten Hypothesen basieren zum großen Teil auf einem theoretischen Fundament. Der Erklärungsgehalt dieser interdisziplinär zusammengesetzten Theorien aus Bereichen der Sozialwissenschaften, der Medizin und der Wirtschaftswissenschaften ist maßgeblich davon abhängig, wie gut sich die theoretischen Konzepte empirisch abbilden lassen. Aus diesem Grund ist die sorgfältige Auswahl eines geeigneten mathematisch-statistischen Verfahrens zur Modellüberprüfung für die Qualität der Messergebnisse entscheidend. Folgt man Eggert & Fassott (Eggert A, Fassott G 2003, S. 2), spielen die folgenden Kriterien bei der Überprüfung der Eignung eines Schätzverfahrens eine prominente Rolle:

- Bei den zentralen Größen des im vorangegangenen Kapitel eingeführten Basismodells handelt es sich um sog. latente Variablen, welche nicht direkt beobachtbar sind (Eggert A, Fassott G 2003, S. 2). Darum muss das gewählte Verfahren kausale Beziehungen zwischen hypothetischen Konstrukten abbilden und zuverlässig messen können.

- Die Messung hypothetischer Konstrukte mit Hilfe von beobachtbaren Indikatoren ist Messfehlern ausgesetzt, welche beispielsweise aus der Tatsache resultieren, dass sich nicht jeder Indikator in gleichem Maße zur Messung eines Konstruktes eignet. Um Verzerrungen bei der Modellschätzung vorzubeugen, ist die Berücksichtigung von Messfehlern relevant.

- Das gewählte Verfahren sollte in der Lage sein, die Richtung und Stärke des Zusammenhangs zwischen mehreren Variablen zeitgleich abzubilden. Die simultane Überprüfung aller Hypothesen erhöht die Effizienz der Parameterschätzungen. Dahinter verbirgt sich die Forderung, dass das Analyseverfahren der hohen Komplexität menschlichen Verhaltens Rechnung trägt und das reziproke Verhältnis unterschiedlicher Verhaltensdeterminanten berücksichtigt.

Im Allgemeinen eignen sich zur Messung kausaler Ursache-Wikungszusammenhänge Verfahren der klassischen Regressionsanalyse, der logistischen Regression (Logit-Verfahren) und lineare Strukturgleichungsmodelle. Hier stellt sich die Frage, welches der in Betracht kommenden Verfahren am besten die genannten Anforderungen erfüllt.

In der Konsumentenverhaltensforschung hat sich zur empirischen Überprüfung kausaler Zusammenhänge[13] der Einsatz von linearen Strukturgleichungsmodellen gegenüber den anderen genannten Verfahren durchgesetzt. Für den Einsatz von Strukturgleichungsmodellen spricht die Kombination regressions- und faktoranalytischer Ansätze, was eine Berücksichtigung von Rückkopplungen verschiedener Modelldeterminanten ermöglicht. Somit sind im Vergleich zur Regressionsanalyse simultane Überprüfungen aller Hypothesen möglich. Homburg & Pflesser weisen zudem darauf hin, dass der vorgeschlagene Ansatz eine Trennung von beobachtbaren und hypothetischen Konstrukten ermöglicht und Messfehler bzw. sich daraus ergebende Verzerrungen adäquat berücksichtigt werden. (Homburg C, Pflesser C 2000, S. 636). Im Vergleich zu Verfahren der Regressionsanalyse eröffnen Strukturgleichungsmodelle eine simultane Schätzung und Hypothesenüberprüfung der Beziehung zwischen unterschiedlichen Determinanten des Modells. Die angeführten Argumente sprechen für den Einsatz der Kausalanalyse[14] als Analyseinstrument für die vorliegende Fragestellung. Alle eingangs von Eggert & Fassott und Ohlwein geforderten Kriterien an das Analyseinstrument sind durch den Einsatz von linearen Strukturgleichungsmodellen erfüllt.

---

[13]Streng genommen können Ursache-Wirkungs-Zusammenhänge nur im Experiment aufgedeckt werden. Strukturgleichungsmodelle ermöglichen lediglich eine Beschreibung der Beziehungen zwischen den Variablen - im wissenschaftlichen Sprachgebrauch wird dennoch in diesem Kontext von Kausalanalyse gesprochen. (Ringle C M 2004b, S. 7).

[14]In der Literatur wird darauf hingewiesen, dass die Begrifflichkeit der Kausalanalyse irreführend ist, da weniger der Aspekt der Kausalität, als vielmehr die Kovarianz- und Varianzstrukturanalyse im Vordergrund steht. (Homburg C, Pflesser C 2000, S. 633).

4.1. Methodische Grundlagen von Strukturgleichungsmodellen

Folgt man Nieschlag et al., sind Strukturgleichungs- oder Kausalmodelle übergeordnete, multivariate Analysemodelle, mit welchen man die Richtung und Stärke des Zusammenhangs zwischen mehreren Variablen untersuchen kann (Egger M, Razum O 2014). Zur Überprüfung der Hypothesen des konzipierten Modells soll mittels der Messung von Indikatorvariablen auf Abhängigkeitsbeziehungen zwischen den unterschiedlichen Konstrukten geschlossen werden. Zum Einsatz kommt die Kausalanalyse daher in Form eines Strukturgleichungsmodells, welches, auf Basis von Varianzen und Kovarianzen empirisch gemessener Variablen, mittels Parameterschätzungen Rückschlüsse auf die Abhängigkeitsbeziehungen zwischen den zugrundeliegenden Variablen erlaubt. Jedes Strukturgleichungsmodell setzt sich aus drei Submodellen zusammen. Hierbei spezifiziert das Strukturmodell die Beziehungen zwischen den latenten Variablen und ist dem regressionsanalytischen Denkansatz zuzurechnen (Götz O, Liehr-Gobbers K 2004, S. 716). Das exogene bzw. endogene Messmodell hingegen modelliert die Abhängigkeiten zwischen den hypothetischen Konstrukten und ihren beobachtbaren (manifesten) Indikatoren (Backhaus K et al. 2016). Die Messmodellebene ist dem konfirmatorischen, faktoranalytischen Ansatz zuzuschreiben. Als exogen werden unabhängige Größen im Modell bezeichnet, die auf die abhängigen, endogenen latenten Variablen einwirken. Diese können erneut weitere endogene Variablen beeinflussen (Homburg C 1992, S. 501). Der allg. Aufbau eines Strukturgleichungsmodells wird formal wie folgt notiert:

$$\eta = B * \eta + \Gamma * \xi + \zeta \qquad (1)$$

Hierbei bezeichnet η den Vektor der endogenen latenten Variablen und ξ den Vektor der exogenen latenten Variablen. Der Effekt zwischen den endogenen Variablen η_i[15] wird durch die Elemente β_i der Strukturkoeffizientenmatrix B modelliert. Die Strukturkoeffizientenmatrix Γ mit den Elementen γ_i hingegen stellt den Effekt der exogenen auf die endogenen Variablen dar (Homburg C, Stock R 2003, S. 283). ζ ist ein Residualvektor, welcher die Effekte von nicht im Strukturmodell enthaltenen Variablen und Störgrößen misst.

Sowohl für das exogene als auch für das endogene Messmodell ist die Beziehung zwischen den latenten Variablen und ihren Indikatoren näher zu definieren. Hierbei ist im Folgenden die Richtung der Beziehung zwischen den Konstrukten und ihren Indikatoren von Relevanz, wobei zwischen reflektiven und formativen Indikatoren unterschieden wird.

Verursachen in einem Messmodell die beobachteten Indikatoren $x_1, ..., x_n$ die latente Variable η_i, spricht man von formativen Indikatoren (Jarvis C B, MacKenzie S B, Podsakoff P M 2003). Eine Änderung eines einzelnen Indikators bewirkt im formativen Fall zwangsläufig

---

[15] Der Index i läuft im Folgenden von $i = 1, ..., n$.

eine Änderung des Konstruktwertes, wobei die Ausprägungen der übrigen Indikatoren von dieser Veränderung nicht tangiert werden müssen. Daher müssen die Indikatoren nicht unbedingt miteinander korreliert sein.[16] Im Fall eines formativen Messmodells kann eine Veränderung der Konstruktausprägung eines Indikators starken Einfluss auf die Ausprägung der latenten Variable haben (Eberl M 2004, S. 6). Der Vektor Γ repräsentiert an dieser Stelle die Regressionskoeffizienten von η auf x. Im formativen Fall kann das Konstrukt als eine Art Index interpretiert werden, der als Verdichtung der in allen Indikatoren enthaltenen Informationen zu verstehen ist. Daher führt die Eliminierung eines Indikators zu einer inhaltlichen Veränderung des Konstrukts, wodurch das Risiko besteht, dass dieses nicht mehr vollständig beschrieben ist.

$$\eta_i = \lambda_1 * x_1 + \lambda_2 * x_2 + ... + \lambda_q * xq + \zeta \qquad (2)$$

Die latente Variable η_i lässt sich im formativen Fall als Linearkombination der Manifesten x_i darstellen, wobei λ_i die Koeffizienten der Linearkombination sind (siehe Formel 2). Der nur auf Ebene der latenten Variable existierende Messfehler wird mit ζ notiert.[17]

Bedingt die latente Variable ξ_i ihre Indikatoren $x_1, ..., x_n$, bezeichnet man diese als reflektive Beziehung (Eggert A, Fassott G 2003, S. 4). Eine Änderung des Wertes der latenten Variable zieht eine Veränderung aller zugehörigen Indikatorwerte nach sich, was im Vergleich zum formativen Fall einen Kausalitätsverlauf von der latenten Variablen zum Indikator bedingt. Aus dieser Definition leitet sich eine hochgradige Korrelation der Indikatoren einer latenten Variable ab. Durch diese Annahme wird unterstellt, dass alle Items a priori den gleichen Grad an Validität besitzen und bei gleichem Grad an Reliabilität für die Messung des Konstrukts beliebig gegeneinander austauschbar sind. Weist ein Indikator eine geringe Korrelation zu den anderen Indikatoren auf, wird dieser eliminiert. Eine solche Vorgehensweise ist aus den vorstehenden Gründen legitim. Liegt im Bereich der Indikatoren kein Messfehler δ_i vor, besitzen alle Indikatoren einen Korrelationskoeffizienten von Eins. Anders herum weist ein steigender Messfehler eines einzelnen Indikators auf eine rückläufige Korrelation mit den restlichen Indikatoren hin (Eggert A, Fassott G 2003, S. 4). Anzumerken bleibt, dass formative und reflektive Indikatoren innerhalb eines Konstrukts nicht gemischt werden dürfen, sondern eine Entscheidung für eine Form der Beziehung zu treffen ist.

Formalisiert man die reflektive Operationalisierung einer latenten Variable, lässt sich jeder Indikator x_i als ein Abbild der latenten Variablen ξ_i mit der jeweiligen Ladung λ_i darstellen

---

[16]Die Korrelationskoffizienten $r_{i,j}$ könnten alle Werte im zulässigen Intervall $[-1; +1]$ annehmen.
[17]Der Fehlerterm wird als unkorreliert mit den Indikatorvariablen angenommen; $\text{cov}(x_i, \zeta) = 0$.

4.1. Methodische Grundlagen von Strukturgleichungsmodellen

(siehe Gleichung 3). Die Beziehung zwischen den Indikatorvariablen und den zugrundeliegenden latenten Variablen kommt in der Matrix Λ des Messmodells zum Ausdruck. Die Matrix Λ wird deshalb Faktorladungsmatrix genannt. Messfehler der manifesten Variablen werden durch die Störvariable δ_i modelliert.

$$x_i = \lambda_i * \xi + \delta_i \qquad (3)$$

Bei der Modellkonzeption ist es entscheidend, dass die Messmodelle von Beginn an korrekt spezifiziert sind. Ob ein Konstrukt eine formative oder reflektive Operationalisierung erfordert, leitet sich aus den einem Modell zugrundeliegenden theoretischen Überlegungen und den Wirkungszusammenhängen innerhalb des Modells ab. Als Messmodellbasis werden bewährte Indikatoren aus thematisch ähnlich gelagerten Studien herangezogen. Im Rahmen der sich anschließenden Gütebeurteilung des geschätzten Modells wird überprüft, wie gut sich das untersuchte Modell an die empirischen Daten anpasst. Dem Forscher steht ein umfangreiches Repertoire an globalen und lokalen Gütekriterien zur Verfügung, welche in Abschnitt 4.1.3 näher vorgestellt werden.

4.1.1 Abgrenzung verschiedener Schätzverfahren

Die Verwendung von Strukturgleichungsmodellen zur empirischen Untersuchung marketingorientierter Fragestellungen erfreut sich fortwährend hoher Beliebtheit. Die starke Verbreitung genannter Verfahren ist auf die Entwicklung des Kovarianzstrukturanalyseverfahrens in Kombination mit dem Softwarepaket LISREL[18] von Jöreskog & Sörbom zurückzuführen (Jöreskog K G 1970, S. 293).

Die Parameterschätzung wird in Jöreskog & Sörbom's Verfahren unter Anwendung der Maximum-Likelihood-Methode durchgeführt, was für die Grundgesamtheit eine Normalverteilungsannahme impliziert (Fahrmeir L, Künstler R, Pigeot I, Tutz A 2007, S. 291). Genau gegen diese Verteilungsannahme wird in der Praxis häufig verstoßen. Das LISREL-Verfahren ist auf die Messung reflektiver Messmodelle ausgelegt, formative Messmodelle können nur bedingt abgebildet und gemessen werden. Zur Lösung des Problems der Modellierung formativer Konstrukte wird auf das MIMIC-Verfahren[19] zurückgegriffen. In der Praxis zählt der LISREL-Ansatz zwar zu den bekanntesten Analysemethoden (Ringle C M 2004a, S. 5), jedoch konnten verschiedene Autoren nachweisen, dass bei der Anwendung formative Messmodelle häufig als reflektiv behandelt wurden, was zu Interpretationsfehlern

---

[18] LISREL: Linear Structural Relationship.
[19] MIMIC: Multiple Indicators Multiple Causes, (Winkelhofer H M, Diamantopoulos A 2002, S. 152).

der Messergebnisse geführt hat (Eberl M 2004, S. 12).

Ein Verfahren, welches mit weniger restriktiven Verteilungsannahmen auskommt sowie reflektive und formative Messmodelle in gleicher Weise schätzen kann, ist das von Wold entwickelte varianzbasierte PLS-Verfahren.[20]

Bei dem LISREL-Verfahren erwächst die Bezeichnung als Kovarianzstrukturanalyse aus der Verfahrensweise des zugrundeliegenden Algorithmus. Ziel des Verfahrens ist es, auf iterativem Weg eine bestmögliche Anpassung der modelltheoretischen Kovarianzmatrix an die Stichprobenkovarianzmatrix zu erzielen (Backhaus K et al. 2016). Von hoher Bedeutung ist es außerdem, dass die Normalverteilungsannahmen an die Items der Messmodelle nicht verletzt sein dürfen, um konsistente Schätzer zu erhalten.

Bei der PLS-Methode handelt es sich um ein nicht-parametrisches Verfahren zur Schätzung der Modellparameter (Fornell C, Bookstein F L 1982, S. 443). Dies impliziert, dass keine Verteilungsannahmen im Sinne einer Normalverteilung an die einzelnen Items der Messmodelle gestellt werden, woraus sich keine Verstöße gegen Verteilungsannahmen des Modells folgern lassen. Es handelt sich bei den PLS-Schätzern um sog. Fix-Punkt-Schätzer, welche mithilfe der OLS-Methode[21] robust geschätzt werden können (Fornell C, Bookstein F L 1982, S. 443). Ein Nachteil der geringen Verteilungsannahmen des PLS-Ansatzes ergibt sich aus der fehlenden Möglichkeit, notwendige Signifikanztests für die Indikatoren des geschätzten Modells durchzuführen.

Zieht man zur Modellschätzung das LISREL-Verfahren heran, werden je nach Komplexitätsgrad zur Durchführung einer belastbaren Studie schnell Stichproben von 200 und mehr Probanden gefordert (Götz O, Liehr-Gobbers K 2004). Bei Anwendung des PLS-Verfahrens genügen hingegen relativ kleine Stichproben von rund 100 statistischen Einheiten (Chin W W, Newsted P R 1999, S. 335). Der Unterschied im Stichprobenumfang leitet sich aus den unterschiedlichen Verteilungsannahmen und den sich daraus ableitenden Schätzmethoden her. Chin & Newsted schlagen vor, dass die Stichprobengröße bei Anwendung der PLS-Methodik mindestens zehnmal so groß sein sollte, wie die maximale Anzahl in einem Konstrukt zusammenlaufender Pfade (Strukturpfade oder formative Indikatoren) (Chin W W, Newsted P R 1999, S. 311). Die relativ geringen Anforderungen an die Stichprobengröße für den PLS-Ansatz rührt daher, dass der Schätzprozess in Teilmodellen erfolgt, anstatt die Varianz aller beobachteten Variablen auf einmal zu schätzen

---

[20]PLS : Partial Least Squares, (Wold H 1985, S. 581). Auf Strukturmodellebene stimmen sowohl der LISREL- als auch der PLS-Ansatz vom formalen Gesichtspunkt überein. Unterschiede leiten sich aus der gewählten Methodik zur Parameterschätzung und Anwendbarkeit auf formative Messmodelle ab (Rigdon E E 1998, S. 252).

[21]OLS : Ordinary Least Squares.

(Chin W W, Newsted P R 1999, S. 314). Dieser Ansatz führt zu vergleichsweise weniger genauen Schätzern, wohingegen der LISREL-Ansatz das Ziel verfolgt, durch bestmögliche Replikation der Kovarianzmatrix möglichst genaue Schätzwerte zu liefern.

Abschließend wird in Tabelle 21 ein Vergleich der beiden Verfahren zur Schätzung von Strukturgleichungsmodellen angestellt. Bei der Wahl eines geeigneten Analyseverfahrens ist stets eine Orientierung an dem jeweiligen Forschungsanliegen und der Zielsetzung des Forschers zu suchen. Liegt das Hauptinteresse des Forschers darin, ein theoretisch fundiertes Hypothesensystem mittels konsistenter Schätzer möglichst exakt zu überprüfen, sollte ein kovarianzbasiertes, parametrisches Verfahren gewählt werden. Liegt ein Untersuchungsmodell vor, in dem postulierte Zusammenhänge zwischen latenten Variablen weniger auf theoretischen Erkenntnissen basieren als aufgrund von Plausibilitätsüberlegungen vorliegen, ist der Fokus auf die höchstmögliche Erklärungskraft des Strukturmodells zu setzen. Es geht darum, die Varianz der Zielvariablen so gut wie möglich zu erklären, um daraus Vorhersagen für Veränderungen einzelner Modellvariablen abzuleiten. In der Literatur wird der vorstehend beschriebene PLS-Ansatz als die stärker managementorientierte Vorgehensweise zur empirischen Überprüfung von Wirkungszusammenhängen angesehen.

Das der vorliegenden Abhandlung zugrundeliegende Untersuchungsmodell schließt gleichermaßen formativ wie auch reflektiv definierte Indikatoren ein. Da die eingangs formulierten Forschungsfragen stark praxisorientiert sind, wird die Prüfung des Strukturgleichungsmodells mit dem hier besser geeigneten PLS-Verfahren durchgeführt.

4.1.2 Schätzung linearer Strukturgleichungsmodelle

Im Gegensatz zum LISREL-Verfahren kommt bei der Schätzung eines Strukturgleichungsmodells mit der PLS-Methode kein übergeordnetes Optimierungskriterium zur Anwendung, sondern der Schätzalgorithmus zur Bestimmung der Parameter der einzelnen Regressionsgleichungen erfolgt in zwei Schritten (Betzin J, Henseler J 2005, o.S.). Es kommt in einem 1. Schritt zur so genannten äußeren Schätzung zur Bestimmung aller Messmodellparameter. Erst im zweiten Schritt schließt sich die Berechnung der Strukturmodellparameter, auch innere Schätzung genannt, an. Als varianzbasiertes Strukturgleichungsverfahren hat PLS das Ziel, die Varianzen der Fehlerterme aller abhängigen Variablen zu minimieren. Als abhängige Variablen in Strukturgleichungsmodellen mit reflektiver und formativer Operationalisierung gelten alle endogenen Variablen des Strukturmodells, alle formativen Konstrukte sowie die Indikatoren der reflektiv gemessenen, latenten Variablen.

Die Minimierung der Varianzen der Regressionsgleichungen erfolgt über die Kleinste-Quadrate-Methode. Der Schätzalgorithmus zur Bestimmung und Anpassung der Gewichte und

Kriterium	Kovarianzbasiertes Strukturgl.-modell LISREL	Varianzbasiertes Strukturgleichungsmodell PLS
Schätzalgorithmus	Maximum-Likelihood-Schätzung	Ordinary-Least-Squares-Schätzung
Schätzprinzip	Simultane Schätzung aller Parameter durch ein globales Optimierungskriterium	partielles Schätzen einzelner Indikatoren unter Berücksichtigung des Gesamtdatenvolumens; Minimieren von Residualvarianzen
Konsistenz der Schätzer	Konsistent; mit steigendem Stichprobenumfang steigt Konsistenz	Konsistenz bei hoher Indikatorenzahl gegeben; mit steigendem Stichprobenumfang steigt Konsistenz
Beziehung zwischen Konstrukt und Indikatoren	Reflektiv (formativ nur bedingt)	Formativ und reflektiv
Stichprobenumfang	Abhängig vom Komplexitätsgrad des Modells; mindestens 200 Probanden	Mindestens zehnmal so groß wie die maximale Anzahl von in einem Konstrukt zusammenlaufenden Pfaden; mindestens 100 Probanden
Zielsetzung	Parameterorientiert; möglichst geringe Verzerrungen / Bias	Vorhersageorientiert; optimale Vorhersage des Zielkonstrukts
Problemstellung	Theorieorientiert	Praxisorientiert
Konstruktwerte	Nicht determiniert	Determiniert

Tabelle 21: Vergleich des LISREL- und PLS-Verfahrens
Quelle: In Anlehnung an Chin, W.W., Newsted, P.R. (1999), S. 314.

Konstruktwerte erfolgt auf iterativem Wege. Der im weiteren Verlauf dieses Abschnitts näher beschriebene zweistufige Schätzprozess verfolgt sowohl das Ziel einer varianzminimalen Anpassung der Konstruktwerte an die Vorgaben des Strukturmodells als auch an das jeweilige Messmodell einer latenten Variable. Im Folgenden wird der PLS-Schätzalgorithmus kurz skizziert:

Im Rahmen der äußeren Schätzung werden aus den Indikatorvariablen Erwartungswerte für die einzelnen Konstruktwerte geschätzt. Die Schätzung nimmt zunächst willkürliche Gewichte der verschiedenen Indikatorvariablen an. Erst im Verlauf des iterativen Schätzprozesses bilden sich die vorläufigen tatsächlichen Gewichtungen innerhalb der einzelnen Messmodelle heraus. Zur Beschreibung des Einflusses der Indikatorvariablen auf das latente Konstrukt kommt im Falle einer formativen Operationalisierung der Einsatz von multiplen Regressionskoeffizienten als Gewichte zum Einsatz. Handelt es sich um ein reflektives

Konstrukt, können die Gewichte als einfache Regressionskoeffizienten angesehen werden.

In einem zweiten Schritt, der inneren Schätzung, schließt sich eine verbesserte Bestimmung der endogenen latenten Variablen auf Basis der Konstruktwerte der exogenen latenten Variablen an. Die Eingangswerte dieser zweiten Stufe sind die Konstruktwerte der äußeren Schätzung. Chin folgend, liegen zur erneuten Optimierung der Konstruktwerte und der dahinter stehenden Gewichtungen unterschiedliche Gewichtungsschemata im PLS-Algorithmus zugrunde.

Nachdem die äußere und innere Schätzung jeweils ein Mal durchlaufen wurden, schließt sich wieder eine äußere Schätzung an, für welche die Konstruktwerte der inneren Schätzung als Eingangswerte dienen. Dieser Prozess erfährt so oft eine Wiederholung, bis sich die geschätzten Gewichte nur noch unwesentlich ändern und die Ergebnisse eine ausreichende Konvergenz aufzeigen. Sobald Konvergenz nachgewiesen ist, wird auf Basis der berechneten Gewichte mit der Bestimmung der Werte für die latenten Variablen begonnen. In einem letzten Schritt schließt sich mittels multipler Regression die Schätzung aller Parameter auf Strukturmodellebene an. Hierbei werden die jeweiligen Pfadkoeffizienten eines Konstrukts als abhängige Variablen und deren Einflussgrößen als unabhängige Variablen modelliert.

Nachdem die Operationalisierung sowie Schätzung der Modellzusammenhänge abgeschlossen sind, schließt sich die Beurteilung der Güte der Modellschätzung an. In diesem Zusammenhang wird Rückgriff auf Kriterien zur Bestimmung der Validität[22] (Gültigkeit) und Reliabilität[23] (Zuverlässigkeit) der Modellbeziehungen gehalten (Hammann P, Erichson B 2000, S. 93). Ein systematisches Vorgehen ist bei der Modellbeurteilung empfehlenswert, wobei eine Unterteilung der jeweiligen Kriterien in Bezug auf die Messmodell- und die Strukturmodellebene als sinnvoll erscheint. Auf Messmodellebene ist außerdem eine Unterscheidung zwischen reflektiven und formativen Messmodellen notwendig, da die Gütekriterien sich hier deutlich unterscheiden (Herrmann A, Huber F, Kressmann F 2006, S. 56).

4.1.3 Evaluation der Güte auf Messmodellebene

Falls eine reflektive Operationalisierung vorliegt, wird besonderes Augenmerk auf die Höhe der Faktorladungen (FL) und deren statistischer Signifikanz gelegt. Die Höhe der Faktorladungen gibt Aufschluss über die Stärke des Konstrukteinflusses auf die nachgelagerten Indikatoren. Die Faktorladung der latenten Variable auf eine Indikatorvariable sollte größer

---

[22]Die Validitätsanalyse untersucht das Auftreten systematischer Fehler, mit dem Ziel die allg. Gültigkeit einer Messung zu gewährleisten.

[23]Die Reliabilitätsanalyse beleuchtet insbesondere unsystematische Fehler, mit dem Ziel die Zuverlässigkeit einer Messung zu garantieren.

als der Wert 0,70 ausfallen, sodass sich, Chin folgend, mehr als 50% der Varianz eines Indikators auf die vorgelagerte latente Variable zurückzuführen lässt (Johnson M D, Herrmann A, Huber F 2006). Die statistische Signifikanz eines Indikators lässt sich anhand des t-Wertes des entsprechenden Parameters ablesen. Zur Berechnung der t-Werte kommen bei PLS die beiden Prozeduren Bootstrapping und Jackknifing zum Einsatz.[24] Aufgrund eines geringeren Standardfehlers wird im Rahmen der vorliegenden Studie dem Bootstrapping-Verfahren der Vorzug gegeben. Im reflektiven Modell sollten die t-Werte bei einem einseitigen Test und einer Irrtumswahrscheinlichkeit von 5% ein Niveau von mindestens 1,98 aufweisen.[25]

Zur Beurteilung der Konvergenzvalidität werden die Konstruktreliabilität sowie die durchschnittlich erfasste Varianz (DEV) herangezogen. Anhand der Konstruktreliabilität wird getestet, inwieweit das reflektive Messinstrumentarium einer latenten Variable durch diese ausreichend erklärt wird. Der Wertebereich der Konstruktreliabilität liegt zwischen null und eins, wobei Werte oberhalb von 0,70 als für die Messung akzeptabel erachtet werden können. Die Qualität der Messung steigt mit der Höhe des Wertes. Weiterhin wird zur Bestimmung der Konvergenzvalidität die durchschnittlich erfasste Varianz betrachtet, die ebenfalls Werte zwischen null und eins annehmen kann. In diesem Kontext wird ermittelt, „wie hoch der durch einen Faktor erklärte Varianzanteil manifester Variablen in Relation zum nicht erklärten Varianzanteil ist" (Huber F et al. 2007, S. 37). Die Grenze von 0,60 sollte nicht unterschritten werden.

Zwecks Bestimmung der Diskriminanzvalidität wird das Fornell-Larcker-Kriterium als Gütemaß herangezogen. Genanntes Kriterium besagt, dass die gemeinsame Varianz zwischen der latenten Variable und ihren Indikatoren größer als die gemeinsame Varianz mit anderen latenten Konstrukten des Strukturgleichungsmodells sein soll.

Zusätzlich ist das reflektive Messmodell auf Unidimensionalität zu prüfen, welche eine klare Zuordnung der einzelnen Indikatoren zu einem Konstrukt fordert, sodass lediglich bei diesen

---

[24] Mit Hilfe des Bootstrap und Jackknife lassen sich Konfidenzintervalle für die statistische Inferenz einzelner Indikatorvariablen erstellen. Die Inferenzstatistik stellt einen Vergleich der Verteilungen statistischer Kennwerte an, um Schlussfolgerungen von der gezogenen Stichprobe auf die Grundgesamtheit anzustellen. Im Gegensatz zu parametrischen Verfahren, wo die interessierende Verteilung mathematisch hergeleitet wird, rekonstruiert ein Resamplingverfahren die Verteilung direkt aus der vorliegenden Stichprobe; (Mooney C Z, Duval R D 1993, Chin W W 1998). Es werden zahlreiche Teilstichproben aus der zu untersuchenden Gesamtstichprobe mit Zurücklegen gezogen, woraus sich eine Vielzahl an Verteilungen ableitet. Aus den zahlreichen Stichprobenverteilungen lassen sich Konfidenzintervalle für alle Parameter des nicht-parametrischen PLS-Modells ableiten.

[25] Alle angegebenen t-Werte der vorliegenden Studie beziehen sich fortan auf 100 Freiheitsgrade; (Huber F et al. 2007, S. 35). Wenn im weiteren Verlauf der Studie von Signifikanz gesprochen wird, bezieht sich diese Aussage auf ein Niveau von $\alpha = 0{,}05$.

Indikatoren eine hohe Korrelation zu messen sein sollte. Die Werte der Indikatoren, die auf ein Konstrukt laden, sollten mindestens einen Wert von 0,60 aufweisen, wohingegen Ladungen auf andere Faktoren im Optimalfall kleiner als 0,10 oder zumindest signifikant geringer als bei Indikatoren anderer Konstrukte sein sollten.

Den Abschluss der zu prüfenden Gütemaße auf reflektiver Messmodellebene bildet Stone-Geissers Q^2 (Fornell C, Cha J 1994, S. 73). Ziel ist es, Aufschluss darüber zu bekommen, wie gut eine Variable durch ihre Indikatoren abgebildet wird. Ist der Q^2-Wert, den PLS auf Konstrukt- (Kommunalitäten) und Strukturebene (Redundanzen) berechnet, größer null, wird angenommen, dass das untersuchte Modell Vorhersagerelevanz besitzt. Bei diesem Verfahren werden die im Modell geschätzten Indikatorvariablen mit deren trivialen Schätzern anhand von einfachen Mittelwerten verglichen. Ein Wert oberhalb von null bescheinigt dem Modell eine hohe Vorhersagerelevanz.

Zur Qualitätsbestimmung eines formativen Messmodells hingegen steht eine geringere Anzahl von Prüfkriterien zur Verfügung. Dies ist der Fall, da hier die Inhaltsvalidität nicht zur Beurteilung der Qualität des Messmodells herangezogen werden kann. Da bei formativen Messmodellen möglichst alle auf ein Konstrukt Einfluss nehmenden Indikatoren berücksichtigt werden sollen, ist eine Überprüfung der Reliabilität anhand der Indikatorkorrelation nicht möglich, da die einzelnen Indikatoren nicht zwingend miteinander korrelieren müssen. Im formativen Fall wird anhand der Höhe der Regressionskoeffizienten und deren statistischer Signifikanz eine Aussage hinsichtlich der Vorhersagevalidität eines Indikators in Bezug auf das zu messende Konstrukt getroffen. Die Reliabilität des Regressionskoeffizienten wird anhand der t-Werte[26] eingeschätzt, wobei diese dem entsprechenden Indikator ab einem Wert von 1,98 einen statistisch signifikanten Einfluss auf das zu messende Konstrukt zusprechen. Wird ein niedriges Signifikanzniveau gemessen, dürfen bei formativen Modellen Indikatoreliminierungen nur aufgrund inhaltlicher Überlegungen erwogen werden. Dies ist darauf zurückzuführen, dass die Indikatoren den Konstrukten auf Grundlage theoretisch-konzeptioneller Überlegungen zugeordnet wurden und eine Eliminierung im Messmodell zu einer Verfälschung des definitorischen Inhalts des Konstrukts führen kann. (Jarvis C B, MacKenzie S B, Podsakoff P M 2003, S. 202). Daher sollte sich die Löschung eines Indikators aus einem Messinstrumentarium nicht ausschließlich an dem nicht erreichten t-Wert orientieren, sondern zunächst an inhaltlichen Überlegungen zum Konstruktinhalt.

Zur Untersuchung der Diskriminanzvalidität eines formativ operationalisierten Konstrukts wird die Korrelationsmatrix der Konstruktwerte herangezogen. Sofern alle Werte unterhalb von 0,90 liegen, kann von Diskriminanzvalidität ausgegangen werden. Ferner kann die Korrelationsmatrix erste Hinweise auf das Vorliegen von Multikollinearität zwischen den

---

[26]Die t-Werte werden wie zuvor im reflektiven Modell mittels Bootstrapping ermittelt.

einzelnen Indikatoren geben. Ein Koeffizient nahe eins deutet auf lineare Abhängigkeit zwischen einzelnen Indikatoren hin. Multikollinearität zwischen verschiedenen Faktoren lässt sich mithilfe des Variance Inflation Factors (VIF) untersuchen. Dieser misst den Varianzanteil eines Indikators, welcher durch die anderen Indikatoren erklärt wird. Ein Wert des VIF oberhalb von 10 deutet auf Multikollinearität hin, was die Zuverlässigkeit der Schätzwerte des Messmodells infrage stellt.

Tabelle 22 fasst die Gütekriterien reflektiver und formativer Messmodelle in einer Übersicht zusammen.

Gütekriterien	Reflektives Messmodell	Formatives Messmodell
Plausibilität	Inhaltliche Prüfung	Inhaltliche Prüfung
Diskriminanzvalidität	Fornell-Larcker-Kriterium	Konstruktkorrelation < 0,90
Faktorladung	> 0,70	Irrelevant
t-Wert	Einseitig > 1,66 (100 Freiheitsgrade)	Zweiseitig > 1,98 (100 Freiheitsgrade)
Vorhersagevalidität	Stone-Geissers $Q^2 > 0$	Nicht möglich
Multikollinearität	Nicht möglich	Variance Inflation Factor VIF < 10
Unidimensionalität	Höhe der Korrelation der Residuen	Nicht möglich
Konvergenzvalidität	Durchschnittlich erfasste Varianz DEV > 0,60 Konstruktreliabilität > 0,70	Nicht möglich

Tabelle 22: Gütekriterien für Strukturgleichungsmodelle auf Messmodellebene
Quelle: In Anlehnung an Herrmann, A., Huber, F., Kressmann, F. (2006), S. 64.

4.1.4 Evaluation der Güte auf Strukturmodellebene

Da es sich bei PLS um ein varianzbasiertes Verfahren zur Schätzung des Strukturmodells handelt, können im Gegensatz zu kovarianzbasierten Verfahren keine inferenzstatistischen Tests zur Anwendung kommen. Daher wird, wie schon zur Beurteilung der Messmodelle, Rückgriff auf verteilungsfreie, nicht-parametrische Testverfahren gehalten. Auf Strukturmodellebene beschreiben Strukturparameter bzw. Pfadkoeffizienten die Einflussstärke eines Konstruktes auf ein kausal nachgelagertes. Auf diesem Weg werden Aussagen über die

4.1. Methodische Grundlagen von Strukturgleichungsmodellen

nomologische Validität der hypothetisch unterstellten Modellzusammenhänge ermöglicht. Auch auf Strukturmodellebene wird zur Berechnung der t-Werte für die Gütebestimmung der Pfadkoeffizienten das Bootstrapping-Verfahren angewandt. Die Beziehung zwischen zwei Konstrukten wird ab einem t-Wert von 1,98 und höher als statistisch signifikant von null unterschiedlich eingestuft. Neben der statistischen Signifikanz der Pfadkoeffizienten werden die Vorzeichen mit dem hypothetisch unterstellten Zusammenhang auf deren Synchronität verglichen.

In Hinblick auf die Zielvariablen eines Untersuchungsmodells interessiert vorrangig der Grad der Varianzerklärung. Hier kommt der aus der Regressionsanalyse bekannte Determinationskoeffizient[27] R^2 zum Einsatz, welcher den Anteil vorgelagerter Konstrukte an der Gesamtvarianz eines Konstrukts nachweist. R^2 gibt den Anteil der Varianz einer Zielvariablen an, der auf ursächliche vorgelagerte Größen innerhalb des Modells zurückzuführen ist. Sichtet man die einschlägige Literatur zum Bestimmtheitsmaß, findet man unterschiedliche Grenzwerte für R^2, ab welchen eine Messung als gut zu bezeichnen ist. Im Allgemeinen sollte das R^2 eines Zielkonstrukts den Wert von 0,30 nicht unterschreiten (Huber F et al. 2007, S. 107).

Gütekriterien	Strukturmodell
Strukturparameter	keine Vorgabe
t-Wert	Zweiseitig $> 1,98$ (100 Freiheitsgrade)
Determinationskoeffizient	$R^2 > 0,30$
Multikollinearität	VIF < 10
Vorhersagevalidität endogene reflektive Konstrukte	Stone-Geissers $Q^2 > 0$

Tabelle 23: Gütekriterien für Strukturgleichungsmodelle auf Strukturmodellebene
Quelle: In Anlehnung an Herrmann, A., Huber, F., Kressmann, F. (2006), S. 64.

Da es mit PLS möglich ist, die Konstruktwerte zu berechnen, wird hierauf aufbauend eine Berechnung des Variance Inflation Factors (VIF) für die einem Konstrukt vorgelagerten Konstrukte möglich. Auf diesem Weg kann das Vorliegen von Multikollinearität auf Messmodellebene durch VIF-Werte kleiner 10 ausgeschlossen werden (Herrmann A, Huber F, Kressmann F 2006, S. 58). Darüber hinaus kommt zur Beurteilung der Vorhersagevalidität eines Zielkonstrukts das bereits bekannte, auf Redundanz basierende Stone-Geisser-Kriterium

---
[27] Der normierte Wertebereich des auch Bestimmtheitsmaß genannten R^2 liegt zwischen null und eins, wobei ein höherer Wert einen größeren Anteil der durch das Modell erklärten Varianz kennzeichnet.

Q^2 zum Einsatz. Auch auf Strukturmodellebene muss der Q^2-Wert null überschreiten, um Vorhersagerelevanz des Modells nachzuweisen.

Wie dargelegt, können aufgrund mangelnder Simultanität der Parameterschätzung keine Aussagen bzgl. des globalen Modellfits getroffen werden. Durch den kombinierten Einsatz der in Tabelle 23 zusammengefassten Gütekriterien ist jedoch eine ausreichende Beurteilung der Modellzusammenhänge gewährleistet.

4.1.5 Gruppenvergleich - Einfluss moderierender Variablen

Zur Validierung von Heterogenität in einer Stichprobe bzw. der Untersuchung von moderierenden Einflussfaktoren[28] auf ein Strukturgleichungsmodell bieten sich Gruppenvergleiche an. Moderatoren werden hierbei als exogene Größen verstanden, welche die Beziehung zwischen zwei in kausaler Beziehung stehenden Variablen determinieren. Auf das Kausalmodell übertragen wird unterstellt, dass sich die Pfadkoeffizienten beider Modelle signifikant voneinander unterscheiden.

Grundsätzlich ist die multiple Gruppenanalyse sowohl für metrische als auch für kategoriale Moderatoren anwendbar. Für kategoriale Variablen, welche häufig Kontextfaktoren darstellen, die nicht im Erklärungsbereich des Modells liegen, erfolgt die Gruppierung hierbei in Abhängigkeit von deren Ausprägungen. Im Rahmen der vorliegenden Studie ist bspw. das Geschlecht des Patienten ein kategorialer Moderator. Ein Zwei-Gruppenvergleich kann Aufschlüsse darüber liefern, ob die Stärke von Wirkungszusammenhängen des Kausalmodells gruppenspezifisch variiert. Liegt hingegen der Fall metrisch skalierter Moderatoren vor, bedarf es zunächst der Transformation der metrischen in eine kategoriale Variable. Damit ist zwangsläufig ein z.T. erheblicher Informationsverlust verbunden.

$$t = \frac{p_a - p_b}{\sqrt{\frac{(m-1)^2}{(m+n-2)} * \sigma_a^2 + \frac{(n-1)^2}{(m+n-2)} * \sigma_b^2} * \sqrt{\frac{1}{m} + \frac{1}{n}}} \qquad (4)$$

Nachdem die heterogene Gesamtstichprobe in zwei oder mehr Subpopulationen unterteilt worden ist, steht die Berechnung der Strukturparameter der Kausalmodelle für jede Population an. Im nächsten Schritt erfolgt auf Strukturmodellebene[29] die Validierung möglicher Unterschiede in den Pfadkoeffizienten der einzelnen Modelle. Hierzu wird die Differenz der

---

[28] Um den Effekt moderierender Variablen auf ein Strukturgleichungsmodell zu überprüfen, kommen in der Kausalanalyse die beiden Ansätze der multiplen Gruppenanalyse und der Messung von Interaktionen, welche durch die Integration von sog. Interaktionstermen in eine Strukturgleichung durchgeführt wird, zum Einsatz; (Braunstein C 2001, S. 238).

[29] Voraussetzung für eine spätere Vergleichbarkeit ist die Messmodellinvarianz der Messmodelle aller Subpopulationen.

jeweiligen Pfadkoeffizienten ermittelt. Zur Bestimmung der statistischen Signifikanz des Pfadkoeffizientenunterschiedes dient ein Gruppenvergleich nach Chin (Chin W W 2000, o.S.). Der t-Wert für die Differenz zwischen den jeweiligen Schätzern der beiden Stichproben lässt sich anhand von Formel 4 bestimmen.

Dabei bezeichnet m die Größe der ersten, n den Umfang der zweiten Stichprobe. p_a bzw. p_b sind die Schätzer des Originalsamples bzgl. der interessierenden Modellassoziation x in der ersten bzw. der zweiten Stichprobe. Als Modellassoziation x kann hierbei eine Faktorladung, ein Regressionskoeffizient oder Strukturgleichungskoeffizient zur Anwendung kommen. Bei σ_a und σ_b handelt es sich um die Standardfehler des für das Modell generierten Bootstrapsamples. Der berechnete t-Wert folgt einer t-Verteilung mit $m + n - 2$ Freiheitsgraden. In Abhängigkeit der Freiheitsgrade sind die Unterschiede der beiden Parameter als statistisch signifikant zu bezeichnen, sofern die kritischen Grenzwerte überschritten werden.

4.2 Datenbasis

Dieser Abschnitt widmet sich in einem ersten Schritt der Beschreibung des allg. Studien- und Fragebogendesigns der vorliegenden Real World Untersuchung. In einem zweiten Schritt wird das Verfahren der Datenerhebung kurz vorgestellt und ein erster, deskriptiver Überblick der erhobenen Stichprobe gegeben.

4.2.1 Studien- und Fragebogendesign

Zunächst gilt es die Frage zu beantworten, welche Grundgesamtheit der empirischen Studie zugrundeliegt. Um die Repräsentativität der Patientenbefragung entsprechend bewerten zu können, ist es von entscheidender Bedeutung, die Grundgesamtheit eindeutig zu definieren. Als Grundgesamtheit bezeichnet man alle prinzipiell zu untersuchenden statistischen Einheiten, die im vorliegenden Fall das Merkmal eines zu hohen Blutdrucks[30] aufweisen. Die gezogene Stichprobe stellt demgegenüber eine Teilmenge der Grundgesamtheit dar. Damit eine Stichprobe als repräsentativ für die zugrundeliegende Grundgesamtheit angesehen werden kann, sollen zum einen die untersuchungsrelevanten Merkmale möglichst genau widergespiegelt werden, zum anderen spielt der Umfang der Stichprobe eine wichtige Rolle (Backhaus K et al. 2016).

Die vorliegende Studie hat den Anspruch, für die Bundesrepublik Deutschland eine repräsentative und evidenzbasierte Real World Datenuntersuchung des Therapietreueverhal-

---

[30]Orientierung an den Empfehlungen der WHO; (World Health Organization 1999).

tens von Bluthochdruckpatienten durchzuführen. Die Grundgesamtheit bilden daher alle Bluthochdruckpatienten in Deutschland, die sich im niedergelassenen oder stationären Bereich ärztlich behandeln lassen. Diese Patienten zeichnen sich dadurch aus, dass sie Kenntnis von ihrer Erkrankung haben und sich in ärztliche Therapie begeben haben. Das Robert Koch Institut (Neuhauser H, Thamm M, Ellert U 2013, o.S.) veröffentlicht für die Bundesrepublik Deutschland eine geschätzte Prävalenzzahl auf dem Erkrankungsgebiet der Hypertonie. So sollen ca. 30% aller Männer und ca. 27% aller Frauen in Deutschland unter zu hohem Blutdruck leiden. Dies entspricht einer Betroffenenzahl von gut 20 Mio. Deutschen, wovon sich der größte Teil in ärztlicher Behandlung befindet.

Um die geforderte Repräsentativität der Studienergebnisse für Deutschland zu erfüllen, werden in der Literatur unterschiedliche Mindestanforderungen an die gezogene Stichprobe gestellt (Backhaus K et al. 2016, Homburg C, Krohmer H 2003). Mehrfach werden Stichproben im Umfang von über 200 Einheiten gefordert, man stößt jedoch häufig auf einen geforderten Umfang von 1.000 befragten Personen, um aussagekräftige Rückschlüsse von einer Stichprobe auf die Grundgesamtheit der gesamten deutschen Bevölkerung ziehen zu können. Da die Grundgesamtheit der Umfrage mit ca. 20 Mio. Hypertonikern in Deutschland unterhalb eines Drittels der Gesamtbevölkerung liegt, sollte ein Stichprobenumfang von 1.000 befragten Hypertonikern dem Anspruch der Repräsentativität genüge tun.

Nachdem die Frage der Grundgesamtheit abschließend geklärt ist, schließt sich die Konstruktion eines geeigneten Fragebogens zur Messung einzelner Determinanten des Therapietreueverhaltens an. Die Fragebogenkonstruktion fußt auf der Grundlage verschiedener, ähnlich gelagerter Studien sowie Experteninterviews.[31] Wie in Abschnitt 3.6 diskutiert, wurde zur Erfassung der unterschiedlichen Konstrukte, sofern möglich, auf in anderen Studien bewährte Messinstrumente zurückgegriffen. Da es sich bei der vorliegenden Untersuchung um eine explorative Studie auf dem Gebiet des Therapietreueverhaltens handelt, musste in einem Fall zur Berücksichtigung eines entscheidenden Aspekts ein neues Messinstrument entwickelt und getestet werden.[32] Zur Messung und Erfassung des Patientenverhaltens wurde ein erster Fragebogen mit 98 Items erarbeitet.

Die Konstruktmessung erfolgte sowohl anhand reflektiver als auch formativer Indikatoren. Das Skalenniveau orientierte sich an der in der Literatur als bewährt angesehenen sieben-stufigen Likert-Skalen mit den Polen „stimme voll zu - stimme nicht zu" bzw. „sehr wahrscheinlich - sehr unwahrscheinlich" (Janssen J, Laatz W 2007, S. 596).

---

[31] Es wurden zwei Interviews mit behandelnden Ärzten und zwei Interviews mit Experten aus der pharmazeutischen Industrie durchgeführt.
[32] Vgl. Abschnitt 3.6 zur Spezifizierung der Modellkonstrukte.

Ein unabdingbarer Schritt, um die Qualität der Umfrage zu gewährleisten, kommt im Rahmen der Fragebogenentwicklung der Durchführung eines Pretests zu. Hunt et al. messen dem Pretest in ihrer Stellungnahme zur Relevanz für den Umfrageerfolg ein hohes Maß an Bedeutung zu. Zielsetzung des Pretests ist es, die Effektivität und Verständlichkeit des Fragebogens zu überprüfen und ggfs. auftretenden Messfehlern schon in einem frühen Stadium entgegenwirken zu können.

Der durchgeführte Pretest bzw. die Vorstudie unterteilt sich in zwei Wellen. In einer ersten Welle wurden in einem qualitativen Pretest 4 Experteninterviews mit Ärzten und Praktikern von Arzneimittelherstellern durchgeführt. Aufgabe des Expertenpanels war es, eine erste Fragebogenversion zu beurteilen und ggfs. Verbesserungsvorschläge einzubringen. Die vier Interviews erwiesen sich als wirkungsvolles und aufschlussreiches Verfahren, um vereinzelte Schwachstellen des Fragebogens aufzudecken.

In einer zweiten quantitativen Welle der Vorstudie wurde der überarbeitete Fragebogen an 70 zufällig ausgewählte Bluthochdruckpatienten ausgegeben. Gegenüber der ersten Version beinhaltete die überarbeitete Fragebogenversion nur noch 78 Items, also 20 weniger als die Erstversion. Die Aufgabe der Teilnehmer war es, die Fragen wahrheitsgemäß zu beantworten und bei auftretenden Unklarheiten an den entsprechenden Stellen mit Anmerkungen zu versehen. Von den 70 ausgegebenen Testbögen konnten 49 Bögen einer ersten empirischen Auswertung unterzogen werden. Nach der Beurteilung der empirischen Konsistenzzuverlässigkeit (Janssen J, Laatz W 2007, S. 596), der einzelnen Items mussten weitere 9 Items aus dem Fragebogen entfernt werden, sodass der Fragebogen für die Hauptstudie 69 Items umfasste.

4.2.2 Datenerhebung

Um empirisch gehaltvolle Antworten auf die Untersuchungsfragestellungen der vorliegenden Abhandlung zu erhalten, wurde auf Grundlage eines dreiseitigen, standardisierten Fragebogens[33] im Zeitraum von September 2007 bis einschließlich Januar 2008 eine deutschlandweite Patientenbefragung von Hypertonikern durchgeführt. Als Erhebungsdesign wurde aus Re-

---

[33] Fragebogen siehe Anhang A.1.

präsentativitätsgründen eine parallel geschaltete Online- und Offlinebefragung gewählt.[34] Die gewählte Befragungsmethode wurde aufgrund des verhältnismäßig geringen Kosten- und Zeitaufwandes für geeignet befunden.

Da nicht alle Personen der Zielgruppe die Möglichkeit bzw. Fähigkeit haben, einen Computer mit Onlinezugang zu bedienen, wurde das zweigleisige Erhebungsdesign gewählt. Der Aspekt des Internetzugangs spielt vor dem Hintergrund, dass ein erhöhter Blutdruck vermehrt bei älteren Patienten auftritt, eine wichtige Rolle. Einer Studie von Stadelhofer & Marquard zufolge ist die Internetnutzung mit dem Alter stark negativ korreliert, was bei einer reinen Onlinebefragung einen verzerrenden Effekt auf die Studienergebnisse gehabt hätte (Stadelhofer C, Marquard M 2004, S. 14). Damit die Teilnahmewahrscheinlichkeit für alle Personen der Grundgesamtheit annähernd gleich hoch ist, wurde neben der Online zusätzlich eine Offlinebefragung anhand des gleichen, standardisierten Fragebogens durchgeführt. Das angewandte zweigeteilte Studiendesign stellt den aktuellen Stand der Forschung dar, woraus sich ein hohes Maß an Repräsentativität der gewonnenen Erkenntnisse ableiten lässt.

Der Teil der Offlinebefragung wurde durch die Ausgabe von Fragebögen an Apotheken und Selbsthilfegruppen organisiert. Aufgrund der gewonnenen Erkenntnisse aus den Experteninterviews der Vorphase wurden keine Fragebögen an Arztpraxen ausgegeben, da diese dem Fragenkomplex zum Vertrauensverhältnis zwischen Patient und Arzt aufgrund der direkten persönlichen Betroffenheit des Arztes kritisch gegenüberstanden. Mit der Akquirierung von Kooperationspartnern wurde ab Mitte August 2007 über einen telefonischen Erstkontakt begonnen, in welchem die grundsätzliche Bereitschaft zur Ausgabe von Fragebögen an Patienten der jeweiligen Apotheke oder Mitglieder von Hypertonie-Selbsthilfegruppen erfragt wurde. Bei der Auswahl der kontaktierten Partner wurde auf eine bundesweit möglichst ausgewogene lokale [35] Verteilung der Studienteilnehmer geachtet.

Es konnten deutschlandweit 66 Apotheken und 32 Selbsthilfegruppen für eine aktive Zusammenarbeit gewonnen werden. An die Apotheken wurde ein Brief mit jeweils 5-20 Fra-

---

[34]Das gewählte zweigleisige Befragungsdesign (online / offline) wurde auch vonseiten zweier Experten aus der Arzneimittelindustrie, auf Grundlage eigener Erfahrungen mit empirischen Patientenbefragungen, empfohlen. Im Rahmen der empirischen Auswertung wurde in Anhang A.5 zwischen der Online- und der Offlinestichprobe ein Gruppenvergleich nach Chin durchgeführt (Chin W W 2000). Es wurde Hypothese $H23$ getestet: „In Abhängigkeit des Umfragedesigns unterscheiden sich die Adhärenz-Basismodelle hinsichtlich der Wirkungszusammenhänge signifikant voneinander." Es konnten keine wesentlichen Unterschiede in den Modellen der beiden Stichproben nachgewiesen werden, was zur Ablehnung der Hypothese geführt hat. Daher ist davon auszugehen, dass von dem gewählten zweigleisigen Erhebungsdesign keine verzerrenden Effekte auf die Ergebnisse der vorliegenden Studie ausgehen.

[35]Es wurde in die drei Wohnortkategorien Stadt, Vorort und Land unterteilt.

4.2. Datenbasis

gebögen, dazugehörigen Fragebogenkuverts, Umfrageflyern, ein Apothekenposter und ein frankierter Rückumschlag versandt. Die Kooperation bestand im Folgenden darin, die Fragebögen mit beiliegendem Fragebogenkuvert an Bluthochdruckpatienten auszuhändigen. Nachdem der Patient den Fragebogen entweder direkt in der Apotheke oder zu Hause ausgefüllt hatte, sollte er den Fragebogen verschlossen in dem beigelegten Kuvert an den Apotheker zurückgeben.

Aufseiten der Selbsthilfegruppen konnten 32 Gruppen auf dem Gebiet des Bluthochdrucks für eine Zusammenarbeit gewonnen werden. Die Leiter der jeweiligen Gruppen wurden telefonisch kontaktiert. Der größte Teil der Gruppen stand einer Teilnahme interessiert gegenüber. Den 32 Gruppen wurden in einem Brief, je nach erfragter Gruppengröße, zwischen 5 und 50 Fragebögen inkl. Fragebogenkuverts und frankiertem Rückumschlag zugestellt. Die Kooperation bestand darin, die Fragebögen an die Mitglieder der Selbsthilfegruppe auszugeben und entweder direkt vor Ort oder zu Hause die Fragen zu beantworten und den ausgefüllten Fragebogen in dem beiliegenden Kuvert an den Gruppenleiter zurückzugeben.

Es konnten 530 Fragebögen an Apotheken und 610 Fragebögen an Selbsthilfegruppen verteilt werden. Insgesamt wurden bundesweit somit 1.140 Bögen in Papierform verschickt. Für die offline basierte Umfrage wurden 286 Bögen zurückgesendet, was einer Rücklaufquote von 25,1% entspricht.

Von den zurückgeschickten Fragebögen erwiesen sich 43 für eine weitere Auswertung als unbrauchbar. Die Gründe waren vielfältig und erstreckten sich von Item Nonresponse über total Nonresponse bis hin zu inkonsistentem Ankreuzverhalten (2 oder mehr Kreuze pro Item). An dieser Stelle ist anzumerken, dass die Diskussion des Umgangs mit fehlenden Werten bzw. unvollständig ausgefüllten Fragebögen in der Wissenschaft noch zu keinem einheitlichen Vorgehen geführt hat. Daher ist eine Nichtberücksichtigung genannter Fragebögen an dieser Stelle zu empfehlen. Das Vorliegen eines Nonresponse Bias konnte durch Anwendung eines t-Tests zum Signifikanzniveau $\alpha = 0,05$ ausgeschlossen werden. Abgesehen von der Einfachheit der angewandten Eliminationsmethodik liegt ein weiterer Vorteil in der sich hieraus ableitenden Konsistenz der berechneten Korrelations- und Kovarianzmatrizen als Basis für weitere kausalanalytische Auswertungen.

Um die Repräsentativität der Stichprobe zu prüfen, wurden die Antworten der teilnehmenden Apotheken und Selbsthilfegruppen, welche auf das erste Anschreiben im August / September 2007 regiert haben, mit denen der Teilnehmer verglichen, welche ihre Fragebogen erst nach Erhalt des Erinnerungsschreibens vom 08. November 2007 zurück geschickt haben. Das Testverfahren sah es vor, mittels eines t-Tests zu analysieren, ob sich die zeitlich früher eingegangenen von den später erhaltenen Patientenfragebögen hinsichtlich der für die Untersuchung relevanten Items signifikant unterschieden. Da bei einem Signifikanzniveau von $\alpha = 0,10$ für keine der Variablen ein signifikanter Niveauunterschied nachgewiesen werden konnte, kann ein verzerrender Effekt des Antwortzeitpunkts auf die Umfrage ausgeschlossen werden, was zur Generalisierbarkeit der Ergebnisse beiträgt.

Die effektive Offlinestichprobe umfasst somit 243 Fragebögen, was eine effektive Rücklaufquote von 21,3% bedeutet. Es ist davon auszugehen, dass mit hoher Wahrscheinlichkeit nicht alle an die Kooperationspartner ausgegebenen Fragebögen an Patienten weitergegeben wurden. Es ist daher anzunehmen, dass die tatsächliche Rücklaufquote auf einem höheren Niveau anzusiedeln ist.

Verglichen mit ähnlich angelegten, schriftlichen Befragungen auf dem Gebiet der Konsumverhaltensforschung ist die Rücklaufquote als erfreulich einzustufen. Eine hohe Antwortbereitschaft der Zielgruppe ist zum einen ein Qualitätsindikator für die Repräsentativität der Stichprobe und lässt zum anderen Rückschlüsse auf die Aktualität und Relevanz des Themas zu. Die hohe Bedeutung des Themas wird dadurch unterstrichen, dass den zurückgeschickten Fragebögen teilweise persönliche Briefe der Patienten oder themenbezogene Artikel beilagen. Weiterhin lässt die Rücklaufquote einer Umfrage Rückschlüsse auf die Güte des Fragebogens zu. Nachdem die ausgefüllten Offlinefragebogen auf Vollständigkeit und Konsistenz geprüft waren, wurden diese codiert und in einer Datenmatrix elektronisch erfasst. Die Codierung der Likert-Skalen erfolgte anhand der Zahlenwerte der jeweiligen Skala. Den Indikatoren wurden Werte von 1 bis 7 zugewiesen, wobei die geringste Ausprägung mit dem Wert 1 und die höchste mit dem Wert 7 versehen wurde.

Für die parallel laufende Onlinebefragung konnten mit der „Deutsche Herzstiftung e.V." (Deutsche Herzstiftung e.V. 2008) und „netdoktor.de" (netdoktor 2008) zwei namhafte Partner gewonnen werden, die über den gesamten Befragungszeitraum von den Hauptseiten ihrer Homepages einen direkten Link auf die Umfrageseite schalteten. Zudem wiesen beide Kooperationspartner in ihren Rundschreiben bzw. Newslettern auf die Patientenbefragung hin, was zu einer erhöhten Bekanntheit, Aufmerksamkeit sowie steigender Akzeptanz der Studie geführt hat. Im Befragungszeitraum von September 2007 bis Januar 2008 wurde die Umfrageseite des Lehrstuhls von insgesamt 2.242 Besuchern aufgesucht. Hiervon schlossen 802 Teilnehmer die Umfrage erfolgreich ab, wovon 792 Fragebögen für weitere Auswertungen zugelassen wurden. Die 10 unberücksichtigten Onlinefragebögen wurden unvollständig oder unstrukturiert ausgefüllt, was diese Datensätze aus den diskutierten Gründen von einer weiteren Auswertung ausschloss. Somit lag die Beteiligungsquote[36] der Besucher der Umfragehomepage bei 35,3%.

---

[36] Verhältnis der verwertbaren Fragebögen zur Gesamtbesucherzahl der Umfragehomepage im Befragungszeitraum.

4.2.3 Deskriptive Struktur der Stichprobe

Bevor das Untersuchungsmodell eine Konfrontation mit den Daten erfährt, wird in diesem Abschnitt zunächst ein deskriptiver Überblick der erhobenen Stichprobe gegeben. In einem ersten Schritt wird ein Vergleich der gezogenen Stichprobe mit der Grundgesamtheit aller Hypertoniker in der Bundesrepublik Deutschland durchgeführt. Da die Wahrscheinlichkeit unter zu hohen Blutdruckwerten zu leiden mit steigendem Alter zunimmt und im Speziellen ab einem Lebensalter von 50 Jahren aufwärts verstärkt zu verzeichnen ist, repräsentiert das Patientendurchschnittsalter der Stichprobe von 58,3 Jahren die Zielgruppe gut (Deutsche Hochdruckliga 2007). Die mit dem Alter ansteigende Prävalenz von Hypertonie belegen die Zahlen aus Tabelle 24. Die Bandbreite des Alters der 1.035 Personen umfassenden Gesamtstichprobe erstreckt sich von 14 bis 88 Jahre. Weiterhin ist allg. bekannt, dass Männer im Vergleich zu Frauen in einem Verhältnis von etwa 6:4 verstärkt an Hypertonie leiden (Deutsche Hochdruckliga 2007). Dies spiegelt sich in der vorliegenden Stichprobe in dem Verhältnis von 59,7% männlichen gegenüber 40,3% weiblichen Studienteilnehmern wider.

In der gezogenen Stichprobe sind 14,5% der Patienten privat, 77,4% gesetzlich krankenversichert und 8,1% haben neben der gesetzlichen eine private Zusatzversicherung. Die beschriebene Verteilung deckt sich nur unvollständig mit den Angaben des Statistischen Bundesamtes (Statistisches Bundesamt 2006). Hiernach sind 9,7% der deutschen Bevölkerung Mitglied einer privaten und 87,9% Mitglied einer gesetzlichen Krankenversicherung. Die restlichen 2,4% der Bevölkerung haben keinen oder einen anderen Versicherungsschutz.

Nach dem Wohnort unterschieden, leben 42,1% der befragten Hypertoniker in Städten, 19,0% in stadtnahen Gebieten bzw. Vororten und 38,9% in ländlichen Gegenden. Abbildung 1 stellt die geografische Verteilung der Studienteilnehmer über das gesamte Bundesgebiet dar. Dabei ist festzustellen, dass die Probanden sehr homogen über das ganze Land verteilt sind, wobei sich Gebiete mit hoher Bevölkerungsdichte in der Umfragekarte durch eine hohe Zahl an Studienteilnehmern hervorheben. Die geografische Verteilung der Teilnehmer spricht der Untersuchung Repräsentativität für ganz Deutschland zu.

Hinsichtlich der krankheitsbezogenen Merkmale lässt sich die vorliegende Stichprobe wie folgt beschreiben (siehe Tabelle 25): Hypertonie ist eine Erkrankung, welche oft ein Leben lang medizinischer Behandlung bedarf. Dies bestätigt der hohe Anteil bereits seit vielen Jahren erkrankter Patienten in der vorliegenden Stichprobe. Weiterhin wurden 39,0% der Probanden auf eine Monotherapie, die restlichen 61,0% auf eine Kombinationstherapie eingestellt. Da mit steigendem Alter die Wahrscheinlichkeit des Auftretens von Komorbiditäten steigt und hiermit eine Umstellung der Therapieform von einer Mono- auf einer Kombinationstherapie einhergeht, lassen sich diese Zahlen zum einen durch das hohe Durchschnittsalter der Patienten von 58,3 Jahren erklären. Zum anderen geben 60,9% der befragten Patienten an, neben einem erhöhten Blutdruck eine weitere Erkrankung zu haben.

	Merkmal	Gesamtstichprobe		Online		Offline	
		$N = 1.033$		$N = 790$		$N = 243$	
Alter	0 - 17 Jahre	4	0,4%	4	0,5%	0	0,0%
	18 - 29 Jahre	30	2,9%	24	3,0%	6	2,5%
	30 - 39 Jahre	57	5,4%	55	7,0%	2	0,8%
	40 - 49 Jahre	149	14,4%	134	17,0%	15	6,2%
	50 - 59 Jahre	262	25,4%	242	30,6%	20	8,2%
	60 - 69 Jahre	329	31,9%	227	28,7%	102	42,0%
	70 - 99 Jahre	202	19,6%	104	13,2%	98	40,3%
Geschlecht		$N = 1.034$		$N = 791$		$N = 243$	
	männlich	617	59,7%	510	64,5%	107	44,0%
	weiblich	417	40,3%	281	35,5%	136	56,0%
Beruf		$N = 994$		$N = 792$		$N = 202$	
	Arbeiter	132	13,3%	105	13,3%	27	13,4%
	Angestellter	555	55,8%	416	52,5%	139	68,8%
	Beamter	124	12,5%	107	13,5%	17	8,4%
	Selbständiger	123	12,4%	106	13,4%	17	8,4%
	Sonstige	60	6,0%	58	7,3%	2	1,0%
erwerbstätig		$N = 1.034$		$N = 792$		$N = 242$	
	ja	478	46,2%	436	55,1%	42	17,4%
	nein	556	53,8%	356	44,9%	200	82,6%
Versicherung		$N = 1.035$		$N = 792$		$N = 243$	
	GKV	801	77,4%	602	76,0%	199	81,9%
	PKV	150	14,5%	121	15,3%	29	11,9%
	GKV & Zusatzvers.	84	8,1%	69	8,7%	15	6,2%

Tabelle 24: Stichprobenstruktur hinsichtlich soziodemographischer Merkmale

4.2. Datenbasis

Die am häufigsten verordneten Medikamentengruppen sind Beta-Blocker und ACE-Hemmer, welche von 65,0% bzw. 41,8% der Patienten eingenommen werden sollen. Jeweils um die 20,0% der befragten Patienten werden Kalziumkanalblocker, Angiotensin II und Diuretika verabreicht. Auf die Frage, wie viele zur Senkung des Bluthochdrucks verordnete Tabletten durchschnittlich pro Woche ausgelassen werden (Pill skipp=PSK), geben 59,1% der Probanden an, alle Tabletten einzunehmen. Jeder vierte Befragte gibt an, wöchentlich eine Tablette auszulassen und rund 16,9% der Probanden lassen jede Woche mehr als eine Tablette aus. In diesem Zusammenhang ist auf die in Abschnitt 2.1.4 diskutierte Überschätzung der eigenen Adhärenz, auch falsch-positiv Aussage genannt, hinzuweisen.

	Merkmal	Gesamtstichprobe		Online		Offline	
Behandl.dauer		$N = 1.008$		$N = 785$		$N = 223$	
	0 - 1 Jahr	96	9,5%	87	11,1%	9	4,0%
	2 - 5 Jahre	310	30,8%	259	32,0%	51	22,9%
	6 - 10 Jahre	233	23,1%	177	22,6%	56	25,1%
	11 - 50 Jahre	369	36,6%	262	33,3%	107	48,0%
Therapie		$N = 1.035$		$N = 792$		$N = 243$	
	Monotherapie	404	39,0%	334	42,2%	70	28,8%
	Kombinationstherapie	631	61,0%	458	57,8%	173	71,2%
Arzneimittel		$N = 1.035$		$N = 792$		$N = 243$	
	Beta-Blocker	673	65,0%	515	65,0%	158	65,0%
	ACE-Hemmer	433	41,8%	342	43,2%	91	37,5%
	Kalziumkanal-Blocker	220	21,3%	155	19,6%	65	26,8%
	Angiotensin II	210	20,3%	155	19,6%	55	22,6%
	Diuretika	288	27,8%	204	25,8%	84	34,6%
Komorbidit.		$N = 1.035$		$N = 792$		$N = 243$	
	ja	630	60,9%	452	57,1%	178	73,3%
	nein	405	39,1%	340	42,9%	65	26,7%
ausgelass. Pillen		$N = 934$		$N = 724$		$N = 210$	
	keine	552	59,1%	414	57,2%	138	65,7%
	1	224	24,0%	182	25,1%	42	20,0%
	2	94	10,1%	76	10,5%	18	8,6%
	3 und mehr	64	6,8%	52	7,2%	12	5,7%

Tabelle 25: Stichprobenstruktur hinsichtlich krankheitsbezogener Merkmale

120　　　　4. Empirische Überprüfung des patientenseitigen Adhärenzverhaltens

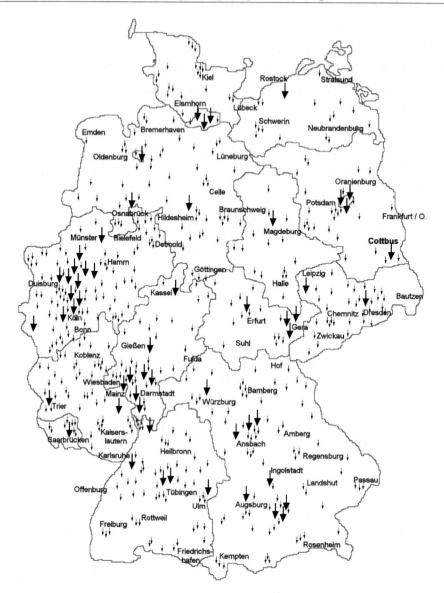

Abbildung 1: Geographische Verteilung der Studienteilnehmer in Deutschland

Legende: kleiner Pfeil = 1 Studienteilnehmer; großer Pfeil = 10 Studienteilnehmer

4.3 Zur Eignung der Messmodelle des Adhärenzverhaltens

In diesem Abschnitt werden die verschiedenen Messmodelle der einzelnen Konstrukte einer statistischen Analyse mit Blick auf Validität und Reliabilität unterzogen. Das Basismodell, welches auf Grundlage aller n=1.035 Beobachtungen geschätzt wurde, stellt für den weiteren Verlauf der vorliegenden Studie das Referenzmodell dar. Alle weiteren Modellvarianten, welche im Rahmen von Gruppenvergleichen zur Analyse moderierender Einflussfaktoren geschätzt und analysiert werden, orientieren sich hinsichtlich der Messmodelle an den Vorgaben des Basismodells.

4.3.1 Verhaltensabsicht gegenüber therapietreuem Verhalten

Wie in Abschnitt 3.6 erörtert, erfolgt die Operationalisierung des Konstrukts Verhaltensabsicht gegenüber therapie- und gesundheitsförderlichem Verhalten über drei Indikatoren. Es handelt sich im vorliegenden Fall um ein reflektives Messmodell, da die latente Variable der Verhaltensabsicht die drei ihr zugeordneten Indikatoren verursacht. Somit würde eine inhaltliche Veränderung des Konstrukts eine Anpassung aller Indikatoren nach sich ziehen. Inwieweit die Indikatoren VA1-VA3 das zu messende Konstrukt adäquat erfassen, soll im Folgenden anhand der in Abschnitt 4.1.3 eingeführten Gütekriterien untersucht werden.

Item	Verhaltensabsicht gg. therapietreuem Verhalten	
	FL	t-Wert
VA1	0,939	127,927
VA2	0,971	266,441
VA3	0,958	200,669
Wie planen Sie in Zukunft den Umgang mit Ihrer Therapie?		
VA1	Ich werde mich in Zukunft sehr genau an meine Therapie halten.	
VA2	Wie hoch schätzen Sie die Wahrscheinlichkeit ein, dass Sie sich innerhalb der nächsten 12 Monate therapietreu verhalten werden?	
VA3	Wie hoch schätzen Sie die Wahrscheinlichkeit ein, dass Sie sich auch nach einem Jahr noch therapietreu verhalten werden?	

Tabelle 26: Faktorladung und t-Werte der Verhaltensabsicht gg. therapietreuem Verhalten

Aus Tabelle 26 geht hervor, dass die gemessenen Faktorladungen (FL) der drei Indikatoren weit oberhalb des Grenzwertes von 0,70 liegen. Es ist sichergestellt, dass mehr als die Hälfte der Varianz eines Indikators durch die vorgelagerte latente Variable bestimmt wird.

Die hoch signifikanten t-Werte der Faktorladungen sprechen für den Verbleib aller drei Indikatoren im Messinventar. Aufgrund der positiven Vorzeichen der Faktorladungen lässt sich die Plausibilität der Indikatoren als erfüllt bewerten.

Kriterium	
Plausibilität	Erfüllt
Konvergenz:	
DEV	0,914
Konstruktreliabilität	0,970
Diskriminanzvalidität:	
Fornell-Larcker-Kriterium*	0,503 < 0,914
Vorhersagevalidität: (Q^2)	0,753
Unidimensionalität:	Erfüllt

Tabelle 27: Gütekriterien des Konstrukts Verhaltensabsicht gg. therapietreuem Verhalten
* Es wurde jeweils der höchste Wert der Konstruktkorrelationen angegeben.

Neben der Analyse der Gütekriterien auf Indikatorenebene zeigen auch die restlichen Kriterien eine gelungene Operationalisierung des Konstrukts der Verhaltensabsicht an. Die Konvergenzvalidität wird im vorliegenden Fall durch die Konstruktreliabilität und die durchschnittlich erfasste Varianz (DEV) erfasst. Die gemessenen Werte für die Konstruktreliabilität liegen deutlich über den Grenzwerten von 0,70 und oberhalb von 0,60 für die DEV. Auch die Diskriminanzvalidität, welche durch die quadrierte, höchste gemessene Konstruktkorrelation erfasst wurde, kann als erfüllt angesehen werden, da dieser Wert erheblich kleiner als die gemessene DEV ist. Die Vorhersagevalidität des gewählten Messansatzes wird über das Stone-Geisser-Kriterium Q^2 gemessen. Mit Q^2-Werten größer als null gilt dieses Gütekriterium als erfüllt.

Durch die Anwendung einer konfirmatorischen Faktorenanalyse soll abschließend Aufschluss über die Unidimensionalität des Konstrukts erzielt werden. Da für das Messinventar zur Verhaltensabsicht alle Indikatoren des Basismodells hoch auf das zu messende Konstrukt der Verhaltensabsicht laden, erhielten alle Items Eingang in die Messung. Wie aus Tabelle 27 ersichtlich ist, gibt keines der diskutierten Gütekriterien Anlass, einzelne Indikatoren zur Messung der Verhaltensabsicht aus der Analyse auszuschließen. Diese Ergebnisse können als Indiz für die Qualität des gewählten Operationalisierungsansatzes angesehen werden.

4.3.2 Barrieren der Therapieintegration in den Lebensablauf

Die Operationalisierung des Konstrukts Barrieren der Therapieintegration in den Lebensablauf erfolgte mithilfe der fünf Indikatoren BA1-BA5. Im Gegensatz zu dem vorherigen Abschnitt beeinflussen hier die einzelnen Indikatoren den Wert der latenten Variablen. Die Operationalisierung des Konstrukts Barrieren der Therapieintegration erfolgt mittels eines formativen Messmodells. Eine Änderung der Ausprägung eines Indikators muss nicht zwangsläufig die Variation der restlichen Indikatoren nach sich ziehen, der Konstruktwert hingegen verändert sich mit jeder Indikatorvariation.

Item	Barrieren der Therapieintegration i.d. Lebensablauf	
	Gewichte	t-Wert
BA1	0,406	6,342
BA2	0,335	8,117
BA3	0,383	7,013
BA4	0,342	6,683
BA5	0,155	3,545
Bewerten Sie, wie sich Ihre Bluthochdrucktherapie mit Ihrem täglichen Lebensablauf vereinbaren lässt.		
BA1	Mein täglicher Lebensablauf würde es zulassen, mich sehr genau an meine Therapie zu halten.	
BA2	Für mich ist es aufgrund meines täglichen Lebensablaufs möglich, mich in Zukunft genau an meine Therapie zu halten.	
BA3	Ich ärgere mich darüber, von den Medikamenten bestimmt zu werden.	
BA4	Es fällt mir schwer, mich an die Therapieempfehlung meines Arztes zu halten.	
BA5	Ich habe Angst vor Nebenwirkungen meiner Medikamente.	

Tabelle 28: Gewichte und t-Werte der Barrieren einer Therapie

Im Zuge der formativen Operationalisierung ist die statistische Signifikanz der Gewichte der einzelnen Indikatoren zu prüfen. Hierbei spielt die Höhe der Gewichte der einzelnen Indikatoren eine untergeordnete Rolle. Vielmehr liegt das Hauptaugenmerk auf den t-Werten der Gewichte, welche den Wert von 1,98 übersteigen müssen, um statistische Signifikanz zu signalisieren. Sollten sich Regressionskoeffizienten als nicht signifikant herausstellen, erfolgt bei formativer Operationalisierung keine Indikatorenelimination, um einem möglichen Validitätsverlust aus dem Wege zu gehen.

Ein Blick auf Tabelle 28 verdeutlicht, dass die t-Werte sämtlicher Gewichte oberhalb des Wertes von 1,98 liegen und einen signifikanten Beitrag zur Messung der latenten Variable leisten.

Kriterium	
Plausibilität	Erfüllt
Diskriminanzvalidität: Korrelation* < 0,90	0,550
Multikollinearität: VIF$^+$ < 10	1,623

Tabelle 29: Gütekriterien des Konstrukts Barrieren der Therapieintegration
Es wurde jeweils der höchste Wert der Konstruktkorrelationen angegeben.
$^+$ *Maximalwert der Variance Inflation Factors der einzelnen Indikatoren.*

Um die Qualität formativer Messmodelle zu eruieren, kommen Untersuchungen zur Diskriminanzvalidität und zur Multikollinearität zur Anwendung. Bei der Diskriminanzvalidität wird die Höhe der Konstruktkorrelationen gemessen, wobei alle Werte unterhalb von 0,90 liegen sollten. Tabelle 29 ist zu entnehmen, dass dieses Kriterium erfüllt ist. Zudem liegt der Wert des Variance Inflation Factors (VIF) unterhalb des Grenzwertes von 10, daher kann nicht auf Multikollinearität zwischen Indikatoren geschlossen werden. Abschließend bleibt festzustellen, dass das gewählte Messinventar eine gute Qualität zur Operationalisierung des Konstrukts Barrieren der Therapieintegration vorweisen kann.

4.3.3 Wirksamkeit von therapiekonformem Verhalten

Das reflektiv operationalisierte Konstrukt der Wirksamkeit von therapiekonformem Verhalten weist für das Basismodell ausnahmslos befriedigende Faktorladungen auf, die den Schwellenwert von 0,70 überschreiten. Tabelle 30 ist zu entnehmen, dass die Faktorladungen für alle fünf Indikatoren WI1-WI5 statistisch hoch signifikant sind.

Item	Wahrgenommene Therapiewirkung	
	FL	t-Wert
WI1	0,874	89,609
WI2	0,759	35,550
WI3	0,881	76,202
WI4	0,867	97,482
WI5	0,883	74,612
Wie wirkt sich therapietreues Verhalten auf Ihren Gesundheitszustand aus?		
WI1	förderlich - schädlich	
WI2	angenehm - unangenehm	
WI3	gut - schlecht	
WI4	wertvoll - wertlos	
WI5	sinnvoll - sinnlos	

Tabelle 30: Faktorladung und t-Werte der wahrgenommenen Therapiewirkung

Die Konvergenz des gewählten Messinventars wird durch einen Wert der durchschnittlich erfassten Varianz von 0,73 und einer Konstruktreliabilität von 0,93 bestätigt. Diese Werte können Tabelle 31 entnommen werden. Auch das Fornell-Larcker-Kriterium zur Messung der Diskriminanzvalidität weist auf eine gute Qualität des Messinstrumentariums hin. Die Prognosefähigkeit des Messmodells wird durch einen Q^2-Wert von 0,59 bestätigt. Abschließend zeigt die Unidimensionalitätsprüfung an, dass die Indikatoren WI1-WI5 untereinander hoch korreliert sind und ausschließlich auf das Konstrukt Wirksamkeit von therapiekonformem Verhalten laden. Der gewählte Ansatz kann als adäquates Messinstrumentarium angesehen werden.

Kriterium	
Plausibilität	Erfüllt
Konvergenz:	
DEV	0,730
Konstruktreliabilität	0,931
Diskriminanzvalidität:	
Fornell-Larcker-Kriterium*	0,323 < 0,730
Vorhersagevalidität: (Q^2)	0,587
Unidimensionalität:	Erfüllt

Tabelle 31: Gütekriterien des Konstrukts wahrgenommenen Therapiewirkung
* *Es wurde jeweils der höchste Wert der Konstruktkorrelationen angegeben.*

4.3.4 Affektive Einstellungskomponente

Gemäß den Ausführungen in Abschnitt 3.6 kommt zur Operationalisierung des Konstrukts affektive Einstellungskomponente ein semantisches Differenzial (Kroeber-Riel W, Weinberg P 2003, S. 198). mit den vier Indikatoren AF1-AF4 zum Einsatz. Da die Indikatoren eines solchen Differenzials stark miteinander korreliert sind, werden diese im Folgenden mit einem reflektiven Modell operationalisiert. Alle vier Indikatoren weisen Faktorladungen deutlich oberhalb von 0,70 auf sowie t-Werte, die statistische Signifikanz indizieren. Zudem halten die Vorzeichen der Faktorladungen einer Plausibilitätsprüfung stand. Die Werte sind Tabelle 32 zu entnehmen. Daher wird die vollständige Messbatterie mit den vier Items AF1-AF4 zur Erfassung der latenten Variable affektive Einstellung berücksichtigt.

Item	Affektive Einstellungskomponente	
	FL	t-Wert
AF1	0,884	69,706
AF2	0,899	80,376
AF3	0,848	56,464
AF4	0,891	65,105
Was halten Sie von therapietreuem Verhalten?		
AF1	wichtig - unwichtig	
AF2	nützlich - nutzlos	
AF3	wertvoll - wertlos	
AF4	notwendig - überflüssig	

Tabelle 32: Faktorladung und t-Werte der affektiven Einstellungskomponente

4.3. Zur Eignung der Messmodelle des Adhärenzverhaltens

Wie erwartet überschreiten sämtliche in Tabelle 33 aufgeführten Gütekriterien die geforderten Grenzwerte zur Messung der Konvergenz und Vorhersagevalidität. Die durchschnittlich erfasste Varianz liegt bei 0,78, die Werte der Konstruktreliabilität liegen sogar im Bereich oberhalb von 0,90. Auch der Q^2-Wert liegt deutlich im positiven Bereich. Dem Anspruch an Diskriminanzvalidität wird durch Erfüllung des Fornell-Larcker-Kriteriums Rechnung getragen. Gleiches gilt für die Erfüllung der Unidimensionalität. Abschließend bleibt festzuhalten, dass alle Gütekriterien die bedenkenlose Anwendung der vier Indikatoren des gewählten semantischen Differenzials anzeigen. Die Erfüllung aller Gütekriterien ist überaus zufriedenstellend.

Kriterium	
Plausibilität	Erfüllt
Konvergenz:	
DEV	0,776
Konstruktreliabilität	0,933
Diskriminanzvalidität:	
Fornell-Larcker-Kriterium*	0,323 < 0,776
Vorhersagevalidität: (Q^2)	0,605
Unidimensionalität:	Erfüllt

Tabelle 33: Gütekriterien des Konstrukts affektive Einstellungskomponente
Es wurde jeweils der höchste Wert der Konstruktkorrelationen angegeben.

4.3.5 Wahrgenommene Verhaltenskontrolle

Wie in Abschnitt 3.6 erörtert, werden zur Operationalisierung des Konstrukts wahrgenommene Verhaltenskontrolle fünf Indikatoren herangezogen. Die Tauglichkeit der vorgeschlagenen Messbatterie soll anhand der Gütekriterien aus Abschnitt 4.1.3 überprüft werden. Im vorliegenden Fall verursacht erneut die latente Variable ihre fünf Indikatoren VK1-VK5, weshalb ein reflektiver Messansatz zum Einsatz kommt.

Item	Wahrgenommene Verhaltenskontrolle	
	FL	t-Wert
VK1	0,850	41,087
VK2	0,861	52,719
VK3	0,615	15,501
VK4	0,778	29,084
VK5	-	n. s.
Bewerten Sie bitte die Aussagen zum Umgang mit Ihrer Bluthochdrucktherapie.		
VK1	Ich glaube, ich bin fähig meine Bluthochdrucktherapie wie mit dem Arzt vereinbart durchzuführen.	
VK2	Ich bin zuversichtlich, die Bluthochdrucktherapie wie mit dem Arzt besprochen durchzuhalten.	
VK3	Ich habe die vollständige persönliche Kontrolle, meine Bluthochdrucktherapie wie vereinbart auszuführen.	
VK4	Es liegt allein an mir, meine Bluthochdrucktherapie wie vereinbart durchzuführen.	
VK5	Meine Entscheidung, mich therapietreu zu verhalten, hängt von anderen Personen ab.	

Tabelle 34: Faktorladung und t-Werte der wahrgenommenen Verhaltenskontrolle

Aufgrund einer nicht signifikanten Faktorladung im Messmodell muss der Indikator VK5 im Folgenden eliminiert werden. Ein Blick auf Tabelle 34 verdeutlicht, dass die verbleibenden vier Indikatoren zwar hoch signifikante t-Werte aufweisen, jedoch die Höhe der Faktorladung des Indikators VK3 mit 0,62 als gerade noch akzeptabel angesehen werden kann. Die Faktorladungen der restlichen drei Items liegen oberhalb der Grenze von 0,70. Für das Basismodell unterstützten die Schätzwerte der Konstruktreliabilität, Diskriminanzvalidität und Vorhersagevalidität das aus vier Indikatoren bestehende Messmodell. Die durchschnittlich erfasste Varianz liegt bei 0,61, die Konstruktreliabilität bei 0,86, das Fornell-Larcker-Kriterium ist erfüllt und die Vorhersagevalidität liegt mit 0,36 deutlich im positiven Bereich. Die Werte der Gütekriterien sind Tabelle 35 zu entnehmen. Zudem sind die Tests auf Plausibilität und Unidimensionalität als erfüllt zu betrachten.

Trotz der Unzulänglichkeiten mit einer moderat unterhalb des Schwellenwerts von 0,70 liegenden Faktorladung des Indikators VK3, dokumentieren die restlichen Gütekriterien eine akzeptable Messung des Konstrukts wahrgenommene Verhaltenskontrolle mit dem vorliegenden Messinstrumentarium.

Kriterium	
Plausibilität	Erfüllt
Konvergenz:	
DEV	0,605
Konstruktreliabilität	0,858
Diskriminanzvalidität:	
Fornell-Larcker-Kriterium*	0,503 < 0,605
Vorhersagevalidität: (Q^2)	0,364
Unidimensionalität:	Erfüllt

Tabelle 35: Gütekriterien des Konstrukts wahrgenommene Verhaltenskontrolle
* Es wurde jeweils der höchste Wert der Konstruktkorrelationen angegeben.

4.3.6 Gesundheitsmotivation

In Anlehnung an Moorman & Matulich (Moorman C, Matulich E 1993, S. 215) kommen zur Messung der Gesundheitsmotivation die drei Indikatoren GM1-GM3 zum Einsatz. Da jeder einzelne Indikator das Konstrukt widerspiegelt und die Kausalität eindeutig vom Konstrukt in Richtung der Messvariablen verläuft, handelt es sich um ein reflektives Messmodell. Die Faktorladungen, welche in Tabelle 36 angegeben sind, liegen alle oberhalb des Grenzwerts von 0,70 und sind statistisch hoch signifikant von null verschieden. Höhe und Plausibilität der Faktorladungen sind als gut zu beurteilen.

Die Konstruktreliabilität erreicht mit einem Wert von 0,89 und einem Wert von 0,73 für die durchschnittlich erfasste Varianz ein angemessenes Niveau. Die Konvergenzvalidität der latenten Variable Gesundheitsmotivation ist als gegeben anzusehen. Das Fornell-Larcker-Kriterium und Q^2 zur Beurteilung der Diskriminanzvalidität und Prognosefähigkeit bestätigen die Eignung des gewählten Messansatzes. Der Test auf Unidimensionalität erfolgt auf Basis einer Faktorenanalyse. Das Resultat der Messung ergibt, dass die drei Indikatoren des Konstrukts Gesundheitsmotivation einen gemeinsamen Faktor besitzen. Die Kreuzladungen mit den Indikatoren der restlichen Konstrukte liegen alle unterhalb des kritischen

Wertes von 0,40. Wie Tabelle 37 zu entnehmen ist, entsprechen sämtliche Gütekriterien der Gesundheitsmotivation den Anforderungen und sind geeignet, das Konstrukt adäquat abzubilden.

Item	Gesundheitsmotivation		
	FL	t-Wert	
GM1	0,805	42,355	
GM2	0,896	88,212	
GM3	0,864	70,082	
Wie schätzen Sie Ihre Gesundheitsmotivation ein?			
GM1	Ich versuche, Gesundheitsproblemen vorzubeugen, obwohl ich noch keine Anzeichen von Krankheitssymptomen verspüre.		
GM2	Ich befasse mich mit Gesundheitsgefahren und schütze mich mit vorbeugenden Maßnahmen.		
GM3	Ich versuche, mich vor mir bekannten Gesundheitsrisiken zu schützen.		

Tabelle 36: Faktorladung und t-Werte der Gesundheitsmotivation

Kriterium	
Plausibilität	Erfüllt
Konvergenz:	
DEV	0,732
Konstruktreliabilität	0,891
Diskriminanzvalidität:	
Fornell-Larcker-Kriterium*	0,108 < 0,732
Vorhersagevalidität: (Q^2)	0,447
Unidimensionalität:	Erfüllt

Tabelle 37: Gütekriterien des Konstrukts Gesundheitsmotivation
* *Es wurde jeweils der höchste Wert der Konstruktkorrelationen angegeben.*

4.3.7 Vertrauensverhältnis zum Arzt

Wie in Abschnitt 3.6 erörtert, kommen zur Messung der latenten Variable des Vertrauensverhältnisses zum Arzt vier Indikatoren VV1-VV4 zum Einsatz. Jedes der vier Items bildet eine spezielle Facette des Konstrukts ab, weshalb die einzelnen Items nicht notwendigerweise miteinander korreliert sein müssen. Daher wird das Konstrukt im vorliegenden Fall formativ operationalisiert.

Item	Vertrauensverhältnis zwischen Patient und Arzt	
	Gewichte	t-Wert
VV1	0,148	2,450
VV2	0,130	n.s.
VV3	0,404	5,366
VV4	0,571	6,872
Bewerten Sie das Vertrauensverhältnis zu dem Arzt, der Ihren Bluthochdruck behandelt.		
VV1	Ich bringe selbst Vorschläge in die Behandlung mit ein.	
VV2	Mein Arzt gibt mir die Möglichkeit, das zu sagen, was mich wirklich beschäftigt.	
VV3	In Zusammenarbeit mit meinem Arzt kann ich bessere Blutzuckerwerte erreichen.	
VV4	Ich habe Vertrauen in das Können meines Arztes.	

Tabelle 38: Gewichte und t-Werte des Vertrauensverhältnisses zum Arzt

Der zweite Indikator VV2 ist statistisch nicht signifikant. Da es sich bei dem vorliegenden Messmodell um eine formative Operationalisierung handelt und jeder der vier Indikatoren einen Aspekt des Konstrukts repräsentiert, verbleibt der nicht signifikante Indikator VV2 im Messinstrumentarium. Um die inhaltliche Bedeutung des Konstrukts des Vertrauensverhältnisses nicht zu verändern, wird von einer Eliminierung abgesehen. Die geschätzten Regressionskoeffizienten der restlichen drei Indikatoren sind statistisch signifikant von null unterschiedlich. Die Werte sind Tabelle 38 zu entnehmen.

Um formative Messmodelle ganzheitlich beurteilen zu können, muss neben den t-Werten die Diskriminanzvalidität und das Vorliegen von Multikollinearität überprüft werden. Die entsprechenden Gütekriterien sind in Tabelle 39 angegeben. Die Konstruktkorrelationen zu den restlichen Konstrukten liegen für die latente Variable des Vertrauensverhältnisses zwischen Patient und Arzt deutlich unterhalb der Grenze von 0,90. Auch die Ausprägung des Variance Inflation Factors liegt deutlich unterhalb des kritischen Wertes von 10, wodurch die Existenz von Multikollinearität ausgeschlossen werden kann. Insgesamt bescheinigen die

Ergebnisse der Beurteilung der Gütekriterien eine ausreichende Qualität zur Operationalisierung des Konstrukts des Vertrauensverhältnisses zum Arzt.

Kriterium	
Plausibilität	Erfüllt
Diskriminanzvalidität: Korrelation* < 0,90	0,493
Multikollinearität: VIF^+ < 10	2,169

Tabelle 39: Gütekriterien des Konstrukts Vertrauensverhältnis zum Arzt
* Es wurde jeweils der höchste Wert der Konstruktkorrelationen angegeben.
+ Maximalwert der Variance Inflation Factors der einzelnen Indikatoren.

4.3.8 Soziale Norm

Zur Operationalisierung des Konstrukts der sozialen Norm werden die in Abschnitt 3.6 vorgestellten fünf Indikatoren SN1-SN5 herangezogen. Da die einzelnen Indikatoren als Repräsentanten der sozialen Norm von dieser abhängig sind, variieren die Ausprägungen der fünf Messvariablen, falls sich der Wert des Konstruktes ändert. Somit wird der vorliegende Zusammenhang mittels reflektivem Messansatz operationalisiert.

Die geschätzten Faktorladungen und Signifikanzwerte liegen für das Konstrukt soziale Norm im unkritischen Bereich (siehe Tabelle 40). Die weiteren Gütemaße zur Prüfung des Messmodells weisen gute Ergebnisse aus und überschreiten die kritischen Werte meist deutlich, wie ein Blick auf Tabelle 41 veranschaulicht. Daher sind Konstruktreliabilität, Diskriminanzvalidität und Vorhersagevalidität gewährleistet. Da die fünf Indikatoren SN1-SN5 ausschließlich auf das Konstrukt soziale Norm laden und untereinander hoch korreliert sind, ist die Unidimensionalität der Messung garantiert. Die Erfüllung der Gütekriterien kann als gut angesehen werden. Darum fließt das Messmodell in der vorgestellten Form in die Untersuchungen ein.

4.3. Zur Eignung der Messmodelle des Adhärenzverhaltens

Item	Soziale Norm	
	FL	t-Wert
SN1	0,712	26,467
SN2	0,769	42,081
SN3	0,801	37,789
SN4	0,830	60,543
SN5	0,845	58,604
Bewerten Sie, inwieweit Ihre Mitmenschen auf Ihre Therapie Einfluss nehmen.		
SN1	Mein persönliches Umfeld würde mich zur Befolgung meiner Therapie ermutigen.	
SN2	Menschen aus meinem persönlichen Umfeld, die so sind wie ich, halten sich sehr genau an ihre Therapie.	
SN3	Mein persönliches Umfeld würde meine Entscheidung befürworten, mich in Zukunft therapietreu zu verhalten.	
SN4	Menschen, auf deren Meinung ich großen Wert lege, halten sich sehr genau an ihre ärztliche Verordnung.	
SN5	Die meisten, für mich sehr wichtigen Leute, würden sich in meiner Situation sehr genau an die vereinbarte Therapie halten.	

Tabelle 40: Faktorladung und t-Werte der sozialen Norm

Kriterium	
Plausibilität	Erfüllt
Konvergenz:	
DEV	0,629
Konstruktreliabilität	0,894
Diskriminanzvalidität:	
Fornell-Larcker-Kriterium*	0,167 < 0,629
Vorhersagevalidität: (Q^2)	0,443
Unidimensionalität:	Erfüllt

Tabelle 41: Gütekriterien des Konstrukts soziale Norm
* Es wurde jeweils der höchste Wert der Konstruktkorrelationen angegeben.

4.4 Analyse der Wirkungszusammenhänge des Adhärenzverhaltens

Im Verlauf dieses Abschnitts soll das in Abschnitt 3.3 hergeleitete Hypothesengefüge eine Gegenüberstellung mit den erhobenen empirischen Daten erfahren. Aufbauend auf die in Abschnitt 4.3 festgestellte Reliabilität und Validität der Messmodelle zur Untersuchung des Basismodells, schließt sich im Folgenden die Gütebeurteilung des Strukturmodells mit den Hypothesen $H1 - H18$ zur Erklärung des Erfolgs therapietreuen Patientenverhaltens an. Inwieweit die im Rahmen der Umfrage erfassten Verhaltensdeterminanten das theoretisch umfassend spezifizierte Basismodell unterstützen, soll im Folgenden geprüft werden. Die empirische Analyse dient dazu, stark abwegige Modellhypothesen möglichst früh im weiteren Forschungsprozess zu verwerfen.

In einem ersten Arbeitsschritt wird in diesem Abschnitt das Basismodell, welches auf der Gesamtstichprobe von $n = 1.035$ Patienten basiert, einer empirischen Analyse und Interpretation unterzogen. Das Basismodell dient im weiteren Verlauf der vorliegenden Studie als Referenzmodell für die Untersuchung der moderierenden Effekte.

In einem zweiten Arbeitsschritt erfahren die moderierenden Effekte eine nähere empirische Beleuchtung. Um in Hinblick auf die angestellten Gruppenvergleiche die notwendige Modellinvarianz der jeweils verglichenen Teilmodelle sicherzustellen, bietet sich ein Rückgriff auf das Basismodell als Referenzmodell an. Die Indikatoren der Messmodelle der einzelnen Teilstichproben stimmen alle mit jenen des Referenzmodells überein.

In Form eines paarweisen Gruppenvergleichs wird in Kapitel 5 der Einfluss krankheitsbezogener und soziodemografischer Determinanten auf das Strukturmodell analysiert. Die Messmodellergebnisse und Gütekriterien der jeweils verglichenen Einzelmodelle[37] sind aus Gründen der Übersichtlichkeit im Anhang A.3 untergebracht. Wie aus den aufgeführten Tabellen hervorgeht, ist sichergestellt, dass sämtliche Einzelmodelle auf demselben Indikatorenset beruhen, wodurch die notwendige Messmodellinvarianz sichergestellt ist. Die Gütekriterien zur Bestimmung der Validität und Reliabilität der Messmodelle signalisieren eine gelungene Operationalisierung der einzelnen Konstrukte.

In diesem Abschnitt wird die 1. Untersuchungsfragestellung beantwortet, in welchem Ausmaß die verschiedenen Faktoren den Erfolg der Adhärenz beinflussen. Das Strukturmodell des Basismodells umfasst die Konstrukte Verhaltensabsicht gegenüber therapie- und gesundheitsförderlichem Verhalten, wahrgenommene Barrieren der Therapieintegration, wahrgenommene Wirksamkeit von therapiekonformem Verhalten, wahrgenommene Verhaltens-

---

[37] In Anhang A.2 wird eine Übersicht der Einzelmodelle und deren Codierungen gegeben.

4.4. Analyse der Wirkungszusammenhänge des Adhärenzverhaltens

kontrolle, affektive Einstellungskomponente, Gesundheitsmotivation, Vertauensverhältnis zum Arzt sowie die soziale Norm. Die Beurteilung der nomologischen Validität der unterstellten Modellzusammenhänge soll im Folgenden anhand der in Abschnitt 4.1.4 vorgestellten Gütekriterien erfolgen. Dazu wird die Einflussstärke eines jeden Konstrukts auf ein kausal nachgelagertes analysiert. Dabei werden die Höhe der Pfadkoeffizienten sowie deren statistische Signifikanz anhand von t-Werten untersucht. Außerdem kommt es zu einer Plausibilitätsprüfung der Vorzeichen der Strukturparameter.

Ein Blick auf Tabelle 42 zeigt, dass die geschätzten Pfadkoeffizienten bzw. Effekte der Hypothesen $H1 - H18$ in Hinblick auf die Vorzeichen alle den Erwartungen entsprechen und als plausibel einzustufen sind. Die statistische Signifikanz der Parameter erweist sich in allen Fällen mit t-Werten oberhalb von 1,98 als signifikant unterschiedlich von null.

Zu welchem Grad das vollständig spezifizierte Basismodell das Adhärenzverhalten von Patienten erklären kann, wird mithilfe des Bestimmtheitsmaßes R^2 analysiert, welches den erklärten Varianzanteil an der Gesamtvarianz eines Konstrukts misst. Es kann eine Aussage darüber getroffen werden, wie gut das Modell den realen Gegebenheiten entspricht. An dieser Stelle steht im Besonderen der Erklärungsgrad der Zielvariablen, hier der Verhaltensabsicht gegenüber therapietreuem Verhalten, im Fokus.

Mit einem R^2 von 0,58 kann für das zentrale Konstrukt der Verhaltensabsicht ein auffällig hoher Erklärungsgehalt nachgewiesen werden. Die fünf diesem direkt vorgelagerten Konstrukte erklären 58% der Varianz des Zielkonstrukts des Basismodells. Die R^2-Werte der Konstrukte affektive Einstellung, Barrieren der Therapieintegration, wahrgenommene Verhaltenskontrolle und Wirkung der Behandlung liegen mit Ausprägungen zwischen 0,31 und 0,40 in einem als gut zu bezeichnenden Bereich. Der Determinationskoeffizient des Vertrauensverhältnisses zum Arzt liegt mit 0,27 leicht unterhalb der geforderten Grenze von 0,30. Da es nicht das Hauptanliegen der Untersuchungen ist, das Konstrukt des Vertrauensverhältnisses vollständig zu erklären, kann ein R^2-Wert in dieser Höhe akzeptiert werden. Vielmehr geht es in der vorliegenden Untersuchung darum, die Kausalitäten zwischen den einzelnen Konstrukten zu messen und zu erklären.

In einem letzten Schritt zur Beurteilung des Strukturmodells kommen Gütekriterien zur Überprüfung der Multikollinearität und Prognosevalidität zur Anwendung. Tabelle 42 weist für das Stone-Geisser-Kriterium bei allen sechs endogenen Konstrukten Werte im positiven Bereich aus, wodurch diesen Vorhersagevalidität für das Strukturmodell zugesprochen werden kann. Auch das Vorliegen von Multikollinearität kann bei allen Konstrukten ausgeschlossen werden, da der Variance Inflation Factor (VIF) in sämtlichen Messungen deutlich unterhalb von 10 liegt.

H	Von...	Auf...	Effekt	t-Wert	Sig.	R^2	Q^2	VIF*<10
H1	Barrieren der Therapieintegration	Verhaltensabsicht	-0,073	2,629	ja	0,580	0,480	2,698
H2	Wirkung therapietreuen Verhaltens		0,139	2,635	ja			
H5	Affektive Einstellung		0,139	3,614	ja			
H7	Verhaltenskontrolle		0,479	11,274	ja			
H16	Soziale Norm		0,125	4,551	ja			
H3	Barrieren der Therapieintegration	Therapie affektive Einstellung	-0,256	8,091	ja	0,398	0,204	1,144
H4	Wirkung therapietreuen Verhaltens		0,413	11,019	ja			
H8	Gesundheitsmotivation		0,122	4,277	ja			
H9	Gesundheitsmotivation	Barrieren d. Therapie	-0,208	6,639	ja	0,306	0,036	1,189
H12	Vertrauensverhältnis zum Arzt		-0,201	7,108	ja			
H17	Soziale Norm		-0,229	7,803	ja			
H6	Barrieren der Therapieintegration	Verh.kontr.	-0,506	21,094	ja	0,308	0,072	1,088
H11	Gesundheitsmotivation		0,150	4,879	ja			
H10	Gesundheitsmotivation	Ther.wirkung	0,224	5,620	ja	0,341	0,015	1,064
H13	Vertrauensverhältnis zum Arzt		0,385	9,722	ja			
H14	Verhaltenskontrolle	Vertrauensverhältnis	0,337	8,648	ja	0,268	0,031	1,112
H15	Gesundheitsmotivation		0,097	3,106	ja			
H18	Soziale Norm		0,220	6,326	ja			

Tabelle 42: Wirkungsbeziehungen im Basismodell
* *Maximalwert der Variance Inflation Factors der einzelnen Indikatoren.*

4.4. Analyse der Wirkungszusammenhänge des Adhärenzverhaltens

Abschließend bleibt festzustellen, dass dem Basismodell, neben der in Abschnitt 4.3 nachgewiesenen hohen Qualität der einzelnen Messmodelle, auch auf Strukturmodellebene eine hohe Modellgüte zugesprochen werden kann. Daher kann im nächsten Schritt die Interpretation der Wirkungsbeziehungen auf Strukturmodellebene vorgenommen werden. Abbildung 2 stellt die Gesamtmodellzusammenhänge des Basismodells in grafischer Form dar.

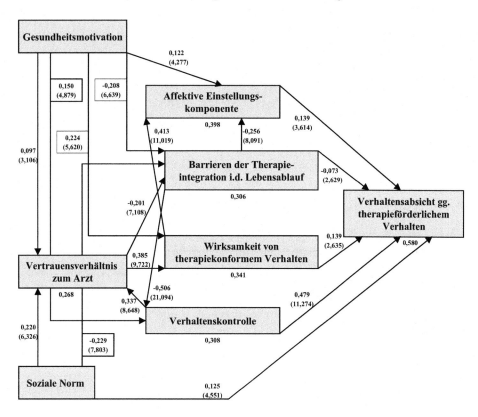

Abbildung 2: Überblick des Basismodells

Determinanten der Verhaltensabsicht gg. therapieförderlichem Verhalten

Die Vermutung, dass die Verhaltensabsicht hinsichtlich therapieförderlichen Verhaltens von den wahrgenommenen Barrieren der Therapieintegration in den Lebensablauf negativ beeinflusst wird (Hypothese $H1$), kann bestätigt werden. Der Strukturgleichungskoeffizient[38] weist mit einem Wert von -0,07 zunächst auf einen eher schwachen direkten Einfluss auf die Verhaltensabsicht hin.[39] Je schwerer überwindbar einem Patienten Barrieren der The-

---

[38] Strukturgleichungskoeffizient und Pfadkoeffizient werden als Synonyme verwendet.

[39] Im weiteren Verlauf dieses Abschnitts werden neben dem direkten auch die kumulierten direkten und indirekten Totaleffekte der einzelnen Konstrukte auf das Zielkonstrukt Verhaltensabsicht gemessen. Hier wird sich ein stärkerer negativer Totaleffekt der Barrieren auf das Therapietreueverhalten des Patienten abzeichnen.

rapieintegration in den Lebensablauf erscheinen, desto geringer ist dessen Absicht, sich therapieförderlich zu verhalten. Die gezielte Vorbereitung des Patienten auf potenzielle Kollisionspunkte der eingeschlagenen Therapie mit seinem gewohnten täglichen Lebensablauf könnte Barrieren jedoch als weniger hoch erscheinen lassen, da dem Patient idealerweise bereits vor der ersten Konfrontation mit einer Problemsituation Lösungsmöglichkeiten aufgezeigt wurden. Eine Reduktion der Barrieren im Therapieverlauf ermöglicht es dem Arzt oder anderen Marktteilnehmern daher, den Erfolg der Therapietreue beim Patienten positiv zu beeinflussen.

Der direkte, gemessene Einfluss der wahrgenommenen Wirkung von therapiekonformem Verhalten auf die Verhaltensabsicht (Hypothese $H2$) ist mit einem Pfadkoeffizienten von 0,14 stärker als jener der Barrieren auf die Verhaltensabsicht. Daher erhöht das Ausmaß an gefühlter Therapiewirksamkeit die Absicht des Patienten, sich weiterhin therapieförderlich zu verhalten. Dieses Ergebnis konnte nicht unbedingt erwartet werden, da die weitestgehende Symptomfreiheit der Erkrankung Bluthochdruck zunächst nur eine gering gefühlte Wirksamkeit der eingeschlagenen Therapie nahelegt.[40]

Die Annahme, dass die affektive Einstellungskomponente das Adhärenzverhalten eines Patienten signifikant beeinflusst, findet durch die Daten Bestätigung. Je positiver die einer Therapie entgegengebrachten Gefühle und Emotionen sind, desto stärker ist die Absicht des Patienten, sich adhärent zu verhalten (Hypothese $H5$). Die Stärke des vorstehend interpretierten Zusammenhangs wird im Strukturmodell mit einem Pfadkoeffizienten von 0,14 als ebenso stark gemessen wie die Wirksamkeit der Therapie in Hinblick auf die Therapietreue.

Der mit Abstand stärkste direkte Einfluss auf die Adhärenz eines Patienten geht mit einem Pfadkoeffizienten von 0,48 von der wahrgenommenen Verhaltenskontrolle aus (Hypothese $H7$). Dieser Wert bestätigt eindrucksvoll die Vermutung, dass, je stärker das Vertrauen eines Patienten in die persönliche Kontrollfähigkeit zur Einhaltung einer Therapie ist, umso höher die letztendlich erzielte Therapietreue sein wird. Die Vermutung, dass sich Patienten, welche sich mit einem hohen Maß an Verhaltenskontrolle ausgestattet fühlen, deutlich stärker befähigt sehen, ihr Leben in problematischen Situationen selbst in die Hand zu nehmen als Patienten mit einem geringeren Maß an Verhaltenskontrolle, wird durch die empirische Messung gehaltvoll bestätigt. Hier könnte ein entscheidender Ansatzpunkt der Ärzteschaft und anderer Beteiligter unseres Gesundheitswesens liegen, um bei Bluthochdruckpatienten eine höhere Therapietreue zu erreichen.

---

[40] An dieser Stelle kann der überlagernde Einfluss parallel laufender Behandlungen weiterer Erkrankungen eines Patienten nicht ausgeschlossen werden.

Die Qualität des sozialen Umfeldes übt, wie unterstellt, einen positiven Einfluss auf die Therapietreue des Patienten aus (Hypothese $H16$). Mit einem Pfadkoeffizienten von 0,13 kommt diesem Gestaltungsparameter mittlere Bedeutung zu. Je positiver die Reaktion der sozialen Bezugsgruppe eines Patienten den Zielen und Methoden der eingeschlagenen Behandlung gegenübersteht, desto höher ist die Wahrscheinlichkeit, dass der Patient sich therapietreu verhalten wird. Der festgestellte, eher moderate Einfluss der sozialen Norm auf die Therapietreue steht im Einklang mit einer deutlichen Mehrheit anderer Studien, welche ebenfalls einen mittelstarken Zusammenhang messen konnten.

Determinanten der affektiven Einstellung

Der nach dem Konzept der Dreikomponententheorie unterstellte Einfluss der kognitiven auf die affektive Einstellungskomponente konnte aufgrund der empirischen Ergebnisse bestätigt werden. Hiernach ergab sich mit einem Pfadkoeffizienten von -0,26 ein in negativer Richtung verlaufender Impuls vom Konstrukt der Therapiebarrieren auf die affektive Einstellungskomponente (Hypothese $H3$). Dies bedeutet, dass je höher die wahrgenommenen Barrieren der Therapieintegration in den Lebensablauf sind, desto negativer gestalten sich die einer Therapie entgegengebrachten Emotionen und Gefühle. Für die wahrgenommene Wirksamkeit von therapiekonformem Verhalten ist der Einfluss auf die Affektion mit einem Strukturgleichungskoeffizienten von 0,41 positiv gerichtet und ungleich stärker ausgeprägt (Hypothese $H4$). Man kann sagen, dass je stärker ein Patient die Wirkung der eingeschlagenen Behandlung im Sinne einer Verbesserung seines Gesundheitszustandes wahrnimmt, desto positiver gestalten sich Affekte und Emotionen in Hinblick auf die Therapietreue.

Die geringste Beeinflussung der affektiven Einstellung geht von der Gesundheitsmotivation aus (Hypothese $H8$). Mit einem Strukturgleichungskoeffizienten von 0,12 löst hohe Gesundheitsmotivation, wie erwartet, moderate positive Gefühle eines Patienten gegenüber der Therapieverfolgung aus. Mit einem erklärten Varianzanteil von 40% ist zu vermuten, dass die affektive Einstellung von weiteren, nicht im Untersuchungsmodell enthaltenen Faktoren geprägt wird.

Determinanten der Barrieren der Therapieintegration i.d. Lebensablauf

Da Konfliktsituationen, welche die konsequente Therapiebefolgung mit sich bringt, die Adhärenz eines Patienten determinieren, ist es angebracht, die Faktoren zu identifizieren, die die Therapiebarrieren beeinflussen. Die stärkste Wirkung geht von der sozialen Norm aus. Ein Strukturgleichungskoeffizient von -0,23 indiziert einen negativen Zusammenhang (Hypothese $H17$). Die wahrgenommenen Barrieren erscheinen demnach umso überwindbarer, je positiver die Reaktion der sozialen Bezugsgruppe den Zielen und Methoden der Therapie gegenübersteht. Darüber hinaus trägt die Gesundheitsmotivation mit einem Pfadkoeffizienten von -0,21 zum Verständnis des Konstrukts der Barrieren im Therapieverlauf bei (Hypothese $H9$). Setzt sich ein Patient demnach in hohem Maße mit gesundheitlichen Fragestellungen auseinander, weil diese in seinem Wertesystem von hoher Relevanz sind, sollte diese Motivation ihm helfen, mögliche Probleme der Therapieintegration in den Lebensablauf als eher überwindbar anzusehen.

Als dritte Determinante der Barrieren fungiert im Untersuchungsmodell das Vertrauensverhältnis zwischen Patient und behandelndem Arzt. Der Strukturgleichungskoeffizient von -0,20 gibt Anlass zur Annahme, dass beim Vorliegen eines intakten Vertrauensverhältnisses die Wahrscheinlichkeit steigt, dass ein Patient Probleme im täglichen Umgang mit seiner Therapie als überwindbar ansieht (Hypothese $H12$). Die drei untersuchten, den Barrieren der Therapieintegration vorgelagerten Determinanten erklären das interessierende Phänomen zu knapp 31%. Es ist nicht auszuschließen, dass weitere, nicht im Modell berücksichtigte Größen das Konstrukt determinieren.

Determinanten der Verhaltenskontrolle

Die Vermutung, dass die Verhaltenskontrolle zur Befolgung einer eingeschlagenen Therapie von der Höhe der Therapiebarrieren beeinflusst wird, erfährt durch die empirische Untersuchung eine eindrucksvolle Bestätigung (Hypothese $H6$). Augenscheinlich löst die Existenz von Problemen bei der Ausführung einer Therapie beim Patienten eine erheblich herabgesetzte Verhaltenskontrolle bei der Therapiebefolgung aus. Ein Pfadkoeffizient von -0,51 bestätigt diese Vermutung, und ein t-Wert von 21,09 unterstreicht die hohe Signifikanz dieses Zusammenhangs. Empfindet ein Patient kaum Therapiebarrieren, wird er der Therapie deutlich eher durch ein hohes Maß an Verhaltenskontrolle Folge leisten können. Da die Verhaltenskontrolle den mit Abstand stärksten direkten Einfluss auf das Zielkonstrukt Adhärenz des Patienten zu haben scheint, sollte den der Verhaltenskontrolle kausal vorgelagerten Therapiebarrieren im weiteren Verlauf besondere Aufmerksamkeit zukommen.

Der Einfluss der Gesundheitsmotivation auf das Konstrukt der Verhaltenskontrolle ist mit einem Pfadkoeffizienten von 0,15 als vergleichsweise schwach einzustufen (Hypothese $H11$). Je stärker die Gesundheitsmotivation eines Patienten ausgeprägt ist, desto höher ist die Wahrscheinlichkeit, dass der Patient die Aktivierbarkeit persönlicher Ressourcen der Verhaltenskontrolle in Richtung von therapiekonformem Verhalten wahrnehmen wird. Mit einer erklärten Varianz von gut 31% liegt die Vermutung nahe, dass die Verhaltenskontrolle durch weitere, nicht im Modell berücksichtigte Größen determiniert wird.

Determinanten der wahrgenommenen Therapiewirkung

Als weitere bedeutende Zielgröße im Strukturmodell fungiert das Konstrukt der wahrgenommenen Therapiewirksamkeit, welches durch das Ausmaß der gefühlten Verbesserung des Gesundheitszustandes erfasst wird. Hypothese $H10$ unterstellt einen positiven Einfluss der Gesundheitsmotivation auf das Konstrukt. Ein Strukturgleichungskoeffizient von 0,22 bestätigt diesen robusten Einfluss. Dies bedeutet, dass je höher die Gesundheitsmotivation eines Patienten ausgeprägt ist, desto eher wird er eine Verbesserung seines Gesundheitszustandes auf die Wirksamkeit der eingeschlagenen Therapie zurückführen.

Die vorstehenden Ergebnisse decken sich mit der Ansicht von Vallerand, wonach das Verhalten beeinflussende Kognitionen (Hypothesen $H8$ u. $H10$) und Affekte (Hypothese $H9$) eines Individuums eine Konsequenz der Motivation sind.

Als zweiter Treiber der wahrgenommenen Therapiewirkung drängt sich mit einem Pfadkoeffizienten von 0,39 der Einfluss des Patientenvertrauens in den Arzt auf (Hypothese $H13$). Demnach hat eine vom Patienten wahrgenommene hohe Verlässlichkeit in den Arzt stark positiven Einfluss darauf, dass der Patient die Wirksamkeit von therapiekonformem Verhalten positiv wahrnimmt. Der erklärte Varianzanteil der empfundenen Wirksamkeit therapietreuen Verhaltens liegt bei 34%. Hieraus leitet sich die Vermutung ab, dass dieses Konstrukt ebenfalls dem Einfluss weiterer, nicht im Basismodell enthaltener Determinanten ausgesetzt ist.

Determinanten des Vertrauensverhältnisses zum Arzt

Als letztes, nicht direkt sondern indirekt der Therapietreue vorgelagertes Konstrukt erfährt die Determinante des Vertrauensverhältnisses zum behandelnden Arzt eine empirische Bewertung. Der stärkste Impuls auf das Vertrauensverhältnis geht von der Verhaltenskontrolle des Patienten aus (Hypothese $H14$). Der Strukturgleichungskoeffizient beträgt 0,34. Demzufolge ist bei Patienten, die ihren Fähigkeiten zur Einhaltung der Therapie vertrauen, auch das Vertrauensverhältnis zu dem behandelnden Arzt als intakt zu bezeichnen.

Neben der Verhaltenskontrolle trägt das soziale Umfeld entscheidend zur Ausgestaltung des Vertrauensverhältnisses zwischen Patient und Arzt bei (Hypothese $H18$). Der Strukturgleichungsparameter erreicht mit einem Wert von 0,22 ein niedriges Niveau. Die Daten belegen, dass je positiver die Reaktion der sozialen Bezugsgruppe eines Patienten den Zielen und Methoden der Therapie gegenübersteht, desto intakter kann das Vertrauensverhältnis angesehen werden.

Geringe Einflussnahme geht von der Gesundheitsmotivation aus (Hypothese $H15$). Der Strukturgleichungskoeffizient beträgt lediglich 0,10. Daher beeinflusst eine hohe Gesundheitsmotivation das Patientenvertrauen in den Arzt in untergeordnetem Maß. An dieser Stelle ist anzumerken, dass knapp 27% der Varianz des Konstrukts des Vertrauensverhältnisses mittels der drei vorgelagerten Konstrukte erklärt wird. Es liegt die Vermutung nahe, dass weitere, nicht in das Modell eingegangene Determinanten auf dieses Konstrukt einwirken.

Untersuchung der Totaleffekte

Damit das Gesamtbild des Basismodells weiter geschärft wird, sollen neben den direkten Effekten der einzelnen Konstrukte auf die Zielvariable indirekte Effekte in die Analyse und die sich anschließende Interpretation mit einbezogen werden. Direkte und indirekte Effekte addieren sich zum sog. Totaleffekt, welcher für die einzelnen Konstrukte Tabelle 43 zu entnehmen ist.

Von...	Auf...	Totaleffekt
Wahrgen. Verhaltenskontrolle	Verhaltensabsicht zur Therapietreue	0,530
Barrieren im Therapieverlauf	Verhaltensabsicht zur Therapietreue	-0,377
Gesundheitsmotivation	Verhaltensabsicht zur Therapietreue	0,211
Soziale Norm	Verhaltensabsicht zur Therapietreue	0,206
Wirkung der Therapie	Verhaltensabsicht zur Therapietreue	0,196
affektive Einstellungskomponente	Verhaltensabsicht zur Therapietreue	0,139
Vertauensverhältnis zum Arzt	Verhaltensabsicht zur Therapietreue	0,139

Tabelle 43: Totaleffekte auf das Zielkonstrukt Verhaltensabsicht im Basismodell

Die Betrachtung der Totaleffekte unterstreicht den dominanten Einfluss der Verhaltenskontrolle eines Patienten auf dessen Therapietreue. Dieser Effekt ist bei der Untersuchung der Totaleffekte ebenfalls der mit Abstand am stärksten ausgeprägte. Überraschend ist, dass der zweitstärkste Totaleffekt auf die Verhaltensabsicht von den Barrieren im Therapieverlauf ausgeht. Bei der Untersuchung der direkten Effekte wurde hier der geringste Einfluss aller Konstrukte gemessen. Bezieht man allerdings mittelbare Einflüsse in die Analyse mit ein, spielt der stark negative Effekt auf das Konstrukt Verhaltenskontrolle eine entscheidende Rolle bei der Erklärung der Adhärenz. Die wahrgenommenen Barrieren im Therapieverlauf beeinflussen demnach insbesondere die wahrgenommene Kompetenz eines Patienten, seiner Therapie Folge zu leisten. Die Verhaltensabsicht hat starken Einfluss auf die Verhaltensintention eines Patienten. Daher ist dem scheinbar wenig Aufmerksamkeit zukommenden Aspekt der Therapiebarrieren, unter Berücksichtigung indirekter Effekte, ein erheblich stärkerer Einfluss auf die Adhärenz zuzusprechen als zunächst angenommen.

Mittelmäßig starken Einfluss, gemessen an den Totaleffekten auf das Adhärenzniveau, haben die Konstrukte Gesundheitsmotivation, soziale Norm und wahrgenommene Wirkung einer Therapie. Der geringste Gesamteffekt geht von der affektiven Einstellung und dem Vertrauen in den Arzt aus. Diese Ergebnisse lassen vermuten, dass der Effekt emotionaler und spontaner Einflussgrößen auf die Therapietreue eher eine untergeordnete Rolle spielt. Vielmehr wird das Adhärenzverhalten verstärkt durch rationale und kognitive Aspekte beeinflusst.

Es bleibt festzuhalten, dass neben den Messmodellen des Basismodells auch das Strukturgleichungsmodell einer Überprüfung anhand der erhobenen Daten standhält. Aufgrund des hohen Erklärungsgehalts des Zielkonstrukts der Verhaltensabsicht gegenüber adhärentem Verhalten, kann das Basismodell als geeignet zur Identifizierung von Erfolgsfaktoren zur Steuerung der Compliance bezeichnet werden. Alle Gütekriterien der Modellmessung konnten in ausreichendem Maß erfüllt werden, sodass die zunächst rein theoretischen Überlegungen des Modells sich in der Realität als solche identifizieren lassen. Die verschiedenen Gesundheitsmarktteilnehmer kennen damit zentrale Gestaltungsvariablen, auf welche es einzuwirken gilt, um ein erfolgreiches Adhärenz-Management zu implementieren. An dieser Stelle ist darauf hinzuweisen, dass zur Erhöhung der Generalisierbarkeit des Modells weitere Untersuchungen in anderen Krankheitsbildern und möglicherweise auch weiteren Ländern notwendig sind.

Um den Einfluss situations-, persönlichkeits- und krankheitsspezifischer Einflussfaktoren auf das Complianceverhalten von Bluthochdruckpatienten zu untersuchen, werden im Folgenden Gruppenvergleiche zur Berücksichtigung einzelner Kontextvariablen angestellt. Hierbei kommt das vorgestellte Basismodell in unveränderter Form zur Anwendung.

Kapitel 5

Untersuchung situativer Einflussfaktoren auf das Adhärenzverhalten

Nachdem das Basismodell der Konfrontation mit den erhobenen Daten standhalten konnte, steht in diesem Abschnitt die Untersuchung der 2. Untersuchungsfragestellung nach dem Einfluss situativer Einflussfaktoren an. Wie eingangs des Abschnitts 4.4 angemerkt, sind die Parameterschätzungen und Gütekriterien der Mess- und Strukturmodelle der im Folgenden paarweise verglichenen Teilmodelle in den Anhängen A.3 und A.4 zusammenfassend dargestellt. Aus den Modellübersichten im Anhang geht hervor, dass sämtliche Teilmodelle auf Grundlage des Basismodell-Indikatorensets geschätzt wurden, wodurch die notwendige Messmodellinvarianz gewährleistet ist.

Der Schwerpunkt dieses Abschnitts liegt auf der Analyse von Verhaltensunterschieden, welche auf die einzelnen Moderatorvariablen zurückgeführt werden können. Hierbei finden signifikante Verhaltensunterschiede, welche sich auf die unmittelbar dem Zielkonstrukt des Therapietreueverhaltens vorgelagerten Konstrukte zurückführen lassen, besondere Beachtung.

5.1 Krankheitsinvolvement

Als erste moderierende Variable soll der Einfluss des Krankheitsinvolvements auf das Patientenverhalten untersucht werden. Dazu wird Hypothese $H19$ überprüft, die behauptet, dass Krankheitsinvolvement im Sinne des Ausmaßes an persönlicher Betroffenheit eines Patienten durch die Krankheit Bluthochdruck einen signifikanten Einfluss auf das Therapietreueverhalten hat. Das Krankheitsinvolvement wurde über die drei in Abschnitt 3.6

identifizierten Items erfasst. Der Zielwert von mindestens 0,60 für Cronbachs-Alpha[41] wurde in allen Fällen überschritten. Daher kann die latente Variable des Krankheitsinvolvements im Folgenden durch das arithmetische Mittel der drei Items gemessen werden.

Im nächsten Schritt galt es, ein Kriterium auszuwählen, welches die Gesamtstichprobe zuverlässig in zwei trennscharfe Teilstichproben mit zum einen hohem (KIH) und zum anderen niedrigem Krankheitsinvolvement (KIN) unterteilt. Das Kriterium sollte folgend die nachstehenden Anforderungen erfüllen: Zum einen sollte jede der beiden Teilstichproben für sich hinsichtlich des Merkmals Krankheitsinvolvement sehr homogen sein, sich jedoch im Gruppenvergleich durch ein hohes Maß an Heterogenität des interessierenden Merkmals auszeichnen. Erst wenn die vorstehenden Anforderungen erfüllt sind, lassen sich Verhaltensunterschiede mit hoher Sicherheit auf den Moderator, hier die Intensität des Krankheitsinvolvements, zurückführen. Außerdem gilt es, die Anforderung, dass die beiden Stichproben, sofern möglich, einen ähnlichen Umfang aufweisen und keinesfalls weniger als $n = 100$ Patienten umfassen sollten, zu erfüllen.

Ein in der Literatur geläufiges und häufig angewandtes Verfahren stellt die Unterteilung der Gesamtstichprobe in die beiden Teilstichproben des unteren und oberen Quartils der Verteilung des interessierenden Merkmals dar. Unterscheidet sich der Merkmalsmittelwert der Gruppe des unteren Quartils signifikant von dem Merkmalsmittelwert der Teilstichprobe des oberen Quartils, kann von einer trennscharfen Segmentierung ausgegangen werden.[42] Sieht man sich die 5-Punktezusammenfassung des Involvements für die Gesamtstichprobe an, ergibt sich folgendes Bild (Abbildung 15):

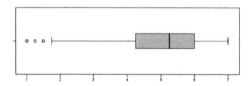

Abbildung 15: Boxplot des Merkmals Krankheitsinvolvement (Likert-Skala 1-7)

Patienten mit einem Krankheitsinvolvement von 4,0 und niedriger wurden im Folgenden der Gruppe KIN zugeteilt, jene mit einem Wert von 6,25 und höher der Gruppe KIH. Der Stichprobenumfang der beiden Gruppen ist durch die Kriteriumswahl der Quartile mit $n_1 = 258$ (KIH) und $n_2 = 238$ (KIN) ähnlich groß und auch die Mittelwerte der Gruppen KIN und KIH unterscheiden sich, wie in der Literatur gefordert, bei der Anwendung

---

[41]Cronbachs-Alpha ist eine Maßzahl der multivariaten Statistik, mit der festgestellt werden kann, inwieweit eine Gruppe von Items zur Messung einer einzelnen latenten Variable herangezogen werden kann. Ein Messinstrumentarium mit mehreren Indikatoren gilt allg. ab einem Cronbachs-Alpha in Höhe von 0,60 als zuverlässig.

[42]2-Stichproben t-Test zum Signifikanzniveau $\alpha = 0{,}05$.

eines 2-Stichproben t-Tests signifikant voneinander. Somit sind die von Seiten der Literatur gestellten Anforderungen zur trennscharfen Unterteilung der Gesamtstichprobe in zwei Teilstichproben erfüllt. Im nächsten Schritt kommt es zur Untersuchung des moderierenden Einflusses des Krankheitsinvolvements auf das Therapietreueverhalten des Patienten.

Ein Blick auf Abbildung 16 und Tabelle 44 verdeutlicht die Verhaltensunterschiede zwischen hoch und niedrig involvierten Patienten. Es sticht hervor, dass sich lediglich drei der 18 Konstruktbeziehungen signifikant voneinander unterscheiden.

Im Modell der hoch involvierten Patienten wird das Therapietreueverhalten lediglich durch ein direkt vorgelagertes Konstrukt kausal determiniert. Es handelt es sich um die Verhaltenskontrolle, welche ein Patient verspürt, um seine Therapie zu befolgen. Alle weiteren vier im Basismodell vorgesehenen Determinanten des Zielkonstrukts scheinen bei hoch involvierten Patienten keinen direkten Einfluss auf die Adhärenz zu haben. Mit einem R^2 von 0,46 determiniert alleine die latente Variable der Verhaltenskontrolle 46% der Varianz der Zielvariablen des Therapietreueverhaltens im Untersuchungsmodell der hoch involvierten Patienten. Aus diesem Ergebnis lässt sich schließen, dass bei Patienten, welche eine starke persönliche Betroffenheit aufgrund ihrer Erkrankung verspüren, ein Höchstmaß an Selbstwirksamkeit die direkten Effekte der restlichen Determinanten des Untersuchungsmodells zu überlagern scheint.[43]

Löst eine Erkrankung ein vergleichsweise geringeres Aktiviertheitsniveau aus, wird die Entscheidung, sich therapietreu zu verhalten, durch alle fünf dem Zielkonstrukt direkt vorgeschalteten Determinanten beeinflusst. Die Pfadkoeffizienten weisen im KIN-Modell ähnliche Werte wie im Basismodell der Untersuchung auf. Bemerkenswert ist das R^2 des Zielkonstrukts, welches bei den niedrig involvierten Patienten einen Erklärungsgehalt von 70% der Varianz des Therapietreueverhaltens durch die vorgelagerten Variablen anzeigt. Somit ist das Untersuchungsmodell in der Lage, das Therapietreueverhalten von niedrig involvierten Patienten sehr gut abzubilden.

Von Bedeutung ist, dass der Einfluss des sozialen Umfeldes auf die Wahrnehmung von Therapiebarrieren bei niedrig involvierten Patienten signifikant stärker ausgeprägt ist als bei den Hochinvolvierten. Ein ähnlicher, bei den niedrig involvierten Patienten vergleichsweise stark ausgeprägter Impuls geht von den Therapiebarrieren zum einen auf die Verhaltenskontrolle und zum anderen auf die einer Therapie entgegengebrachten Gefühle aus.

---

[43]Für Einzelheiten zum KIH-Strukturmodell siehe Anhang A.4 Tabelle 77.

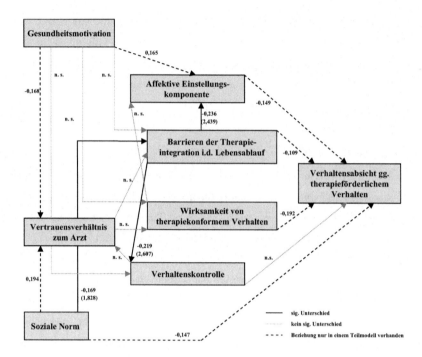

Abbildung 16: Modellvergleich [44] hinsichtlich des Krankheitsinvolvements: KIH vs. KIN

Mit steigender wahrgenommener Betroffenheit eines Patienten durch seine Erkrankung scheint das Vertrauen eines Patienten in seine Fähigkeiten zur selbstbestimmten Einhaltung der Therapie anzusteigen. Da die Erkrankung an Hypertonie vom hoch involvierten Patienten als vergleichsweise stärkere Bedrohung wahrgenommen wird, manifestiert sich bei diesen Patienten die Einstellungsbildung zu Krankheit und Therapie durch verstärkte Informationsverarbeitung auf der zentralen Route. Werden Einstellungsänderungen über die zentrale Route gebildet, dann gelten diese bekannterweise im Zeitablauf als besonders stabil. Es ist davon auszugehen, dass sich Patienten mit einem hohen Involviertheitsgrad über längere Zeiträume eher therapietreu verhalten werden als niedrig involvierte Patienten.

In Anbetracht der Tatsache, dass sich von 18 modellierten Kausalbeziehungen lediglich drei auf sinifikantem Niveau voneinander Unterscheiden, fällt es schwer, Hypothese $H19$ nicht abzulehnen. Es bestehen zwar einzelne diskutierte Verhaltensunterschiede in Abhängigkeit des Krankheitsinvolvements, diese sind jedoch nicht so stark ausgeprägt, dass von einem deutlichen moderierenden Effekt des Involviertheitsgrades auszugehen ist.

---

[44]Es wurden die Pfadkoeffizienten des Modells KIH zugrunde gelegt und davon diejenigen des Modells KIN subtrahiert. Ein positiver Wert indiziert eine stärkere Wirkung im KIH-Modell, ein negativer Wert eine stärkere Beziehung im KIN-Modell.

5.1. Krankheitsinvolvement

	Hypothese			Gruppe1 (KIH)		Gruppe2 (KIN)		Differenz* (t-Wert)	Sig.
	Von...	Auf...		Effekt	t-Wert	Effekt	t-Wert		
H1	Barrieren der Therapieintegration	Verhaltensabsicht		–	–	-0,109	2,231	-0,109 (–)	–
H2	Wirkung therapietreuen Verhaltens			–	–	0,192	3,069	-0,192 (–)	–
H5	Affektive Einstellung			–	–	0,149	2,142	-0,149 (–)	–
H7	Verhaltenskontrolle			0,508	4,127	0,410	6,248	0,089 (0,688)	nein
H16	Soziale Norm			–	–	0,147	2,917	-0,147 (–)	–
H3	Barrieren der Therapieintegration	Barrieren d. Therapie affektive Einstellung		-0,166	2,029	-0,402	8,337	-0,236 (2,439)	ja
H4	Wirkung therapietreuen Verhaltens			0,323	3,817	0,387	5,908	-0,067 (0,592)	nein
H8	Gesundheitsmotivation			0,165	2,475	–	–	0,165 (–)	–
H9	Gesundheitsmotivation			-0,222	3,322	-0,209	3,221	0,013 (0,139)	nein
H12	Vertrauensverhältnis zum Arzt			-0,146	2,244	-0,270	5,173	-0,124 (1,474)	nein
H17	Soziale Norm			-0,158	2,318	-0,327	5,281	-0,169 (1,828)	ja
H6	Barrieren der Therapieintegration	Verh.kontr.		-0,411	6,087	-0,630	13,068	-0,219 (2,607)	ja
H11	Gesundheitsmotivation			0,121	2,142	0,118	2,059	0,003 (0,037)	nein
H10	Gesundheitsmotivation	Ther.wirkung		0,223	2,443	0,233	3,306	-0,010 (0,086)	nein
H13	Vertrauensverhältnis zum Arzt			0,390	4,825	0,443	6,442	-0,053 (0,496)	nein
H14	Verhaltenskontrolle			0,341	4,096	0,437	6,975	-0,096 (0,911)	nein
H15	Gesundheitsmotivation	Vertrauensverhältnis		–	–	0,168	2,674	-0,168 (–)	–
H18	Soziale Norm			0,194	2,418	–	–	0,194 (–)	–

Tabelle 44: Prüfung des Moderatoreinflusses des Krankheitsinvolvements
* Ein negatives Vorzeichen gibt an, dass der höhere Wert im Modell KIN vorliegt.

5.2 Behandlungsdauer

Um den moderierenden Einflusses der Behandlungsdauer zu untersuchen (Hypothese $H20$) wurde zur Durchführung des Gruppenvergleichs erneut auf das in der Literatur gängige Verfahren des unteren und oberen Quartils zur Herausbildung zweier trennscharfer Gruppen aus der Gesamtstichprobe zurückgegriffen. In Abbildung 17 ist die Fünf-Punktezusammenfassung der Behandlungsdauer (in Jahren) grafisch dargestellt.

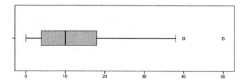

Abbildung 17: Boxplot des Merkmals Behandlungsdauer (in Jahren)

Der Gruppe von Patienten mit einer niedrigen Behandlungsdauer (BDN) wurden $n_1 = 319$ Patienten zugeordnet, welche sich seit höchstens 3 Jahren in ärztlicher Bluthochdruckbehandlung befinden. Die zweite Gruppe (BDH) umfasst $n_2 = 270$ Patienten, deren Bluthochdruck seit mehr als 15 Jahren ärztlich behandelt wird. Ein Vergleich der Mittelwerte der Behandlungsdauer des oberen und unteren Quartils - durch Anwendung eines 2-Stichproben t-Tests - ergab, dass sich diese signifikant voneinander unterscheiden, woraus sich eine als gut zu bezeichnende Trennschärfe der beiden Gruppen ableiten lässt.

Wiederum haben sich bei dem Gruppenvergleich lediglich bei drei der 18 Konstruktbeziehungen nur schwach signifikante Unterschiede ergeben, weshalb Hypothese $H20$ abgelehnt werden muss. Trotzdem sollen die Ergebnisse des Vergleichs nach der Behandlungsdauer im Folgenden eine kurze Diskussion erfahren, welche durch Abbildung 18 und die Ergebnisse in Tabelle 45 unterstützt wird.

Patienten mit einer längeren Behandlungsdauer erhalten aus ihrem sozialen Umfeld stärkere und nachhaltigere Unterstützung zur Reduktion von Barrieren im Therapieverlauf als weniger lang Behandelte. Bei erst seit kürzerer Zeit in Behandlung befindlichen Patienten hingegen geht von der Gesundheitsmotivation ein stärkerer Impuls auf die Konstrukte der wahrgenommenen Therapiewirksamkeit und Reduktion von Therapiebarrieren aus. Die Unterschiede der drei beschriebenen Pfadkoeffizienten unterscheiden sich mit t-Werten von unterhalb 1,9 nur schwach signifikant voneinander. Weiterhin ist keine der beschriebenen Beziehungen dem Zielkonstrukt unmittelbar vorgelagert, was ebenfalls zur Entscheidung der Ablehnung von Hypothese $H20$ beiträgt.

5.2. Behandlungsdauer

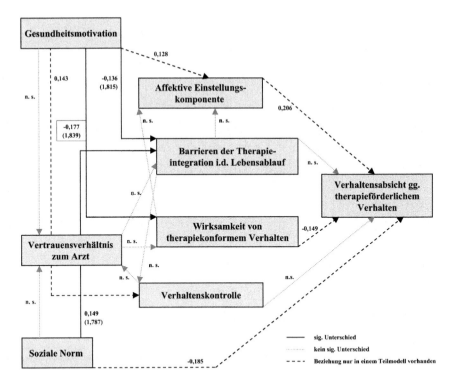

Abbildung 18: Modellvergleich[45] nach der Länge der Behandlungsdauer: BDH vs. BDN

Im Modell der Patienten mit langer Erkrankungsdauer konnte kein signifikanter Einfluss der Determinanten der sozialen Norm und der wahrgenommenen Wirksamkeit auf das Adhärenzverhalten gemessen werden. Im Vergleich hierzu wird die Therapietreue bei erst kürzlich erkrankten Patienten durch die beiden genannten Einflussfaktoren entscheidend geprägt. Diese Ergebnisse stehen im Einklang mit Erkenntnissen einer Metastudie von Di-Matteo, wonach verstärkt bei Beginn einer Therapie der zustimmenden Unterstützung und Meinungsbildung aus dem sozialen Umfeld eines Patienten ein hoher Stellenwert zukommt (DiMatteo M R 2004).

Des Weiteren ist die wahrgenommene Veränderung des Gesundheitszustandes zu Beginn einer Behandlung am ehesten spürbar, auch wenn Bluthochdruck ohnehin meist mit einem geringen Leidensdruck einhergeht. Je länger ein Patient sich in therapeutischer Behandlung befindet, um so eher scheint ein Gewöhnungseffekt hinsichtlich der Wirkung der eingeschlagenen Therapie einzutreten.

---

[45]Es wurden die Pfadkoeffizienten des Modells BDH zugrunde gelegt und davon diejenigen des Modells BDN subtrahiert. Ein positiver Wert indiziert eine stärkere Wirkung im BDH-Modell, ein negativer Wert eine stärkere Beziehung im BDN-Modell.

	Hypothese		Gruppe1 (BDH)		Gruppe2 (BDN)		Differenz* (t-Wert)	Sig.
	Von...	Auf...	Effekt	t-Wert	Effekt	t-Wert		
H1	Barrieren der Therapieintegration	Verhaltensabsicht	–	–	–	–	– (–)	–
H2	Wirkung therapietreuen Verhaltens		–	–	0,149	2,639	-0,149 (–)	–
H5	Affektive Einstellung		0,206	3,621	–	–	0,206 (–)	–
H7	Verhaltenskontrolle		0,585	10,237	0,496	7,505	0,089 (1,025)	nein
H16	Soziale Norm		–	–	0,185	2,902	-0,185 (-)	–
H3	Barrieren der Therapieintegration	Therapie affektive Einstellung	-0,289	3,872	-0,279	4,742	0,010 (0,102)	nein
H4	Wirkung therapietreuen Verhaltens		0,423	7,081	0,350	5,279	0,073 (0,820)	nein
H8	Gesundheitsmotivation		0,128	1,960	–	–	0,128 (–)	–
H9	Gesundheitsmotivation	Barrieren d. Therapie	-0,157	3,103	-0,293	5,296	0,136 (1,815)	ja
H12	Vertrauensverhältnis zum Arzt		-0,218	3,966	-0,254	3,715	-0,036 (0,416)	nein
H17	Soziale Norm		-0,306	5,515	-0,157	2,509	0,149 (1,787)	ja
H6	Barrieren der Therapieintegration	Verh.kontr.	-0,487	7,363	-0,544	11,483	-0,057 (0,673)	nein
H11	Gesundheitsmotivation		0,143	2,740	–	–	0,143 (–)	–
H10	Gesundheitsmotivation	Ther.wirkung	0,165	3,017	0,342	4,117	-0,177 (1,839)	ja
H13	Vertrauensverhältnis zum Arzt		0,430	5,561	0,359	5,230	0,071 (0,673)	nein
H14	Verhaltenskontrolle	Vertrauensverhältnis	0,388	5,287	0,440	6,842	-0,052 (0,521)	nein
H15	Gesundheitsmotivation		–	–	–	–	– (–)	–
H18	Soziale Norm		0,133	2,015	0,177	2,819	-0,044 (0,476)	nein

Tabelle 45: Prüfung des Moderatoreinflusses der Behandlungsdauer
Ein negatives Vorzeichen gibt an, dass der höhere Wert im Modell BDN vorliegt.

Es mag überraschen, dass ausschließlich im BDH-Modell ein signifikanter Impuls der affektiven Einstellungskomponente auf die Verhaltensabsicht gemessen werden kann. Gleiches gilt für den Pfadkoeffizienten zwischen der Gesundheitsmotivation und der affektiven Einstellung. Diese Ergebnisse deuten darauf hin, dass die Therapietreue bei Patienten, die bereits längere Zeit behandelt werden, zunehmend dem Einfluss emotionaler Bewertungen einzelner Therapieaspekte zu unterliegen scheint. Die Auseinandersetzung und Einstellungsbildung des Patienten ist hinsichtlich des Complianceverhaltens zu Beginn einer Therapie vergleichsweise stark kognitiv bzw. rational determiniert. Erst mit steigender Behandlungsdauer wird der Einfluss, welcher von Kognitionen auf das Treueverhalten ausgeht, zunehmend durch emotionale Aspekte dominiert.[46]

An dieser Stelle kann der überlagernde Einfluss dritter Variablen, bspw. des Patientenalters oder Geschlechts, nicht ausgeschlossen werden. So nehmen mit zunehmendem Alter die kognitiven Fähigkeiten der Informationsverarbeitung ab, weshalb ältere Menschen tendenziell weniger Informationen aufnehmen und diese zudem weniger effizient verarbeiten als jüngere Personen. Die vorgetragenen Ergebnisse führen insgesamt zu einer Ablehnung von Hypothese $H20$. Von der Behandlungsdauer scheint kein nachhaltiger Einfluss auf das Therapietreueverhalten eines Patienten auszugehen.

5.3 Geschlecht

Die Frage, inwieweit sich die Erfolgsfaktoren für therapietreues Verhalten zwischen Männern und Frauen signifikant voneinander unterscheiden (Hypothese $H21$), soll in diesem Abschnitt untersucht werden. Die Gesamtstichprobe wurde in das Segment männlicher Patienten (GEM) mit einer Stichprobengröße von $n_1 = 617$ und jenes weiblicher Patienten (GEW) mit $n_2 = 417$ unterteilt. Der Modellvergleich ist in Abbildung 19 grafisch dargestellt und wird durch die Zahlen aus Tabelle 46 zusätzlich fundiert.

Von den 18 gegenübergestellten Strukturgleichungskoeffizienten unterscheiden sich sechs signifikant voneinander. Bei vier der sechs liegt der absolute Niveauunterschied mit Werten großer $|0,15|$ und t-Werten oberhalb von 2,4, was auf substantielle Verhaltensunterschiede hindeutet. Da es sich bei den genannten Koeffizienten z.T. um direkt dem Zielkonstrukt vorgelagerte Beziehungen handelt, bestätigen die Daten Hypothese $H21$. Es scheint zwischen Männern und Frauen substantielle Unterschiede im Adhärenzverhalten zu geben.

---

[46] Für Einzelheiten zu den beiden Strukturmodellen BDH und BDN siehe Anhang A.4.

[47] Es wurden die Pfadkoeffizienten des Modells GEM zugrunde gelegt und davon diejenigen des Modells GEW subtrahiert. Ein positiver Wert indiziert eine stärkere Wirkung im GEM-Modell, ein negativer Wert eine stärkere Beziehung im GEW-Modell.

Hypothese			Gruppe1 (GEM)		Gruppe2 (GEW)		Differenz* (t-Wert)	Sig.
	Von...	Auf...	Effekt	t-Wert	Effekt	t-Wert		
H1	Barrieren der Therapieintegration	Verhaltensabsicht	–	–	–	–	– (–)	–
H2	Wirkung therapietreuen Verhaltens		0,156	2,015	0,140	2,811	0,016 (0,156)	nein
H5	Affektive Einstellung		0,213	4,270	–	–	0,213 (–)	–
H7	Verhaltenskontrolle		0,389	6,892	0,581	13,248	-0,192 (2,479)	ja
H16	Soziale Norm		0,125	2,831	0,123	3,341	0,002 (0,032)	nein
H3	Barrieren der Therapieintegration	Therapie affektive Einstellung	-0,344	9,158	-0,181	4,375	0,153 (2,738)	ja
H4	Wirkung therapietreuen Verhaltens		0,352	7,751	0,490	10,029	-0,138 (2,022)	ja
H8	Gesundheitsmotivation		0,103	2,513	0,127	2,443	-0,024 (0,366)	nein
H9	Gesundheitsmotivation	Barrieren d. Therapie	-0,175	4,899	-0,257	5,539	-0,082 (1,420)	nein
H12	Vertrauensverhältnis zum Arzt		-0,263	6,819	-0,137	2,604	0,126 (1,976)	ja
H17	Soziale Norm		-0,205	4,452	-0,261	5,733	-0,056 (0,833)	nein
H6	Barrieren der Therapieintegration	Verh.kontr.	-0,537	15,011	-0,501	9,255	0,036 (0,579)	nein
H11	Gesundheitsmotivation		0,122	3,466	0,176	3,494	0,054 (0,907)	nein
H10	Gesundheitsmotivation	Ther.wirkung	0,150	3,743	0,325	5,284	-0,175 (2,494)	ja
H13	Vertrauensverhältnis zum Arzt		0,465	10,081	0,284	4,642	0,181 (2,405)	ja
H14	Verhaltenskontrolle	Vertrauensverhältnis	0,343	7,252	0,398	7,651	-0,055 (0,768)	nein
H15	Gesundheitsmotivation		0,120	3,233	–	–	0,120 (–)	–
H18	Soziale Norm		0,268	5,181	0,165	2,861	0,103 (1,309)	nein

Tabelle 46: Prüfung des Moderatoreinflusses des Geschlechts
* *Ein negatives Vorzeichen gibt an, dass der höhere Wert im Modell GEW vorliegt.*

5.3. Geschlecht

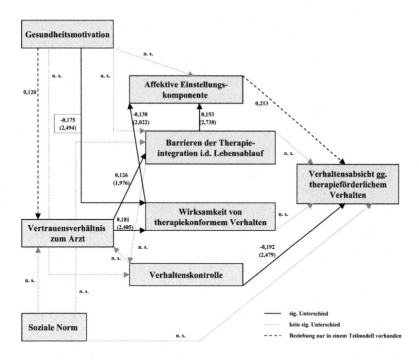

Abbildung 19: Modellvergleich[47] hinsichtlich des Geschlechts: GEM vs. GEW

Ein Blick auf Abbildung 19 zeigt deutliche Unterschiede im Bereich der emotionalen, affektiven Reaktion der beiden Geschlechter hinsichtlich des Therapietreueverhaltens. Bei den weiblichen Probanden ist keine signifikante Beeinflussung der Adhärenz durch die affektive Einstellungskomponente zur Therapietreue messbar. Bei Männern scheint die Entscheidung für oder gegen die Befolgung einer Therapie einem vergleichsweise stärkeren emotionalen Einfluss zu unterliegen. Diese Erkenntnis deckt sich mit anderen Studien. Gerade in Krankheits- und Belastungssituationen weisen Männer und Frauen unterschiedliches Entscheidungsverhalten auf. Frauen scheinen ihre Krankheitssituation stärker auf Basis rationaler Überlegungen einzuschätzen als Männer, die vergleichsweise stärker zu emotional gesteuerten Entscheidungen im Krankheitskontext tendieren. Dieser Verhaltensunterschied ermöglicht Frauen im Vergleich zu Männern eine ausgewogenere Urteilsbildung und schließlich effizientere Entscheidungsfindung hinsichtlich ihres Therapietreueverhaltens.

Eine weitere Bestätigung der vorstehenden Argumentation kommt seitens des erheblich dominanteren Einflusses der wahrgenommenen Verhaltenskontrolle auf die Complianceintention bei Frauen. Aufgrund der rationaleren Bewertung der Krankheits- bzw. Therapiesituation kommt es bei Patientinnen zu einer stärkeren Selbstwirksamkeit hinsichtlich des Complianceverhaltens.

Interessant ist, dass ausschließlich bei Männern ein moderater, in positiver Richtung verlaufender Impuls von der Gesundheitsmotivation auf das Vertrauensverhältnis zum Arzt zu messen ist. Außerdem scheint sich die wahrgenommene Wirksamkeit der eingeschlagenen Therapie durch eine als vertraulich wahrgenommene Behandlungssituation bei Männern signifikant stärker bemerkbar zu machen. Die Therapieintegration in den Lebensablauf erfährt ebenfalls durch ein von Vertrauen geprägtes Verhältnis zum behandelnden Arzt bei Männern im Vergleich zu Frauen eine stärkere Förderung. In der Folge ergibt sich eine umso positivere affektive Einstellung zur Therapie, je positiver ein männlicher Patient die Wirksamkeit der Therapie wahrnimmt und je geringer ihm die Therapiebarrieren erscheinen. Am Ende steht eine höhere Therapietreue. Für alle Beteiligten des Gesundheitswesens sollte es von grundlegendem Interesse sein, zu wissen, dass das Vertrauensverhältnis zum Arzt bei männlichen Patienten ein entscheidender Erfolgsfaktor zur Erreichung einer höheren Adhärenz zu sein scheint.

Die vorgetragenen Erkenntnisse sind ein Beleg für die Gültigkeit von Hypothese $H21$, wonach es zwischen Männern und Frauen signifikante Verhaltensunterschiede im Adhärenzkontext zu geben scheint.

5.4 Krankenversicherungsstatus

Die Frage, inwieweit sich die Erfolgsfaktoren für therapietreues Verhalten zwischen GKV- und PKV-Patienten signifikant unterscheiden (Hypothese $H22$), wir im Folgenden untersucht. Die Gesamtstichprobe wurde in die Segmente GKV-Patienten (GKV) mit einer Stichprobengröße von $n_1 = 801$ und PKV-Patienten (PKV) mit $n_2 = 150$ unterteilt. Der Modellvergleich ist in Abbildung 20 grafisch dargestellt und wird durch die Zahlen aus Tabelle 47 zusätzlich fundiert.

Von den 18 gegenübergestellten Strukturgleichungskoeffizienten unterscheiden sich drei signifikant voneinander. Der absolute Niveauunterschied von Werten größer $|0,15|$ deutet auf Verhaltensunterschiede zwischen GKV- und PKV-Patienten hin.

Maßgeblich für das Adhärenzverhalten der PKV-Patienten ist eine vergleichsweise stark ausgeprägte Kompetenzwahrnehmung zur Ausführung und Befolgung der eingeschlagenen Therapie gepaart mit einem starken Einfluss der Gesundheitsmotivation. Das Vertrauen in den behandelnden Arzt spielt im Hinblick auf das Therapietreueverhalten bei dieser Patientengruppe eine untergeordnete Rolle. Bei PKV-Patienten scheint daher die Entscheidung

---

[48]Es wurden die Pfadkoeffizienten des Modells GKV zugrunde gelegt und davon diejenigen des Modells PKV subtrahiert. Ein positiver Wert indiziert eine stärkere Wirkung im GKV-Modell, ein negativer Wert eine stärkere Beziehung im PKV-Modell.

5.4. Krankenversicherungsstatus

	Hypothese		GKV		PKV		Differenz* (t-Wert)	Sig.
	Von...	Auf...	Effekt	t-Wert	Effekt	t-Wert		
H1	Barrieren der Therapieintegration	Verhaltensabsicht	–	–	–	–	– (–)	nein
H2	Wirkung der Therapie		0,155	2,441	–	–	0,155 (–)	ja
H5	Emotionale Einstellung		0,123	2,779	0,138	2,055	−0,015 (1,285)	nein
H7	Verhaltenskontrolle		0,466	10,191	0,578	5,485	−0,112 (1,108)	nein
H16	Soziales Patientenumfeld		0,152	3,819	–	–	0,152 (–)	ja
H3	Barrieren der Therapieintegration	Emotionale Einst.	−0,248	6,355	−0,214	4,023	0,034 (0,444)	nein
H4	Wirkung der Therapie		0,367	7,617	0,592	8,493	−0,225 (2,359)	ja
H8	Gesundheitsmotivation		0,158	3,684	–	–	0,158 (–)	ja
H9	Gesundheitsmotivation	Barrieren d. Therapie	−0,229	5,844	−0,155	2,167	0,074 (0,911)	nein
H12	Vertrauen in den Arzt		−0,200	4,926	–	–	0,200 (–)	ja
H17	Soziales Patientenumfeld		−0,200	4,768	−0,370	4,963	−0,170 (1,970)	ja
H6	Barrieren der Therapieintegration	Verh.kontr.	−0,508	14,511	−0,466	8,229	0,042 (0,594)	nein
H11	Gesundheitsmotivation		0,099	3,006	0,343	5,821	−0,244 (3,596)	ja
H10	Gesundheitsmotivation	Ther.wirkung	0,211	4,185	0,294	3,974	−0,083 (0,830)	nein
H13	Vertrauen in den Arzt		0,357	7,569	0,441	6,392	−0,084 (0,898)	nein
H14	Verhaltenskontrolle	Vertrauen i.d. Arzt	0,394	9,725	0,230	2,477	0,164 (1,835)	ja
H15	Gesundheitsmotivation		0,084	2,187	0,173	2,469	−0,089 (1,119)	nein
H18	Soziales Patientenumfeld		0,211	5,375	0,285	2,945	−0,074 (0,832)	nein

Tabelle 47: Prüfung des Moderatoreinflusses des Versicherungsstatus
* *Ein negatives Vorzeichen gibt an, dass der höhere Wert im Modell PKV vorliegt.*

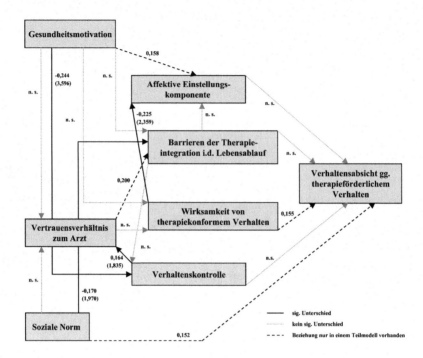

Abbildung 20: Modellvergleich[48] hinsichtlich des Geschlechts: GKV vs. PKV

für oder gegen die Ausführung einer Therapie dem erheblichen Einfluss internal motivierender Argumente ausgesetzt zu sein. So treibt ein stark ausgeprägtes Interesse, den eigenen Gesundheitszustand auf einem höchst möglichen Niveau zu halten, den PKV-Patienten an, sich nachhaltig therapietreu zu verhalten. Überraschenderweise scheint von der gefühlten Wirkung der Therapie kein nachhaltiger Effekt auf die Therapietreue auszugehen. D.h. auch wenn der PKV-Patient keine spürbare Besserung seines Gesundheitszustandes wahrnimmt, hält ihn dies nicht davon ab, die eingeschlagene Therapie auch weiter konsequent zu verfolgen.

Auch bei GKV-Patienten geht der stärkste Impuls auf das Therapietreueverhalten von der Verhaltenskontrolle des Patienten aus, allerdings auf leicht niedrigerem Niveau. Zweitwichtigster Erfolgsfaktor für eine hohe Therapietreue ist bei GKV-Patienten ein intaktes Vertrauensverhältnis zum behandelnden Arzt. Bei GKV-Patienten beeinflusst der Arzt die Adhärenz des Patienten erheblich stärker als bei PKV-Patienten. Im Umkehrschluss gilt, dass ein gestörtes Vertrauensverhältnis zum Arzt die Adhärenz von GKV-Patienten in besonderem Maße belastet. Dieser Aspekt sollte bei Adhärenz-Management-Strategien im GKV-Bereich in jedem Fall berücksichtigt werden. Auch von der vorherrschenden Meinung des sozialen Patientenumfeldes zur Therapieverfolgung geht ein wesentlicher Impuls auf das Complianceverhalten von GKV-Patienten aus. Der erhebliche Einfluss des Arztes und des

Patientenumfeldes auf das Therapietreueverhalten von GKV-Patienten verdeutlichen, dass die Therapietreueentscheidung - im Gegensatz zum PKV-Patienten - einem stärkeren Einfluss der Meinung des sozialen Patientenumfeldes unterliegt. Dies führt zu der Erkenntnis, dass bei GKV-Patienten ein stärker external motiviertes Adhärenzverhalten zu beobachten ist als bei PKV-Patienten. Verstärkt wird diese Entwicklung durch den vergleichsweise geringeren Einfluss der Gesundheitsmotivation auf die Therapietreue von GKV-Patienten.

Der Gruppenvergleich des Verhaltensmodells unter Berücksichtigung der Kontextvariable Krankenversicherungsstatus führte zu dem Ergebnis, dass sich die Bedeutung einzelner Gestaltungsparameter für die Erfolgserklärung der Adhärenz zwischen GKV- und PKV-Patienten deutlich unterscheidet. Gesetzlich Versicherte verhalten sich im Umgang mit ihrer Therapie und Gesundheit tendenziell risikofreudiger als PKV-Patienten. Dies schlägt sich auch im Niveau der Therapietreue nieder. PKV-Patienten sind in stärkerem Maße therapietreu als gesetzlich Versicherte.

Anknüpfend an die klaren Untersuchungsergebnisse sind an dieser Stelle Entscheidungsträger in Krankenversicherungen und Gesundheitspolitik gefordert, die identifizierten Ansatzpunkte aufzugreifen, um die Basis für ein effektiveres Patientenmanagement zu legen. Die risikobasierte Beitragsgestaltung der privaten Krankenversicherung scheint somit nachhaltig positiven Einfluss auf das Gesundheits- und Therapietreueverhalten der Versicherten zu haben. Daher kann man an dieser Stelle darüber nachdenken, den nachgewiesenen positiven Effekt risikobasierter Versicherungsprämien auf das Gesundheitsverhalten, durch einen punktuellen Ausbau von Eigenbeteiligungen an den Gesundheitskosten auch bei GKV-Patienten herbeizuführen.

Die vorgetragenen Erkenntnisse sind ein Beleg dafür, dass zwischen GKV- und PKV-Patienten Verhaltensunterschiede im Compliancekontext bestehen, welche bei Interventionsmaßnahmen zur Erhöhung der Adhärenz berücksichtigt werden sollten. Bei GKV-Patienten konnten 56% und bei PKV-Patienten 63% der Streuung der Zielvariablen Adhärenzverhalten durch das Modell erklärt werden. Daher kann bei beiden Gruppen von einem hohen Erklärungsgrad des Therapietreueverhaltens gesprochen werden.

Die vorgetragenen Erkenntnisse belegen die Gültigkeit von Hypothese $H22$, wonach es in Abhängigkeit des Versicherungsstatus eines Patienten signifikante Verhaltensunterschiede im Compliancekontext zu geben scheint.

Kapitel 6

Identifikation vier verschiedener Patiententypen

In der Praxis des Patientenmanagements wird es zunehmend wichtiger, den einzelnen Patienten möglichst differenziert und individuell anzusprechen. Es sollte zum entscheidenden Erfolgsfaktor für alle Gesundheitsmarktteilnehmer werden, den Patientenpool hinsichtlich verschiedener Adhärenz- bzw. Compliance-Verhaltens-Typen zu unterteilen. Aus diesem Grund werden im Folgenden verschiedene Patientenprofile anhand einzelner Verhaltensdeterminanten erstellt und nach strategisch sinnvoll zu bearbeitenden Patientensegmenten unterteilt. Dieses Kapitel dient der Beantwortung der 3. Untersuchungsfragestellung.

Aufbauend auf den Erkenntnissen des Abschnitts 4.4 werden Zusammenhänge zwischen Entscheidungsprofilen eines Patienten hinsichtlich seines Therapietreueverhaltens und seines Informationsverhaltens über Bluthochdruck untersucht. Hieraus ergeben sich für institutionelle Gesundheitsmarktteilnehmer enorme Möglichkeiten zur selektiven Ansprache einzelner Patiententypen. Eine adäquate Patientenaktivierung und Informationsvermittlung ist bekannterweise dadurch gekennzeichnet, dass diese den jeweiligen Patiententyp in möglichst geringem Umfang über- bzw. unterfordert (Sandy R, Connor U 2015, Dierks M L, Siebeneick S, Röseler S 2001). Die eruierten Patiententypen dienen als Basis zum Aufbau einer möglichst reibungslosen, effizienten und langfristig stabilen Patientenkommunikation über das Thema der Adhärenz sowie der Arzneimitteltherapie.

Unter Rückgriff auf die Methode der Clusteranalyse dient der folgende Abschnitt der Unterteilung des Datensatzes in sich möglichst homogene Patientensegmente, die bzgl. verschiedener Verhaltensdimensionen ähnliche Ausprägungen aufweisen. Im Anschluss werden die Ergebnisse der Clusteranalyse differenziert dargestellt und beschrieben. An die Clusterbildung schließt sich die Ableitung des Patienten-Compliance-Index (PCI) an. Dieser dient der Beantwortung der 4. Untersuchungsfragestellung: Wie adhärent sind Hypertoniepatienten in Deutschland heute? An dieser Stelle wurde wie schon im Vorwort erwähnt, bewusst darauf verzichtet, das innerhalb der Erstauflage vorgestellte und im Rahmen von verschiedensten Studien seit dieser Zeit angewandte und nunmehr etalbierte Instrumentarium des PCI zur Therapietreue-Messung an die Begrifflichkeit der Adhärenz anzupassen. Daher der kurze Hinweis, dass auch in diesem Kapitel stets ein partnerschaftliches Verhältnis zwischen Arzt und Patient und beiderseitige Verantwortung für den Therapieerfolg zu unterstellen ist. Dieses Begriffsverständnis von Adhärenz, beim PCI als Compliance bezeichnet, ist im Übrigen auch durch den zugrundeliegenden Fragebogen gesichert.

6.1 Ergebnisse der Clusteranalyse

Der erste Arbeitsschritt ist die Auswahl der Inputvariablen, anhand welcher die Segmentierung erfolgen soll. Hierzu wird auf die Analyse der Totaleffekte des Patientenverhaltens im Basismodell zurückgegriffen (siehe Abschnitt 4.4). Wie erinnerlich sind die Totaleffekte der drei Variablen Verhaltenskontrolle, Barrieren im Therapieverlauf und Gesundheitsmotivation die mit dem stärksten Einfluss auf das Zielkonstrukt des Adhärenzverhaltens. Die Analyse der moderierenden Effekte in Abschnitt 5 unterstrich ebenfalls die Dominanz der drei genannten Konstrukte zur Prognose des Therapietreueverhaltens. Zur Segmentierung der Stichprobe in verschiedene Verhaltenscluster werden daher ausschließlich diese drei Facetten der Therapietreue herangezogen.

Die genannten Variablen, welche jeweils durch den geschätzten Konstruktwert[49] des Basismodells gemessen werden, sind untereinander gering korreliert, wodurch das Vorliegen von Multikollinearität ausgeschlossen werden kann. Trotz des einheitlichen Wertebereichs (7-stufige Likert-Skala) werden alle Variablen der Untersuchung aus Gründen der Anschaulichkeit auf den Wertebereich [0; 100] normiert. Dabei werden die ursprünglichen 7-er Ratingskalen mithilfe der Formel $y = 100 * \frac{x-1}{7-1}$ in einen Index zwischen 0 und 100 transformiert, wobei x jeweils den von PLS geschätzten Konstruktwert der latenten Variable darstellt.[50] Diese Normierung dient u.a. der Entwicklung des PCI im weiteren Verlauf dieses Abschnitts.

Um die Konsistenz zwischen den beiden zur Analyse herangezogenen K-Means- und Ward-Verfahren sicherzustellen, wird als Proximitätsmaß die in der Literatur gängige Quadrierte-Euklidische-Distanz zugrunde gelegt. Für dieses Maß spricht, dass die Cluster sich weniger an dem Profilverlauf, sondern stärker an dem Niveau der drei Clustervariablen orientieren sollen. Bei der Untersuchung der Probanden nach Ausreißern, deren Merkmalsausprägungen für die Gesamtstichprobe vergleichsweise untypisch sind, konnten keine solchen identifiziert werden. In die Clusteranalyse gehen daher alle $n = 1.035$ Probanden ein.

---

[49]Da es mit PLS möglich ist, die Konstruktwerte der latenten Variablen zu berechnen, kann auf diese Werte zurückgegriffen werden.

[50]Der Wertebereich für den von PLS geschätzten Konstruktwert x ist [1; 7].

6.1. Ergebnisse der Clusteranalyse

Da keine Ausreißer eliminiert werden mussten, erfolgt im nächsten Prozessschritt mithilfe des hierarchischen Clusteralgorithmus nach Ward die Bestimmung der Clusteranzahl. Die nach dem Ward-Verfahren segmentierte Stichprobe wird im Anschluss mithilfe der Abbruchkriterien $Pseudo\ F$, $Pseudo\ t^2$ und Elbow-Kriterium auf Übereinstimmung der Clusterzahl geprüft. In Tabelle 48 sind die beiden erstgenannten Abbruchkriterien aufgeführt. Das Kriterium $Pseudo\ t^2$ hat in den Stufen eins, drei und fünf einen stark ausgeprägten Anstieg zu verzeichnen, was auf mögliche Clusterlösungen mit zwei, vier und sechs Clustern hinweist. Das Abbruchkriterium $Pseudo\ F$ hingegen verzeichnet einen deutlichen Anstieg auf der Stufe vier, was erneut auf eine optimale Clusteranzahl von vier Segmenten schließen lässt, da der Anstieg in dieser Maßzahl auf eine gegenüber der vorausgehenden Clusterlösung heterogenere und somit bessere Segmentstruktur hinweist.

Clusteranzahl	Zusammengefasste Cluster		Clustergröße	$Pseudo\ F$	$Pseudo\ t^2$
15	Cl 46	Cl 35	135	307	116
14	Cl 47	Cl 29	88	309	69
13	Cl 22	Cl 19	64	309	29
12	Cl 30	Cl 24	201	313	161
11	Cl 32	Cl 25	60	313	53
10	Cl 21	Cl 38	57	318	66
9	Cl 14	Cl 23	180	325	88
8	Cl 12	Cl 15	336	337	134
7	Cl 13	Cl 10	121	344	47
6	Cl 9	Cl 17	243	364	**92**
5	Cl 8	Cl 16	473	386	202
4	Cl 11	Cl 18	198	**414**	**166**
3	Cl 7	Cl 6	364	434	157
2	Cl 3	Cl 4	562	451	**189**
1	Cl 2	Cl 5	1035	—	418

Tabelle 48: Clusterhistorie des Ward-Verfahrens mit Abbruchkriterien

Zieht man zur Entscheidungsfindung das in Abbildung 21 grafisch dargestellte Elbow-Kriterium hinzu, verfestigt sich der Eindruck, dass eine Zwei- oder Vier-Clusterlösung als optimal zu erachten ist. In der Abbildung kann ein deutlicher Knick bei zwei und vier Clustern identifiziert werden, was auf einen starken Heterogenitätszuwachs bei diesen beiden Clusteranzahlen hindeutet. Da alle drei Abbruchkriterien eine Lösung mit vier Verhaltensclustern unterstützen, werden im Folgenden vier Patientensegmente herausgearbeitet.

Der letzte Schritt im Rahmen der Clusteranalyse ist die Zuteilung der einzelnen Probanden zu den vier Clustern . Hierbei wird mithilfe des Ward-Verfahrens eine geeignete Startlösung bestimmt, welche der letztendlichen Clusterung durch das K-Means-Verfahren als Ausgangspunkt dient.

Abschließend sollen die Clusterergebnisse bewertet werden. Zunächst wurden für jedes Cluster separat die Konstruktmittelwerte der drei Clustervariablen errechnet. Im Anschluss

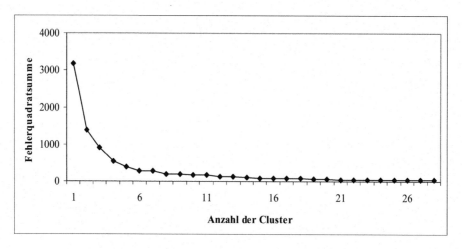

Abbildung 21: Elbow-Kriterium des Ward-Verfahrens

wurden die Clustermittelwerte auf Variablenebene hinsichtlich signifikanter Niveauunterschiede geprüft. Die Ergebnisse sind Tabelle 49 zu entnehmen. Dabei wurden jeweils die Konstruktmittelwerte einer Tabellenzeile paarweise durch Anwendung eines 2-Stichproben t-Tests zum Signifikanzniveau $\alpha = 0{,}05$ miteinander verglichen. Sind die Konstruktmittelwerte einer Tabellenzeile mit dem gleichen Buchstaben gekennzeichnet, gehören diese der gleichen Bandbreite an, da der t-Test keinen signifikanten Mittelwertunterschied nachweisen konnte. Die Mittelwerte der untersten Bandbreite sind mit ^{a} gekennzeichnet, jene der nächsthöheren Bandbreite mit ^{b} usw. Die den jeweiligen Mittelwerten zugeordneten Attribute wie „hoch" und "niedrig" beziehen sich auf die Ausprägung des Konstruktmittelwerts im relativen Vergleich zu den anderen Clustern.

In einem letzten Schritt werden den vier Patiententypologien Namen zugeordnet. Abbildung 22 stellt in grafischer Form für jedes der vier Patientenprofile das Spannungsfeld der drei Clustervariablen anhand der Konstruktmittelwerte dar.

	Selbstbewusster Patiententyp	Engagierter Patiententyp	Unmotivierter Patiententyp	Unsicherer Patiententyp
Gruppenanteil	38% ($n = 399$)	29% ($n = 305$)	14% ($n = 137$)	19% ($n = 194$)
Verhaltens-kontrolle	96^c hoch	93^c hoch	81^b mittel	66^a niedrig
Barrieren	49^b niedrig	41^a niedrig	55^c mittel	64^d hoch
Gesundheits-motivation	94^c hoch	75^b mittel	46^a niedrig	73^b mittel
PCI	91^d adhärent	77^c partiell-adhärent	63^b partiell-adhärent	54^a non-adhärent

Tabelle 49: Mittelwerte der auf den Wertebereich 0-100 normierten Clustervariablen
Mittelwerte mit gleichen Buchstaben unterscheiden sich nicht signifikant voneinander, hierbei wird die niedrigste Bandbreite jeweils mit a, die nächste mit b usw. markiert. Zur Untersuchung der Bandbreiten wurden 2-Stichproben t-Tests zum Signifikanzniveau $\alpha = 0{,}05$ durchgeführt.

6.2 Der Patienten-Compliance-Index

Zur Beantwortung der 4. Untersuchungsfragestellung nach dem Status quo des Adhärenzniveaus im Bluthochdruckbereich wird ein an den vier Patiententypen orientierter PCI entwickelt. Hierzu wurde für jedes der vier Patientenverhaltenscluster der Mittelwert über die bereits transformierten Konstruktwerte der Therapietreue gebildet. Der PCI kann somit Werte zwischen 0 und 100 Punkten annehmen, wobei ein höherer Wert eine stärkere Therapietreue bedeutet. Die durchschnittlichen PCI-Werte der vier Patientencluster sind der untersten Zeile aus Tabelle 49 zu entnehmen.

Der „Selbstbewusste Patient" erreicht mit einem durchschnittlichen PCI von 91 Punkten das mit Abstand höchste Maß an Therapietreue. In diese Gruppe fallen 38% der befragten Patienten. Diese können als adhärent im Sinne der Hypertonietherapie eingestuft werden, da der PCI-Wert knapp unterhalb des Maximums von 100 Punkten notiert. Um die Messgenauigkeit des PCI zu verifizieren, wird die Anzahl der durchschnittlich pro Woche ausgelassenen Tabletten der selbstbewussten Patienten herangezogen. Im Schnitt wurden 0,4 Tabletten ausgelassen, was im Vergleich zu den anderen drei Clustern der signifikant niedrigste Wert ist.

Der „Engagierte Patient" erreicht einen durchschnittlichen PCI von 77 Punkten und liegt signifikant unterhalb der Bandbreite der erstgenannten Gruppe. Mit einem Stichprobenanteil von 29% ist dieser Typ der am zweithäufigsten vertretene. Die durchschnittlich wöchentlich

166　　　　　　　　　　　　　　6. Identifikation vier verschiedener Patiententypen

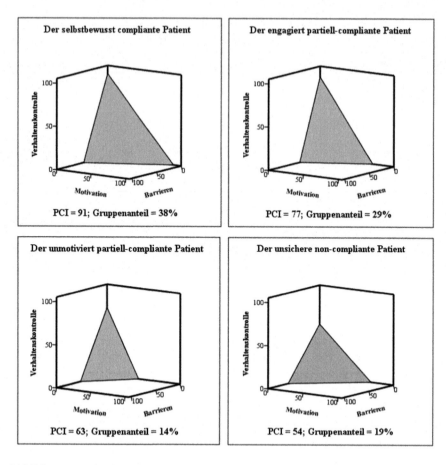

Abbildung 22: Grafische Darstellung der Patiententypen nach dem Adhärenzverhalten

ausgelassenen Tabletten liegen mit 0,7 fast doppelt so hoch wie jenes Maß der adhärenten Gruppe. Die Annahme, dass der engagierte Patient seine Therapie weniger konsequent verfolgt als die erstgenannte Gruppe, wird sowohl durch den niedrigeren PCI-Wert als auch durch die Anzahl der ausgelassenen Tabletten bestätigt. Diesem Patiententyp wird das Prädikat partiell-compliant zugesprochen.

Die dritte Gruppe, welche durch die Bezeichnung „Unmotivierter Patiententyp" charakterisiert werden soll, weist einen durchschnittlichen PCI von 63 Punkten auf. Diese Gruppe ist mit einem Anteil von 14% am geringsten vertreten. Dieser Patiententyp nimmt im Schnitt eine Tablette seiner Hochdrucktherapie nicht ein. Aufgrund der Ausprägungen seiner im nächsten Abschnitt näher beleuchteten Verhaltensmerkmale wird der unmotivierte Patient noch der Gruppe der partiell-adhärenten Patienten zugeordnet. Der Wert der wöchentlich ausgelassenen Tabletten liegt bei dem 1,5-fachen des adhärenten Patienten.

6.2. Der Patienten-Compliance-Index

Im Vergleich zu den drei vorstehend charakterisierten Patiententypen liegt der durchschnittliche PCI-Wert des „Unsicheren Patienten" bei bescheidenen 54 Punkten. Dies ist der mit Abstand niedrigste Wert aller vier Patientensegmente und deutet auf ein geringes Maß an Therapietreue hin. Bestätigt wird diese Vermutung durch wöchentlich mehr als 1,6 ausgelassene Tabletten der Bluthochdrucktherapie. Verglichen mit dem adhärenten Patiententyp, lassen Patienten dieser Gruppe jede Woche 4 Mal häufiger die Einnahme ihrer Medikamente aus, woraus sich eine Zuordnung zum Segment der non-adhärenten Patienten ergibt. Der Stichprobenanteil dieser Kategorie umfasst knapp 20% der Befragten.

Die vorstehende Analyse unterstreicht die Notwendigkeit weiterer Bemühungen im deutschen Gesundheitswesen, um die Therapietreue von Patienten auf ein insgesamt höheres Niveau anzuheben. Nur gut ein Drittel der Bluthochdruckpatienten verhält sich den Ergebnissen nach so adhärent, dass von einer nachhaltigen Blutdrucksenkung auf ein aus medizinischer Sicht normales Niveau auszugehen ist. Weitere rund 40% können dem Therapietreueverhalten nach lediglich der Kategorie partiell-adhärent zugeordnet werden. In diesem Fall kann die eingeschlagene Behandlung nicht den vollen medizinischen Nutzen entfalten, was zu keinem optimalen Therapieergebnis führt. Daher sollten die Bemühungen der institutionellen Gesundheitsmarktteilnehmer auf die Gruppe der partiell-adhärenten Patienten konzentriert werden, da diese Patienten Verhaltensmuster aufweisen, welche durch gezielte Interventionen am ehesten zu einer höheren Theapietreue verändert werden könnten. Die Ergebnisse deuten auf ein hohes Potenzial an partiell-adhärenten Patienten hin, welche auf ein höheres Adhärenzniveau gehoben werden könnten.

Für die restlichen knapp 20% non-adhärenter Patienten dürfte es vergleichsweise schwierig werden, ein höheres Therapietreueniveau zu erreichen, da die Startbedingungen im Sinne der Ausprägungen der drei Clustervariablen als wenig therapieförderlich zu bezeichnen sind. Es wird eine der größten Herausforderungen für alle Gesundheitsmarktteilnehmer sein, für diese Patientengruppe Strategien zur Erhöhung der Therapietreue zu entwickeln. Potenzielle Interventionsstrategien werden in Abschnitt 10 diskutiert.

In der Literatur wurde wiederholt gefordert, die methodischen Werkzeuge weiterzuentwickeln, um das Phänomen Adhärenz bzw. Compliance exakt und aussagekräftig messen zu können. Der hier entwickelte PCI erfüllt diese Anforderung. Die Verifikation des PCI durch das Kriterium der Anzahl der ausgelassenen Tabletten kann als gelungen erachtet werden.[51] Da mit dem Grad der Messgenauigkeit der Therapietreue zudem das Verbesserungspotenzial im Management der Adhärenz steigt, steht nun allen Interessierten des Gesundheitssektors mit dem PCI ein neues Messinstrument zur Verfügung, um die Therapietreue von Patienten zu erfassen.

---

[51] Siehe Auswertungen in Tabelle 50.

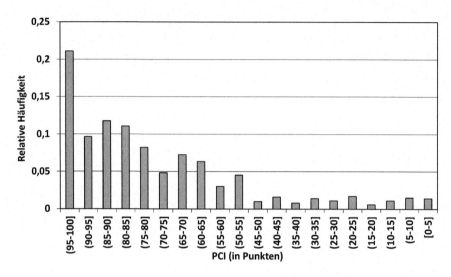

Abbildung 23: Häufigkeitsverteilung der Patienten nach dem Kriterium des PCI

Anhand des PCI lässt sich eine Klassifikation des Hypertoniepatienten vornehmen. Um in die Klasse der adhärenten Patienten eingestuft zu werden, sollte der PCI Werte oberhalb von 80-85 Punkten liegen. Eine Zuordnung zur Klasse der partiell-adhärenten Patienten ist für den Wertebereich des PCI mit einer Untergrenze von 60-65 Punkten und einer Obergrenze von 80-85 Punkten anzuraten. Weist der PCI weniger als 60-65 Punkte aus, liegt die Vermutung nahe, dass sich dieser Patient non-adhärent verhält. Die Klassengrenzen sind aus der vorstehenden Analyse der in Tabelle 49 dargestellten Ergebnisse hergeleitet. Es ist wichtig, darauf hinzuweisen, dass der Übergang zwischen den drei Verhaltenssegmenten adhärent, partiell-adhärent und non-adhärent als dynamisch auszulegen ist. Abbildung 23 veranschaulicht die Verteilung des PCI der 1.035 befragten Hypertoniker.

6.3 Beschreibung und Abgrenzung der vier Patiententypen

Im Folgenden werden die vier Patiententypen anhand ihrer unterschiedlichen Verhaltensmuster und Soziologie genau beschrieben und voneinander abgegrenzt. Die Analyse wird durch verschiedene deskriptive und induktive Statistiken zusätzlich fundiert. Neben soziodemografischen und krankheitsbezogenen Variablen werden zur Beschreibung der Patientensegmente alle abhängigen und unabhängigen Variablen des Basismodells herangezogen.

Für die Variablen des Basismodells wurden wiederum die Mittelwerte der Konstruktwerte

6.3. Beschreibung und Abgrenzung der vier Patiententypen

der einzelnen Patientensegmente verglichen. In Analogie zu dem Vorgehen bei der Clusteranalyse wurden die Mittelwerte ebenfalls zeilenweise unter Anwendung eines 2-Stichproben t-Tests auf signifikante Niveauunterschiede untersucht. Mittelwerte der untersten Bandbreite sind mit ^{a} gekennzeichnet, jene der nächsthöheren mit ^{b} usw. Ergab der t-Test keinen signifikanten Niveauunterschied, wurden diese Werte mit demselben Buchstaben versehen und einer Bandbreite zugeordnet. Die Untersuchungsergebnisse sind Tabelle 50 zu entnehmen.

Patiententyp	Selbstbewusst 38%	Engagiert 29%	Unmotiviert 14%	Unsicher 19%
Verhaltenskontrolle	96^c	93^c	81^b	66^a
Barrieren	49^b	25^a	55^c	64^d
Gesundheitsmotivation	94^c	75^b	46^a	73^b
Affektive Einstellung	94^c	91^c	87^b	79^a
Wirksamkeit der Therapie	88^d	84^c	77^b	68^a
Soziale Norm	78^c	75^c	70^b	60^a
Vertrauensverh. zum Arzt	83^d	77^c	73^b	64^a
Krankheitsinvolvement	63^c	59^b	62^c	56^a
Medizinisches Wissen	80^c	71^b	63^a	60^a
Ausgelassene Tabletten	$0,4^a$	$0,7^b$	$1,0^c$	$1,6^d$
PCI	91^d	77^c	63^b	54^a

Tabelle 50: Beschreibung der Patientenprofile anhand ihrer Verhaltensmerkmale
Mittelwerte mit gleichen Buchstaben unterscheiden sich nicht signifikant voneinander, hierbei wird die niedrigste Bandbreite jeweils mit a, die nächste mit b usw. markiert. Zur Untersuchung der Bandbreiten wurden 2-Stichproben t-Tests zum Signifikanzniveau $\alpha = 0{,}05$ durchgeführt.

Zur Analyse der Patientencluster anhand soziodemografischer und krankheitsbedingter Einflussfaktoren wird folgendes Vorgehen gewählt: Es wird der prozentuale Anteil jedes Clusters hinsichtlich jeder Merkmalsausprägung einer Variable berechnet. Diese Zahlen sind Tabelle 51 zu entnehmen, wobei sich die Anteilswerte einer Zeile jeweils zu 100% aufsummieren.

Um Aussagen über das Abhängigkeitsverhältnis zwischen einem Merkmal, bspw. dem Patientenalter, und der Zugehörigkeit zu einer der vier Patientenkategorien treffen zu können, schließt sich ein χ^2-Unabhängigkeitstest an. Dafür wurde jede der in Tabelle 51 aufgelisteten, merkmalsbezogenen Kontingenztafeln einem χ^2-Unabhängigkeitstest[52] unterzogen. Sofern dieser Test die H_0-Hypothese, dass bspw. das Merkmal des Patientenalters sto-

---

[52]χ^2-Unabhängigkeitstest: Bei einem Signifikanzniveau $\alpha = 0{,}05$ wird H_0 abgelehnt, wenn $\chi^2 > \chi^2_{(0,05;(m-1)(r-1))}$, wobei m = Anzahl der Kategorien des 1. Merkmals und r = Anzahl der Kategorien des 2.Merkmals.

Merkmal	Selbstbewusst 38%	Engagiert 29%	Unmotiviert 14%	Unsicher 19%
Alter*				
0 - 29 Jahre	18%	29%	15%	38%
30 - 49 Jahre	26%	28%	24%	22%
50 - 59 Jahre	39%	28%	11%	22%
60 - 69 Jahre	47%	31%	11%	11%
70 - 99 Jahre	46%	30%	8%	16%
Geschlecht*				
männlich	38%	29%	13%	20%
weiblich	39%	30%	13%	18%
Bildungsgrad*				
Haupt- / Realschule	41%	27%	12%	20%
Abitur / Studium	44%	33%	11%	12%
Erwerbstätigkeit*				
ja	29%	25%	25%	21%
nein	44%	31%	12%	13%
Versicherungsstatus*				
GKV	39%	29%	15%	17%
PKV und Priv.-Zusatz	43%	33%	13%	11%
Wohnort				
Stadt	36%	28%	15%	21%
Land	43%	31%	11%	15%
Behandlungsdauer*				
0 - 1 Jahr	29%	31%	16%	24%
2 - 5 Jahre	33%	26%	18%	23%
6 - 10 Jahre	44%	32%	12%	12%
11 - 50 Jahre	45%	29%	11%	15%
Medienverhalten*				
Informationsbroschüren	43%	31%	9%	17%
Internet	39%	30%	13%	18%
Print-Medien	39%	31%	13%	17%
Vortragsveranstaltungen	48%	30%	8%	14%
Fernsehen	39%	32%	12%	17%
Fachliteratur	44%	31%	9%	16%

Tabelle 51: Beschreibung der Patiententypen anhand verschiedener Merkmale

* Für die gekennzeichneten Merkmale konnte der χ^2-Unabhängigkeitstest zum Signifikanzniveau von $\alpha = 0{,}05$ die H_0 Hypothese ablehnen. Es besteht Abhängigkeit zwischen dem beobachteten Merkmal und der Zuordnung zu einer der vier Patiententypologien.

chastisch unabhängig von der Patiententypologie ist, ablehnt, ist davon auszugehen, dass zwischen der Zugehörigkeit eines Patienten zu einem bestimmten Patientensegment und dessen Alter ein Zusammenhang besteht.

6.3.1 Der selbstbewusst adhärente Patient

Patienten dieses Segments verfügen über ein sehr hohes Maß an Therapie- bzw. Verhaltenskontrolle, hohe Gesundheitsmotivation, starkes Krankheitsinvolvement, vergleichsweise intensives Informationsverhalten über das Thema Bluthochdruck und ein ausgeprägtes Gesundheitswissen. Die Adhärenz weist mit einem PCI-Wert von 91 Punkten ein Höchstmaß an Therapietreue aus. Hinzu kommt, dass Patienten dieses Verhaltenssegments wöchentlich im Durchschnitt 0,4 Tabletten ihrer Hochdrucktherapie auslassen. Dieser Patiententyp entspricht nahezu dem Idealbild eines therapietreuen Patienten. Obwohl diese Patientengruppe die bedeutendste in der vorliegenden Untersuchung ist, umfasst sie lediglich 38% der Studienteilnehmer. Ein gutes Drittel aller befragten Patienten ist daher als therapietreu einzustufen. Im Umkehrschluss bedeutet dies: Bei knapp zwei Dritteln der Hypertoniepatienten kann die Therapie ihren Nutzen nicht in vollem Umfang entfalten.

Insgesamt erstaunt es nicht, dass dieser Patiententyp sich durch eine vergleichsweise intensive Nutzung der Informationsbeschaffung und -aufnahme über alle Medientypen hinweg auszeichnet. Am deutlichsten wird dies durch die verhältnismäßig starke Frequentierung krankheitsbezogener Vortragsveranstaltungen, das Studium von Fachliteratur und die Nutzung von Informationsbroschüren. Dieses aktive Informationsverhalten deutet auf ein starkes Aufklärungsbedürfnis dieses Patiententyps hin. Ferner zeichnet die therapietreuen Patienten ein hohes Problembewusstsein sowohl für ihre Gesundheit als auch für ihre Erkrankung aus. Ein vergleichsweise hohes Maß an Krankheitsinvolvement deutet darauf hin, dass diese Patienten ihre Krankheit nicht verdrängen, sondern sich bewusst mit ihrer Krankheitssituation auseinandersetzen. Dies spiegelt sich in der Tatsache wider, dass adhärente Patienten sehr gut mit ihrer Krankheit zurechtkommen (Coping) und über ein Höchstmaß an Selbstwirksamkeit verfügen.

Ein Vergleich der Vertraulichkeit der Behandlungssituation zwischen den vier Segmenten ergibt für die Gruppe der selbstbewusst adhärenten Patienten den vertrauensvollsten Arztkontakt. Therapietreue Patienten verfügen über ein Höchstmaß an Vertrauen in die Fähigkeiten ihres behandelnden Arztes. Ferner weisen adhärente Patienten nicht nur die beste Fähigkeit auf, sich an einer Behandlungsentscheidung zu beteiligen, sondern sie verfügen zudem über die diesbezüglich größte Motivation. Das soziale Umfeld dieser Patientengruppe steht einer Therapiebefolgung vergleichsweise positiv und unterstützend gegenüber und hilft, mögliche Barrieren im Therapieverlauf gemeinsam mit dem Patienten zu überwinden.

Ein weiterer wesentlicher Aspekt ist die vergleichsweise starke Wahrnehmung einer Verbesserung des eigenen Gesundheitszustandes durch die Befolgung der eingeschlagenen Therapie. Ein hoher gefühlter Wirkungsgrad der Bluthochdrucktherapie bedingt den Erkenntnissen des Basismodells zufolge eine hohe Therapietreue.

Im Vergleich der Gesamtstichprobe mit den selbstbewusst adhärenten Patienten sind in letztgenanntem Cluster vergleichsweise viele Patienten mit einem Alter von 60 Jahren und älter, mit Abitur bzw. Studium als höchstem Bildungsabschluss und mit einer Behandlungsdauer von mehr als 6 Jahren vertreten. Die Gruppe der adhärenten Patienten kennzeichnet sich durch einen hohen Anteil an Versicherten, welche entweder voll privat versichert sind oder zusätzlich zur gesetzlichen Krankenversicherung (GKV) eine private Zusatzversicherung abgeschlossen haben. Auffällig ist außerdem, dass der Anteil erwerbstätiger Personen in dieser Gruppe unterrepräsentiert ist. Diese Beobachtung spiegelt sich in dem vergleichsweise hohen Durchschnittsalter dieses Patientensegments wider.

6.3.2 Der engagiert partiell-adhärente Patient

29% der Patienten können als engagiert partiell-adhärent bezeichnet werden. Diese Gruppe weist einen durchschnittlichen PCI-Wert von 77 Punkten auf und lässt im Wochenschnitt mit 0,7 Tabletten fast doppel so häufig ihre Medikation aus wie der adhärente Patient. Auffällig ist, dass der engagierte Patient ebenfalls über eine starke Verhaltenskontrolle und Selbstwirksamkeit verfügt. Therapiebarrieren nimmt diese Patientengruppe im Vergleich zu den restlichen drei Clustern mit Abstand am geringsten wahr bzw. sieht diese als am ehesten überwindbar an. Im Vergleich zum therapietreuen Patienten liegt die Gesundheitsmotivation auf einem niedrigeren, aber dennoch als hoch zu bezeichnenden Niveau.

Hinsichtlich der psychologischen, informations- und mitbestimmungsbezogenen Einflussgrößen im Rahmen der Behandlung sowie dem Vertrauen in den Arzt weist dieser Patiententyp den entsprechenden Verlauf der adhärenten Patienten auf, gleichwohl auf niedrigerem Niveau. Diese Tendenz spiegelt sich in der noch als gut zu bezeichnenden Wissensbasis wider. Die soziale Norm gestaltet sich bei der Patientengruppe der engagierten Patienten ähnlich gut und positiv wie bei dem adhärenten Pendant.

Als Resümee bleibt festzuhalten, dass die Gruppe der engagiert partiell-adhärenten Patienten sowohl von den persönlichen Verhaltens- und Einstellungsvoraussetzungen zur Therapietreue als auch dem sozialen Kontext über eine als gut zu bezeichnende Ausgangsbasis für eine hohe Therapietreue verfügt. Ansatzpunkt zur Überführung dieser Patienten in die Gruppe der adhärenten Patienten könnte die Stimulierung einer noch höheren Gesund-

6.3. Beschreibung und Abgrenzung der vier Patiententypen

heitsmotivation sein. Diese sollte dazu führen, dass die Wirksamkeit der eingeschlagenen Therapie verstärkt gefühlt wird und durch höhere Lebensqualität, im Sinne des allg. Wohlbefindens, ein höheres Therapietreueniveau erreicht werden kann. Da die Gesundheitsmotivation mit dem Alter zu steigen scheint, könnte der Effekt[53] des Patientenalters im Verlauf einer Dauertherapie die Adhärenz mittel- bis langfristig positiv beeinflussen.

Der Anteil der Patienten mit einer privaten Kranken- bzw. privaten Zusatzversicherung und einem hohen Bildungsgrad ist in diesem Cluster ebenfalls vergleichsweise hoch. Es ist entscheidend, an dieser Stelle darauf einzugehen, dass bei dem engagiert partiell-adhärenten Patienten die Therapie nicht ihre volle therapeutische Wirkung entfalten kann und der Blutdruck nicht dauerhaft auf ein als angemessen zu bezeichnendes Level gesenkt wird. Daher sind alle Beteiligten unseres Gesundheitswesens gefordert, die offengelegten Effizienzreserven einer höheren Therapietreue dieser Patientengruppe auszuschöpfen.

6.3.3 Der unmotiviert partiell-adhärente Patient

Die Gruppe der unmotiviert partiell-adhärente Patienten ist dadurch charakterisiert, dass sie über ein mittleres Maß an Verhaltenskontrolle zur selbstbestimmten Therapieausführung und - im Vergleich zu den beiden vorstehenden Patientenclustern - über eine deutlich niedrigere Gesundheitsmotivation verfügt. Die Ausführung der eingeschlagenen Therapie im Lebensalltag stellt diesen Patienten vor vergleichsweise starke Probleme. Außerdem ist bei dem unmotivierten Patiententyp kein intensives Informationsverhalten zum Thema Bluthochdruck festzustellen, was dazu führt, dass dieser lediglich über ein geringes Ausmaß an Wissen über seine Erkrankung verfügt. Bei der Untersuchung des Medien- und Informationsverhaltens dieses Clusters ist auffällig, dass dieser Patiententyp durch den geringsten Nutzungsgrad der angebotenen Informationsquellen hervorsticht.

Der PCI dieses Segments liegt bei 63 Punkten, was im Vergleich zur Gruppe der engagiert partiell-adhärenten Patienten nochmals auf ein niedrigeres Therapietreueniveau hindeutet, welches aber noch als partiell-adhärent bezeichnet werden kann. Bestätigt wird diese Erkenntnis durch im Wochenschnitt 1,0 ausgelassene Tabletten innerhalb des Segments der unmotivierten Patienten.

Betrachtet man das Gesamtbild der Verhaltensvariablen des unmotivierten Patientenclusters, dann überrascht es nicht, dass diese Patientengruppe eine vergleichsweise geringere Adhärenz als die beiden schon vorgestellten Patiententypen aufweist. Dabei fällt auf, dass

---

[53] Eigene Untersuchungen zum moderierenden Einfluss des Patientenalters auf die Adhärenz haben gezeigt, dass mit ansteigendem Alter der Bluthochdruckpatienten ein signifikanter Anstieg bei der Therapietreue zu verzeichnen ist.

der unmotivierte Patient sich keine Zeit nimmt, Informationen zum Thema Hypertonie zu suchen. Dies unterstreicht den geringen Stellenwert der eigenen Gesundheit, welcher durch die Gesundheitsmotivation erfasst wird. Zudem zeigen die Unmotivierten in Hinblick auf eine Therapieentscheidung weder Initiative, sich aktiv an dieser zu beteiligen, noch sehen sie sich diesbezüglich als kompetent an.

Auffällig ist, dass sich der unmotivierte Patiententyp dadurch auszeichnet, dass er sich in vergleichsweise starkem Maß von der Krankheit Bluthochdruck bedroht und sein Leben beeinträchtigt fühlt. Dies mag einer der entscheidenden Gründe dafür sein, warum dieser Patiententyp sich überhaupt in eine ärztliche Bluthochdruckbehandlung begibt und im beschriebenen Umfang an der Therapie beteiligt. Der unmotivierte Patient beurteilt seine Therapiebefolgungskompetenz als recht gering und ist dem Arzt gegenüber positiv eingestellt. Es sind Patienten, die die Entscheidung bzgl. einer Therapie völlig dem Arzt überlassen wollen, da sie den Fähigkeiten des Arztes ein weitestgehend uneingeschränktes Maß an Vertrauen entgegenbringen und es selbst ablehnen, Verantwortung im Rahmen der Therapieentscheidung zu übernehmen. Aufgrund des geringen Gesundheitswissens fühlen sich diese Patienten möglicherweise dem Arzt so sehr unterlegen, dass es zu vergleichsweise wenig Kommunikation kommt. Dessen ungeachtet ist Vertrauen in das Handeln des Arztes vorhanden.

Das soziale Umfeld des unmotivierten Patiententyps steht einer Therapiebefolgung vergleichsweise gleichgültig gegenüber. Es sind weder unterstützende noch den Therapieplan durchkreuzende Einflüsse messbar, was auf ein geringes Interesse des sozialen Patientenumfeldes an gesundheitsbezogenen Fragestellungen schließen lässt.

Interessanterweise finden sich im Cluster der unmotivierten partiell-adhärenten Patienten primär diejenigen Patienten, die erst vor vergleichsweise kurzer Zeit ihre Bluthochdruck-Erstdiagnose erhalten haben. Diese Gruppe enthält verhältnismäßig viele Patienten in einem Alter zwischen 30 und 50 Jahren, die größtenteils erwerbstätig sind. Der auffällig hohe Anteil erwerbstätiger Personen und die vergleichsweise hohen wahrgenommenen Hürden der Therapieintegration in den Lebensablauf deuten darauf hin, dass die Vereinbarkeit von Berufsalltag und gleichzeitiger Therapiebefolgung als problematisch einzustufen ist.

6.3.4 Der unsichere non-adhärente Patient

Der unsichere non-adhärente Patient bildet den Gegenpol zu dem selbstbewussten adhärenten Patienten, da er über ein geringes Maß an Verhaltenskontrolle und über eine Gesundheitsmotivation nur mittlerer Stärke verfügt. Das Informationsverhalten dieser Patientengruppe ist als moderat interessiert zu bezeichnen, jedoch ist das aus den beschafften Informationen generierte Wissen als vergleichsweise gering einzustufen. Die Gruppe der unsicheren Patienten umfasst 19% der Gesamtstichprobe und weist mit einem PCI von 54 Punkten den niedrigsten Wert aller vier Cluster auf. Durchschnittlich 1,6 ausgelassene Tabletten pro Woche bestätigen die starke Unzuverlässigkeit der Therapieausführung.

Typisch für diese Patientengruppe ist, dass eine sehr eingeschränkte Fähigkeit zur Bewertung medizinischer und gesundheitlicher Fragestellungen besteht. Dies erklärt das als gering wahrgenommene Bedrohungspotenzial durch die Erkrankung an Bluthochdruck. Auch sind die Unsicheren hinsichtlich der Therapieentscheidung weder sonderlich motiviert, sich an dieser zu beteiligen, noch sehen sie sich diesbezüglich als kompetent an. Hurrelmann äußert sich in diesem Zusammenhang wie folgt: „Nicht alle Patienten wünschen eine aktive, eigenverantwortliche Beteiligung oder streben diese an." (Hurrelmann K 2001, S. 12). Dietz merkt an dieser Stelle berechtigterweise an, dass es „... um einen bestmöglichen Therapieerfolg zu gewährleisten, für die unterschiedlichen Player des Gesundheitswesens wichtig zu wissen ist, welche Patienten was wollen und wann sie sich überfordert fühlen" (Dietz B 2006, S. 216).

Die Gruppe der unsicheren Patienten zeichnet sich durch ein nicht intaktes Vertrauensverhältnis zum behandelnden Arzt aus. Aufgrund des niedrigen medizinischen Wissens besteht die Gefahr, dass der behandelnde Arzt die Patienten im Vergleich zu besser informierten Patienten als weniger adäquaten Gesprächspartner wahrnimmt und diese Patienten möglicherweise in geringerem Ausmaß motiviert, sich aktiv an der Behandlung zu beteiligen. Das soziale Umfeld dieses Patientenclusters steht einer Therapiebefolgung vergleichsweise kritisch bis negativ gegenüber, woraus sich ein zusätzliches Maß an Unsicherheit für den ohnehin wenig selbstbewusst und verunsichert handelnden Patienten ableitet.

Auffällig ist, dass dieser Patiententyp vergleichsweise jung ist, über einen niedrigen Bildungsgrad verfügt und sich erst seit kurzer Zeit in ärztlicher Bluthochdruckbehandlung befindet. Privat versicherte oder zusatzversicherte Patienten sind in diesem Cluster unterrepräsentiert.

Es bleibt festzuhalten, dass sowohl die Ergebnisse der Kausalanalyse in Abschnitt 4.4 als auch jene der vorstehenden Clusteranalyse dafür sprechen, dass zur Erklärung der Therapietreue vornehmlich die persönlichen gesundheitsbezogenen Kompetenzen des einzelnen Patienten und Faktoren des Patientenumfeldes heranzuziehen sind. Hinsichtlich der Therapietreue, als Resultat bestimmter Verhaltenskonstellationen, konnten vier deutlich voneinander zu unterscheidende Patiententypen mit einer unterschiedlich stark ausgeprägten Neigung zur Therapietreue identifiziert werden. Daher kann die eingangs dieses Kapitels getroffene Wahl der Clustervariablen als gelungen bezeichnet werden.

6.4 Gesundheitsökonomische Bewertung des Schadens der Non-Adhärenz

Das Interesse an der gesundheitsökonomischen Bewertung, der aus unzureichender Therapietreue resultierenden Opportunitätskosten für das Gesundheitssystem, ist während der letzten Jahre stetig gestiegen (Schöffski O, Fricke F-U, Guminski W 2008). Dies ist zum einen der Fall, da Medikamente tendenziell wirkungsstärker geworden sind und mit der Falscheinnahme höhere gesundheitliche aber auch finanzielle Risiken für das System entstehen. Zum anderen impliziert die falsche bzw. unzureichende Einnahme eines hochpreisigen Medikaments durch das Ausbleiben der therapeutischen Wirkung ebenfalls verlorene Gelder für das Gesundheitssystem.

Verschiedenen Schätzungen zufolge liegen die direkten medizinischen Kosten unzureichender Adhärenz in Deutschland insgesamt bei etwa 7,5 - 10 Mrd. EUR jährlich (?). Dieser Betrag entspricht etwa den gesamten Gesundheitskosten großer Volkskrankheiten, wie der koronaren Herzkrankheit. Bei einer gesundheitsökonomischen Betrachtung auf Basis von Durchschnittskosten, verteilen sich die geschätzten jährlichen 7,5 - 10 Mrd. EUR der Non-Adhärenz auf die 82 Mio. Einwohnern in Deutschland, zu durchschnittlichen Kosten von rund 122 EUR pro Einwohner.

Patiententyp	Selbstbewusst	Engagiert	Unmotiviert	Unsicher	$\sum$
Adhärenzniveau	adhärent	partiell-adh.	partiell-adh.	non-adh.	
Segmentanteil (in %)	38	29	14	19	100
Patienten (in Mio.)	7,6	5,8	2,8	3,8	20,0
Kosten p. Patient (EUR)	0	61	61	122	—
Gesamtkosten (Mio. EUR)	0	353,8	170,8	463,6	**988,2**

Tabelle 53: Kostenschätzung der Non-Adhärenz für das Indikationsgebiet der Hypertonie

Gemäß den Angaben der Deutsche Hochdruckliga gibt es in Deutschland rund 20 Mio. behandelte Hypertoniker (Deutsche Hochdruckliga 2016). Bei einer Hochrechnung der Stichprobe der vorliegenden Studie auf die Grundgesamtheit aller Hypertoniker ergeben sich die in Tab. 53 angegeben Schätzwerte für die vier identifizierten Patiententypen. Setzt man nun bei den 3,8 Mio. non-adhärenten Patienten des unsicheren Typs den Durchschnittswert der direkten Kosten der Non-Adhärenz von 122 EUR an, summieren sich die Gesamtzusatzkosten dieses Segments auf 463,6 Mio. EUR. Für die beiden Gruppen der partiell adhärenten Patienten werden im Folgenden lediglich die halben durchschnittlichen Kosten der Non-Adhärenz von 61 EUR angenommen. Aufgrund der leicht höheren Therapietreue dieser beiden Segmente wird unterstellt, dass die durchschnittlich anfallenden Opportunitätskosten weniger hoch ausfallen werden als für die erstgenannte Gruppe. Für die insgesamt 8,6 Mio. partiell-adhärenten Hypertoniker der Segmente des engagierten und unmotivierten Patiententyps ergeben sich Gesamtzusatzkosten von 524,6 Mio. EUR. Auf Grundlage des konservativen, durchschnittskostenbasierten Schätzansatzes summieren sich die Kosten unzureichender Adhärenz auf dem Indikationsgebiet der Hypertonie für das deutsche Gesundheitssystem auf rund 1 Mrd. EUR pro Jahr.

Aus gesamtwirtschaftlicher Perspektive erscheint es angesichts dieser enormen Summe angebracht, an gezielten Interventionsmaßnahmen zum Abbau der Opportunitätskosten der Non-Adhärenz zu arbeiten. Hierbei ist insbesondere über fokussierte Kommunikationsmaßnahmen nachzudenken, welche sich am jeweiligen Bedarf der vier offengelegten Patiententypen orientiert.

Kapitel 7

Einschätzungsvermögen des Adhärenzverhaltens durch den Arzt

In diesem Kapitel soll der 6. Untersuchungsfragestellung nachgegangen werden. Es gilt zu untersuchen, wie gut der behandelnde Arzt seine Patienten hinsichtlich des Therapieverhaltens einschätzen kann. Dieser Aspekt ist von zentraler Bedeutung für das Gelingen einer Therapie, da der Arzt den Patienten nur dann bestmöglich unterstützen kann, wenn er diesen auch möglichst gut hinsichtlich seiner Motive und Einstellungen zur Therapie einschätzen kann.

Im Gegensatz zu den vorausgegangenen Kapiteln liegt im Folgenden kein Single-Informant-Ansatz (Hurrle B, Kieser A 2005b) mit dem Patienten als einzigem Informanten zugrunde, sondern es wird das Patientenverhalten an Hand von dyadischen Daten untersucht. Die vorliegende Untersuchung stellt somit einen Beitrag zur Reduktion des von Ledermann und Bodenmann (Ledermann T, Bodenmann G 2006) aufgezeigten Forschungsdefizits dyadischer Analysen im Gesundheitswesen dar. Im Rahmen eines solchen Multi-Informant-Ansatzes könnten Untersuchungsergebnisse zum ärztlichen Einschätzungsvermögen mit Angaben des Patienten kombiniert und mögliche Verzerrungen aufgedeckt werden. Ledermann und Bodenmann versprechen sich von solchen Messansätzen wertvolle Erkenntnisse für die Weiterentwicklung der allgemeinen Patientenversorgung.

Um die vorstehende Frage empirisch zu beantworten, wurden neun behandelnde Ärzte und 87 Patienten dieser Ärzte zum Therapieverhalten des Patienten anonymisiert befragt. Der so generierte dyadische Datensatz ermöglicht erste interessante Einblicke in das Zusammenspiel zwischen Arzt und Patient im Umgang mit der gemeinsam eingeschlagenen Therapiestrategie. Um zu analysieren, ob die arztseitige Verhaltenseinschätzung des Patienten mit dem Geschlecht des Patienten variiert, werden die Daten in weiteren Verlauf dieses Kapitels auf signifikante Unterschiede zwischen männlichen und weiblichen Patienten getestet.

7.1 Eine vergleichende Analyse der Einschätzung des Therapieverhaltens

Im Folgenden wird für die Gesundheitsmotivation, die Nebenwirkungsbedenken der Medikamente, das grundsätzliche Interesse des Patienten an der Therapie, die empfundene Unterstützung der Therapie durch das soziale Patientenumfeld und das Adhärenzverhalten untersucht, wie zutreffend der behandelnde Arzt das von seinen Patienten in der Befragung angegebene Verhalten einschätzen kann. Sowohl Arzt als auch Patient haben hierzu gleich lautende Fragen zu den fünf vorstehenden Themenkomplexen vorgelegt bekommen, welche auf einer jeweils 7-stufigen Likert-Skala anonym zu beantworten waren. In einem ersten Schritt wurden die jeweiligen Antworten des Arztes und Patienten miteinander verglichen.

Ein Beispiel soll das Vorgehen der Analyse veranschaulichen. Ein Patient gibt an, sich grundsätzlich recht therapietreu zu verhalten und kreuzt somit innerhalb des 7-stufigen Fragebogens eine 5 an. Wenn der Arzt das Therapietreueniveau des Patienten identisch einschätzt, sollte er auch eine 5 kreuzen. Somit ergibt sich eine Abweichung der beiden Werte von 0, was für eine sehr gute Einschätzung des Patientenverhaltens durch den Arzt steht. Hätte der Arzt den Patienten hingegen als weniger therapietreu bspw. nur mit einer 3 bewertet, ergäbe sich ein Delta von -2 Punkten. Dies bedeutet, dass der behandelnde Arzt das Therapietreueniveau des Patienten tendenziell unterschätzt, was seine Behandlungsentscheidung und Therapiestrategie beeinflussen kann. Hätte der Arzt den Patienten mit 7 (sehr therapietreu) bewertet, hätte sich das Delta mit +2 dargestellt. Ein positives Delta bedeutet somit, dass der Arzt die Kompetenzen des Patienten überschätzt, was ebenfalls für das Gelingen der Therapie problematisch sein kann.

Das vorstehend beschriebene Delta wurde separat für alle 87 Patienten für jeweils alle fünf eingangs präsentierten Einflussfaktoren berechnet. Um eine globale Aussage darüber treffen zu können, wie gut der behandelnde Arzt bspw. die Gesundheitsmotivation seiner Patienten einschätzen kann, wird der Korrelationskoeffizient zwischen den Antworten der Patienten und der Einschätzung durch den behandelnden Arzt für die Antworten zur Gesundheitsmotivation herangezogen. Ein Korrelationskoeffizient nahe +1 bedeutet, dass der Arzt die Gesundheitsmotivation seiner Patienten sehr gut einschätzen kann. Ein Wert nahe 0 bedeutet, dass er die Gesundheitsmotivation nicht systematisch richtig einschätzen kann, ein Wert nahe -1 würde bedeuten, dass die ärztliche Einschätzung tendenziell gegenteilig zur patientenseitigen Einschätzung ausfällt. Beispielhaft würde der Arzt besonders motivierte Patienten systematisch als unmotiviert und umgekehrt besonders unmotivierte als besonders motiviert einschätzen und Kompetenzen zu stärken.

7.1. Eine vergleichende Analyse der Einschätzung des Therapieverhaltens

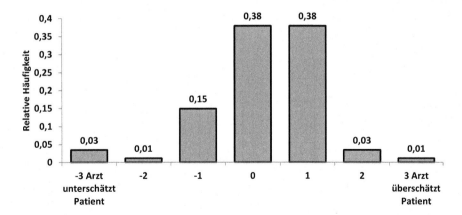

Abbildung 24: Abweichung der vom Patienten getroffenen eigenen Therapieadhärenzbewertung zur Einschätzung der Therapieadhärenz durch den behandelnden Arzt

Bei 38% der Patienten gelingt es dem behandelnden Arzt, die Adhärenz seiner Patienten perfekt einzuschätzen, d.h. die Einschätzung der eigenen Therapietreue durch den Patienten deckt sich mit jener Bewertung des Arztes. Kumuliert betrachtet, unterschätzt der Arzt bei knapp 20% der Patienten deren Therapietreue, wobei es hier zu beachten gilt, dass Patienten ohnehin dazu tendieren, ihre eigene Adhärenz zu überschätzen (s. Abbildung 24). Bei den restlichen gut 42% der Patienten schätzt der Behandler seine Patienten therapietreuer ein, als sich der Patient selbst einschätzt. Insbesondere bei dieser doch recht großen Patientengruppe könnte ein mehr an Kommunikation und Unterstützung der Adhärenz durch den Arzt möglicherweise nachhaltig helfen, dem Patienten die Ausführung seiner Therapie zu erleichtern.

Zieht man den Korrelationskoeffizienten zwischen der Therapietreuebewertung durch den Patienten und der Einschätzung durch den Arzt heran, so ergibt sich ein Wert von +0,29, was einen mäßigen positiven linearen Zusammenhang repräsentiert. Dies bedeutet, dass Ärzte das vom Patienten angegebene Therapietreueniveau von der Tendenz her richtig einschätzen können, sich dieser Einschätzung jedoch nicht zu sicher sein sollten. Diese Erkenntnis könnte ein Ansatzpunkt dafür sein, bei der Ärzteschaft eine höhere Sensibilität für das Thema der Therapietreue im Gespräch mit den Patienten zu schaffen. Interessant ist weiterhin, dass Ärzte die Adhärenz von Männern mit einem Korrelationskoeffizienten von +0,40 signifikant (p-Wert 0,00) sicherer einzuschätzen vermögen als es bei weiblichen Patientinnen (+0,24) der Fall zu sein scheint.

Abbildung 25 beschreibt, in wie weit der Arzt die Gesundheitsmotivation seiner Patienten richtig einschätzen kann. Bei knapp 15% der Patienten gelingt es dem Arzt sehr gut, das Motivationsniveau korrekt einzuordnen. Bei ca. 30% der Patienten unterschätzt der Arzt

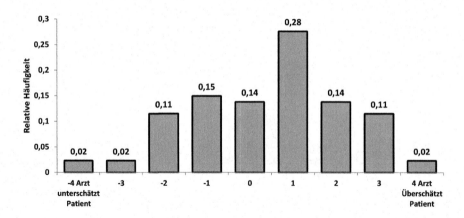

Abbildung 25: Abweichung der vom Patienten empfundenen Gesundheitsmotivation zur Motivationseinschätzung durch den behandelnden Arzt

die grundsätzliche Gesundheitsmotivation, bei den restlichen ca. 55% überschätzt er die Motivation der Patienten zum Erhalt der eigenen Gesundheit. Der Korrelationskoeffizient zwischen Einschätzung durch den Arzt und der Eigenbewertung durch den Patienten liegt bei +0,04. Somit besteht kein systematischer Zusammenhang zwischen den beidseitigen Einschätzungen der Gesundheitsmotivation. Anders ausgedrückt ist der Arzt nicht in der Lage, die Gesundheitsmotivation seiner Patienten systematisch - egal ob motiviert oder unmotiviert - richtig einzuschätzen, was zu Problemen im Behandlungsverlauf führen kann. Ein Gruppenvergleich zwischen Männern und Frauen konnte keinen signifikanten Unterschied (p-Wert 0,54) des Einschätzungsvermögens der Gesundheitsmotivation durch den Behandler nach dem Geschlecht bestätigen.

Analysiert man nun den in Abbildung 26 dargestellten Zusammenhang zwischen dem Einschätzungsvermögen der Therapieadhärenz und dem Einschätzungsvermögen der Gesundheitsmotivation ergibt sich mit einem Korrelationskoeffizienten von +0,38 ein mittelmäßig positiver linearer Zusammenhang. Dies Bedeutet, dass der Arzt bei Patienten, bei welchen er die Therapietreue unterschätzt auch deren Gesundheitsmotivation tendenziell unterschätzen wird. Problematisch für das Gelingen der Therapie wird diese Erkenntnis bei jenen Patienten, bei welchen er die Adhärenz unterschätzt. Hier geht er ebenfalls grundsätzlich von einer höheren Gesundheitsmotivation aus, über welche der Patient den eigenen Angaben zufolge jedoch nicht verfügt. Ein gegenläufiger Zusammenhang wäre hier wünschenswert gewesen, denn eine bessere Einschätzung der Gesundheitsmotivation hätte zumindest teilweise eine ärztliche Fehleinschätzung im Bereich der Therapietreue kompensieren können. Der beschriebene problematische positive Zusammenhang der beiden ärztlichen Einschätzungen ist bei Frauen mit +0,42 signifikant stärker ausgeprägt als

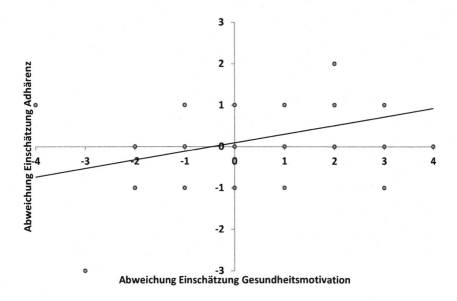

Abbildung 26: Zusammenhangsanalyse zwischen den Einschätzungsabweichungen der Gesundheitsmotivation und der Adhärenz - Korrelationskoeffizient +0,38

bei männlichen Patienten mit +0,34 (p-Wert 0,03).

Weiterhin ist es von Interesse zu wissen, wie gut der Behandler die medikamentösen Nebenwirkungsbedenken seines Patienten einzuschätzen vermag. Grafik 27 stellt diesen Zusammenhang dar. So schätzt der Arzt bei knapp 25% seiner Patienten deren Nebenwirkungsbedenken korrekt ein. Bei knapp 30% überschätzt er die Bedenken seiner Patienten und bei den restlichen 45% unterschätzt der Arzt tendenziell die vom Patienten empfundenen Bedenken, was für diese Patientengruppe direkte negative Auswirkungen auf deren Therapietreue haben könnte. Der Zusammenhang zwischen arztseitiger und patientenseitiger Nebenwirkungseinschätzung ist mit einem Korrelationskoeffizienten von +0,17 schwach positiv ausgeprägt. Somit fällt es dem Behandler grundsätzlich schwer, die Nebenwirkungsbedenken seines Gegenübers richtig einzuschätzen, wenngleich eine minimale Tendenz zu einer mit dem Patienten gleichgerichteten Bedenkeneinschätzung besteht. Das Geschlecht des Patienten spielt bei der Einschätzung der Nebenwirkungsbedenken keine Rolle (p-Wert 0,64). Problematisch ist das Ergebnis insofern, als dass patientenseitige Bedenken hinsichtlich seiner Medikamente eine erhebliche Barriere für das Erreichen einer hohen Therapietreue darstellen, der Arzt jene Bedenken des Patienten aber nur schwerlich richtig einzuschätzen vermag.

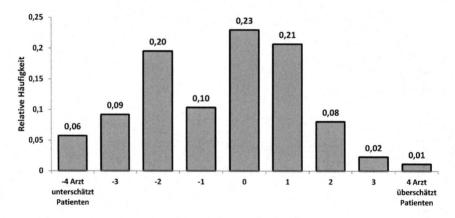

Abbildung 27: Abweichung der vom Patienten empfundenen Bedenken hinsichtlich der Nebenwirkungen seiner Medikamente zur Bedenkeneinschätzung durch den behandelnden Arzt

Analysiert man nun den in Abbildung 28 präsentierten Zusammenhang zwischen dem ärztlichen Einschätzungsvermögen der Therapietreue und der Nebenwirkungsbedenken, ergibt sich an Hand des Korrelationskoeffizienten von +0,01 keinerlei Zusammenhang. Unterscheidet man die Stichprobe hingegen nach dem Geschlecht ergibt sich ein signifikanter (p-Wert 0,02) Unterschied des beschriebenen Zusammenhangs. So tendieren Ärzte bei männlichen Patienten dazu, die Nebenwirkungsbedenken und Adhärenz marginal gleichgerichtet zu über- und unterschätzen (Korrelationskoeffizient +0,15), was einen positiven Effekt auf die Adhärenz haben könnte. So tendiert der Arzt bei männlichen Patienten, bei welchen er die Therapietreue überschätzt, dazu, die Nebenwirkungsbedenken dieses Patienten auch zu überschätzen, wodurch ggf. mehr Zeit im Patientengespräch zum Abbau von Therapiebarrieren in Form von Nebenwirkungsbedenken investiert wird. Dies könnte die Überschätzung der Adhärenz männlicher Patienten durch den Arzt zum Teil kompensieren. Bei weiblichen Patientinnen hingegen bestätigt sich das Vorliegen keinerlei Zusammenhangs anhand eines Korrelationskoeffizienten von -0,06.

Abbildung 29 beschreibt, inwieweit der Arzt die Therapieunterstützung des sozialen Patientenumfeldes korrekt einzuschätzen vermag. Bei gut 20% der Patienten gelingt es dem Arzt sehr gut, die Unterstützung durch das soziale Umfeld übereinstimmend mit der Patienteneinschätzung einzuordnen. Bei ca. 45% der Patienten unterschätzt der Arzt die soziale Unterstützung, bei den restlichen knapp 30% überschätzt er die unterstützende Wirkung des Patientenumfeldes für das Gelingen der Therapie. Der Korrelationskoeffizient zwischen Einschätzung durch den Arzt und der Eigenbewertung durch den Patienten liegt bei -0,06. Somit besteht kein systematischer Zusammenhang zwischen den beiderseitigen Einschätzungen der sozialen Unterstützung. Anders ausgedrückt ist der Arzt nicht in der

7.1. Eine vergleichende Analyse der Einschätzung des Therapieverhaltens

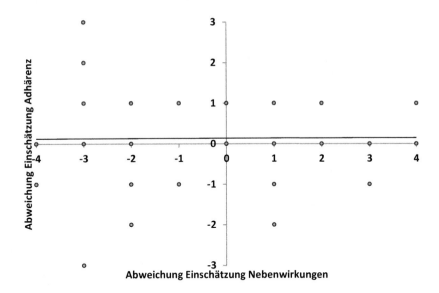

Abbildung 28: Zusammenhangsanalyse zwischen den Einschätzungsabweichungen der Nebenwirkungen und der Adhärenz - Korrelationskoeffizient +0,01

Lage, vom Patienten empfundene soziale Unterstützung seiner Patienten systematisch richtig einzuschätzen, was zu Risiken im Behandlungsverlauf führen kann.

Ein Gruppenvergleich zwischen Männern und Frauen zeigt einen signifikanten Unterschied (p-Wert 0,00) des ärztlichen Einschätzungsvermögens nach dem Geschlecht auf. So bestätigt sich mit einem Korrelationskoeffizienten von -0,02 für Frauen kein Zusammenhang der untersuchten Einschätzungen. Für männliche Patienten hingegen offenbart sich mit einem Korrelationskoeffizienten von -0,31 ein gegensinniger Zusammenhang. Empfinden Männer ihr soziales Umfeld als unterstützend, so schätzt der Behandler diese Hilfe als vergleichsweise zu gering ein. Bei männlichen Patienten, welche hingegen selbst ein hohes Maß an sozialer Unterstützung für ihre Therapie empfinden, schätzt der Arzt diese Unterstützung als vergleichsweise gering ein. Es ist an dieser Stelle darauf hinzuweisen, dass der beschriebene gegensinnige Zusammenhang bei männlichen Patienten auf sehr geringem Niveau einzuordnen ist.

Abbildung 30 beschreibt, inwieweit der Arzt das Niveau der Therapieunterstützung durch das soziale Patientenumfeld richtig einschätzen kann. Bei knapp 15% der Patienten gelingt es dem Arzt sehr gut, das Motivationsniveau korrekt einzuordnen. Bei ca. 30% der Patienten unterschätzt der Arzt die grundsätzliche Gesundheitsmotivation, bei den restlichen ca. 55% überschätzt er die Motivation der Patienten zum Erhalt der eigenen Gesundheit. Der Korre-

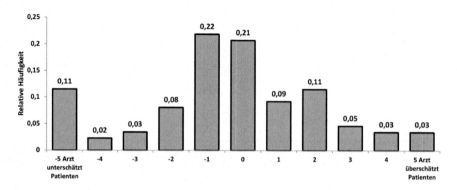

Abbildung 29: Abweichung der vom Patienten empfundenen sozialen Unterstützung zur Einschätzung der sozialen Umfeld Unterstützung durch den behandelnden Arzt

lationskoeffizient zwischen Einschätzung durch den Arzt und der Eigenbewertung durch den Patienten liegt bei +0,04. Somit besteht kein systematischer Zusammenhang zwischen den beidseitigen Einschätzungen der Gesundheitsmotivation. Anders ausgedrückt ist der Arzt nicht in der Lage, die Gesundheitsmotivation seiner Patienten systematisch - egal ob motiviert oder unmotiviert - richtig einzuschätzen, was zu Problemen im Behandlungsverlauf führen kann. Ein Gruppenvergleich zwischen Männern und Frauen konnte keinen signifikanten Unterschied (p-Wert 0,54) des Einschätzungsvermögens der Gesundheitsmotivation durch den Behandler nach dem Geschlecht bestätigen.

Analysiert man nun den in Abbildung 30 dargestellten Zusammenhang zwischen dem ärztlichen Einschätzungsvermögen der Therapieunterstützung durch das soziale Patientenumfeld und dem Einschätzungsvermögen der Gesundheitsmotivation ergibt sich mit einem Korrelationskoeffizienten von -0,16 ein schwach negativer linearer Zusammenhang. Dies bedeutet, dass der Arzt bei Patienten, bei welchen er die Therapietreue unterschätzt, gleichzeitig dazu tendiert, die soziale Therapieunterstützung zu überschätzen, was für den Therapieerfolg als ungünstig zu bewerten ist. Dieser Effekt ist bei männlichen Patienten mit -0,23 signifikant (p-Wert 0,04) stärker ausgeprägt als bei Frauen mit -0,14.

7.2 Wie Praxispersonal den Arzt optimal auf den Patientenkontakt vorbereitet

In der Gesamtschau fällt es dem behandelnden Arzt nicht leicht, das Therapieverhalten und die vom Patienten empfundene soziale Unterstützung für eine Therapie im Patientenalltag richtig einzuschätzen. Es gibt zwar grundsätzlich eine Tendenz dazu, die Qualität der

7.2. Wie Praxispersonal den Arzt optimal auf den Patientenkontakt vorbereitet

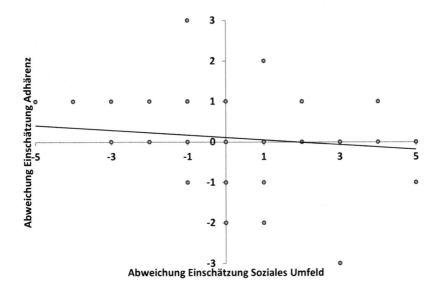

Abbildung 30: Zusammenhangsanalyse zwischen den Einschätzungsabweichungen der Therapieunterstützung durch das soziale Umfeld und der Adhärenz - Korrelationskoeffizient -0,16

verschiedenen Therapiedeterminanten richtig wahrzunehmen, wobei die empirische Analyse zeigt, dass das Risiko einer Fehleinschätzung des Patienten als vergleichsweise groß einzustufen ist. Hiermit einher geht die grundsätzliche Problematik, dass der Arzt möglicherweise seine Ressourcen im Patientengespräch nicht optimal allokiert. Ärzte investieren so ggf. zu viel Zeit zur Erörterung von Nebenwirkungsbedenken bei Patienten, welche tatsächliche vergleichsweise geringe Nebenwirkungsbedenken haben. Das gleiche Problem stellt sich bei der grundsätzlichen Einschätzung der Therapietreue eines Patienten durch den Arzt. Hier können dem Arzt die vier in Kapitel 6 beschriebenen Patiententypen wirksam helfen.

Bekanntlich ermöglicht das Vorliegen von soziologischer Grunddaten zu einem Patienten, diesen hinsichtlich seines zu erwartenden Umganges mit seiner Therapie in engen Grenzen prognostisch zu beschreiben. Hier kommt der medizinische Fachangestellte (MFA bis 2006 als Arzthelfer bezeichnet) und anderes Praxispersonal des Arztes in Spiel. Sofern dieser Personenkreis hinreichend geschult wurden kann er dem Arzt im Vorfeld eines Patientenbesuchs ein Patientenprofil erstellen und dieses dem Arzt in Kurzform vorlegen. Hierzu müssten von den Patienten im Vorfeld des Erstkontakts wenige soziologische Daten erfragt werden bzw. aus der Patientenkarte bei GKV Patienten ausgelesen werden. Hierauf aufbauend wird die Ableitung eines Adhärenz-Risikoprofils für jeden Patienten möglich. Dies hätte zur Folge, dass der Arzt im Durchschnitt aller Patientenkontakte besser informiert wäre und gezielter auf potenzielle Bedenken und Risiken für die Therapie eingehen könnte. Bei Patienten, für welche sich ein geringes Risiko für eine unzureichenden Therapietreue abzeichnet, könnte der Arzt zeitliche Ressourcen einsparen und gezielt zu den als problematischer zu erwartenden Patienten umallokieren.

Das beschriebene moderne Praxismanagement sollte sich in einem gestiegenen Vertrauen der Patienten in den behandelnden Arzt, einer höheren Patientenzufriedenheit sowie besseren Therapieergebnissen der Patienten des behandelnden Arztes niederschlagen. Auch sollte sich durch eine möglichst optimierte Allokation der Behandlungszeiten des Arztes zumindest keine zeitliche Mehrbelastung für den Arzt ergeben, was für diesen aus betriebswirtschaftlicher Sicht auch von Relevanz ist. Die für jeden Patienten vorliegende Verhaltensprofileinschätzung und die damit einhergehende bessere Vorabinformiertheit des Arztes sollte diesem eine bessere Konzentration auf seine Kernkompetenzen der Untersuchung, Diagnosestellung und Therapiebegleitung im Patientenkontakt ermöglichen.

Auch könnte das Praxispersonal stärker in das aktive Anbieten von Zusatzinformationen für den Patienten und Fragen zum Umgang mit der Therapie im Patientenalltag eingebunden werden. Da das Patientenprofil bekannt ist, können auch hier gezielt Risikopatienten für eine unzureichende Therapietreue proaktiv von den MFAs angesprochen und auf Informationsangebote hingewiesen werden. Es ist daher nötig, das Praxispersonal so zu schulen, dass es den Arzt auf die möglicherweise wenig therapietreuen Patienten aufmerksam machen kann. Auf diesem Wege kann auch das Praxispersonal noch stärker unterstützend afu den Therapieerfolg einwirken.

Im Zuge der zunehmenden Akademisierung gesundheitswirtschaftlicher Berufsbilder wird das Praxispersonal von morgen verstärkt auch vorstehend beschriebene Aufgaben übernehmen müssen, um für effizientere Behandlungsabläufe und eine fortlaufende Verbesserung der medizinischen Outcomes im Versorgungsalltag zu sorgen. Man darf an dieser Stelle nicht vergessen, dass auch Arztpraxen in einem nicht zu unterschätzenden Wettbewerb stehen und nach Reputationsgewinnen streben. Hierzu stellt die beschriebene Adhärenz-Risiko-Profilierung aller Patienten ein wirksames und gut umsetzbares Instrument dar.

Kapitel 8

Regionale Unterschiede des Therapieverhaltens nach dem Bundesland

In diesem Kapitel wird der 7. Untersuchungsfragestellung nachgegangen, ob es im Gesundheitsverhalten signifikante Unterschiede zwischen den Bürgern der deutschen Bundesländer gibt. Da die Gesundheitspolitik nicht ausschließlich in den Händen der zuständigen obersten Bundesbehörde liegt, sondern auf Landesebene durch zuständige Ministerien, regional verankerte Krankenversicherungen und kassenärztliche Vereinigungen geprägt ist, erscheint eine vergleichende Untersuchung auf Ebene der Bundesländer angebracht.

In der Literatur wurde immer wieder der Versuch unternommen, verschiedene gesundheitliche Fragestellungen nach regionalen Clustern vergleichend zu analysieren. Im Rahmen der Gesundheits- und Sozialberichterstattung werden genannte Analysen regelmäßig vorgenommen. So legen die Studien von Eichhorn et al. (Eichhorn C, Loss J, Nagel E 2007), Dirschedl et al. (Dirschedl P et al. 2007) und Böhm et al. (Böhm A, Ellsäßer G, Lüdecke K 2007) regionale Verhaltensunterschiede im Umgang mit verschiedenen gesundheitlichen Themen offen. Gegenstand der zitierten Studien waren vergleichende Analysen des Ernährungs- und Präventionsverhaltens.

Unberücksichtigt blieb bisher in der Forschung, ob Regionalcluster im Umgang von chronisch kranken Patienten mit ihrer Krankheit und Therapie existieren. Aufgrund skizzierter regional variierender Versorgungsstrukturen wird im Folgenden eine Untersuchung regionaler Disparitäten im Gesundheitsverhalten des Patienten vorgenommen. Böhm et al. (Böhm A, Ellsäßer G, Lüdecke K 2007) erachten es ebenfalls als notwendig, die Untersuchung regionaler Unterschiede gesundheitlicher Fragestellungen voranzutreiben. Die Analyse ist mit der Hoffnung verbunden, Impulse für zielgerichtete regionale Interventionsmaßnahmen abzuleiten, um die Kompetenzen des Patienten im Umgang mit seiner Erkrankung verbessern zu können. Harris (Harris M 2009) verweist darauf, dass insbesondere im angelsächsischen

Raum ein zunehmendes Interesse an regional-vergleichenden Gesundheitsstudien zu verzeichnen ist.

Vor diesem Hintergrund wird im Folgenden das beabsichtigte Therapieverhalten von Hypertonikern vergleichend nach dem Bundesland untersucht. Die Studien von Kliche/Kröger (Kliche T, Kröger G 2008) und Vincze/Barner (Vincze G, Barner J C 2004) zum Patientenverhalten haben gezeigt, dass das beabsichtigte Gesundheitsverhalten wesentlich von den folgenden Determinanten beeinflusst wird: die vom Patienten wahrgenommenen Therapiebarrieren, das Ausmaß der Gesundheitsmotivation, das soziale Patientenumfeld, das Vertrauensverhältnis zum Arzt, der medizinische Wissensstand und der gefühlte Bedrohungsgrad einer Erkrankung. Die in Kapitel 4.4 vorgestellten Ergebnisse bestätigen die vorstehend zitierten anderweitigen Studienergebnisse. Die sechs genannten Variablen werden durch das Konstrukt des geplanten Therapietreueverhaltens des Patienten komplettiert. Die sieben aufgeführten Variablen werden aufgrund ihres determinierenden Charakters für das beabsichtigte Gesundheitsverhalten von Patienten als Vergleichsmaßstab herangezogen. Die zur Thematik des variierenden Gesundheitsverhaltens nach dem Bundesland vorliegende und skizzierte Literatur ist spärlich, daher hat die folgende Untersuchung explorativen Charakter.

Die managementorientierten Ergebnisse richten sich sowohl an Entscheidungsträger in Gesundheitspolitik und Krankenversicherungen als auch an Pharmaunternehmen, Ärzte und nicht zuletzt an die Patienten selbst.

8.1 Datenmaterial und Methodik

Um empirisch gehaltvolle Antworten auf die aufgeworfene Forschungsfragen zu erhalten, wurde der in Kapitel 4.2 bereits vorgestellt Datensatz in Regionaldatenstäze nach dem Bundesland unterteilt. Für 1.008 der 1.035 befragten Patienten konnte eine eindeutige regionale Zuordnung zu einem Bundesland vorgenommen werden. Tabelle 54 gibt einen ersten soziodemografischen Überblick hinsichtlich der Verteilung der befragten Patienten auf die Bundesländer. Da für das bevölkerungsärmste Bundesland Bremen eine zu geringe Zahl an Patienten an der Umfrage teilgenommen hat, war es nicht möglich, hier repräsentative Ergebnisse zu präsentieren. Daher beschränkt sich der Ländervergleich im Folgenden auf die restlichen 15 Bundesländer. Der unterschiedliche Stichprobenumfang zwischen den Bundesländern ist zum einen durch die Größenunterschiede der Länder bedingt, stellt zum anderen aber auch eine Limitation der Studie dar.

Bundesland	n	männlich	weiblich	0-30 Jahre	31-55 Jahre	56-70 Jahre	70-99 Jahre
Baden-Württemberg	104	70%	30%	2%	27%	52%	19%
Bayern	144	59%	41%	2%	27%	52%	19%
Berlin	32	59%	41%	3%	31%	31%	34%
Brandenburg	36	56%	44%	6%	28%	56%	11%
Hamburg	21	71%	29%	10%	14%	62%	14%
Hessen	101	69%	31%	2%	41%	44%	14%
Mecklenburg-Vorpommern	24	42%	58%	4%	38%	38%	21%
Niedersachsen	73	63%	37%	5%	33%	45%	16%
Nordrhein-Westfalen	212	40%	60%	2%	17%	64%	17%
Rheinland-Pfalz	75	53%	47%	6%	25%	52%	17%
Saarland	22	84%	16%	9%	36%	41%	14%
Sachsen	61	56%	44%	3%	26%	56%	15%
Sachsen-Anhalt	33	63%	37%	3%	27%	61%	9%
Schleswig-Holstein	29	57%	43%	7%	41%	45%	7%
Thüringen	41	46%	54%	2%	24%	49%	24%

Tabelle 54: Soziodemografischer Überblick der Stichprobe nach Bundesländern

Methodisch fußen die nachstehenden Regionaldaten auf das in Kap. 4.3 vorgestellt und validierte Messinstrumentarium. Im Folgenden werden die in Tabellen 55 und 56 nochmals aufgeführten sieben latenten Variablen des Patientenverhaltens untersucht. Hierbei handelt es sich um jene bereits in vorausgegangenen Studien bewährte Skalen. Nachdem bereits in Kap. 4.3 die Frage nach der Messqualität positiv beantwortet wurde, richtet sich das Hauptaugenmerk nun auf die Untersuchung der 7. Untersuchungsfragestellung, ob das Gesundheitsverhalten in Deutschland regional variiert. Hierzu wurden zunächst für alle sieben untersuchten Dimensionen des Patientenverhaltens die Skalen auf einen einheitlichen Wertebereich von 0-6 normiert, wobei ein höherer Wert eine positivere Ausgestaltung der jeweiligen Dimension darstellt als ein niedrigerer.

Zunächst wird im Folgenden für jedes Bundesland auf Grundlage eines regressionsanalytischen Ansatzes der kausale Zusammenhang zwischen den sieben gewählten Verhaltensdeterminanten eingehend vergleichend untersucht. In einem zweiten Schritt werden für jedes Bundesland Niveauunterschiede der Ausprägungen der sieben Determinanten im Vergleich zum Bundesdurchschnitt beleuchtet. Kommt es hier gehäuft zu signifikanten Unterschieden sowohl der Korrelationskoeffizienten als auch der Niveauparameter, spricht dies für regionale Verhaltensunterschiede.

Konstrukt	Indikatorentext	Kürzel	Autor
Adhärenz (ADH)	1. Ich werde mich in Zukunft sehr genau an meine Therapie halten.	ADH1	Ajzen / Fischbein 1980
	2. Wie hoch schätzen Sie die Wahrscheinlichkeit ein, dass Sie sich innerhalb der nächsten 12 Monate therapietreu verhalten werden?	ADH2	Landgraf et al. 2006
	3. Wie hoch schätzen Sie die Wahrscheinlichkeit ein, dass Sie sich auch nach einem Jahr noch therapietreu verhalten werden?	ADH3	Landgraf et al. 2006
Barrieren (BAR)	1. Mein täglicher Lebensablauf würde es zulassen, mich sehr genau an meine Therapie zu halten.	BAR1	Ajzen 1980
	2. Für mich ist es aufgrund meines täglichen Lebensablaufs möglich, mich in Zukunft genau an meine Therapie zu halten.	BAR2	Ajzen 1980
	3. Ich ärgere mich darüber, von den Medikamenten bestimmt zu werden.	BAR3	Moormann / Matulich 1993
	4. Es fällt mir schwer, mich an die Therapieempfehlung meines Arztes zu halten.	BAR4	Sherbourne 1992
	5. Ich habe Angst vor Nebenwirkungen meiner Medikamente.	BAR5	Sherbourne 1992
Medizinwissen (MKN)	1. Ich kenne mich mit dem Erscheinungsbild eines Bluthochdrucks gut aus.	MKN1	Landgraf et al. 2006
	2. Mir fällt es leicht, die erhaltenen Informationen zu verstehen.	MKN2	Dietz 2006
	3. Durch gesammelte Informationen bin ich in der Lage, meinen Bluthochdruck realistisch einzuschätzen.	MKN3	Dietz 2006
Krankheitsinvolvement (INV)	1. Ich bin sehr besorgt, wenn ich an meinen Bluthochdruck denke.	INV1	Kühnert 1987
	2. Die Folgen einer nicht eingehaltenen Therapie können mich sehr stark beeinträchtigen.	INV2	Kühnert 1987
	3. Folgekrankheiten von Bluthochdruck können lebensbedrohend sein.	INV3	Hirt 2004

Tabelle 55: Konstrukte und Indikatorentextet

Konstrukt	Indikatorentext	Kürzel	Quelle & Autor
Gesundheits- motivation (MOT)	1. Ich versuche, Gesundheitsproblemen vorzubeugen, obwohl ich noch keine Anzeichen von Krankheitssymptomen verspüre.	MOT1	Moorman / Matulich 1993
	2. Ich befasse mich mit Gesundheitsgefahren und schütze mich mit vorbeugenden Maßnahmen.	MOT2	Moorman / Matulich 1993
	3. Ich versuche, mich vor mir bekannten Gesundheitsrisiken zu schützen.	MOT3	Moorman / Matulich 1993
Arzt-Patient-Verhältnis (DOC)	1. Ich bringe selbst Vorschläge in die Behandlung mit ein.	DOC1	Williams / Bond 2002
	2. Mein Arzt gibt mir die Möglichkeit, das zu sagen, was mich wirklich beschäftigt.	DOC2	Williams / Bond 2002
	3. In Zusammenarbeit mit meinem Arzt kann ich bessere Blutzuckerwerte erreichen.	DOC3	Hofmann 2003
	4. Ich habe Vertrauen in das Können meines Arztes.	DOC4	Landgraf et al. 2006
Soziale Norm (SOC)	1. Mein persönliches Umfeld würde mich zur Befolgung meiner Therapie ermutigen.	SOC1	Landgraf et al. 2006
	2. Menschen aus meinem persönlichen Umfeld, die so sind wie ich, halten sich sehr genau an ihre Therapie.	SOC2	Ajzen 1980
	3. Mein persönliches Umfeld würde meine Entscheidung befürworten, mich in Zukunft therapietreu zu verhalten.	SOC3	Ajzen 1980
	4. Menschen, auf deren Meinung ich großen Wert lege, halten sich sehr genau an ihre ärztliche Verordnung.	SOC4	Ajzen 1980
	5. Die meisten für mich sehr wichtigen Leute würden sich in meiner Situation sehr genau an die vereinbarte Therapie halten.	SOC5	Ajzen 1980

Tabelle 56: Konstrukte und Indikatorentextet

8.2 Analyse der regionalen Verhaltensunterschiede der Patienten

Dieser Abschnitt beschäftigt sich mit der Untersuchung der Stärken und Schwächen des Patientenverhaltens, aufgeschlüsselt nach Bundesländern. Hierzu ist es notwendig, sich das durchschnittliche Niveau der 7 Verhaltensdeterminanten im Ländervergleich anzusehen. Zur Beurteilung, ob bspw. die durchschnittliche Gesundheitsmotivation in Bayern signifikant vom Bundesdurchschnitt nach oben bzw. unten abweicht, wurde ein einseitiger Signifikanztest zum 5%-Niveau durchgeführt (signifikante Ergebnisse wurden mit * gekennzeichnet). Die Ergebnisse sind Tab. 58 und 59 zu entnehmen.

Ein Vergleich der Stärke der Gesundheitsmotivation zeigt, dass Patienten aus Bayern (4,85; p-Wert 0,06) in Relation zum Bundesdurchschnitt (4,70) überdurchschnittlich motiviert sind, ihren Gesundheitszustand auf einem höchstmöglichen Niveau zu halten. Vergleichsweise geringes Interesse, sich mit dem Erhalt seiner Gesundheit auseinanderzusetzen, besteht bei Bürgern aus Sachsen-Anhalt (4,21; p-Wert 0,03). Da der positive Zusammenhang zwischen der Gesundheitsmotivation und dem beabsichtigten Therapietreueverhalten für Sachsen-Anhalt mit einem Korrelationskoeffizienten von 0,12 nur von geringer Stärke ist, wird das Therapieverhalten durch die niedrige Motivation nicht allzu deutlich negativ beeinflusst. Aus Tab. 57 sind die Korrelationskoeffizienten der sechs Determinanten (MOT, BAR, SOC, DOC, MKN, INV) mit dem beabsichtigten Adhärenzverhalten (ADH), unterschieden nach Bundesländern, zu entnehmen.

Die Vereinbarkeit von Therapie und Lebensalltag funktioniert bei Patienten aus Hamburg (4,32; p-Wert 0,04) signifikant am besten. Da zwischen dieser Determinante und dem beabsichtigten Therapietreueverhalten der Patienten für Hamburg eine mittelstarke Abhängigkeit besteht, sollte sich die gute Vereinbarkeit von Therapie und Lebensablauf positiv im Gesundheitsverhalten der Hamburger niederschlagen. Der Länderdurchschnitt der Überwindbarkeit von Therapiebarrieren liegt bei 3,96, wobei kein Land signifikant unterhalb des Bundesdurchschnitts liegt.

Die vergleichsweise beste Unterstützung durch ein der Therapie aufgeschlossen gegenüberstehendes soziales Patientenumfeld erfahren Patienten aus Mecklenburg-Vorpommern (4,90; p-Wert 0,03). Vor diesem Hintergrund ist es erfreulich, dass auch zwischen sozialer Norm und dem geplanten Therapietreueverhalten für Mecklenburg-Vorpommern ein stark positiver Zusammenhang (0,58) besteht. Im Vergleich zum Bundesdurchschnitt (4,37) signifikant schlechter ist Unterstützung der sozialen Bezugsgruppe in den Ländern Berlin (3,96; p-Wert 0,03) und Hessen (4,17; p-Wert 0,05). In diesen beiden Ländern wird die Therapie eines Pa-

Bundesland	MOT	BAR	SOC	DOC	MKN	INV
Baden-Württemberg	0,30	-0,32	0,44	0,30*	0,47*	0,21
Bayern	0,16*	0,22*	0,37	0,53	0,33	0,15
Berlin	0,38	-0,47*	0,43	0,55	0,51*	0,02*
Brandenburg	0,36	-0,26	0,30	0,58	0,30	0,49
Hamburg	0,56*	-0,36	0,73*	0,30*	0,08*	0,11
Hessen	0,40*	-0,37	0,41	0,51	0,39	0,13
Mecklenburg-Vorpommern	0,31	-0,21	0,58*	0,28*	0,52*	0,63*
Niedersachsen	0,27	-0,45*	0,54*	0,61*	0,18*	0,24
Nordrhein-Westfalen	0,36	-0,41	0,29	0,56	0,40	0,17
Rheinland-Pfalz	0,12*	-0,31	0,38	0,48	0,06*	0,23
Saarland	0,36	-0,25	0,47	0,63	0,53*	0,53*
Sachsen	0,17	-0,31	0,61*	0,40	0,10*	0,19
Sachsen-Anhalt	0,12*	-0,47	0,83*	0,46	0,56*	0,05
Schleswig-Holstein	0,40	-0,50*	0,61*	0,50	0,16*	0,13
Thüringen	0,13*	-0,20	0,40	0,63	0,34	0,03*
Bundesrepublik (gesamt)	0,29	-0,33	0,41	0,49	0,32	0,19

Tabelle 57: Korrelationskoeffizienten der 6 Verhaltensdeterminanten mit der Adhärenz (ADH) nach dem Bundesland

tienten von der sozialen Bezugsgruppe vergleichsweise kritisch und weniger unterstützend bewertet. Problematisch erscheinen daher die relativ stark ausgeprägten Zusammenhänge mit dem beabsichtigten Adhärenzverhalten des Patienten mit Korrelationskoeffizienten von 0,43 und 0,41.

In der Literatur wird vielfach die Bedeutung des Vertrauensverhältnisses zwischen Patient und seinem behandelnden Arzt für den Therapieerfolg thematisiert. Studien konnten den empirischen Nachweis erbringen, dass ein intaktes Vertrauensverhältnis den Erfolg einer Therapie nachhaltig positiv beeinflusst (Arnold N 2005). Ein überdurchschnittlich von Vertrauen geprägtes Behandlungsverhältnis zwischen Arzt und Patient konnte für die Bundesländer Baden-Württemberg (4,76; p-Wert 0,09), Bayern (4,75; p-Wert 0,08), Brandenburg (5,08; p-Wert 0,02) und Rheinland-Pfalz (4,77; p-Wert 0,09) gemessen werden. Daher ist es auch erfreulich, dass von der Vertraulichkeit der Behandlungssituation mit Korrelationskoeffizienten von 0,30 für Baden-Württemberg, 0,53 für Bayern, 0,58 für Brandenburg und 0,48 für Rheinland-Pfalz mittlerer bis großer Einfluss auf die Entscheidung des Patienten zu therapietreuem Verhalten ausgeht. Im Vergleich zum Bundesdurchschnitt (4,58) bringen Patienten aus Hessen (4,34; p-Wert 0,02) und Schleswig-Holstein (4,24; p-Wert 0,05) ihrem Arzt wenig Vertrauen entgegen. Problematisch ist dieses Ergebnis zu beurteilen, da auch für die beiden letztgenannten Länder mit Korrelationskoeffizienten von 0,51 bzw. 0,50 ein starker Zusammenhang zwischen dem Vertrauen in den Arzt und der Therapietreue besteht.

Die Selbsteinschätzung des subjektiven medizinischen Wissens erscheint den empirischen Ergebnissen folgend bei Patienten der Bundesländer Bayern (4,47; p-Wert;0,05), Nordrhein-Westfalen (4,58; p-Wert 0,01) und Hamburg (4,89; p-Wert 0,04) überdurchschnittlich hoch ausgeprägt zu sein. Der Impuls auf das beabsichtigte Therapietreueverhalten der Patienten ist für erstgenannte Länder moderat ausgeprägt, für Hamburg besteht kein signifikanter Zusammenhang. Der Bundesdurchschnitt für das medizinische Wissen der Patienten liegt bei 4,24. Unterdurchschnittliches subjektives Gesundheitswissen über die eigene Erkrankung wurde für die Länder Hessen (4,08; p-Wert 0,07) und Sachsen (3,90; p-Wert 0,01) gemessen. Bei Patienten aus Hessen schlägt sich dies stärker in der Adhärenz nieder als bei Patienten aus Sachsen.

Überproportional stark involviert bzw. bedroht von der eigenen Erkrankung fühlen sich Patienten aus Niedersachsen (3,99; p-Wert 0,04). Bayerische Patienten (3,40; p-Wert 0,04) hingegen nehmen gegenüber dem Bundesdurchschnitt (3,67) die signifikant geringste Bedrohung der eigenen Gesundheit wahr. Bei beiden Ländern ist der Zusammenhang zwischen empfundener Gesundheitsbedrohung der Erkrankung und dem geplanten Therapietreueverhalten moderat ausgeprägt.

Bundesland	MOT	BAR	SOC	DOC	ADH	MKN	INV
Baden-Württemberg							
Mittelwert	4,66	3,89	4,51	4,76*	5,51*	4,38	3,62
Standardabweichung	1,07	0,78	1,26	0,99	0,73	1,17	1,54
Bayern							
Mittelwert	4,85	4,02	4,39	4,75*	5,44*	4,47*	3,40*
Standardabweichung	1,03	0,81	1,28	1,21	0,80	1,24	1,64
Berlin							
Mittelwert	4,84	3,97	3,96*	4,60	5,43	4,22	3,87
Standardabweichung	1,02	0,76	1,43	1,32	0,79	1,32	1,12
Brandenburg							
Mittelwert	4,83	3,98	4,04*	5,08*	4,99	4,12	3,85
Standardabweichung	1,19	0,85	1,44	0,96	1,56	1,68	1,47
Hamburg							
Mittelwert	4,78	4,32*	4,56	4,50	5,24	4,89*	3,68
Standardabweichung	0,88	1,17	1,51	1,42	1,60	0,90	1,47
Hessen							
Mittelwert	4,71	3,90	4,17*	4,34*	5,15	4,08*	3,61
Standardabweichung	1,21	0,84	1,33	1,25	1,07	1,57	1,51
Mecklenburg-Vorpommern							
Mittelwert	4,72	3,81	4,90*	4,54	5,57	3,95	3,61
Standardabweichung	0,98	0,56	1,41	1,26	0,63	1,45	1,59
Niedersachsen							
Mittelwert	4,67	3,93	4,45	4,43	5,18	4,34	3,99*
Standardabweichung	1,28	0,98	1,21	1,44	1,54	1,16	1,73
Nordrhein-Westfalen							
Mittelwert	4,64	3,94	4,45	4,72	5,32	4,58*	3,72
Standardabweichung	1,08	0,80	1,30	1,08	0,96	1,06	1,53
Rheinland-Pfalz							
Mittelwert	4,57	3,98	4,51	4,77	5,33	4,29	3,45
Standardabweichung	1,05	0,75	1,14	0,92	0,88	1,29	1,50
Saarland							
Mittelwert	4,40	3,88	4,06	4,67	5,11	3,92	3,67
Standardabweichung	1,20	0,95	1,64	1,10	1,26	1,41	1,86
Bundesrepublik (gesamt)	4,70	3,96	4,37	4,58	5,26	4,24	3,67

Tabelle 58: Werte der 7 Determinanten des Gesundheitsverhaltens nach dem Bundesland

8.2. Analyse der regionalen Verhaltensunterschiede der Patienten

Bundesland	MOT	BAR	SOC	DOC	ADH	MKN	INV
Sachsen							
Mittelwert	4,88	3,99	4,42	4,43	5,24	3,90*	3,63
Standardabweichung	0,93	0,81	1,35	1,24	1,14	1,22	1,57
Sachsen-Anhalt							
Mittelwert	4,21*	3,91	4,25	4,44	5,07	4,13	3,58
Standardabweichung	1,61	0,98	1,48	1,14	1,17	1,09	1,72
Schleswig-Holstein							
Mittelwert	4,86	3,89	4,45	4,24*	5,11	4,16	3,51
Standardabweichung	0,99	1,15	1,28	1,57	1,62	1,43	1,52
Thüringen							
Mittelwert	4,90	3,94	4,39	4,45	5,22	4,22	3,82
Standardabweichung	0,98	0,53	1,12	1,01	0,87	1,41	1,53
Bundesrepublik (gesamt)	4,70	3,96	4,37	4,58	5,26	4,24	3,67

Tabelle 59: Werte der 7 Determinanten des Gesundheitsverhaltens nach dem Bundesland

Abschließend wird das geplante Therapietreueverhalten bewertet, welches sich als finale Verhaltenskonsequenz aus der jeweiligen Konstellation der diskutierten Determinanten ergibt. Der Durchschnittswert der Gesamtstichprobe liegt bei 5,26. Signifikant überdurchschnittlich therapietreu verhalten sich den Ergebnissen zufolge Patienten der Länder Baden-Württemberg (5,51; p-Wert 0,05), Bayern (5,44; p-Wert 0,03). Der höchste Durchschnittswert des Treueverhaltens konnte für Mecklenburg-Vorpommern (5,57; p-Wert 0,09) gemessen werden, jedoch nicht auf signifikantem Niveau. Am wenigsten therapietreu verhalten sich Patienten aus Brandenburg (4,99; p-Wert 0,08), wobei auch dieser Wert nicht auf signifikantem Niveau liegt.

Für die restlichen Bundesländer konnte keine signifikante Abweichung des Grades der Therapietreue gemessen werden. Trotzdem soll an dieser Stelle nicht unerwähnt bleiben, dass für Nordrhein-Westfalen (5,32), Rheinland-Pfalz (5,33) und Berlin (5,43) Werte oberhalb des bundesdeutschen Durchschnitts gemessen werden konnten. Die Untersuchung zeigt, dass es signifikante Niveauunterschiede im Gesundheitsverhalten der Patienten nach dem Bundesland gibt und somit in Deutschland durchaus regionale Disparitäten der Kompetenzen im Gesundheitsverhalten existieren.

Die Abbildungen 31 bis 37 auf den nachfolgenden Seiten sollen dem Leser einen besseren visuellen Überblick zu den Niveauunterschieden im Hinblick auf die 7 untersuchten Determinanten des Gesundheitsverhaltens geben.

8. Regionale Unterschiede des Therapieverhaltens nach dem Bundesland

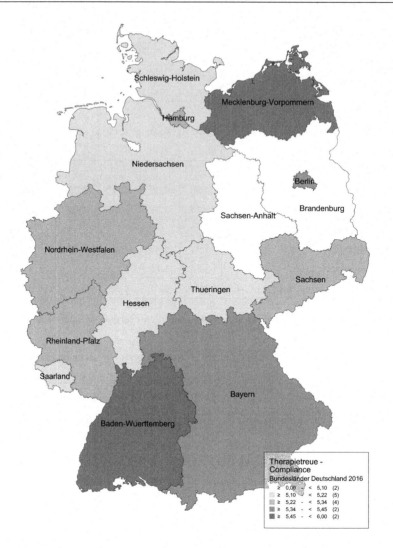

Abbildung 31: Regionale Niveauunterschiede des Therapietreueverhaltens (ADH)

Abbildung 32: Regionale Niveauunterschiede der empfundenen Barrieren im Therapieverlauf (BAR)

202　　　　8. Regionale Unterschiede des Therapieverhaltens nach dem Bundesland

Abbildung 33: Regionale Niveauunterschiede der empfundenen Qualität des Arzt-Patient-Verhältnisses (DOC)

8.2. Analyse der regionalen Verhaltensunterschiede der Patienten

Abbildung 34: Regionale Niveauunterschiede der empfundenen Betroffenheit von der Erkrankung (INV)

204　　8. Regionale Unterschiede des Therapieverhaltens nach dem Bundesland

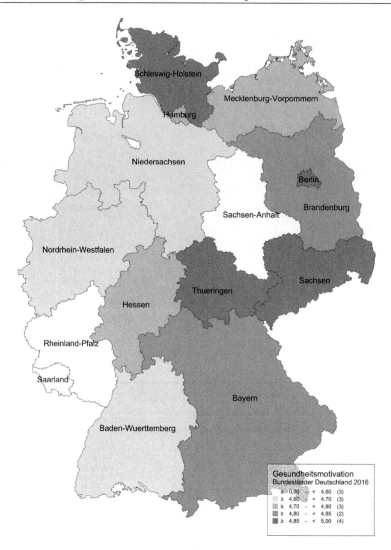

Abbildung 35: Regionale Niveauunterschiede der empfundenen Gesundheitsmotivation (MOT)

8.2. Analyse der regionalen Verhaltensunterschiede der Patienten 205

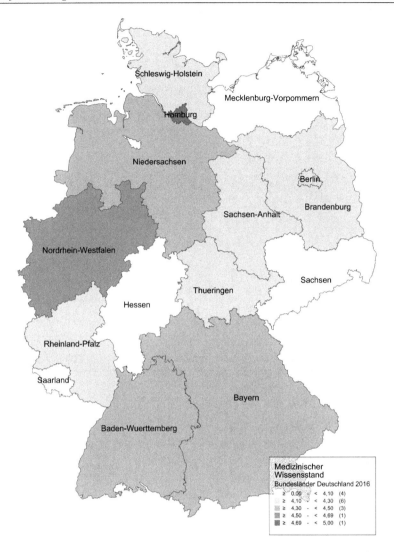

Abbildung 36: Regionale Niveauunterschiede des empfundenen Gesundheitswissens (MKN)

206　8. Regionale Unterschiede des Therapieverhaltens nach dem Bundesland

Abbildung 37: Regionale Niveauunterschiede der Therapieunterstützung durch das soziale Umfeld (SOC)

8.3 Implikationen der Erkenntnisse der Regionalanalyse

Die Daten der groß angelegten bundesweiten Patientenbefragung liefern Ergebnisse zum Gesundheitsverhalten von Hypertonikern im Vergleich nach Bundesländern. Für alle untersuchten Länder konnten grundsätzlich recht ähnliche Verhaltensmuster der Patienten beobachtet werden. Gemessen am geplanten Therapietreueverhalten stachen Patienten aus Baden-Württemberg, Bayern und Mecklenburg-Vorpommern positiv hervor, wohingegen für Brandenburg das schwächste geplante Therapietreueverhalten der Patienten gemessen wurde.

Zieht man neben dem beabsichtigten Adhärenzverhalten sechs weitere Faktoren heran, die das Gesundheitsverhalten beeinflussen, ergibt sich folgendes Gesamtbild: Erfreulich häufig konnten überdurchschnittlich positive Abweichungen der untersuchten Faktoren vom Bundesdurchschnitt für Bayern, Baden-Württemberg, Hamburg und Nordrhein-Westfalen gemessen werden. Daher kann den Patienten der aufgezählten Länder ein überdurchschnittlich gutes Verhalten im Umgang mit Gesundheit und Krankheit attestiert werden. Defizite im Gesundheitsverhalten der Patienten ergeben sich den Studienergebnissen zufolge insbesondere für die Länder Sachsen-Anhalt, Schleswig-Holstein, Saarland und Hessen. Besonders auffällig sind die Ergebnisse für Sachsen-Anhalt: Hier wurden für sämtliche sieben Aspekte des Patientenverhaltens Werte gemessen, die unterhalb des Bundesdurchschnitts liegen.

Weiterhin ist bei der Interpretation der Ergebnisse das Einschlusskriterium Hypertonie zu berücksichtigen. Aus den Restriktionen und der Limitierung des gewählten Forschungsdesigns ergeben sich interessante Ansatzpunkte, aus welchen sich weitere latente Forschungsfelder ableiten lassen. Um eine bessere Verallgemeinerung der Ergebnisse zu erreichen, wäre es wünschenswert, dass zukünftige Studien die Ausweitung der Untersuchungen auf andere chronische Indikationsfelder, sowie den Bereich nicht-chronischer Erkrankungen angehen.

Ferner haben sich die teilnehmenden Patienten alle auf freiwilliger Basis an der Studie beteiligt. Hieraus ergeben sich insofern mögliche Verzerrungen, als sich vermutlich verstärkt solche Patienten an dem Forschungsprojekt beteiligt haben, die dem Thema Bluthochdrucktherapie tendenziell positiv und stärker involviert gegenüberstehen.

Länderübergreifend lassen die Ergebnisse der vorliegenden Studie kein eindeutiges Nord-Süd- oder Ost-West-Gefälle des Gesundheitsverhaltens erkennen. Einzig die südlichen Bundesländer mit Baden-Württemberg und Bayern stechen geografisch geschlossen durch überdurchschnittlich gutes Gesundheitsverhalten ihrer Bürger hervor. Zusammenfassend zeigen die Ergebnisse, dass das Gesundheitsverhalten der Patienten in engen Grenzen regional variiert. Worauf diese Variation jedoch zurückzuführen ist, konnte die vorliegende Studie nicht beantworten. Ziel war es, zunächst die Frage zu klären, ob es regionale Verhaltensunterschiede gibt. Zukünftige Studien sollten daher der Frage nachgehen, in welchem Ausmaß regional verankerte Krankenversicherungen und gesundheitspolitische Entscheidungen auf Länderebene für die nachgewiesenen regionalen Stärken und Schwächen im Gesundheitsverhalten der Patienten prägend sind.

Kapitel 9

Transparenz im Versorgungsalltag durch strategische Adhärenzforschung

Dieses Kapitel dient der Sensibilisierung der verschiedenen Marktteilnehmer des deutschen Gesundheitsmarktes für die zukunftsweisenden Möglichkeiten des Einsatzes evidenzbasierter Real-World-Adhärenz-Daten. Wie bereits angemerkt, verfügt das deutsche Gesundheitswesen derzeit weder über belastbare empirische Daten zum tatsächlichen Niveau der Therapietreue noch über ausreichend Wissen über Faktoren, die das Adhärenzverhalten im Versorgungsalltag positiv beeinflussen. Im Rahmen der vorliegenden Untersuchung ist es gelungen, für den deutschen Gesundheitsmarkt die Therapietreue von Patienten verhaltensbasiert, objektiv im Patientenalltag zu messen und, aufgrund des großen Stichprobenumfangs, kausal nachvollziehbare und signifikante Verhaltensentscheidungen für oder gegen eine hohe Adhärenz offenzulegen.

Der Erkenntnisgewinn der Analysen hinsichtlich des Therapietreueniveaus und der Erfolgsfaktoren des Patientenverhaltens versetzt daher Krankenversicherungen, Arzeimittelhersteller und nicht zuletzt die Gesundheitspolitik in den Zustand einer erheblich besseren Informiertheit rund um das schwer zugängliche Feld der Adhärenz. Die Studienergebnisse sind ein Beleg und Leitfaden dafür, wie durch intelligente Versorgungsforschung brachliegendes Optimierungspotenzial in vielen Bereichen erschlossen werden kann. Hierzu zählen eine effizientere Allokation knapper Ressourcen, die Erzielung nachhaltig besserer Therapieergebnisse für große Patientengruppen sowie die Erreichung stärkeren Kundenbindung und eine Verbesserung der Transparenz in Erstattungsverhandlungen innovativer Arzneimittel.

9.1 Gesetzliche und private Krankenversicherung

Für Krankenversicherungen gibt es sechs gewichtige Gründe, die für eine Intensivierung der Adhärenzforschung und den Einsatz von Adhärenzdaten sprechen, um strategische und operative Unternehmensziele zu erreichen.

> *1. Daten zur Adhärenz eröffnen die Möglichkeit, das über- bzw. unterlegene Therapieergebnis eines innovativen Medikaments im Real-Life-Cycle nach erteilter Zulassung valide einzuschätzen. Hieraus ergibt sich eine Stärkung der Verhandlungsposition in Vertragsverhandlungen mit Arzneimittelherstellern.*

Vertragsverhandlungen mit Arzneimittelherstellern (gemäß §63, §73b, §73c, §130a, §137f, §140a SGB V) stellen sich für beide Vertragspartner nicht selten - mangels handfester Argumente zum Nachweis der Wirksamkeit eines Medikaments im Patientenalltag - als schwierig dar. Ursache ist u.a. der Mangel belastbarer Daten zum Nachweis der Therapieakzeptanz des Patienten im Real-Life-Cycle. Hier setzt die vorliegende Studie und das beschriebene Konzept an. Dieses ermöglicht es Krankversicherungen, frühzeitig in Erstattungs- bzw. Rabattverhandlungen die Akzeptanz eines innovativen Produkts beim Patienten und die damit einhergehende Aussicht auf den Therapieerfolg in ihre Preiskalkulation mit einzubeziehen. Daher geben sowohl Daten zum absoluten Niveau der Therapietreue eines bestimmten Medikaments als auch Analysen zum Patientenverhalten und Therapieumgang Krankenversicherungen die Möglichkeit, ein über- oder unterlegenes Therapieergebnis des zu verhandelnden Produkts im Vergleich zu Konkurrenzprodukten frühzeitig auf Grundlage eigener Daten nachzuweisen. Eine direkt mit Markteinführung eines Neupräparats von Versichererseite eigenständig initiierte Adhärenzstudie macht diese ein Stück weit unabhängiger von den klinischen Studienergebnissen der Arzneimittelhersteller. Durch die Gewinnung eigener Daten, sollte sich die Verhandlungsposition für die Krankenversicherungen in Erstattungs- bzw. Rabattverhandlungen weiter verbessern lassen.

Konnte ein überlegenes Adhärenzergebnis attestiert werden, sollten sich bei Patienten, welche auf dieses Medikament eingestellten sind, mittel- bis langfristig reduzierte Folgekosten der Non-Compliance ergeben. Hebt sich ein Produkt hingegen nicht durch eine gute Adhärenz und damit einhergehenden nachhaltigen Therapieerfolg von Konkurrenzprodukten ab, sind diese Daten ein Argument für die Krankenversicherer den Erstattungspreis bzw. Rabattpreis weiter abzusenken. Experten zufolge, kommt der Berücksichtigung des Aspekts der Therapietreue insbesondere in Rabattverhandlungen zunehmend stärkeres Gewicht zu.

> *2. Gesundheitsfonds und Morbi-RSA drängt gesetzliche Krankenversicherungen, nach besseren Therapieergebnissen vor allem multimorbider Patienten zu suchen. Sofern Patienten einer Morbiditätsgruppe höhere Therapiekosten als Vergleichspatienten konkurrierender Versicherungen verursachen, die durch RSA-Zuweisungen nicht abgedeckt sind, wird jener Versicherer mittelfristig zu den Verlierern des Systems gehören.*

9.1. Gesetzliche und private Krankenversicherung

Vor dem Hintergrund des Gesundheitsfonds und des angepassten morbiditätsorientierten Risikostrukturausgleichs (Morbi-RSA) steigt der Druck zur Intensivierung der Versorgungsforschung zur Erreichung einer höheren Therapietreue. Für gesetzliche Krankenversicherungen ist eine überdurchschnittliche Therapietreue ihrer Patienten von besonderer Relevanz, da dies die mittel- bis langfristigen Therapieausgaben insbesondere für chronisch kranke Patienten reduziert. Liegen die durchschnittlichen langfristigen Ausgaben einer Morbiditätsgruppe unterhalb der vom Gesundheitsfonds für eine entsprechende Morbidität zugewiesenen Mittel, profitiert die Krankenversicherung von der gelungen Therapie und gehört zu den Gewinnern des neuen Systems. Weiterhin stellen sich sowohl die Krankenkasse als auch die Versicherten dieses Unternehmens besser, da neben einer besseren durchschnittlichen Gesundheit der Kunden auch von unterdurchschnittlich hohen Zusatzbeiträgen auszugehen ist.

> *3. Durch die Berücksichtigung von Daten zur Adhärenz kann eine Ausgestaltung von Versicherungstarifen im PKV- und Zusatzversicherungsbereich anhand von Adhärenz-Risiko-Patientengruppen vorgenommen werden.*

Bei der Ausgestaltung von Versicherungstarifen insbesondere im PKV- und Zusatzversicherungsbereich stellt die Berücksichtigung unterschiedlicher Therapietreuetypen eine interessante Option dar. Eine Patientenmarktsegmentierung anhand einzelner Verhaltensdeterminanten der Therapietreue eröffnet Versicherungen eine differenzierte Sichtweise auf unterschiedliche strategische Patientensegmente. Im Rahmen der vorliegenden Studie konnten vier Patiententypen identifiziert werden, welche sich im Umgang mit der Therapie und der daraus resultierenden Therapietreue grundlegend unterscheiden. Die Berücksichtigung des Aspekts der Therapietreue der Patienten eines speziellen Marktsegments sollte die passgenaue Ausgestaltung von KV-Tarifen erleichtern. In besonderem Maße trifft die Berücksichtigung des Risikos der Non-Adhärenz bei risikobasierten Krankenversicherungen zu, wie es im PKV- und Zusatzversicherungsbereich der Fall ist. Für die Versicherungen könnte sich bei diesem Ansatz die weitere Fragmentierung des Versichertenkollektivs als problematisch erweisen.

> *4. Krankenversicherungen haben die Möglichkeit, das Therapietreueverhalten Ihrer Versicherten im Zeitablauf zu beobachten und den Erfolg von Interventionsmaßnahmen anhand von Pilotgruppen zu bewerten.*

Die kontinuierliche Erhebung von Adhärenz-Daten zur versicherungsinternen Validierung von Interventions- und Marketingmaßnahmen zur Steigerung der Therapietreue bietet sich auf regionalen Testmärkten an. Entwickelt sich die Therapietreue der Patienten eines Morbiditätssegments im Testmarkt nach einer Intervention positiv, spricht dies für eine Ausdehnung der Maßnahme. Durch die interne Auswertung kann im Zeitablauf jede Versicherung eigenes, strategisch relevantes Wissen über das Therapietreueverhalten des eigenen Patientenportfolios aufbauen und mittel- bis langfristig zur Steuerung des Patientenverhaltens und der Kundenbindung einsetzen. Auch hier bietet sich der Einsatz des PCI, als standardisiertes Messinstrument an.

> *5. Anonymisierte Daten zur Adhärenz der Patienten einer bestimmten Arztpraxis können als Grundlage für Hausarztverträge herangezogen werden. Die Daten ermöglichen die gezielte Auswahl von Ärzten mit überdurchschnittlich therapietreuen Patienten.*

Die Erkenntnisse der vorliegenden Studie belegen den signifikanten Einfluss des Behandlers auf die Adhärenz seiner Patienten. So lassen sich verschiedene Arzttypen identifizieren, die die Therapietreue ihrer Patienten in unterschiedlichem Ausmaß positiv und negativ beeinflussen. Das Wissen um diese Arzttypen macht es Krankenversicherungen einfacher, im Rahmen von Hausarztmodellen den Schwerpunkt gezielt auf Ärzte mit nachhaltig unterstützendem Einfluss auf die Therapietreue des Patienten zu legen. Dies sollte sich in einem überdurchschnittlich gestiegenen Gesundheitsniveau des eigenen Patientenkollektivs niederschlagen. Weiterhin sollten durch das Adhärenz-Monitoring unter den Ärzten wettbewerblichere Strukturen der Versorgungskonkurrenz entstehen, was bessere gesundheitliche Resultate beim Patienten implizieren sollte.

> *6. Eine überdurchschnittlich hohe Adhärenz des Patientenkollektivs einer Krankenversicherung kann imagefördernd wirken und die Markenbildung positiv beeinflussen.*

Nicht zuletzt geht von einer überdurchschnittlich hohen Therapietreue der Versicherten einer Krankenversicherung ein imagefördernder Effekt aus. Dieser sollte sich mittelfristig auch in einem gesteigerten Markenwert niederschlagen und die Attraktivität der Versicherung für potenzielle Kunden steigern. Unter Werbegesichtspunkten ist ein verbessertes „Gesundheitsimage" ein ideales Abschluss- und Promotionsargument für jede Kranken- bzw. dann auch tatsächlich „Gesundheits"-Versicherung.

9.2 Arzneimittelhersteller

Für Arzneimittelhersteller gibt es fünf entscheidende Gründe, die für eine Intensivierung der Adhärenzforschung und den Einsatz entsprechender Daten sprechen, um strategische und operative Unternehmensziele zu realisieren.

> *1. Daten zur Adhärenz eröffnen die Möglichkeit, das überlegene Therapieergebnis eines innovativen Medikaments im Real-Life-Cycle valide nachzuweisen. Hieraus ergibt sich eine Stärkung der Verhandlungsposition in Erstattungs- und Rabattverhandlung mit Krankenversicherungen.*

Erstattungs- und Rabattverhandlungen mit gesetzlichen Krankenversicherungen (§63, §73b, §73c, §130a, §137f, §140a SGB V) stellen sich für beide Vertragspartner nicht selten als schwierig dar. Ursache ist der Mangel handfester Argumente zum Nachweis der Wirksamkeit eines Medikaments im Real-Life-Cycle. Hier setzt der Untersuchungsansatz dieser Studie an. Diese ermöglicht es Arzneimittelherstellern, den empirischen Nachweis der Therapieakzeptanz des eigenen Produkts im Patientenalltag zu erbringen. Daher geben sowohl Daten zum absoluten Niveau der Adhärenz eines bestimmten Medikaments als auch vergleichende Wirksamkeitsanalysen verschiedener Präparate Arzneimittelherstellern die Möglichkeit, ein dominantes Therapieergebnis des eigenen Produkts gegenüber Konkurrenzprodukten nachzuweisen.

Konnte ein überlegenes Therapieergebnis attestiert werden, so sollte dies die Vertragsverhandlungen mit Krankenversicherungen erheblich erleichtern und u.a. zu einem höheren erzielten Medikamentenpreis führen. Die induzierte Zahlungsbereitschaft der Krankenversicherung ergibt sich auch aus dem PCI-Differenzial gegenüber Wettbewerbsprodukten. Gelingt es, für ein Produkt im Vergleich zu Konkurrenzpräparaten eine signifikant höhere Adhärenz und Therapieakzeptanz durch den Patienten nachzuweisen, so dokumentiert dieses Ergebnis, dass ein nachhaltiger Therapieerfolg wahrscheinlich ist. Der höhere Produktnutzen und die damit einhergehende gestiegene Werthaltigkeit des Medikaments sind Argumente, die den Hersteller in Vertragsverhandlungen stärken.

Bei Krankenversicherungen sollte die überdurchschnittliche Therapietreue und -akzeptanz eines Medikaments zu mittel- bis langfristig reduzierten Folgekosten der Non-Compliance führen. Eine Kosten-Nutzwertanalyse könnte dieses Ergebnis gesundheitsökonomisch untermauern. Daher sollte die Zahlungsbereitschaft der Krankenversicherung für das verhandelte Medikament steigen, was zu höheren Margen bei Arzneimittelherstellern führt. Experten zufolge kommt der Berücksichtigung des Aspekts der Therapietreue in Rabattverhandlungen zunehmend stärkeres Gewicht zu.

> *2. Fachkreisinformationen zur Therapieakzeptanz eines Produkts erhalten durch Daten zur Adhärenz eine neue Qualität. Auch hier ist der Nachweis eines überlegenen Therapieergebnisses im Real-Life-Cycle von hoher Bedeutung.*

Ein weiterer Anwendungsbereich von Daten zur Therapietreue ist der gezielte Einsatz zur Information von Fachkreisen. Für den Außendienst erweitern empirische Daten und Studien zur Therapietreue die Argumentationsgrundlage für ein Medikament. Bei Medizinern sollte sich der Nachweis einer hohen Therapietreue durch empirische Studienergebnisse in den Verschreibungszahlen messbar niederschlagen, da der Arzt das Gefühl hat, auf ein vom Patienten in besonderem Maße akzeptiertes Produkt zurückzugreifen. Die Aussicht des Arztes auf zufriedene und adhärente Patienten sollte Anreiz sein, entsprechend den Studienergebnissen zu Handeln.

> *3. Für Arzneimittelhersteller eröffnet sich durch die Erhebung von Daten zur Adhärenz die Möglichkeit, den Erfolg von Interventions- und Marketingmaßnahmen im Zeitablauf objektiv zu bewerten.*

Die Erhebung von Adhärenzdaten bietet sich zur unternehmensinternen Validierung von Interventions- und Marketingmaßnahmen zur Steigerung der Therapietreue auf Testmärkten an. Entwickelt sich die Therapietreue der Testmarktpatienten, die auf ein bestimmtes Medikament eingestellt sind, auch im Sinne eines gesteigerten Marktanteils positiv, spricht dies für eine Ausdehnung der gewählten Maßnahme. Durch die Auswertungen kann jedes Unternehmen im Zeitablauf strategisch relevantes Wissen über das Therapietreueverhalten der eigenen Patientenzielgruppe aufbauen und mittel- bis langfristig zur Steuerung des Patientenverhaltens einsetzen.

> *4. Eine am Therapietreueverhalten orientierte Marktsegmentierung ermöglicht eine fokussierte Patientenansprache.*

Im Zuge einer möglichst zielgerichteten und effizienten Patientenkommunikation des Patientenmarketings ist eine problembezogene Patientenmarktsegmentierung notwendig. Durch die Ableitung eines Patientenportfolios, welches sich an den typspezifischen Verhaltensweisen des Patienten im Therapieumgang orientiert, lassen sich gezielte Patienten-Relationship-Maßnahmen für unterschiedliche Patiententypen entwickeln. Die Segmentierung des Patientenmarktes anhand des Therapietreueverhaltens ermöglicht es der Pharmaindustrie, im Rahmen von Marketingmaßnahmen das Spannungsfeld zwischen Über- und Unterforderung ihres Gegenübers ausgewogener zu gestalten und besser zu beherrschen.

> *5. Eine hohe nachgewiesene Adhärenz kann imagefördernd auf die Markenwahrnehmung eines Arzneimittels wirken und allgemein als Promotions- und Verkaufsargument eingesetzt werden.*

Nicht zuletzt geht von der hohen Therapietreue eines Medikaments ein imagefördernder Effekt aus. Dieser sollte sich mittelfristig in einem gesteigerten Markenwert niederschlagen. Unter Werbegesichtspunkten ist die nachgewiesene hohe Therapietreue eines Medikaments außerdem ein ideales Verkaufs- und Promotionsargument. Die im Dezember 2008 von der Europäischen Kommission vorgestellte Richtlinie (Europäische Kommission 2008), einen Gemeinschaftskodex für Humanarzneimittel in Bezug auf die Information der breiten Öffentlichkeit über verschreibungspflichtige Arzneimittel zu schaffen, erhöht den Stellenwert von Daten zur Adhärenz. Diese kann gezielt eingesetzt werden, um Patienten besser über rezeptpflichtige Medikamente zu informieren.

Vor dem Hintergrund des zunehmenden politischen Drucks, latente Einsparpotenziale und Effizienzreserven unseres Gesundheitssystems zu finden, stellen gesundheitsökonomische Evaluationsstudien zum Nutzwert überdurchschnittlicher Adhärenz im Versorgungsalltag eine mögliche Antwort der pharmazeutischen Industrie dar. Es wird zunehmend relevanter, die nachhaltige Wirksamkeit eines Medikaments auch im realen Patientenalltag und nicht mehr ausschließlich in klinischen Studien evidenzbasiert nachzuweisen. Da neben der vorausgesetzten pharmakologischen Wirksamkeit eines Präparats, die Therapieakzeptanz desselben beim Patienten einer der entscheidenden Parameter für die möglichst vollständige Nutzenentfaltung eines Medikaments darstellt, wird das Messen der Adhärenz immer bedeutender. Mit dem PCI steht den Gesundheitsmarktteilnehmern hierfür ein adäquates und innovatives Instrument zur Verfügung.

9.3 Gesundheitspolitik

Für die Gesundheitspolitik gibt es zwei gewichtige Gründe, die für den Einsatz von Daten zur Adhärenz zur Erschließung latenter Effizienzpotenziale unseres Gesundheitssystems sprechen:

> *1. Durch die Messung der Adhärenz unter Alltagsbedingungen wird eine zeitnahe Bewertung der Wirkung von Interventionsmaßnahmen und Gesundheitsreformen möglich.*

Hauptmerkmal der aktuellen Umbruchphase und Neuorientierung unseres Gesundheitssektors ist es, dass dem Marktteilnehmer Patient fortlaufend höhere Aufmerksamkeit zu Teil wird. Die zurückliegenden Gesundheitsreformen fordern zum einen ein stärkeres Mitspracherecht des „modernen Patienten" ein, weisen aber auch auf die gestiegene Verantwortung des einzelnen Patienten für das Gelingen der Therapie hin. Hinter gesundheitspolitischen Entscheidung steht stets das Ziel, steuernd auf das Verhalten der Gesundheitsmarktteilnehmer einzuwirken. Ob und in welchem Ausmaß sich das Verhalten des Patienten im Umgang mit seiner Therapie durch eine gesundheitspolitische Maßnahme verändert hat, lässt sich durch Adhärenzdaten, welche im Versorgungsalltag des Patienten erhoben werden, sehr genau nachweisen. Daher stellen breit angelegte Untersuchungen zum Therapietreueverhalten, wie die vorliegende Studie, ein hilfreiches Instrument zum zeitnahen Monitoring gesundheitspolitischer Interventionen dar.

> *2. Daten zur Adhärenz ermöglichen es der Gesundheitspolitik, Qualitäts- und Wirtschaftlichkeitsdefizite sowohl in der medizinischen Versorgung, der Arzneimittelversorgung als auch beim Patienten selbst als Leistungsempfänger valide offenzulegen..*

Ausgehend von der Tatsache, dass das solidarisch finanzierte Gesundheitssystem nicht nur an einem Einnahmen- und Ausgabenproblem, sondern zudem an einem Effizienz- und Qualitätsproblem krankt, liegt in dem Einsatz von Daten zur Adhärenz enormes Potenzial, steuernd auf die bekannte Problematik einzuwirken. Hier können adhärenzfördernde Strategien ansetzen, welche zu einer stärker nutzenorientierten, effizienteren Mittelverwendung und einer Dämpfung der Kostenentwicklung führen. Der Einsatz von Daten zur Therapietreue ermöglicht es der Politik, sich zunächst einen allgemeinen Überblick hinsichtlich besonders problematischer bzw. kostenineffizienter Therapiebereiche zu verschaffen. In einem zweiten Schritt gilt es, hier gezielt zu intervenieren, sodass auch in ehemals defizitären Bereichen höhere Adhärenzraten zu verzeichnen sind. Da eine niedrige Therapietreue verschiedene Ursachen haben kann, kommt der Analyse der Erfolgsfaktoren des Patientenverhaltens eine ebenso hohe Bedeutung zu wie der Messung des absoluten Therapietreueniveaus. Auf beide Fragen werden im Rahmen der vorliegenden bevölkerungsbasierten Studie Antworten gegeben.

9.4 Forschungsorientierte Implikationen der Untersuchung

Aus der vorliegenden Studie ergeben sich sowohl aus empirischer als auch konzeptioneller Sicht Implikationen für die Gesundheitsverhaltens- und Adhärenzforschung. Vom konzeptionellen Standpunkt leitet sich ein erster Beitrag aus der umfassenden Systematisierung derjenigen Determinanten, welche die aktuelle Debatte um die Therapietreue des Patienten prägen, ab. Weiterhin stellt die Bestandsaufnahme der Literatur zum Thema des Therapietreueverhaltens mit Fokus auf Hypertoniker für die deutschsprachige Literatur die bisher umfangreichste Aufbereitung dar. Zur inhaltlichen Aufhellung des Konstrukts der Therapietreue wird durch die Schaffung eines klareren Begriffsverständnisses ein Beitrag geleistet.

Ferner zeigte sich beim Literaturstudium, dass die meisten empirischen Arbeiten auf dem Gebiet der Adhärenz eine theoretische Basis vermissen lassen. Diese Forschungslücke sollte durch die Wahl eines stark theoretisch orientierten Forschungsansatzes zur Durchdringung des Therapietreueverhaltens möglichst geschlossen worden sein. Diese Abhandlung leistet durch die fundierte, verhaltenstheoretische Erarbeitung eines einheitlichen Kontextes für das Konstrukt der Adhärenz auch einen konzeptionellen Beitrag für die weitere Adhärenzforschung.

Aus empirischer Sicht ist ein Erkenntnisgewinn hinsichtlich der Erklärung des Erfolgs des patientenseitigen Therapietreueverhaltens unter Real World Bedingungen zu verzeichnen. Insbesondere aus inhaltlicher Sicht konnte diese Untersuchung einen entscheidenden Beitrag leisten, zentrale Determinanten und Gestaltungsvariablen des Therapietreueverhaltens zu identifizieren. Auf Grundlage der theoretisch-konzeptionellen Überlegungen der vorliegenden Studie und der sich anschließenden Konzeptualisierung der einzelnen Konstrukte gelang es, einen umfassenden und strukturierten empirischen Überblick verhaltensauslösender Einflussfaktoren im Adhärenzkontext zu schaffen. Als bedeutendste Determinanten und gleichzeitig Ansatzpunkte für Interventionen im Therapieverlauf konnten sich die Selbstwirksamkeit, Barrieren im Therapieverlauf, die Gesundheitsmotivation, das soziale Umfeld und das Vertrauensverhältnis zum Arzt hervortun.

Aus den empirischen Beobachtungen konnten zahlreiche neue Erkenntnisse hinsichtlich der Erfolgswirkung eines effektiven Adhärenz-Managements gewonnen werden. Das Verhaltensmodell lässt darauf schließen, dass durch Adhärenz-Management-Programme gezielt Einfluss auf einzelne Gestaltungsvariablen der Patientencompliance genommen werden kann. Dies ermöglicht eine signifikante Einflussnahme auf den Therapieerfolg durch gezielte Interventionen im Therapieverlauf.

Ferner konnte die Relevanz von Kontextvariablen für eine bessere Varianzerklärung der Therapietreue nachgewiesen werden. In diesem Zusammenhang ist auf Größen wie das Geschlecht, der Krankenversicherungsstatus und mit Abstrichen das Krankheitsinvolvement hinzuweisen. Der situative Forschungsansatz hebt die Notwendigkeit hervor, kontextbezogene Einflüsse zur Erklärung des Therapietreueverhaltens von Patienten zu berücksichtigen. Zusammenfassend gelingt die schlüssige theoretische Konzeption eines holistischen Verhaltensmodells zur möglichst weitgreifenden Untersuchung der Erfolgsfaktoren des Therapieverhaltens. Die Konfrontation des Untersuchungsmodells mit den empirischen Real World Daten kann als gelungen bezeichnet werden.

Ein weiterer inhaltlicher Beitrag liegt in der durchgeführten Niveaubetrachtung der Therapietreue, welche sich ausschließlich an der Beobachtung patientenseitiger Verhaltensangaben orientierte. Erstmals konnte anhand eines indirekten Messverfahrens der PCI zur Kategorisierung des Grades der Therapietreue abgeleitet werden.[54]

Letztlich konnten, aufbauend auf die empirische Auswertung des allgemeinen Verhaltensmodells, unterschiedliche Patiententypen anhand ihres Therapietreueverhaltens identifiziert werden. Es war möglich, einerseits für jede Patiententypologie andere, die Compliance determinierende Gestaltungsvariablen zu identifizieren, sowie andererseits gruppenspezifische Konsequenzen und Ansatzpunkte intervenierender Adhärenz-Strategien darzustellen.

Schließlich kann die Datengrundlage der vorliegenden Untersuchung als eine der umfassendsten Stichproben in der bisherigen Adhärenzforschung für den deutschen Gesundheitsmarkt betrachtet werden. Das empirische Studiendesign zeichnet sich durch eine gründliche Spezifizierung und Operationalisierung der latenten Variablen aus. Das gewählte Messinventar konnte aus der umfangreichen Literatur sowie einer qualitativ und quantitativ angelegten Vorstudie generiert werden. Auf Messmodellebene konnte durch den Einsatz statistischmulivariater Analyseverfahren eine umfassende Modellbeurteilung vorgenommen werden. Die Schätzung des Kausalmodells wurde durch Anwendung des PLS-Verfahrens durchgeführt. Zur Segmentierung der einzelnen Patiententypologien kamen Verfahren der Clusteranalyse zum Einsatz. Abschließen kann festgehalten werden, dass die vorliegende Studie sowohl aus methodischer und theoretischer Perspektive als auch in besonderer Weise aus inhaltlicher Sicht einen erheblichen Beitrag für ein tieferes Verständnis der Erfolgsfaktoren des Therapietreueverhaltens leistet.

Aus den Restriktionen und der Limitierung des gewählten Forschungsdesigns ergeben sich interessante Ansatzpunkte, aus welchen sich weitere latente Forschungsfelder ableiten lassen. Um eine bessere Verallgemeinerung der Ergebnisse zu erreichen, wäre es wünschenswert, dass zukünftige Studien die Ausweitung der Untersuchungen auf andere Indikationsfelder, wie den Bereich nicht-chronischer Erkrankungen angehen. Ferner wurden in der vorliegenden Studie aus Gründen der Reduktion der Erhebungskomplexität ausschließlich Patienten aus Deutschland befragt. Daher sollte für zukünftige Untersuchungen die Nutzung eines internationalen oder anderen nationalen Datensatzes in Betracht gezogen werden. Neben einer breiteren Datenbasis könnte ein solcher Forschungsansatz den Einfluss kultureller Unterschiede auf das Therapietreueverhalten offenlegen.

In Anbetracht dessen, dass das Basismodell zwar 58% der Varianz des Therapietreueverhaltens von Patienten erklären konnte, deutet dieses Ergebnis zugleich auf die Existenz weiterer Determinanten zur Erklärung des Therapietreueerfolgs hin. Potenzielle Modellmo-

---

[54] In bisherigen Studien kamen ausschließlich direkte Messverfahren für eine Niveaubetrachtung zum Einsatz; (Arnold N 2005, S. 11).

difikationen könnten bspw. die Integration des Vertrauens in den Apotheker, der Einfluss von Medikamentenzuzahlungen oder Bonusprogrammen der Krankenversicherern auf die Adhärenz sein. Aus der Einbeziehung einzelner Variablen aus Bereichen der Konflikt- (Kober M, Johnson M 2007, Chimhanzi J 2004) und Preisforschung (Pechtel H 2005) sollte ein weiterer Erkenntnisgewinn resultieren.

Der Hauptuntersuchung liegt ein Singel-Informant-Ansatz (Hurrle B, Kieser A 2005a) mit dem Patienten als Informanten zugrunde. Die teilnehmenden Patienten haben sich alle auf freiwilliger Basis an der Studie beteiligt. Hieraus ergeben sich insofern mögliche Verzerrungen, als sich ggf. verstärkt solche Patienten an dem Forschungsprojekt beteiligt haben, die dem Thema Bluthochdrucktherapie tendenziell positiv und stärker involviert gegenüberstehen. Aus diesem Grund ist bei der Niveaubetrachtung durch den neu entwickelten PCI zu berücksichtigen, dass die Therapietreue tendenziell niedriger einzuschätzen ist, als in der Untersuchung ausgewiesen.

Ferner wurde dem in der Literatur immer wieder geforderten Einsatz dyadischen Daten (Homburg C, Stock R M 2004, Ledermann T, Bodenmann G 2006) zur Analyse des Patientenverhaltens in der vorliegenden Abhandlung Rechnung getragen. Im Rahmen dieses Multi-Informant-Ansatzes konnten erfolgreich Aussagen bzw. Untersuchungsergebnisse des Arztes mit Angaben des Patienten kombiniert und mögliche Verzerrungen aufgedeckt werden. Von diesem Messansatz gehen für die Weiterentwicklung von Adhärenz-Management-Strategien im Arzt-Patient-Kontext wertvolle Erkenntnisse aus.

Eine weitere Untersuchungsoption hinsichtlich des Erfolgs der Therapietreue liegt in der kontinuierlichen Beobachtung des Patientenverhaltens über einen längeren Zeitraum hinweg. Der vorliegenden Untersuchung liegen Querschnittsdaten zugrunde. Anhand einer Längsschnittsanalyse könnten auf Basis stetiger Beobachtung eines Patientenpanels Entwicklungen des Patientenverhaltens, Veränderungen des Patientenumfeldes bzw. des Vertrauensverhältnisses zum Arzt und der Effekt von Interventionsmaßnahmen untersucht werden. Eine Panelanalyse ließe zudem dezidierte Rückschlüsse auf den Erfolg von Aufklärungskampagnen, den Einsatz von Gesundheitsberatern und anderer Maßnahmen zur Steigerung der Therapietreue der einzelnen Patientengruppen zu. Ferner könnten Wechselwirkungen durch das Hinzukommen oder den Wegfall evtl. parallel laufender, anderer Behandlungen im Zeitablauf analysiert werden.

Kapitel 10

Handlungsempfehlungen für die Praxis des Adhärenz-Managements

Wie es die Ergebnisse der empirischen Untersuchung dokumentieren, konnten durch das Verhaltensmodell relevante Erfolgsfaktoren der Adhärenz identifiziert werden. Die dargestellten Ergebnisse bieten Ansatzpunkte für gezielte Interventionsmaßnahmen in der täglichen operativen Praxis des Adhärenz-Managements. Eine zentrale Erkenntnis der Untersuchung, welche sich mit den Ergebnissen anderer Adhärenzstudien deckt, ist, dass lediglich bei einem guten Drittel der Patienten eine als gut zu bezeichnende Therapietreue gemessen werden konnte. Das derzeit unausgeschöpfte Therapieerfolgspotenzial in den Bereichen der partiell- und non-therapietreuer Patienten kann daher als erheblich bezeichnet werden. Die in diesem Abschnitt angeführten Überlegungen haben das Ziel, die Effektivität und Durchschlagskraft des Therapietreue-Managements, als beeinflussbar identifizierte Determinante des Patientenverhaltens, positiv zu stimulieren und damit den Grundstein für eine höhere Therapietreue zu legen.

Ein erfolgreiches Therapietreue-Management schafft die Grundlage für den Aufbau einer langfristigen, stabilen Patientenbeziehung für verschiedene Gesundheitsmarktteilnehmer, wie Ärzte, Ärztenetze, Apotheker, Krankenversicherungen sowie Arzneimittelhersteller. Diese Möglichkeit aufgezeigt zu haben, unterstreicht die Relevanz der durchgeführten Analysen. Als Orientierung für die Implementierung einer Erfolg versprechenden Adhärenz-Managementstrategie kommen alle Aktivitäten in Betracht, die auf eine Stärkung der in Kapitel 4.4 identifizierten Verhaltensdeterminanten der Adhärenz ausgelegt sind.

Da im Untersuchungsmodell allen der Adhärenz vorgelagerten Gestaltungsvariablen ein signifikanter Einfluss auf das Therapietreueverhalten des Patienten zugesprochen werden kann, bietet die Studie Ansatzpunkte für ganzheitlich aufeinander abgestimmte Interventionsmaßnahmen, um die Therapietreue des Patienten nachhaltig zu steigern. Im Folgenden werden verschiedene Handlungsempfehlungen zur Steigerung der Therapietreue präsentiert. Zentral ist die Erkenntnis, dass das derzeitige Niveau der Adhärenz indikationsübergreifend für Patienten in Deutschland als unbefriedigend zu bezeichnen ist. Dies offenbart die dringende Notwendigkeit der Umsetzung nachhaltiger Adhärenz-Management-Konzepte, welche zielgerichtet jene defizitären Kompetenzen des einzelnen Patienten stärken.

10.1 Konzepte für den niedergelassenen Arzt und Ärztenetze

Das Vertrauen in den behandelnden Arzt hat sich als bedeutender Stellhebel zur Steuerung der Therapietreue erwiesen. Wie erinnerlich zeichnet sich das Vertrauensverhältnis durch das Ausmaß an Partnerschaftlichkeit, Offenheit, das Zeitfenster, welches ein Arzt seinem Patienten offeriert, die Qualität und Quantität der angebotenen ärztlichen Informationen und nicht zuletzt die patientenseitig wahrgenommene Verlässlichkeit in die medizinischen Fähigkeiten des behandelnden Arztes aus. Daher kommt dem Arzt in Hinblick auf potenzielle Adhärenz-Management-Maßnahmen besondere Bedeutung zu. Aktuelle Studien bestätigen, dass der Arzt nach wie vor wichtigster Vertrauens- und Ansprechpartner des Patienten in Gesundheitsfragen ist (Bartels M, Voll S 2013, S. 77).

In der Behandlungssituation wird der Grundstein für die Entwicklung einer als adäquat angesehenen Therapie gelegt. Vor diesem Hintergrund erscheint es bedeutsam, an dieser Stelle auf die Existenz der doppelten Informationsasymmetrie einzugehen. Der Arzt verfügt über eine wissenschaftliche Ausbildung, mit deren Hilfe er zu seiner Diagnose kommt, die vom Patienten nur laienhaft nachvollzogen werden kann. Umgekehrt ist der Arzt zur Entwicklung seiner Einschätzung und der sich anschließenden Therapieempfehlungen auf die Einschätzung subjektiv empfundener Symptome des Patienten angewiesen. Wird die Informationsasymmetrie zudem von Kommunikations- und Vertrauensproblemen zwischen den beiden Parteien überlagert, sind dies ungünstige Startbedingungen für eine Erfolg versprechende Behandlung und damit schlechte Voraussetzungen für die Therapietreue.

Die Ergebnisse der vorliegenden Studie deuten insbesondere für partiell- und non-adhärenten Patienten auf Defizite in den Bereichen des Patientenvertrauens und der Kommunikation mit dem behandelnden Arzt hin. Diese Störfaktoren belasten die gesamte Therapiesituation erheblich. Es erscheint sinnvoll, zur Erreichung einer höheren Adhärenz, Maßnahmen zur Verbesserung der Arzt-Patient-Kommunikation und Stärkung des Vertrauensverhältnisses zwischen Patient und Arzt zu entwickeln. Im Idealfall würden Interventionsmaßnahmen dazu führen, dass sowohl Arzt als auch Patient die gleiche Sprache sprechen, Missverständnisse weniger häufig auftreten, der Patient sich von seinem behandelnden Arzt besser verstanden fühlt und das Vertrauen des Patienten in seinen Arzt gesteigert wird.

Zur Verbesserung der Kommunikation der beiden Gesundheitsmarktteilnehmer lassen sich verschiedene Ansatzpunkte für unterstützende Maßnahmen identifizieren. Es hat sich gezeigt, dass Ärzte sehr gut ausgebildete Fachkräfte sind, ihre kommunikativen und rhetorischen Fähigkeiten aufgrund fehlender Förderung im Zuge der Ausbildung jedoch Defizite aufweisen können. Zur Stärkung der ärztlichen Kommunikationskompetenz in der Behandlungssituation bieten sich Kommunikations- und Rhetorikworkshops als wichtiges Element einer ärztebasierten Interventionsstrategie an. Ein Arzt, der aufgrund seines Kommunikationsstils seinem Patienten das Gefühl gibt, dessen Bedürfnisse zu erkennen, sollte dies an einer überdurchschnittlichen Therapietreue und Patientenzufriedenheit seiner Patienten messen können. Um den Erfolg solcher Workshops sicherzustellen, ist darauf zu achten, dass der Veranstaltungstermin nicht mit den üblichen Praxiszeiten kollidiert, weshalb auch Abendtermine zu erwägen sind.

Die Zeit, die Arzt und Patient in der Behandlungssituation zur Kommunikation zur Verfügung steht, ist in der Regel knapp bemessen. Daher sollten Kommunikationstrainings den zeitlichen Aspekt genau beleuchten und dem Arzt einen Leitfaden für eine möglichst effiziente Patientenkommunikation an die Hand geben. Im Rahmen eines Rhetorikworkshops könnten verschiedene Patiententypen mit den typspezifischen Erwartungen an das Behandlungsgespräch vorgestellt werden, damit der behandelnde Arzt zielgenauer auf Patientenbedürfnisse eingehen kann.

Weiterhin könnte explizit geschultes Praxispersonal und MFAs (medizinische Fachangestellte) eine Vorabzuordnung der Patienten zu den vier Patiententypen vornehmen, um dem Arzt bereits im Vorfeld eines Patiententermins eine Adhärenz-Risikoklassifizierung seines Patienten als erste Gesprächsorientierung an die Hand zu geben. Eine solche Erstklassifizierung von Neupatienten zu einem der vier Patienten- und damit Adhärenz-Risikotypen ist anhand weniger in der Regel bekannter soziologischer Faktoren über den Patienten möglich. Diese Information in den Händen, kann Arzt gezielter auf Risikopatienten im Bereich der Non-Adhärenz aufmerksam gemacht werden und es besteht die Möglichkeit entsprechend auf den Patienten einzuwirken und diesen gezielt zu unterstützen (siehe Kapitel 7.2).

Innerhalb von Ärztenetzen würden sich durch eine Implementierung des beschrieben Adhärenz-Klassifizierung-Ansatzes zusätzliche Synergieeffekte in der Zusammenarbeit der eingebundenen Behandler ergeben. Hier könnte das einmal vom Erstbehandler erstellte Profil automatisch auch den Kollegen innerhalb des Netzes zur Verfügung gestellt werden, sofern dies datenschutzrechtlich möglich ist. Weiterhin ist es denkbar, das Adhärenz-Profil der Patienten durch den Kontakt mit verschiedenen Behandlern innerhalb des Netzes im Zeitverlauf geschärft wird. Ein solches ganzheitliches Konzept könnte auch Imagefördernd zu Werbezwecken eingesetzt werden, um die Attraktivität des Ärztenetzes auch für neue

Patienten und Kostenträger weiter zu steigern.

Ein weiteres Instrument zur Einflussnahme auf den Arzt-Patient-Dialog ist die Bereitstellung von Informationsmaterialien für Arzt und Patient. Idealerweise weist der Arzt oder das Praxispersonal bzw. MFAs den Patienten direkt auf Informationsangebote hin. Dies kann gelingen, sofern der Arzt Informationsmaterialien als werthaltige Unterstützung seines Engagements zur besseren Aufklärung und Steigerung der Therapietreue seiner Patienten wahrnimmt.

Werden bspw. durch den Arzt an den Patienten vorgefertigte Informationsbroschüren zum Umgang mit der Therapie im täglichen Lebensrhythmus weitergegeben, bietet die bereitgestellte Broschüre einen Gesprächsanreiz zur Vertiefung des Themas. Bei geschickter Konzeption des Informationsmaterials sollte dieses den Patienten dazu veranlassen, bei einem der nächsten Arztbesuche einen Dialog über relevante Verhaltensaspekte im Alltagsverhalten aufzunehmen. An dieser Stelle ist über die Abgabe von DVDs, den Hinweis auf Smartphone Apps zum Thema der Vereinbarkeit von Therapie und Lebensalltag sowie Kontakte zu Selbsthilfegruppen nachzudenken.

10.2 Konzepte für den Apotheker und neue Player

Die beiden in enger Abhängigkeit stehenden Gestaltungsparameter Verhaltenskontrolle und Barrieren im Therapieverlauf haben sich als gehaltvolle Ansatzpunkte zur Steuerung der Therapietreue hervorgetan. Von beiden genannten geht dominierender Einfluss auf das Adhärenzverhalten aus.

Die Indikatoren der Verhaltenskontrolle liefern dabei einen Einblick in die eigene Kompetenzwahrnehmung des Patienten, inwieweit dieser durch ein hohes gefühltes Vertrauen in seine Handlungskompetenz im Hinblick auf die Therapieausführung verfügt. Die Integrationsfähigkeit der Therapieform in den täglichen Lebensablauf des Patienten zielt letztendlich darauf ab, wie gut die Therapie mit dem alltäglichen Handeln des Patienten vereinbar ist. Die beiden genannten Variablen stehen in engem inhaltlichen Zusammenhang mit dem sozialen Umfeld eines Patienten.

Die Koordination der Therapie mit dem Lebens- und Arbeitsalltag eines Patienten ist eine der großen Herausforderungen, welche Adhärenz-Management-Programme lösen müssen. Möchten man durch gezielte Aktivitäten Einfluss auf das Maß der Therapietreue nehmen, stehen diese vor der Herausforderung, potenzielle Barrieren in Hinblick auf eine möglichst reibungslose Therapiebefolgung soweit wie möglich abzubauen.

10.2. Konzepte für den Apotheker und neue Player

Eine erfolgreiche Strategie zur Stärkung der Patientenkompetenz auf der einen Seite und zur Verringerung der Therapiebarrieren auf der anderen Seite muss an den bekannten Konfliktpunkten zwischen den Erfordernissen einer Therapie und der täglichen Lebensroutine ansetzen. Die konsequente Therapieausführung setzt ein hohes Maß an Disziplin und Ausführungskompetenz des Patienten voraus. In Hinblick auf unterschiedliche Krankheitsbilder sind Fragen der Medikamenteneinnahme, Eigenwertmessungen wie bspw. Blutdruckmessungen, Ernährungsumstellung und wiederkehrende Arzttermine von hoher Relevanz.

Aus den Studienergebnissen kann ferner die Erkenntnis gezogen werden, dass das Wissen und die Fertigkeiten eines Patienten zwar eine notwendige, aber keine hinreichende Voraussetzung für eine gute Therapietreue und damit den erhofften Therapieerfolg darstellen. Dies bedeutet z.B. bei der Verordnung von Arzneimitteln, dass es nicht genügt, den Patienten flüchtig über das Medikament und die Dosierung in Kenntnis zu setzen, sondern dass es ebenso bedeutend ist, auf etwaige Probleme, Einnahmedauer und Einnahmezeitpunkte genau einzugehen und für Fragen des Patienten bereitzustehen. Aufgrund hoher Termindichte und aufwendiger Untersuchungen steht im Arzt-Patient-Dialog häufig zu wenig Zeit zur Verfügung, den Patienten in die Besonderheiten seiner Therapie einzuweisen. Auch spielt hier das in Kapitel 7 als problematisch offenbarte Einschätzungsvermögen des Arztes im Hinblick auf die Ängste und Nebenwirkungsbedenken des Patienten ein Rolle.

Somit besteht an dieser Stelle latenter Beratungsbedarf des Patienten, welcher vom Gesundheitsmarkt zurzeit nicht adäquat adressiert wird. Diese latente Marktnische könnte durch den Eintitt neuer Anbieter von Gesundheitsservices aber auch insbesondere von Apotheken besetzt werden. Man könnte auch über Kooperationsmodelle mit Krankenversicherern oder anderen Anbietern innerhalb unseres Gesundheitswesens nachdenken.

Aus Studien ergibt sich, dass bei einer Mehrheit der deutschen Patienten konkrete Nachfrage und auch Zahlungsbereitschaft nach einem Gesundheitsberater besteht. Die Erwartungen an den Gesundheitsberater sind, dass dieser die Krankengeschichte des Patienten kennt, in Gesundheitsfragen als kompetenter Ansprechpartner wahrgenommen wird und je nach Bedarf die passenden Leistungen vermittelt und für Probleme, bspw. im täglichen Umgang mit einer Therapie, Lösungen aufzeigen kann. Über den Kanal des Gesundheitsberaters, welcher sowohl physischen als auch über smarte Applikationen regelmäßigen Kontakt zum Patienten halten könnte, würden sich eine effizientere und zielgerichtetere Steuerung der Therapie insbesondere chronisch kranker Patienten ermöglichen.

Das skizzierte Anforderungsprofil offenbart eine große Nähe zum bestehenden Produkt- und Serviceangebot von Apothekern. Für diese könnte dies eine Stärkung der Kundenbindung und sicherlich Cross-Selling Effekte für nicht-verschreibungspflichtige Produkte und Services mit sich bringen. Einige Apotheken unternehmen bereits erste Versuche, sich in die Richtung eines ganzheitlichen Gesundheitsberaters weiterzuentwickeln, wobei es häufig an der notwendigen konsequenten Umsetzung des beschriebenen Konzepts als Gesundheitsberater mangelt. So müsste dem Patienten bspw. ein 24-Stunden Notdienst für akute Fragen angeboten werden, um nur ein Beispiel einer durchgängigen Konzeption des Gesundheitsberaters zu geben.

Arzneimittelhersteller haben längst ein Re-Allokation von ehemaligen Ressourcen für den Außendienst in patientennähere zumeist unentgeltliche Serviceleistungen zur Therapiebegleitung eingesetzt. Vorstehend skizzierte Entwicklungen vollziehen sich bereits insbesondere bei Dauertherapieformen chronisch kranker Patienten und bei sehr hochpreisigen Therapien. Das Ziel ist, die Patienten durch ein optimiertes Therapiemanagement bestmöglich im Versorgungsalltag zu unterstützen und einen Wechsel auf andere Präparate, sofern möglich, vorzubeugen. Die Entwicklung sogenannter beyond-the-pill Angeboten von Arzneimittelherstellern kann als Vorstufe eines personalisierten Gesundheitsberaters angesehen werden.

Wenn man den Gesundheitsberater als Bindeglied zwischen Arzt und Patient einsetzen würde, könnten beide, aufgrund einer besseren und effizienteren Kommunikation von Therapieinhalten, profitieren. Der Gesundheitsberater könnte dem Patienten bei allgemeinen Problemen im Umgang mit seiner Therapie Hilfestellungen anbieten und auf die Stärkung der Ausführungskompetenz einwirken, was sich förderlich auf dessen Adhärenz auswirken sollte. Auch könnte das Praxispersonal bzw. MFAs nach vorausgegangener Schulung ggf. entgeltlich als Gesundheitsberater für den Patienten fungieren, was dem gestiegenen Serviceanspruch der Patienten entgegenkommen würde. Die Vergütung dieser Serviceleistung könnte sich zumindest in Teilen am individuellen Therapieerfolg orientieren, welcher durch das Ausbleiben von üblichen Komplikationen bei schlechter Therapietreue gemessen werden könnte. Die Aussicht auf Kosteneinsparungen und Effizienzgewinne durch weniger Arztkonsultationen und ein besseres Therapieergebnis sollten die Krankenversicherungen dazu bewegen, sich ggf. an der Finanzierung von Gesundheitsberatermodellen zu beteiligen.

10.3 Konzepte für gesetzliche und private Krankenversicherung

Experten sind sich einig, dass in Zukunft nicht nur in den USA, sondern auch in Europa der Patient zunehmend in das Zentrum von Patientenbindungsaktivitäten rücken wird. Um eine möglichst differenzierte Patientenansprache zu ermöglichen, setzt die vorliegende Studie mit der durchgeführten Patiententypisierung genau an diesem Punkt an. Die vier identifizierten Patienten- und Adhärenz-Risiko-Typen erlauben es Krankenversicherungen, die Gratwanderung zwischen kognitiver Über- und Unterforderung eines Patienten zu bewältigen. Wenn man bedenkt, dass die Kommunikationsansprüche des Patienten die unabdingbare Ausgangsbasis zur adäquaten Formulierung einer Botschaft sind, auf welche sich eine erfolgreiche Patienten-Beziehung aufbaut, kommt der Beachtung des Patientenprofils höchste Bedeutung im Rahmen der Kommunikation zu.

Weiterhin zeigte sich in der empirischen Analyse, dass das Niveau der Gesundheitsmotivation das Therapietreueverhalten in größerem Maße beeinflusst. Wie erinnerlich beschreibt die Gesundheitsmotivation das Ausmaß an Bedeutung, das ein Mensch seinem Gesundheitszustand entgegenbringt, wobei der persönlichen Relevanz bspw. durch entsprechende gesundheitsbewusste Verhaltensweisen Nachdruck verliehen werden kann. Die Gesundheitsmotivation hat sich sowohl im Rahmen der Untersuchungen des Verhaltensmodells als auch bei der Patiententypisierung als zentrale Stellgröße zur Erreichung hoher Therapietreue herausgestellt. Daher ist es von zentraler Bedeutung, im Rahmen des Adhärenz-Managements die Gesundheitsmotivation zu stimulieren.

Aus den Ergebnissen der Patiententypisierung geht hervor, dass sich insbesondere hoch motivierte Patienten vergleichsweise stark über ihre Erkrankung informieren wollen. Als Konsequenz ergibt sich, dass genannte Patienten über ein signifikant höheres Gesundheitswissen verfügen. Auch das Vertrauensverhältnis zum Arzt kann bei stärker motivierten Patienten als tendenziell besser ausgeprägt bezeichnet werden, wodurch sich diese Patienten beim behandelnden Arzt auch proaktiv Zugang zu weiteren Informationen rund um ihre Erkrankung verschaffen.

Die Ergebnisse belegen, dass ein enger Zusammenhang zwischen der Gesundheitsmotivation, dem Informationsverhalten, dem Gesundheitswissen und implizit auch der Therapietreue eines Patienten besteht. Die Resultate der Patiententypisierung kommen zu dem Ergebnis, dass für Personen, die über ein hohes Maß an Gesundheitsmotivation verfügen, allerdings nicht ausreichend Zugang zu Informationen haben, zusätzliche Information nützlich sein können, um das Therapietreueverhalten positiv zu beeinflussen. Sollte ein Patient hingegen über ein ausreichendes Maß an Wissen verfügen, jedoch nicht stark genug motiviert sein, werden zusätzliche Informationen seine Adhärenz kaum positiv beeinflussen.

Für eine segmentspezifische Patientenansprache bieten sich Krankenversicherungen Instrumente des Dialog-Marketing an. Um dem richtigen Patienten die passende Information bzw. das adäquate Angebot in einem zutreffenden Kommunikationsstil über den richtigen Kommunikationskanal zu vermitteln, stellt der Rückgriff auf das in Kapitel 6 abgeleitete Patienten-Portfolio eine gute Ausgangsbasis dar. Ein Abgleich der soziologischen und bestimmter verhaltenstypischer Marker, welche die verschiedenen Patiententypen trennscharf charakterisieren, mit jenen der Krankenversicherung in internen Systemen bereits vorliegenden Daten und Informationen zu jedem Versicherten, ermöglicht eine patientenindividuelle Risikoklassifizierung des Grades der Non-Adhärenz für das gesamte Versichertenkollektiv. Für einen optimalen Abgleich sollten neben den in dieser Abhandlung präsentierten Ergebnissen noch weitere Marker, welche aus dem Datensatz der vorliegenden Untersuchung hervorgehen, berücksichtigt werden. Dieser Ansatz liefert Krankenversicherungen für jeden einzelnen Versicherten eine erste Einschätzung zu dessen wahrscheinlichem Umgang mit einer Therapie.

Diese Information wiederum ermöglicht es dem Unternehmen zielgruppenspezifisch Hilfsangebote im Sinne von Adhärenz-Management-Programmen anzubieten. Ein Abgleich, jener der Versicherung bekannten und vorliegenden Diagnoseschlüssel (ICD-Codes) mit der Compliance-Typ-Klassifizierung ermöglicht es ferner, in Abhängigkeit des Krankheitsbildes (z.B. chronische vs. nicht-chronische Patienten) spezifische Adhärenz-Management-Programme aufzusetzen und diese Maßnahmen sehr effektiv und effizient einem bestimmten Versichertenkreis anzubieten. Der vorgestellte Ansatz folgt dem heutigen Zeitgeist einer möglichst bedarfsgerechten und individualisierten Kundenansprache, welche wiederum mit einer vergleichsweise hohen Wahrscheinlichkeit des Erfolges dieser Maßnahme einhergeht.

Das Dialogmarketing sollte sich außerdem auf das vom jeweiligen Patienten bevorzugte Medium (Brief, Telefon, digitale soziale Netzwerke, Apps, Internet, Vortragsveranstaltung) stützen. Hier spielt der Arzt nach wie vor als glaubwürdiger Mittler patienten- und krankheitsspezifischer Informationen die entscheidende Rolle. Aus dieser Erkenntnis ergibt sich für die Konzeption von Dialogmarketingmaßnahmen von Krankenversicherungen, dass diese nicht in direkter Konkurrenz zum Arzt stehen sollten bzw. der Arzt frühzeitig über anstehende Maßnahmen Dritter informiert wird.

10.4 Konzepte im Bereich E-Health

Der Einsatz von Smartphone Apps zur Dokumentation und Erinnerung an die Medikamenteneinnahme erfreut sich zunehmender Beliebtheit und Akzeptanz. Auch im Bereich von Smart-Home Anwendungen werden erste Hilfen entwickelt, die an die Einnahme von Medikamenten erinnern, zur physischer Bewegung im häuslichen Umfeld auffordern und diese belohnen oder Armbänder, welche daran erinnern, dass es Zeit wäre ein Glas Wasser zu trinken. In den USA ist man im Bereich von Smart-Home Anwendungen zur Therapieunterstützung ein gutes Stück weiter als in Europa. Es wird jedoch nur eine Frage der Zeit sein, bis Innovationen auf diesem Gebiet auch hierzulande in der Breite Anwendung finden werden. Fakt ist, dass sich die Art und Weise des Lebens und Wohnens stark verändern werden, was mit enormen Potenzialen für die häusliche Patientenversorgung einhergeht.

Smart-Home eröffnet auch mobilen Pflegediensten eine engmaschige aber effizente Patientenbetreuung aus der Ferne und könnte den Pflegenotstand zumindest partiell reduzieren. Patienten sollte es durch Smart-Home Anwendungen möglich sein, durchschnittlich länger selbstbestimmt und unabhängig in den eigenen vier Wänden wohnen zu bleiben und somit erst später oder gar nicht in Pflegeheime umziehen zu müssen.

Smartphone und Smart-Home Konzepte könnten durch Kooperationen verschiedener Gesundheitsmarktteilnehmer wie Kranken- und Pflegeversicherungen, Apotheken, Arzneimittlhersteller, Ärzten und Pflegdiensten gemeinsam in den Markt getragen werden. Auf Grund der hohen Attraktivität des Gesundheitsmarktes wird sich auch der Markteintritt neuer Anbieter von Gesundheitsservices oder von Gesundheits-IT-Infrastuktur vollziehen und für zusätzlichen Wettbewerb sorgen. Dieser Trend ist bereits in vollem Gange.

Im Hinblick auf das Therapietreueverhalten des Patienten wird eine exaktere, z.T. in Echtzeit übermittelte Dokumentation der Medikamentenverschreibungen und -einnahme durch elektronische Patiententagebücher möglich. Dies stellt ein weiteres Instrument zur Patientenbindung dar, sofern der Patient hierzu seine datenschutzrechtliche Einwilligung erteilt hat. Durch die Auswertung der Therapietagebücher eröffnet sich bspw. Ärzten, Apothekern und Gesundheitsberatern die Möglichkeit, Defizite in Therapie und Patientenverhalten gezielt zu identifizieren und mit dem Patienten gemeinsam gegenzusteuern. Außerdem vervollständigt sich mit steigender Behandlungsdauer das Patientenbild, was neben Arzt und Apotheker auch Krankenversicherungen die Möglichkeit eröffnet, bedarfsgerechte Hilfen und Informationen anzubieten und hierdurch für eine effizientere und zielgerichtetere Therapiesteuerung zu sorgen.

In diesem Zusammenhang ist auch über die Einführung von Anreizsystemen nachzudenken, welche die Motivation zur korrekten Ausführung der Therapie steigern. Bei einem Gesundheits-pay-back-System könnte der Patient, sofern er seine Therapie mit seinem elektronischen Patiententagebuch plausibel und kontinuierlich dokumentiert hat, Pay-back-Punkte sammeln, die ihm eine Reduktion seines Krankenversicherungs(zusatz)beitrages oder eine geringere Medikamentenzuzahlungen versprechen (Meckel A-K 2013).

10.5 Konzepte im Kontext sozialer Netzwerke

Die empirische Untersuchung hat gezeigt, dass vom sozialen Umfeld signifikante Impulse auf die Therapietreue des Patienten ausgehen. Die Qualität des sozialen Umfeldes wurde durch das Ausmaß der vom Patienten wahrgenommenen sozialen Unterstützung und das Verständnis gemessen, welches seine soziale Bezugsgruppe der eingeschlagenen Therapie entgegenbringt. Aufgrund der zu beobachtenden Bedeutung kommt dem sozialen Umfeld aus dem Blickwinkel eines ganzheitlichen Adhärenz-Management-Konzepts hohe Relevanz zu.

Aus den empirischen Ergebnissen geht hervor, dass, wenn ein besonders positiver und starker sozialer Kontext vorliegt, eine vergleichsweise hohe Therapietreue des Patienten zu erreichen ist. Im Gegensatz dazu beeinflusst ein gegenüber der Therapie wenig aufgeschlossenes Patientenumfeld die Therapietreue stark negativ.

Aus diesen Erkenntnissen ergeben sich zwei Ansatzpunkte, auf das Patientenumfeld einzuwirken. Zum einen gilt es, das bestehende Umfeld in der Art zu bearbeiten, dass dieses der Behandlung des Patienten mitwirkend und positiv gegenübersteht. Zum anderen kann dem Patienten der Zugang zu einem zweiten sozialen Umfeld, z.B. in Form einer Selbsthilfegruppe, eröffnet werden. Das zweite soziale Umfeld zeichnet sich dadurch aus, dass dieses sich aus Personen zusammensetzt, die sich in einer ähnlichen Lebenssituation befinden und einer Therapie grundsätzlich aufgeschlossener gegenüberstehen sollten. Ziel des zweiten sozialen Umfelds sollte es sein, potenzielle negative Einflüsse des direkten, bereits bestehenden Patientenumfeldes zu neutralisieren. Das sogenannte zweite soziale Umfeld kann sich neben dem Besuch von Selbsthilfegruppen verstärkt auch in internetbasierten Patienten- und Gesundheitsforen sowie digitalen sozialen Netzwerken, wie bspw. *patientslikeme (c)*[55] etablieren und fortentwickeln (Bruns W 2013).

Maßnahmen, welche auf die Beeinflussung des direkten sozialen Umfeldes eines Patienten abzielen, sollten zunächst eine allgemeine und umfassende Aufklärung über Besonderheiten und Erfordernisse der Therapieausführung eines Bluthochdruckpatienten beinhalten. Es ist häufig zu beobachten, dass gerade chronisch kranke Patienten mit einem nicht hinreichend informierten Umfeld konfrontiert sind, was zu einem geringeren Verständnis für notwendige Therapieanforderungen führt. Denkbar wäre an dieser Stelle die Ausgabe von Informationsmaterial, welches direkt an den Personenkreis des Patientenumfeldes adressiert ist. Zudem könnte die direkte Rücksprache des Arztes bzw. der Praxismitarbeiter oder eines expliziten Gesundheitsberaters mit Familienangehörigen des Patienten unterstützend wirken. Ziel der vorgeschlagenen Maßnahmen sollte es stets sein, Rollenkonflikte des Patienten in sei-

---

[55] *Patientslikeme (c)* ist ein digitales soziales Patientennetzwerk www.patientslikeme.com.

nen vielfältigen Funktionen als Elternteil, Freund und Mitarbeiter zu vermeiden bzw. diese auf ein Minimum zu reduzieren. Je reibungsloser die unterschiedlichen Rollen miteinander in Einklang stehen, desto förderlicher wird sich dies auf die Patientenzufriedenheit und Therapietreue auswirken.

Die im Abschnitt zur Gesundheitsmotivation und dem Informationsverhalten des Patienten diskutierte konzertierte Awareness-Kampagne vieler Stakeholder des Gesundheitswesens sollte auch einen positiven Einfluss auf das erweiterte Patientenumfeld haben. Da sich eine breit angelegte Informationskampagne zur Stärkung des Gesundheitsbewusstseins mit den Erfordernissen des Patientenumfelds von chronisch kranken Menschen befassen sollte, könnte über dieses Marketinginstrument das soziale Umfeld nachhaltig positiv beeinflusst werden.

Den vorstehend diskutierten Maßnahmen zur Bearbeitung des bestehenden sozialen Umfelds kommt ein eher defensiver, Konflikte entschärfender Charakter zu. Anders sieht es bei Impulsen zur Schaffung eines zweiten sozialen Umfeldes aus. Dieses hat zum Ziel, den Patienten in seiner aktuellen Situation als therapie- und hilfsbedürftiger Mensch zu akzeptieren, eine Plattform für den Austausch mit Gleichgesinnten zu bieten und potenzielle Hilfsangebote zur Erleichterung des Therapieumgangs an den Patienten heranzutragen. Bedenkt man den erheblichen Einfluss der Selbsthilfegruppen auf die Patientencompliance, dann kommt man nicht umhin, diese im Rahmen von Adhärenz-Management-Programmen zu berücksichtigen. Dafür bietet sich bspw. die Durchführung von Informationsveranstaltungen auch in Kooperation mit Arztpraxen an. Damit sich Patienten an Angeboten eines sekundären sozialen Patientenumfeldes beteiligen, ist, den Ergebnissen der vorliegen Studie folgend, grundsätzlich (leider) ein hohes Maß an Krankheitsinvolvement notwendig.

10.6 Konzept einer konzertierten Aktion des Gesundheitswesens

Wie die Ergebnisse zeigen, lässt sich, neben einem besseren Zugang zu relevanten Informationen, aus der Anhebung der Gesundheitsmotivation ein wesentlicher Beitrag zur Erreichung eines höheren Therapietreueniveaus erwarten. An dieser Stelle ist über eine konzertierte Aktion von Gesundheitspolitik, Ärzteschaft, Krankenversicherern, Verbänden und Arzneimittelherstellern zur Stärkung gesundheitsförderlichen Verhaltens nachzudenken. Ziel einer solchen Kampagne sollte es sein, den Bürger zu motivieren, sich stärker als bisher sowohl mit gesundheits- als auch krankheitsbezogenen Themen kritisch auseinanderzusetzen. Somit könnte man hier gleichermaßen dem salutogenetischen als auch pathogenetischen Konzept des Verständnisses von Gesundheit und Krankheit gerecht werden (Egger M, Razum O 2014, S. 7). Themenschwerpunkte könnten bspw. der Umgang mit der Therapie im Patientenalltag oder Hinweise zu den langfristigen gesundheitlichen Folgen unzureichender Therapietreue bilden.

Als prominentes Beispiel für die nachhaltige Beeinflussung des Bevölkerungsbewusstseins durch eine konzertierte Aktion verschiedener gesellschaftlicher Meinungsbildner kann die Kampagne zur Verkehrserziehung während der 1960er und 1970er Jahre angesehen werden. Jene Kampagne wurde durch eine fortwährende Präsenz des Themas Verkehrssicherheit in den Medien, u.a. durch die tägliche Sendung „Der 7. Sinn", erfolgreich unterstützt. In TV-Spots wurden verschiedene Situationen im Straßenverkehr exemplarisch veranschaulicht und auf potenzielle Gefahren hingewiesen.

Eine Kampagne zur Förderung des allgemeinen Gesundheitsbewusstseins bzw. der Gesundheitsmotivation könnte sich ähnlicher Instrumente bedienen. Dementsprechend könnten bei passendem Medienmix bspw. TV-Spots und parallel im Internet geschalteten Videos verschiedene Problemsituationen im Therapieverlauf dargestellt und Lösungsvorschläge veranschaulicht werden. Das Ausmaß und die Ausgestaltung einer konzertierten Aktion zur Förderung des Gesundheitsbewusstseins sind dabei vor dem Hintergrund der aktuellen Herausforderungen unseres Gesundheitssystems zu beurteilen. Als Instrument zur Überprüfung der Eignung solcher Interventionen leisten kontinuierliche Patientenbeobachtungen wertvolle Dienste.

10.7 Berücksichtigung situativer Rahmenbedingungen

Die Ergebnisse belegen die Relevanz einer Berücksichtigung situativer Kontextfaktoren im Rahmen des Adhärenz-Managements. So konnte insbesondere zwischen Männern und Frauen sowie GKV- und PKV-Patienten grundlegende Verhaltensunterschiede offengelegt werden. Die Behandlungsdauer hingegen scheint einen untergeordneten Einfluss auf die Therapietreue zu haben. In Abhängigkeit der Intensität des Krankheitsinvolvements konnten wiederum Verhaltensunterschiede gemessen werden.

Diese Erkenntnisse offenbaren weitere Ansatzpunkte für Erfolg versprechende Interventionen zur Steuerung des Therapietreueverhaltens. Beeinflusst wird das Therapieverhalten eines Patienten von dem Grad des persönlich empfundenen Krankheitsinvolvements. Hierunter wird die wahrgenommene persönliche Betroffenheit, die mit der Erkrankung verbunden ist, verstanden. Je stärker ein Patient sich persönlich von einer Krankheit beeinträchtigt fühlt, desto größer ist sein Involviertheitsgrad. Bei hoch involvierten Patienten konnte lediglich ein leicht höheres Maß an Compliance beobachtet werden als bei weniger Aktivierten. Aus diesen Ergebnissen ergibt sich die Handlungsempfehlung, Ressourcen zur Stimulierung eines höheren gedanklichen Entscheidungsengagements in Therapiefragen einzusetzen, um die Therapietreue der Patienten zu verbessern.

Untersuchungsergebnisse deuten darauf hin, dass, in Abhängigkeit des Krankheitsinvolvements die Motivation des Patienten steigt, Informationen über seine Erkrankung und Therapie zu verarbeiten. In diesem Zusammenhang könnte im Gebrauch von rhetorischen Fragen im Gegensatz zu deklaratorischen Statements oder die Aufforderung an den Patienten, eine therapieförderliche mit einer kontraproduktiven Verhaltensweise zu vergleichen, ein Ansatzpunkt zur Schaffung eines höheren Botschafts-Involvements einer Awareness-Kampagne (Bewusstseins- bzw. Aufmerksamkeits-Kampagne) liegen. Da der Gebrauch solcher Stilelemente das Krankheitsinvolvement und den damit verbundenen Verarbeitungsaufwand verstärkt, sollte dieser Prozess außerdem die Zugänglichkeit zur Einstellung gegenüber einer bestimmten Verhaltensweise im Therapiekontext verbessern.

Über eine Awareness-Kampagne hinaus kann versucht werden, das Involvement mithilfe seiner Bestimmungsgrößen zu steigern. Hierzu kann eine zunächst schwach involvierende Erkrankungssituation wie bspw. der Hypertonie etwa mit stark involvierenden sonstigen Lebenssituationen in Verbindung gebracht werden. Dadurch wird das durch die Situation ausgelöste Involvement auf den persönlichen Gesundheitszustand transferiert. Der Einsatz von Sonderformen aus der Werbung wie Gewinnspielen, Events oder Sponsoring ist zu diesem Zweck besonders geeignet. Ziel ist es, über ein gesteigertes Involvement die persönliche Relevanz des Patienten für eine bestimmte Verhaltensweise im Umgang mit seiner Therapie heraufzusetzen. Direktansprachemaßnahmen mit Fokus auf den Patienten sollten neben Informationen zum Umgang mit Erkrankung und Therapie positive Emotionen transportieren, um auch unter Low-Involvement-Bedingungen den Patienten zu erreichen. Die Botschaft sollte Lebensqualität trotz des Leidens unter einem zu hohen Blutdruck sein.

Zudem sollten geschlechtsspezifische Besonderheiten Eingang in Aktivitäten zur Steigerung der Therapietreue erhalten. Um den unterschiedlichen Kommunikationsansprüchen von Männern und Frauen gerecht zu werden, ist es unabdingbar, das Geschlecht des Patienten zu berücksichtigen. Ferner scheint insbesondere für die Therapietreue von männlichen Patienten ein intaktes Vertrauensverhältnis zum behandelnden Arzt von hoher Relevanz zu sein. Dieser Aspekt sollte bei der Auswahl der Instrumente des Adhärenz-Managements besonders berücksichtigt werden.

Kapitel 11

Schlussbetrachtung der zentralen Erkenntnisse

In der aktuellen gesundheitspolitischen Diskussion wird vom Patienten gefordert, dass er aktiv am Therapieerfolg mitwirkt und sich therapietreu verhält. Diese Beobachtung stand am Anfang der vorliegenden Untersuchung. Die Motive für diesen Appell sind vielfältig. Eine höhere Therapietreue wird in der Public Health als eine der größten Effizienzreserven unserer krankenden Gesundheitssysteme gehandelt. Groß ist die Hoffnung, durch eine verbesserte Therapietreue einen Quantensprung hinsichtlich der Kosten-Nutzen-Relationen innerhalb des Gesundheitswesens zu erreichen. Erwartet wird, dass durch eine höhere Therapietreue des einzelnen Patienten bessere individuelle gesundheitliche Resultate zu erzielen sind und diese implizit dazu führen, dass die finanziellen Aufwendungen zur Behandlung potenzieller Folgeerkrankungen sinken.

Problematisch an der beschriebenen Debatte erwies sich, dass es bisher kaum Forschungsbemühungen gab, die sich dem Thema der Adhärenz aus einer ganzheitlich verhaltenswissenschaftlichen Patientenperspektive annahmen. Aufgrund des aufgezeigten Forschungsdefizits musste die aktuelle Diskussion weitestgehend ohne inhaltliche und empirische Substanz geführt werden. Zielsetzung der vorliegenden Studie war es, das Phänomen der Adhärenz auf eine konzeptionell fundierte empirische Basis zu stellen und an Hand von Real World Daten empirisch zu untersuchen.

Im Fokus der Untersuchung stand die theoriegeleitete Entwicklung eines möglichst umfassenden Verhaltensmodells zur Erklärung der Erfolgsfaktoren der Adhärenz. Durch eine Verknüpfung der Theorie des Health-Belief-Modells mit der Theory of Planned Behaviour konnte auf konzeptioneller Ebene das Kernelement des Untersuchungsmodells entwickelt werden. Es wurde versucht, die Untersuchung auf eine breitere Basis zu stellen, indem Studienergebnisse der Disziplinen Medizin, Psychologie und Ökonomie berücksichtig wurden. Dieses Vorgehen wird dem für Public Health Studien typischen stark explorativen und interdisziplinären Setting gerecht.

Die Ableitung eines Verhaltensmodells mit 18 Hypothesen orientierte sich an der Vorgabe einer möglichst vollständigen und systematischen Eruierung potenzieller Verhaltensdeterminanten, wobei acht Konstrukte Eingang in die Untersuchung fanden: Verhaltensabsicht gg. adhärentem Verhalten, Verhaltenskontrolle, Therapiewirksamkeit, Therapiebarrieren, affektive Einstellungskomponente, Gesundheitsmotivation, Vertrauensverhältnis zum Arzt und soziale Norm. Ferner wurden im Rahmen eines situativen Forschungsansatzes kontextbezogene Faktoren des Patienten und der Krankheitssituation berücksichtigt. Die gewählte Konzeptualisierung bietet erstmals tiefere Einblicke in Verhaltenszusammenhänge, welche final in die Therapietreueentscheidung eines Patienten münden.

Im Rahmen der empirischen Untersuchung wurden anhand eines standardisierten Fragebogens deutschlandweit 1.035 Bluthochdruckpatienten zu ihrem Therapietreueverhalten im Patientenalltag befragt. Die Zusammenhänge der einzelnen Konstrukte werden anhand eines Kausalmodells analysiert. Die gewählten Messmodelle zur möglichst exakten Erfassung der acht Determinanten wurden erfolgreich einer Reliabilitäts- und Validitätsprüfung unterzogen. Die sich anschließende Beurteilung des Verhaltensmodells mündete in dem Ergebnis, dass die gewählten Determinanten einen erheblichen Beitrag zur Erklärung des Therapietreueerfolgs leisten können. Der mit Abstand stärkste Impuls auf die Adhärenz geht von der Verhaltenskontrolle eines Patienten aus, gefolgt von den Therapiebarrieren, der Gesundheitsmotivation und der sozialen Norm. Weiterhin konnte nachgewiesen werden, dass Geschlecht und Krankenversicherungsstatus das Adhärenzverhalten signifikant beeinflussen. Durch die empirische Überprüfung des Untersuchungsmodells und die Berücksichtigung eines situativen Ansatzes konnten geeignete Stellgrößen für ein wirksames Adhärenz-Management identifiziert werden.

Außerdem wurde die erhobene Stichprobe einer strukturellen Untersuchung hinsichtlich der Übereinstimmung einzelner Verhaltensmuster unterzogen. Im Rahmen der vorgenommenen Patientensegmentierung ließen sich vier Patiententypen ableiten, welche sich durch signifikante Niveauunterschiede des Risikos für Non-Adhärenz auszeichneten. Der Hauptunterschied zwischen den Patiententypologien besteht darin, dass adhärente Patienten im Vergleich zu non-adhärenten über eine signifikant höhere Gesundheitsmotivation und Selbstwirksamkeit verfügen. Die wahrgenommene persönliche Betroffenheit durch die Krankheit ist bei therapietreuen Patienten deutlich höher, wodurch in der Folge ein intensiveres Informationsverhalten zum Thema Bluthochdruck zu beobachten ist. Non-adhärente Patienten sind hingegen gering involviert und informieren sich verhältnismäßig wenig über ihre Erkrankung, was sich in einem niedrigeren medizinischen Wissensstand und erheblich größeren Problemen der Therapieintegration in den Lebensalltag niederschlägt.

Zusammenfassend kann festgehalten werden, dass die vorgestellten Ergebnisse konkrete Interventionspunkte eines effektiven Adhärenz-Managements im Therapieverlauf von Patienten aufzeigen. Die diskutierten Handlungsempfehlungen und Stellgrößen, welche das Therapietreueverhalten determinieren, bieten vielfältige Möglichkeiten für eine zielgruppenspezifische Patientenansprache. Anknüpfend an die klaren Untersuchungsergebnisse sind an dieser Stelle Entscheidungsträger in Politik, in Krankenversicherungen, bei Arzneimittelherstellern aber auch Ärzte, Apotheker und weitere Beteiligte unseres Gesundheitswesens gefordert, die identifizierten Therapiebarrieren zu reduzieren, um die Basis zur Erreichung einer höheren gesamtgesellschaftlichen Therapietreue zu schaffen.

Im Folgenden sollen die eingangs formulierten Untersuchungsfragen eine kurze, prägnante und abschließende Beantwortung erfahren.

> *1. Untersuchungsfragestellung*
> *Welche Einflussfaktoren determinieren den Erfolg der Adhärenz und wie beeinflussen sich die einzelnen Determinanten untereinander?*

Auf Basis der Systematisierung der Literatur zum Thema Therapietreue, qualitativer und quantitativer Voruntersuchungen und eigener konzeptioneller Überlegungen erhielten acht Konstrukte Einzug in das Basismodell zur Erklärung des Therapietreueverhaltens von Bluthochdruckpatienten. Das Untersuchungsmodell umfasste neben dem Zielkonstrukt des Therapietreueverhaltens die Konstrukte Gesundheitsmotivation, Vertrauensverhältnis zum Arzt, soziale Norm, Affektion, Therapiebarrieren, Therapiewirksamkeit und Verhaltenskontrolle.

Das Verhaltensmodell konnte 58% des Adhärenzverhaltens erfolgreich erklären. Als bedeutendste Stellgröße für den Erfolg der Therapietreue wurde mit einem Pfadkoeffizienten von 0,48 die Verhaltenskontrolle identifiziert, gefolgt von dem Konstrukt der wahrgenommenen Wirksamkeit der eingeschlagenen Therapie mit einem Strukturgleichungskoeffizienten von 0,14. Bei Berücksichtigung indirekter Effekte konnten neben den bereits genannten Determinanten entscheidende Effekte von der Höhe der wahrgenommenen Therapiebarrieren, der Gesundheitsmotivation, dem Vertrauensverhältnis zum Arzt und der sozialen Norm auf die Adhärenz nachgewiesen werden. Diese Ergebnisse benennen Erfolg versprechende und konkrete Interventionspunkte, um eine verbesserte Adhärenz zu erreichen.

> **2. Untersuchungsfragestellung**
> Wie unterscheiden sich die Erfolgsfaktoren der Adhärenz bei unterschiedlichen Kontextfaktoren?

Im Bereich der Kontextfaktoren konnte für das Geschlecht und dem Krankenversicherungsstatus ein erheblicher Einfluss auf den Erfolg der Therapietreue nachgewiesen werden. Für die Behandlungsdauer ergab sich kein signifikanter Verhaltensunterschied. Der Einfluss des Krankheitsinvolvements kann als untergewichtig bezeichnet werden. In Abhängigkeit des jeweiligen Kontextes fiel der Anteil der erklärten Varianz des geplanten Therapietreueverhaltens unterschiedlich hoch aus. Die Ergebnisse legen nahe, dass das Therapietreueverhalten dem Einfluss situativer Determinanten ausgesetzt ist, den es bei der Entfaltung individualisierter Patientenansprachen und Adhärenz-Management-Konzepten zu beachten gilt.

> **3. Untersuchungsfragestellung**
> Welche typischen Patientengruppen lassen sich anhand ihrer Adhärenz identifizieren?

Anhand des Therapietreueverhaltens lassen sich vier verschiedene Patientensegmente identifizieren. Die größte Gruppe mit einem Anteil von 38% stellt der selbstbewusste Patient, gefolgt von dem engagierten Patient mit 29%, dem unmotivierten Patient mit 14% und dem unsicheren Patienten mit 19%.

Den auch als „Idealer Patient" bezeichneten selbstbewussten Typ kennzeichnet ein Höchstmaß an Selbstwirksamkeit, Motivation, Krankheitsinvolvement, eine hohe Kompetenz zur Überwindung von Therapiebarrieren, Vertrauen in den Arzt und ein intensives Informationsverhalten über Bluthochdruck. Bei dem engagierten Patiententyp ist eine ähnliche Verhaltensstruktur wie bei den Selbstbewussten zu beobachten, wobei sich die Merkmalsausprägungen auf einem niedrigeren Niveau bewegen. Der unmotivierte Patient weist die niedrigste Gesundheitsmotivation und geringes Interesse auf, sich krankheitsbezogene Informationen zu beschaffen. Gleichwohl bringt der hohe Involviertheitsgrad eine starke persönliche Betroffenheit von der Erkrankung zum Ausdruck. Der unsichere Patient ist gekennzeichnet durch geringes medizinisches Wissen gepaart mit schwacher Verhaltenskontrolle zur Therapiebefolgung, geringes Vertrauen in den Arzt und als nur schwer überwindbar angesehene Therapiebarrieren.

> **4. Untersuchungsfragestellung**
> *Wie adhärent sind Hypertoniepatienten heute?*

Die Bestandsaufnahme der vorliegenden Untersuchungen zeigt ein ähnliches Bild wie es auch andere Studien für das Indikationsgebiet des Bluthochdrucks skizzieren. Demnach verhalten sich der Definition des Patienten-Compliance-Index (PCI) folgend 38% der Studienteilnehmer adhärent, 43% partiell-adhärent und die restlichen 19% non-adhärent. Aufgrund der Tatsache, dass sich vermutlich verstärkt solche Patienten an dem Forschungsprojekt beteiligt haben, die dem Thema Bluthochdrucktherapie tendenziell positiv und stärker involviert gegenüberstehen, ist das tatsächliche Adhärenzniveau niedriger einzuschätzen als in der Untersuchung ausgewiesen.

> **5. Untersuchungsfragestellung**
> *Welche Kosten entstehen dem deutschen Gesundheitssystem aufgrund zu geringer Therapietreue auf dem Indikationsgebiet der Hypertonie?*

Gemäß den Angaben der Deutsche Hochdruckliga gibt es in Deutschland rund 20 Mio. behandelte Hypertoniker (Deutsche Hochdruckliga 2016). Die gesundheitsökonomische Evaluation der Kosten unzureichender Therapietreue schätzt diese für das Indikationsgebiet der Hypertonie im deutschen Gesundheitswesen auf rund 1 Mrd. EUR pro Jahr. Hierbei entfallen 524 Mio. EUR auf das Segment der partiell-adhärenten Patienten und 463 Mio. EUR auf den Teil der non-adhärenten Patienten.

> **6. Untersuchungsfragestellung**
> *Welche Qualität hat das Einschätzungsvermögen des patientenseitigen Therapieverhaltens durch den behandelnden Arzt?*

In der Gesamtschau fällt es dem behandelnden Arzt nicht leicht, das Therapieverhalten und die vom Patienten empfundene soziale Unterstützung im Therapiealltag richtig einzuschätzen. Es gibt zwar gundsätzlich eine leichte Tendenz dazu, die Qualität der verschiedenen Therapiedeterminanten richtig einzuschätzen, wobei das Risiko einer Fehleinschätzung bzw. der Therapietreue bzw. Gesundheitsmotivation als vergleichsweise groß zu bezeichnen ist. Hiermit einher geht die grundsätzliche Problematik, dass der Arzt möglicherweise seine Ressourcen im Patientengespräch nicht optimal allokiert. Ärzte investieren möglicherweise zu viel Zeit zur Erörterung von Nebenwirkungsbedenken bei Patienten, welche tatsächliche vergleichsweise geringe Nebenwirkungsbedenken haben. An dieser Stelle können dem Arzt die vier identifizierten Patiententypen helfen, welche dem Arzt eine erste Orientierung für mögliche Schwerpunkte des Patientendialogs geben.

Wie beschrieben kommt hier medizinisch Fachangestellten (MFA) von Ärzten zunehmende höhere Verantwortung am aktiven Mitwirken für den Therapieerfolg zu. Wenn der MFA hinreichend geschult wurde, kann er dem Arzt im Vorfeld eines Patientenbesuchs ein Patientenprofil erstellen und dieses dem Arzt in Kurzform vorlegen. Dies hätte zur Folge, dass der Arzt im Durchschnitt aller Patientenkontakte besser informiert wäre und gezielter auf potenzielle patientenseitige Bedenken und Risiken für die Therapie eingehen könnte. Bei Patienten, für welche sich ein geringes Risiko für eine unzureichenden Therapietreue abzeichnet, könnte der Arzt zeitliche Ressourcen einsparen und diese bei den als problematischer eingeschätzten Patienten einsetzen. Das beschriebene moderne Praxismanagement sollte sich in einem gestiegenen Vertrauen der Patienten in den behandelnden Arzt, eine höheren Patientenzufriedenheit sowie durchschnittlicher besseren Therapieergebnissen der Patienten des behandelnden Arztes niederschlagen.

Die zunehmende Akademisierung gesundheitswirtschaftlicher Berufsbilder wird das Praxispersonal von morgen verstärkt auch in vorstehend beschriebene Aufgaben einbinden, um für effizientere Behandlungsabläufe und eine fortlaufende Verbesserung der medizinischen Outcomes im Behandlungsalltag zu sorgen. Man darf an dieser Stelle nicht vergessen, dass auch Arztpraxen in einem nicht zu unterschätzenden Wettbewerb stehen und nach Reputationsgewinnen streben. Hierzu stellt das beschriebene Adhärenz-Management-Konzept ein wirksames und gut umsetzbares Instrument dar.

> **7. Untersuchungsfragestellung**
> *Variiert das Gesundheitsverhalten der Patienten nach dem Bundesland?*

Die Daten der groß angelegten, bundesweiten Patientenbefragung liefern Ergebnisse zum Gesundheitsverhalten von Hypertonikern im Vergleich nach Bundesländern. Für alle untersuchten Länder konnten grundsätzlich recht ähnliche Verhaltensmuster der Patienten beobachtet werden. Gemessen am geplanten Therapietreueverhalten stachen Patienten aus Baden-Württemberg, Bayern und Mecklenburg-Vorpommern positiv hervor, wohingegen für Brandenburg das schwächste geplante Therapietreueverhalten der Patienten gemessen wurde.

Länderübergreifend lassen die Ergebnisse der vorliegenden Studie kein eindeutiges Nord-Süd- oder Ost-West-Gefälle des Gesundheitsverhaltens erkennen. Einzig die südlichen Bundesländer mit Baden-Württemberg und Bayern stechen geografisch geschlossen durch überdurchschnittlich gutes Gesundheitsverhalten ihrer Bürger hervor. Zusammenfassend zeigen die Ergebnisse, dass das Gesundheitsverhalten der Patienten in engen Grenzen regional variiert.

> **8. Untersuchungsfragestellung**
> *Welche Rolle kommt dem Einsatz von Smart-Devices zu Erreichung einer gesteigerten Adhärenz zu?*

Das skizzierte Potenzial für eine effizientere Gesundheitsversorgung durch Innovationen ist enorm. Für die Entfaltung der vollen Effizienz smarter Lösungen stellen sich die Einführung einer elektronischen Gesundheitsakte und datenschutzrechtliche Veränderungen als kritischste Erfolgsfaktoren dar. Der Einsatz von Smartphone Apps zur Dokumentation und Erinnerung an die Medikamenteneinnahme erfreut sich zunehmender Beliebtheit und Akzeptanz. Auch im Bereich von Smart-Home Anwendungen werden Hilfestellungen zur Therapieausführung und therapieförderlicher Verhaltensweisen entwickelt. In den USA ist man im Bereich der Smart-Home Anwendungen zur Therapieunterstützung ein gutes Stück weiter als in Europa, was auch mit weniger strikten datenschutzrechtlichen Rahmenbedingungen zu tun hat. Es wird jedoch nur eine Frage der Zeit sein, bis Innovationen auf diesem Gebiet auch hierzulande in der Breite Anwendung finden werden.

Fakt ist, dass sich die Art und Weise des Lebens und Wohnens stark verändern werden, was mit enormen Effizienzpotenzialen für die häusliche Patientenversorgung einhergeht. So offenbaren Smart-Home-Technologien sowohl für Patienten als auch Ärzte und Krankenversicherungen Vorteile. Durch die Echtzeitübermittlung von Daten des Patienten zu dessen Umgang mit seiner Therapie werden dem behandelnden Arzt bspw. zeitnahe Interventions- und Unterstützungsmöglichkeiten zur Therapieausführung möglich. Smart-Home eröffnet aber auch mobilen Pflegediensten eine engmaschigere und effizientere Patienten- und Therapiebetreuung, welche so z.T. aus der Ferne aber ggf. in einer höheren Frequenz als heute üblich ausgeführt werden kann. Dieser Ansatz wird dem sich anbahnenden Pflegenotstand zumindest partiell entgegenwirken können.

Dem Patienten sollte es durch Smart-Home Anwendungen möglich sein, durchschnittlich länger selbstbestimmt und unabhängig in den eigenen vier Wänden wohnen zu bleiben und somit erst zu einem späteren Zeitpunkt oder gar nicht ins Pflegeheim umziehen zu müssen. Dies bedeutet aber auch, dass der Patient in seinem häuslichen Umfeld auf zusätzliche Unterstützung für das Gelingen seiner Therapie im täglichen Patientenalltag angewiesen sein wird. Mit dem vorstehend angeführten Argument sollte es auch gelingen, z.T. vorhandene gesellschaftliche Vorbehalte zum Einsatz von Smart-Home-Lösungen in der häuslichen Pflege zu entkräften. Die umrissene Bedarfs- und Versorgungslücke einer Therapie- und Pflegeunterstützung des Patienten in den eigenen vier Wänden sollen gegenwärtige und zukünftige Smart-Home Entwicklungen zumindest ein Stück weit schließen. Hieraus ergibt sich eine hohe Attraktivität dieses neuen Segments des Gesundheitsmarktes. Es ist zu erwarten, dass sich Anbieter innovativer Gesundheitsservices und IT-Lösungen um diese Neukunden bemühen werden, was für zusätzlichen Wettbewerb und einen mutmaßlich Innovationsschub sorgen sollte.

In der Gesamtschau sollte das in dieser Abhandlung vorgetragene Gesamtkonzept dazu beitragen können, den Patienten enger und zielgerichteter bei der Ausführung seiner Therapie in dessen Lebensalltag bedarfsgerecht unterstützen und begleiten zu können. Zur Umsetzung dieses Vorhabens wird es entscheidend sein, ein vernünftiges Mindestmaß an Abstimmung der Interessen und Aktivitäten der verschiedenen Marktteilnehmer zu erreichen. Die durch eine verbesserte Therapietreue erzielbaren überdurchschnittlichen Behandlungsergebnisse würden sowohl der Gesundheit des einzelnen Patienten direkt zuträglich sein als auch auf dem Handlungsfeld der Public Health zu einer erheblich optimierten Ressourcenallokation innerhalb unseres Gesundheitswesens beitragen. Sollte dies gelingen, so wäre ein großer Beitrag zur Reduktion des immer wieder zu Recht geäußerten Problems des ineffizienten und nicht hinreichend effektiven Mitteleinsatzes in unserem Gesundheitssystem geleistet.

Verweise

A.1 Fragebogen

Abbildung 38: Fragebogen Seite 1

Wie wirkt sich therapietreues Verhalten auf Ihren Gesundheitszustand aus?

Bitte in jeder der 5 folgenden Zeilen jeweils ein Kreuz setzen.

		3	2	1	0	-1	-2	-3	
4.1	förderlich	☐	☐	☐	☐	☐	☐	☐	schädlich
4.2	angenehm	☐	☐	☐	☐	☐	☐	☐	unangenehm
4.3	gut	☐	☐	☐	☐	☐	☐	☐	schlecht
4.4	wertvoll	☐	☐	☐	☐	☐	☐	☐	wertlos
4.5	sinnvoll	☐	☐	☐	☐	☐	☐	☐	sinnlos

Bewerten Sie bitte die folgenden Aussagen zur Gesundheitswirkung von therapietreuem Verhalten.

		Stimme voll zu						Stimme nicht zu
		3	2	1	0	-1	-2	-3
5.1	Ich spüre keinerlei Wirkung bei den Medikamenten, die ich gegen Bluthochdruck einnehme.	☐	☐	☐	☐	☐	☐	☐
5.2	Sobald ich mich besser fühle, nehme ich manchmal keine Medikamente ein.	☐	☐	☐	☐	☐	☐	☐
5.3	Therapietreue reduziert das Risiko einer Folgeerkrankung bzw. Verschlimmerung des Bluthochdrucks.	☐	☐	☐	☐	☐	☐	☐
5.4	Ich habe Angst vor Nebenwirkungen meiner Medikamente.	☐	☐	☐	☐	☐	☐	☐
5.5	Ich habe Angst vor dem Zusammenwirken verschiedener Wirkstoffe meiner Medikamente.	☐	☐	☐	☐	☐	☐	☐
5.6	Mit einem finanziell höheren Eigenanteil an den Medikamenten könnte mein Therapieerfolg steigen.	☐	☐	☐	☐	☐	☐	☐

Wie bewerten Sie Ihr aktuelles Wissen über Bluthochdruck?

		Stimme voll zu						Stimme nicht zu
		3	2	1	0	-1	-2	-3
6.1	Ich kenne mich mit dem Erscheinungsbild eines Bluthochdrucks gut aus.	☐	☐	☐	☐	☐	☐	☐
6.2	Mir fällt es leicht die erhaltenen Informationen zu verstehen.	☐	☐	☐	☐	☐	☐	☐
6.3	Ich bin mir sicher die neuesten Behandlungsmöglichkeiten zu kennen.	☐	☐	☐	☐	☐	☐	☐
6.4	Durch gesammelte Informationen bin ich in der Lage meinen Bluthochdruck realistisch einzuschätzen.	☐	☐	☐	☐	☐	☐	☐

Bewerten Sie bitte die Aussagen zum Umgang mit Ihrer Bluthochdrucktherapie.

		Stimme voll zu						Stimme nicht zu
		3	2	1	0	-1	-2	-3
7.1	Ich glaube ich bin fähig, meine Bluthochdrucktherapie, wie ich mit dem Arzt vereinbart, durchzuführen.	☐	☐	☐	☐	☐	☐	☐
7.2	Ich bin zuversichtlich die Bluthochdrucktherapie wie mit dem Arzt besprochen durchzuhalten.	☐	☐	☐	☐	☐	☐	☐
7.3	Meine Entscheidung, mich therapietreu zu verhalten hängt von anderen Personen ab.	☐	☐	☐	☐	☐	☐	☐
7.4	Es liegt allein an mir, meine Bluthochdrucktherapie wie vereinbart auszuführen.	☐	☐	☐	☐	☐	☐	☐
7.5	Ich habe die vollständige persönliche Kontrolle meine Bluthochdrucktherapie wie vereinbart auszuführen.	☐	☐	☐	☐	☐	☐	☐

Bewerten Sie, inwieweit Ihre Mitmenschen auf Ihre Therapie Einfluss nehmen.

		Stimme voll zu						Stimme nicht zu
		3	2	1	0	-1	-2	-3
8.1	Mein persönliches Umfeld würde mich zur Befolgung meiner Therapie ermutigen.	☐	☐	☐	☐	☐	☐	☐
8.2	Menschen aus meinem persönlichen Umfeld, die so sind wie ich, halten sich sehr genau an ihre Therapie.	☐	☐	☐	☐	☐	☐	☐
8.3	Mein persönliches Umfeld würde meine Entscheidung befürworten, mich in Zukunft therapietreu zu verhalten.	☐	☐	☐	☐	☐	☐	☐
8.4	Menschen, auf deren Meinung ich großen Wert lege, halten sich sehr genau an ihre ärztliche Verordnung.	☐	☐	☐	☐	☐	☐	☐
8.5	Die meisten, für mich sehr wichtigen Leute, würden sich in meiner Situation sehr genau an die vereinbarte Therapie halten.	☐	☐	☐	☐	☐	☐	☐

Abbildung 39: Fragebogen Seite 2

Bewerten Sie das Vertrauensverhältnis zu dem Arzt, der Ihren Bluthochdruck behandelt.

		Stimme voll zu						Stimme nicht zu
		3	2	1	0	-1	-2	-3
9.1	Ich bringe selbst Vorschläge in die Behandlung ein.	□	□	□	□	□	□	□
9.2	Mein Arzt gibt mir die Möglichkeit, das zu sagen, was mich wirklich beschäftigt.	□	□	□	□	□	□	□
9.3	Ich erarbeite zusammen mit meinem Arzt Behandlungsstrategien.	□	□	□	□	□	□	□
9.4	In der Diskussion mit meinem Arzt über Bluthochdruck höre ich meistens nur zu.	□	□	□	□	□	□	□
9.5	In Zusammenarbeit mit meinem Arzt kann ich bessere Blutdruckwerte erreichen.	□	□	□	□	□	□	□

Bewerten Sie bitte die persönliche Betroffenheit von Ihrem Bluthochdruck.

		Stimme voll zu						Stimme nicht zu
		3	2	1	0	-1	-2	-3
10.1	Ich bin sehr besorgt, wenn ich an meinen Bluthochdruck denke.	□	□	□	□	□	□	□
10.2	Die Folgen einer nicht eingehaltenen Therapie können mich sehr stark beeinträchtigen.	□	□	□	□	□	□	□
10.3	Folgekrankheiten von Bluthochdruck können lebensbedrohend sein.	□	□	□	□	□	□	□

Wie planen Sie in Zukunft den Umgang mit Ihrer Therapie?

		Sehr wahrscheinlich						Sehr unwahrscheinlich
		3	2	1	0	-1	-2	-3
11.1	Ich werde mich in Zukunft sehr genau an meine Therapie halten.	□	□	□	□	□	□	□
11.2	Wie hoch schätzen Sie die Wahrscheinlichkeit ein, dass Sie sich innerhalb der nächsten 12 Monate therapietreu verhalten werden?	□	□	□	□	□	□	□
11.3	Wie hoch schätzen Sie die Wahrscheinlichkeit ein, dass Sie sich auch nach einem Jahr noch therapietreu verhalten werden?	□	□	□	□	□	□	□

Ich bitte Sie abschließend um Angaben zu Ihrer Person für die <u>anonyme Auswertung:</u>

1. Geschlecht: □ weiblich □ männlich
2. Alter: ______ Jahre
3. Wie viele Personen leben in Ihrem Haushalt? ______ Personen
4. Sind Sie zurzeit erwerbstätig? □ ja □ nein
5. In welcher beruflichen Stellung sind Sie derzeit oder waren Sie beschäftigt?
   □ Arbeiter □ Angestellter □ Beamter
   □ Selbständiger □ Sonstiges:____________________
6. Wie lange wissen Sie schon von Ihrem Bluthochdruck? Seit _____ Jahren
7. Wie sind Sie krankenversichert?
   □ Gesetzliche Krankenversicherung □ Private Krankenversicherung
   □ GKV mit privater Zusatzversicherung □ Freiwillig gesetzlich versichert
8. Haben Sie weitere Erkrankungen außer dem Bluthochdruck? □ Ja □ Nein
9. Aus welcher Medikamentengruppe wurden Ihnen zur Senkung Ihres Blutdruckes Arzneimittel verschrieben (mehrfaches Ankreuzen möglich)?
   □ Beta-Blocker □ ACE-Hemmer
   □ Angiotensin II Antagonisten □ Diuretika
   □ Kalzium Antagonisten (Kalziumkanal-Blocker)
10. Wenn Sie zurzeit medikamentös behandelt werden, geben Sie bitte das Entsprechende Arzneimittel an, soweit Sie sich erinnern:

    Name / Bezeichnung Hersteller

    ____________________ ____________________

    ____________________ ____________________

    ____________________ ____________________
11. Wie viele Tabletten lassen Sie durchschnittlich aus? ________ pro Woche
12. Welche der folgenden Informationsquellen zu Bluthochdruck nutzen Sie?
    □ Informationsbroschüren □ Internet
    □ Zeitschriften, Zeitungen, Magazine □ Vortragsveranstaltungen
    □ Fernsehbeiträge □ Fachliteratur
13. Ihr Wohnort:______________ Postleitzahl: __________

Bitte geben Sie den Fragebogen in dem beiliegeden Umschlag <u>verschlossen</u> an bei Ihrem Apotheker ab.

Vielen Dank für Ihre Teilnahme! Christian Schäfer

Abbildung 40: Fragebogen Seite 3

A.2 Codierung

Codierung	Indikatoren- bzw. Modellname
AF1 - AF4	Affektive Einstellung
VV1 - VV4	Arzt-Patient-Kommunikation
BA1 - BA5	Integrierbarkeit der Therapie in den Tagesablauf
GM1 - GM3	Gesundheitsmotivation
IN1 - IN4	Krankheitsinvolvement
SN1 - SN5	Soziale Norm
VA1 - VA3	Verhaltensabsicht gg. therapieförderlichem Verhalten
VK1 - VK4	Wahrgenommene Verhaltenskontrolle
WI1 - WI5	Wahrgenommene Wirkung von therapiekonformem Verhalten
COM	Compliant-Modell
NCOM	Non-Compliant-Modell
KIH / KIN	hohes / niedriges Krankheitsinvolvement-Modell
BDH / BDN	lange / kurze Behandlungsdauer-Modell
GEM / GEW	männliches / weibliches Geschlechts-Modell
ONL / OFF	online / offline Umfrage

Tabelle 60: Codierung der Indikatoren und Modelle

A.3 Eignung der Modellkonstrukte - Moderatoren

Item	KIH*		BDH*		GEM*		ONL*	
	FL	t-Wert	FL	t-Wert	FL	t-Wert	FL	t-Wert
VA1	0,921	41,419	0,917	45,961	0,947	105,371	0,956	158,450
VA2	0,952	62,312	0,958	80,685	0,973	197,085	0,978	244,370
VA3	0,949	67,219	0,944	80,967	0,964	152,588	0,969	202,188
Item	KIN*		BDN*		GEW*		OFF*	
	FL	t-Wert	FL	t-Wert	FL	t-Wert	FL	t-Wert
VA1	0,967	140,947	0,957	115,585	0,928	70,285	0,875	29,708
VA2	0,987	358,408	0,979	189,460	0,969	168,622	0,948	95,654
VA3	0,979	251,052	0,968	149,371	0,952	116,616	0,917	54,466
Wie planen Sie in Zukunft den Umgang mit Ihrer Therapie?								
VA1	Ich werde mich in Zukunft sehr genau an meine Therapie halten.							
VA2	Wie hoch schätzen Sie die Wahrscheinlichkeit ein, dass Sie sich innerhalb der nächsten 12 Monate therapietreu verhalten werden?							
VA3	Wie hoch schätzen Sie die Wahrscheinlichkeit ein, dass Sie sich auch nach einem Jahr noch therapietreu verhalten werden?							

Tabelle 61: Faktorladung und t-Werte der Verhaltensabsicht gg. therapietreuem Verhalten

* *Erläuterung der Teilmodelle: KIH / KIN = Krankheitsinvolvement hoch / niedrig, BDH / BDN = Behandlungsdauer hoch / niedrig, GEM / GEW = Geschlecht männlich / weiblich, ONL / OFF = Online- / Offline-Befragung.*

Kriterium	KIH*	BDH*	GEM*	ONL*
Plausibilität	Erfüllt	Erfüllt	Erfüllt	Erfüllt
Konvergenz:				
Durchschnittlich erfasste Varianz	0,855	0,884	0,924	0,937
Konstruktreliabilität	0,958	0,958	0,973	0,937
Diskriminanzvalidität:				
Fornell-Larcker-Kriterium	0,401 < 0,855 Erfüllt**	0,560 < 0,884 Erfüllt**	0,465 < 0,924 Erfüllt**	0,335 < 0,937 Erfüllt**
Unidimensionalität:	Erfüllt	Erfüllt	Erfüllt	Erfüllt
Vorhersagevalidität: Q^2	0,705	0,751	0,771	0,791

Kriterium	KIN*	BDN*	GEW*	OFF*
Plausibilität	Erfüllt	Erfüllt	Erfüllt	Erfüllt
Konvergenz:				
Durchschnittlich erfasste Varianz	0,956	0,936	0,902	0,835
Konstruktreliabilität	0,985	0,978	0,965	0,938
Diskriminanzvalidität:				
Fornell-Larcker-Kriterium	0,593 < 0,956 Erfüllt**	0,513 < 0,936 Erfüllt**	0,561 < 0,902 Erfüllt**	0,310 < 0,835 Erfüllt**
Vorhersagevalidität: Q^2	0,823	0,794	0,734	0,623
Unidimensionalität:	Erfüllt	Erfüllt	Erfüllt	Erfüllt

Tabelle 62: Gütekriterien des Konstrukts Verhaltensabsicht ggü. therapietreuem Verhalten

* *Erläuterung der Teilmodelle: siehe Tab. 61,* ** *Hierbei wurde jeweils der höchste Wert der Konstruktkorrelationen angegeben.*

A.3. Eignung der Modellkonstrukte - Moderatoren

Item	KIH*		BDH*		GEM*		ONL*	
	Gew.	t-Wert	Gew.	t-Wert	Gew.	t-Wert	Gew.	t-Wert
BA1	0,390	2,419	0,426	3,628	0,279	3,822	0,338	4,523
BA2	0,242	1,923	0,364	4,646	0,381	7,511	0,333	7,565
BA3	0,371	2,734	0,329	3,169	0,542	9,467	0,446	7,711
BA4	0,449	2,914	0,337	3,679	0,324	5,353	0,358	5,199
BA5	0,276	2,439	0,164	2,229	0,058	1,240	0,116	2,489
Item	KIN*		BDN*		GEW*		OFF*	
	Gew.	t-Wert	Gew.	t-Wert	Gew.	t-Wert	Gew.	t-Wert
BA1	0,446	5,096	0,439	4,819	0,582	6,810	0,610	6,844
BA2	0,373	5,716	0,305	5,372	0,279	4,449	0,323	3,905
BA3	0,415	4,946	0,474	5,546	0,208	2,893	0,241	3,148
BA4	0,241	3,001	0,293	2,726	0,292	3,750	0,529	2,567
BA5	0,111	1,731	0,162	2,110	0,238	3,016	0,188	2,108
Bewerten Sie, wie sich Ihre Bluthochdrucktherapie mit Ihrem täglichen Lebensablauf vereinbaren lässt.								
BA1	Mein täglicher Lebensablauf würde es zulassen, mich sehr genau an meine Therapie zu halten.							
BA2	Für mich ist es auf Grund meines täglichen Lebensablaufs möglich, mich in Zukunft genau an meine Therapie zu halten.							
BA3	Ich ärgere mich darüber von den Medikamenten bestimmt zu werden.							
BA4	Es fällt mir schwer, mich an die Therapieempfehlung meines Arztes zu halten.							
BA5	Ich habe Angst vor Nebenwirkungen meiner Medikamente.							

Tabelle 63: Faktorladung und t-Werte der Barrieren einer Therapie

* Erläuterung der Teilmodelle: KIH / KIN = Krankheitsinvolvement hoch / niedrig, BDH / BDN = Behandlungsdauer hoch / niedrig, GEM / GEW = Geschlecht männlich / weiblich, ONL / OFF = Online- / Offline-Befragung.

Kriterium	KIH*	BDH*	GEM*	ONL*
Plausibilität	Erfüllt	Erfüllt	Erfüllt	Erfüllt
Diskriminanzvalidität:				
Korrelation < 0,9	0,444+ Erfüllt	0,515+ Erfüllt	0,571+ Erfüllt	0,559+ Erfüllt
Mulikollinearität:				
VIF < 10	1,972**	1,684**	2,203**	2,512**
Kriterium	KIN*	BDN*	GEW*	OFF*
Plausibilität	Erfüllt	Erfüllt	Erfüllt	Erfüllt
Diskriminanzvalidität:				
Korrelation < 0,9	0,673+ Erfüllt	0,549+ Erfüllt	0,559+ Erfüllt	0,557+ Erfüllt
Mulikollinearität:				
VIF < 10	2,257**	2,150**	1,820**	2,271**

Tabelle 64: Gütekriterien des Konstrukts Barrieren einer Therapie

* *Erläuterung der Teilmodelle: siehe Tab. 63,* ** *Hierbei wurde jeweils der höchste Wert der Konstruktkorrelationen angegeben,*
+ *Maximalwert der Variance Inflation Factors der einzelnen Indikatoren.*

A.3. Eignung der Modellkonstrukte - Moderatoren

Item	KIH*		BDH*		GEM*		ONL*	
	FL	t-Wert	FL	t-Wert	FL	t-Wert	FL	t-Wert
WI1	0,877	48,279	0,891	58,663	0,871	72,563	0,882	78,224
WI2	0,746	22,534	0,713	18,084	0,763	31,619	0,795	44,068
WI3	0,869	29,034	0,892	46,451	0,879	56,045	0,892	62,875
WI4	0,882	37,939	0,872	45,587	0,866	59,032	0,879	68,162
WI5	0,872	40,483	0,883	52,096	0,883	76,394	0,887	76,498

Item	KIN*		BDN*		GEW*		OFF*	
	FL	t-Wert	FL	t-Wert	FL	t-Wert	FL	t-Wert
WI1	0,903	60,834	0,862	44,976	0,879	59,657	0,842	42,821
WI2	0,846	34,729	0,794	23,329	0,755	18,389	0,592	8,626
WI3	0,914	69,448	0,891	37,376	0,885	38,371	0,833	23,968
WI4	0,886	35,325	0,876	55,872	0,868	54,185	0,829	25,071
WI5	0,926	79,267	0,864	48,477	0,881	58,635	0,861	35,739

Wie wirkt sich therapietreues Verhalten auf Ihren Gesundheitszustand aus?

WI1	förderlich - schädlich
WI2	angenehm - unangenehm
WI3	gut - schlecht
WI4	wertvoll - wertlos
WI5	sinnvoll - sinnlos

Tabelle 65: Faktorladung und t-Werte der wahrgen. Theapiewirkung

* *Erläuterung der Teilmodelle: KIH / KIN = Krankheitsinvolvement hoch / niedrig, BDH / BDN = Behandlungsdauer hoch / niedrig, GEM / GEW = Geschlecht männlich / weiblich, ONL / OFF = Online- / Offline-Befragung.*

Kriterium	KIH*	BDH*	GEM*	ONL*
Plausibilität	Erfüllt	Erfüllt	Erfüllt	Erfüllt
Konvergenz:				
Durchschnittlich erfasste Varianz	0,723	0,728	0,729	0,753
Konstruktreliabilität	0,929	0,930	0,931	0,938
Diskriminanzvalidität:				
Fornell-Larcker-Kriterium	0,218 < 0,723 Erfüllt**	0,334 < 0,728 Erfüllt**	0,317 < 0,729 Erfüllt**	0,335 < 0,753 Erfüllt**
Unidimensionalität:	Erfüllt	Erfüllt	Erfüllt	Erfüllt
Vorhersagevalidität: Q^2	0,577	0,589	0,586	0,619

Kriterium	KIN*	BDN*	GEW*	OFF*
Plausibilität	Erfüllt	Erfüllt	Erfüllt	Erfüllt
Konvergenz:				
Durchschnittlich erfasste Varianz	0,802	0,736	0,731	0,636
Konstruktreliabilität	0,953	0,933	0,931	0,896
Diskriminanzvalidität:				
Fornell-Larcker-Kriterium	0,477 < 0,802 Erfüllt**	0,291 < 0,736 Erfüllt**	0,379 < 0,731 Erfüllt**	0,320 < 0,636 Erfüllt**
Vorhersagevalidität: Q^2	0,688	0,593	0,590	0,463
Unidimensionalität:	Erfüllt	Erfüllt	Erfüllt	Erfüllt

Tabelle 66: Gütekriterien des Konstrukts wahrgen. Therapiewirkung

* *Erläuterung der Teilmodelle: siehe Tab. 65*, ** *Hierbei wurde jeweils der höchste Wert der Konstruktkorrelationen angegeben.*

Item	KIH*		BDH*		GEM*		ONL*	
	FL	t-Wert	FL	t-Wert	FL	t-Wert	FL	t-Wert
AF1	0,798	19,978	0,889	32,812	0,889	56,615	0,889	70,892
AF2	0,874	40,726	0,916	55,845	0,903	71,465	0,907	75,419
AF3	0,868	27,151	0,838	24,275	0,861	49,408	0,868	56,094
AF4	0,779	12,066	0,899	37,358	0,891	62,499	0,896	60,498
Item	KIN*		BDN*		GEW*		OFF*	
	FL	t-Wert	FL	t-Wert	FL	t-Wert	FL	t-Wert
AF1	0,929	63,018	0,892	54,673	0,879	38,682	0,867	37,943
AF2	0,930	75,122	0,884	39,393	0,898	45,516	0,874	28,279
AF3	0,886	40,648	0,843	28,519	0,837	33,144	0,777	17,512
AF4	0,925	58,725	0,859	27,168	0,893	41,765	0,869	35,103
Was halten Sie von therapietreuem Verhalten?								
AF1	wichtig - unwichtig							
AF2	nützlich - nutzlos							
AF3	wertvoll - wertlos							
AF4	notwendig - überflüssig							

Tabelle 67: Faktorladung und t-Werte der affektiven Einstellungskomponente

* Erläuterung der Teilmodelle: KIH / KIN = Krankheitsinvolvement hoch / niedrig, BDH / BDN = Behandlungsdauer hoch / niedrig, GEM / GEW = Geschlecht männlich / weiblich, ONL / OFF = Online- / Offline-Befragung.

Kriterium	KIH*	BDH*	GEM*	ONL*
Plausibilität	Erfüllt	Erfüllt	Erfüllt	Erfüllt
Konvergenz:				
Durchschnittlich erfasste Varianz	0,690	0,785	0,785	0,792
Konstruktreliabilität	0,899	0,936	0,936	0,939
Diskriminanzvalidität:				
Fornell-Larcker-Kriterium	0,185 < 0,690 Erfüllt**	0,358 < 0,785 Erfüllt**	0,365 < 0,785 Erfüllt**	0,332 < 0,792 Erfüllt**
Unidimensionalität:	Erfüllt	Erfüllt	Erfüllt	Erfüllt
Vorhersagevalidität: Q^2	0,471	0,626	0,618	0,630

Kriterium	KIN*	BDN*	GEW*	OFF*
Plausibilität	Erfüllt	Erfüllt	Erfüllt	Erfüllt
Konvergenz:				
Durchschnittlich erfasste Varianz	0,842	0,756	0,770	0,718
Konstruktreliabilität	0,955	0,925	0,930	0,911
Diskriminanzvalidität:				
Fornell-Larcker-Kriterium	0,514 < 0,842 Erfüllt**	0,266 < 0,756 Erfüllt**	0,379 < 0,770 Erfüllt**	0,320 < 0,718 Erfüllt**
Vorhersagevalidität: Q^2	0,707	0,573	0,595	0,518
Unidimensionalität	Erfüllt	Erfüllt	Erfüllt	Erfüllt

Tabelle 68: Gütekriterien des Konstrukts affektive Einstellungskomponente

* Erläuterung der Teilmodelle: siehe Tab. 67, ** Hierbei wurde jeweils der höchste Wert der Konstruktkorrelationen angegeben.

Item	KIH*		BDH*		GEM*		ONL*	
	FL	t-Wert	FL	t-Wert	FL	t-Wert	FL	t-Wert
VK1	0,814	15,582	0,852	25,066	0,838	32,767	0,845	39,758
VK2	0,833	14,841	0,829	24,376	0,854	34,273	0,859	46,056
VK3	0,602	6,098	0,596	6,802	0,538	10,038	0,618	11,991
VK4	0,813	19,643	0,705	10,085	0,775	24,067	0,805	28,762
VK5	-	n. s.	-	n. s.	-	n. s.	-	n. s.

Item	KIN*		BDN*		GEW*		OFF*	
	FL	t-Wert	FL	t-Wert	FL	t-Wert	FL	t-Wert
VK1	0,851	19,874	0,892	54,673	0,872	35,699	0,867	23,289
VK2	0,890	32,043	0,884	39,393	0,875	50,842	0,875	42,556
VK3	0,644	8,308	0,843	28,519	0,666	10,519	0,545	5,795
VK4	0,792	14,137	0,859	27,168	0,773	17,843	0,668	8,826
VK5	-	n. s.	-	n. s.	-	n. s.	-	n. s.

Bewerten Sie bitte die Aussagen zum Umgang mit Ihrer Bluthochdrucktherapie.

VK1	Ich glaube ich bin fähig, meine Bluthochdrucktherapie, wie mit dem Arzt vereinbart, durchzuführen.
VK2	Ich bin zuversichtlich die Bluthochdrucktherapie wie mit dem Arzt besprochen durchzuhalten.
VK3	Ich habe die vollständige persönliche Kontrolle meine Bluthochdrucktherapie wie vereinbart auszuführen.
VK4	Meine Entscheidung, mich therapietreu zu verhalten hängt von anderen Personen ab.
VK5	Ich habe vollständige persönliche Kontrolle meine Bluthochdrucktherapie wie vereinbart auszuführen.

Tabelle 69: Faktorladung und t-Werte der wahrgen. Verhaltenskontrolle

* *Erläuterung der Teilmodelle: KIH / KIN = Krankheitsinvolvement hoch / niedrig, BDH / BDN = Behandlungsdauer hoch / niedrig, GEM / GEW = Geschlecht männlich / weiblich, ONL / OFF = Online- / Offline-Befragung.*

Kriterium	KIH*	BDH*	GEM*	ONL*
Plausibilität	Erfüllt	Erfüllt	Erfüllt	Erfüllt
Konvergenz:				
Durchschnittlich erfasste Varianz	0,595	0,566	0,581	0,621
Konstruktreliabilität	0,852	0,837	0,843	0,866
Diskriminanzvalidität:				
Fornell-Larcker-Kriterium	0,401 < 0,595 Erfüllt**	0,560 < 0,566 Erfüllt**	0,465 < 0,581 Erfüllt**	0,509 < 0,621 Erfüllt**
Unidimensionalität:	Erfüllt	Erfüllt	Erfüllt	Erfüllt
Vorhersagevalidität: Q^2	0,329	0,296	0,329	0,383

Kriterium	KIN*	BDN*	GEW*	OFF*
Plausibilität	Erfüllt	Erfüllt	Erfüllt	Erfüllt
Konvergenz:				
Durchschnittlich erfasste Varianz	0,640	0,756	0,641	0,565
Konstruktreliabilität	0,875	0,925	0,876	0,834
Diskriminanzvalidität:				
Fornell-Larcker-Kriterium	0,593 < 0,640 Erfüllt**	0,513 < 0,756 Erfüllt**	0,560 < 0,641 Erfüllt**	0,509 < 0,565 Erfüllt**
Vorhersagevalidität: Q^2	0,408	0,395	0,413	0,311
Unidimensionalität:	Erfüllt	Erfüllt	Erfüllt	Erfüllt

Tabelle 70: Gütekriterien des Konstrukts wahrgen. Verhaltenskontrolle

* Erläuterung der Teilmodelle: siehe Tab. 69, ** Hierbei wurde jeweils der höchste Wert der Konstruktkorrelationen angegeben.

Item	KIH*		BDH*		GEM*		ONL*	
	FL	t-Wert	FL	t-Wert	FL	t-Wert	FL	t-Wert
GM1	0,765	13,611	0,719	11,874	0,826	35,361	0,817	38,509
GM2	0,875	26,095	0,897	50,381	0,896	65,349	0,896	86,748
GM3	0,887	33,482	0,835	21,008	0,873	53,752	0,861	52,407
Item	KIN*		BDN*		GEW*		OFF*	
	FL	t-Wert	FL	t-Wert	FL	t-Wert	FL	t-Wert
GM1	0,803	21,706	0,829	24,142	0,780	22,955	0,775	17,201
GM2	0,927	84,491	0,915	46,238	0,894	55,146	0,893	35,666
GM3	0,887	47,125	0,885	40,026	0,851	34,117	0,871	29,513
Wie schätzen Sie Ihre Gesundheitsmotivation ein?								
GM1	Ich versuche Gesundheitsproblemen vorzubeugen, obwohl ich noch keine Anzeichen von Krankheitssymptomen verspüre.							
GM2	Ich befasse mich mit Gesundheitsgefahren und schütze mich mit vorbeugenden Maßnahmen.							
GM3	Ich versuche, mich vor mir bekannten Gesundheitsrisiken zu schützen.							

Tabelle 71: Faktorladung und t-Werte der Gesundheitsmotivation

* Erläuterung der Teilmodelle: KIH / KIN = Krankheitsinvolvement hoch / niedrig, BDH / BDN = Behandlungsdauer hoch / niedrig, GEM / GEW = Geschlecht männlich / weiblich, ONL / OFF = Online- / Offline-Befragung.

Kriterium	KIH*	BDH*	GEM*	ONL*
Plausibilität	Erfüllt	Erfüllt	Erfüllt	Erfüllt
Konvergenz:				
Durchschnittlich erfasste Varianz	0,712	0,673	0,749	0,737
Konstruktreliabilität	0,881	0,860	0,900	0,894
Diskriminanzvalidität:				
Fornell-Larcker-Kriterium	0,094 < 0,712 Erfüllt**	0,091 < 0,673 Erfüllt**	0,092 < 0,749 Erfüllt**	0,106 < 0,737 Erfüllt**
Unidimensionalität:	Erfüllt	Erfüllt	Erfüllt	Erfüllt
Vorhersagevalidität: Q^2	0,414	0,353	0,474	0,454

Kriterium	KIN*	BDN*	GEW*	OFF*
Plausibilität	Erfüllt	Erfüllt	Erfüllt	Erfüllt
Konvergenz:				
Durchschnittlich erfasste Varianz	0,764	0,769	0,711	0,719
Konstruktreliabilität	0,906	0,909	0,880	0,884
Diskriminanzvalidität:				
Fornell-Larcker-Kriterium	0,388 < 0,764 Erfüllt**	0,167 < 0,769 Erfüllt**	0,151 < 0,711 Erfüllt**	0,141 < 0,719 Erfüllt**
Vorhersagevalidität: Q^2	0,501	0,509	0,412	0,425
Unidimensionalität:	Erfüllt	Erfüllt	Erfüllt	Erfüllt

Tabelle 72: Gütekriterien des Konstrukts Gesundheitsmotivation

* Erläuterung der Teilmodelle: siehe Tab. 71, ** Hierbei wurde jeweils der höchste Wert der Konstruktkorrelationen angegeben.

Item	KIH*		BDH*		GEM*		ONL*	
	Gew.	t-Wert	Gew.	t-Wert	Gew.	t-Wert	Gew.	t-Wert
VV1	0,048	n.s.	0,030	n.s.	0,089	n.s.	0,192	2,899
VV2	0,039	n.s.	0,041	n.s.	0,165	1,867	0,103	n.s.
VV3	0,502	3,197	0,569	3,552	0,493	5,092	0,358	3,892
VV4	0,600	3,822	0,559	3,742	0,478	4,780	0,621	6,344
Item	KIN*		BDN*		GEW*		OFF*	
	Gew.	t-Wert	Gew.	t-Wert	Gew.	t-Wert	Gew.	t-Wert
VV1	0,385	3,324	0,182	2,106	0,245	2,264	0,150	2,145
VV2	0,116	n.s	0,194	n.s.	0,119	n.s.	0,086	n.s
VV3	0,337	2,089	0,219	n.s.	0,246	n.s.	0,455	4,521
VV4	0,533	2,488	0,669	4,538	0,688	4,644	0,710	5,982
Bewerten Sie das Vertrauensverhältnis zu dem Arzt, der Ihren Bluthochdruck behandelt.								
VV1	Ich bringe selbst Vorschläge in die Behandlung mit ein.							
VV2	Mein Arzt gibt mir die Möglichkeit, das zu sagen, was mich wirklich beschäftigt.							
VV3	In Zusammenarbeit mit meinem Arzt kann ich bessere Blutzuckerwerte erreichen.							
VV4	Ich habe Vertrauen in das Können meines Arztes.							

Tabelle 73: Gewichte und t-Werte des Vertrauensverhältnisses zwischen Patient und Arzt

* *Erläuterung der Teilmodelle: KIH / KIN = Krankheitsinvolvement hoch / niedrig, BDH / BDN = Behandlungsdauer hoch / niedrig, GEM / GEW = Geschlecht männlich / weiblich, ONL / OFF = Online- / Offline-Befragung.*

Kriterium	KIH*	BDH*	GEM*	ONL*
Plausibilität	Erfüllt	Erfüllt	Erfüllt	Erfüllt
Diskriminanzvalidität:				
Korrelation < 0,9	0,431+ Erfüllt	0,449+ Erfüllt	0,522+ Erfüllt	0,494+ Erfüllt
Mulikollinearität:				
VIF< 10	2,152**	1,499**	1,799**	2,105**

Kriterium	KIN*	BDN*	GEW*	OFF*
Plausibilität	Erfüllt	Erfüllt	Erfüllt	Erfüllt
Diskriminanzvalidität:				
Korrelation < 0,9	0,625+ Erfüllt	0,519+ Erfüllt	0,469+ Erfüllt	0,515+ Erfüllt
Mulikollinearität:				
VIF< 10	2,351**	1,876**	1,905**	2,059**

Tabelle 74: Gütekriterien des Konstrukts Vertrauensverhältnis zwischen Patient und Arzt

* *Erläuterung der Teilmodelle: siehe Tab. 73,* ** *Hierbei wurde jeweils der höchste Wert der Konstruktkorrelationen angegeben,*
+ *Maximalwert der Variance Inflation Factors der einzelnen Indikatoren.*

A.3. Eignung der Modellkonstrukte - Moderatoren

Item	KIH*		BDH*		GEM*		ONL*	
	FL	t-Wert	FL	t-Wert	FL	t-Wert	FL	t-Wert
SN1	0,739	15,933	0,722	16,301	0,720	25,158	0,722	22,672
SN2	0,794	18,009	0,786	21,301	0,778	44,558	0,767	38,138
SN3	0,742	15,959	0,832	32,119	0,784	32,335	0,797	46,001
SN4	0,837	27,376	0,837	29,916	0,747	61,858	0,838	50,962
SN5	0,883	55,069	0,818	24,059	0,748	50,153	0,851	67,243

Item	KIN*		BDN*		GEW*		OFF*	
	FL	t-Wert	FL	t-Wert	FL	t-Wert	FL	t-Wert
SN1	0,699	14,056	0,704	13,298	0,698	15,973	0,675	10,016
SN2	0,784	22,109	0,754	16,988	0,757	21,515	0,767	15,306
SN3	0,798	21,902	0,753	18,013	0,824	34,681	0,833	21,987
SN4	0,834	36,432	0,799	21,139	0,810	33,802	0,810	24,460
SN5	0,853	41,796	0,857	41,323	0,849	44,249	0,823	26,368

Bewerten Sie, inwieweit Ihre Mitmenschen auf Ihre Therapie Einfluss nehmen.

SN1	Mein persönliches Umfeld würde mich zur Befolgung meiner Therapie ermutigen.
SN2	Menschen aus meinem persönlichen Umfeld, die so sind wie ich, halten sich sehr genau an ihre Therapie.
SN3	Mein persönliches Umfeld würde meine Entscheidung befürworten, mich in Zukunft therapietreu zu verhalten.
SN4	Menschen, auf deren Meinung ich großen Wert lege, halten sich sehr genau an ihre ärztliche Verordnung.
SN5	Die meisten, für mich sehr wichtigen Leute, würden sich in meiner Situation sehr genau an die vereinbarte Therapie halten.

Tabelle 75: Faktorladung und t-Werte der sozialen Norm

* Erläuterung der Teilmodelle: KIH / KIN = Krankheitsinvolvement hoch / niedrig, BDH / BDN = Behandlungsdauer hoch / niedrig, GEM / GEW = Geschlecht männlich / weiblich, ONL / OFF = Online- / Offline-Befragung.

Kriterium	KIH*	BDH*	GEM*	ONL*
Plausibilität	Erfüllt	Erfüllt	Erfüllt	Erfüllt
Konvergenz:				
Durchschnittlich erfasste Varianz	0,642	0,640	0,635	0,634
Konstruktreliabilität	0,899	0,899	0,897	0,896
Diskriminanzvalidität:				
Fornell-Larcker-Kriterium	0,138 < 0,642 Erfüllt**	0,136 < 0,640 Erfüllt**	0,173 < 0,635 Erfüllt**	0,187 < 0,634 Erfüllt**
Unidimensionalität:	Erfüllt	Erfüllt	Erfüllt	Erfüllt
Vorhersagevalidität: Q^2	0,463	0,456	0,452	0,452

Kriterium	KIN*	BDN*	GEW*	OFF*
Plausibilität	Erfüllt	Erfüllt	Erfüllt	Erfüllt
Konvergenz:				
Durchschnittlich erfasste Varianz	0,633	0,600	0,623	0,614
Konstruktreliabilität	0,896	0,882	0,892	0,888
Diskriminanzvalidität:				
Fornell-Larcker-Kriterium	0,210 < 0,633 Erfüllt**	0,196 < 0,600 Erfüllt**	0,139 < 0,623 Erfüllt**	0,167 < 0,614 Erfüllt**
Vorhersagevalidität: Q^2	0,449	0,403	0,437	0,422
Unidimensionalität:	Erfüllt	Erfüllt	Erfüllt	Erfüllt

Tabelle 76: Gütekriterien des Konstrukts soziales Umfeld

* *Erläuterung der Teilmodelle: siehe Tab. 75*, ** *Hierbei wurde jeweils der höchste Wert der Konstruktkorrelationen angegeben.*

A.4 Übersicht der Wirkungszusammenhänge in den Moderatormodellen

H	Von...	Auf...	Effekt	t-Wert	Sig.	R^2	Q^2	VIF*<10
H1	Barrieren der Therapieintegration	Verhaltensabsicht	–	–	nein	0,455	0,289	3,152
H2	Wirkung therapietreuen Verhaltens		–	–	nein			
H5	Affektive Einstellung		–	–	nein			
H7	Verhaltenskontrolle		0,508	4,127	ja			
H16	Soziale Norm		–	–	nein			
H3	Barrieren der Therapieintegration	Affektive Einstellung d. Therapie	-0,166	2,029	ja	0,241	0,044	2,263
H4	Wirkung therapietreuen Verhaltens		0,323	3,817	ja			
H8	Gesundheitsmotivation		0,165	2,475	ja			
H9	Gesundheitsmotivation	Barrieren d. Therapie	-0,222	3,322	ja	0,136	-0,101	1,871
H12	Vertrauensverhältnis zum Arzt		-0,146	2,244	ja			
H17	Soziale Norm		-0,158	2,318	ja			
H6	Barrieren der Therapieintegration	Verh.kontr.	-0,411	6,087	ja	0,211	0,034	2,064
H11	Gesundheitsmotivation		0,121	2,142	ja			
H10	Gesundheitsmotivation	Ther.wirkung	0,223	2,443	ja	0,234	0,054	2,458
H13	Vertrauensverhältnis zum Arzt		0,390	4,825	ja			
H14	Verhaltenskontrolle	Vertrauensverhältnis	0,341	4,096	ja	0,225	0,009	1,709
H15	Gesundheitsmotivation		–	–	nein			
H18	Soziale Norm		0,194	2,418	ja			

Tabelle 77: Wirkungsbeziehungen im Modell Krankheitsinvolvement hoch
* Maximalwert der Variance Inflation Factors der einzelnen Indikatoren.

H	Von...	Auf...	Effekt	t-Wert	Sig.	R^2	Q^2	VIF*<10
H1	Barrieren der Therapieintegration	Verhaltensabsicht	-0,109	2,231	ja	0,703	0,645	3,218
H2	Wirkung therapietreuen Verhaltens		0,192	3,069	ja			
H5	Affektive Einstellung		0,149	2,142	ja			
H7	Verhaltenskontrolle		0,410	6,248	ja			
H16	Soziale Norm		0,147	2,917	ja			
H3	Barrieren der Therapieintegration	Barrieren d. Therapie Affektive Einstellung	-0,402	8,337	ja	0,556	0,412	2,105
H4	Wirkung therapietreuen Verhaltens		0,387	5,908	ja			
H8	Gesundheitsmotivation		–	–	nein			
H9	Gesundheitsmotivation		-0,209	3,221	ja	0,350	0,049	1,990
H12	Vertrauensverhältnis zum Arzt		-0,270	5,173	ja			
H17	Soziale Norm		-0,327	5,281	ja			
H6	Barrieren der Therapieintegration	Verh.kontr.	-0,630	13,068	ja	0,465	0,217	2,253
H11	Gesundheitsmotivation		0,118	2,059	ja			
H10	Gesundheitsmotivation	Ther.wirkung	0,233	3,306	ja	0,323	0,110	2,090
H13	Vertrauensverhältnis zum Arzt		0,443	6,442	ja			
H14	Verhaltenskontrolle	Vertrauensverhältnis	0,437	6,975	ja	0,349	0,087	1,952
H15	Gesundheitsmotivation		0,168	2,674	ja			
H18	Soziale Norm		–	–	nein			

Tabelle 78: Wirkungsbeziehungen im Modell Krankheitsinvolvement niedrig
* *Maximalwert der Variance Inflation Factors der einzelnen Indikatoren.*

H	Von...	Auf...	Effekt	t-Wert	Sig.	R^2	Q^2	VIF*<10
H1	Barrieren der Therapieintegration	Verhaltensabsicht	–	–	nein	0,597	0,478	2,433
H2	Wirkung therapietreuen Verhaltens		–	–	nein			
H5	Affektive Einstellung		0,206	3,621	ja			
H7	Verhaltenskontrolle		0,585	10,237	ja			
H16	Soziale Norm		–	–	nein			
H3	Barrieren der Therapieintegration	Affektive Einstellung	-0,289	3,872	ja	0,424	0,235	1,557
H4	Wirkung therapietreuen Verhaltens		0,423	7,081	ja			
H8	Gesundheitsmotivation		0,128	1,960	ja			
H9	Gesundheitsmotivation	Barrieren d. Therapie	-0,157	3,103	ja	0,211	0,040	2,043
H12	Vertrauensverhältnis zum Arzt		-0,218	3,966	ja			
H17	Soziale Norm		-0,306	5,515	ja			
H6	Barrieren der Therapieintegration	Verh.kontr.	-0,487	7,363	ja	0,285	0,000	1,807
H11	Gesundheitsmotivation		0,143	2,740	ja			
H10	Gesundheitsmotivation	Ther.wirkung	0,165	3,017	ja	0,228	-0,037	2,109
H13	Vertrauensverhältnis zum Arzt		0,430	5,561	ja			
H14	Verhaltenskontrolle	Vertrauensverhältnis	0,388	5,287	ja	0,203	0,008	1,662
H15	Gesundheitsmotivation		–	–	nein			
H18	Soziale Norm		0,133	2,015	ja			

Tabelle 79: Wirkungsbeziehungen im Modell Behandlungsdauer hoch
* Maximalwert der Variance Inflation Factors der einzelnen Indikatoren.

H	Von...	Auf...	Effekt	t-Wert	Sig.	R^2	Q^2	VIF*<10
H1	Barrieren der Therapieintegration	Verhaltensabsicht	–	–	nein	0,603	0,551	2,710
H2	Wirkung therapietreuen Verhaltens		0,149	2,639	ja			
H5	Affektive Einstellung		–	–	nein			
H7	Verhaltenskontrolle		0,496	7,505	ja			
H16	Soziale Norm		0,185	2,902	ja			
H3	Barrieren der Therapieintegration	Affektive Einstellung	-0,279	4,742	ja	0,339	0,107	1,661
H4	Wirkung therapietreuen Verhaltens		0,350	5,279	ja			
H8	Gesundheitsmotivation		–	–	nein			
H9	Gesundheitsmotivation	Barrieren d. Therapie	-0,293	5,296	ja	0,236	$-0,024$	1,954
H12	Vertrauensverhältnis zum Arzt		-0,254	3,715	ja			
H17	Soziale Norm		-0,157	2,509	ja			
H6	Barrieren der Therapieintegration	Verh.kontr.	-0,544	11,483	ja	0,301	0,058	1,925
H11	Gesundheitsmotivation		–	–	nein			
H10	Gesundheitsmotivation	Ther.wirkung	0,342	4,117	ja	0,292	0,052	2,309
H13	Vertrauensverhältnis zum Arzt		0,359	5,230	ja			
H14	Verhaltenskontrolle	Vertrauensverhältnis	0,440	6,842	ja	0,292	0,055	1,534
H15	Gesundheitsmotivation		–	–	nein			
H18	Soziale Norm		0,177	2,819	ja			

Tabelle 80: Wirkungsbeziehungen im Modell Behandlungsdauer niedrig
* *Maximalwert der Variance Inflation Factors der einzelnen Indikatoren.*

H	Von...	Auf...	Effekt	t-Wert	Sig.	R^2	Q^2	VIF*<10
H1	Barrieren der Therapieintegration	Verhaltensabsicht	–	–	nein	0,576	0,478	3,253
H2	Wirkung therapietreuen Verhaltens		0,156	2,015	ja			
H5	Affektive Einstellung		0,213	4,270	ja			
H7	Verhaltenskontrolle		0,389	6,892	ja			
H16	Soziale Norm		0,125	2,831	ja			
H3	Barrieren der Therapieintegration	Affektive Einstellung	-0,334	9,158	ja	0,395	0,201	2,177
H4	Wirkung therapietreuen Verhaltens		0,352	7,751	ja			
H8	Gesundheitsmotivation		0,103	2,513	ja			
H9	Gesundheitsmotivation	Barrieren d. Therapie	-0,175	4,899	ja	0,222	-0,052	1,392
H12	Vertrauensverhältnis zum Arzt		-0,263	6,819	ja			
H17	Soziale Norm		-0,205	4,452	ja			
H6	Barrieren der Therapieintegration	Verh.kontr.	-0,537	15,011	ja	0,339	0,112	1,825
H11	Gesundheitsmotivation		0,122	3,466	ja			
H10	Gesundheitsmotivation	Ther.wirkung	0,150	3,743	ja	0,274	0,035	2,291
H13	Vertrauensverhältnis zum Arzt		0,465	10,081	ja			
H14	Verhaltenskontrolle	Vertrauensverhältnis	0,343	7,252	ja	0,305	0,059	2,350
H15	Gesundheitsmotivation		0,120	3,223	ja			
H18	Soziale Norm		0,268	5,181	ja			

Tabelle 81: Wirkungsbeziehungen im Modell Geschlecht männlich
* *Maximalwert der Variance Inflation Factors der einzelnen Indikatoren.*

H	Von...	Auf...	Effekt	t-Wert	Sig.	R^2	Q^2	VIF*<10
H1	Barrieren der Therapieintegration	Verhaltensabsicht	–	–	nein	0,612	0,506	2,890
H2	Wirkung therapietreuen Verhaltens		0,140	2,811	ja			
H5	Affektive Einstellung		–	–	nein			
H7	Verhaltenskontrolle		0,581	13,248	ja			
H16	Soziale Norm		0,123	3,341	ja			
H3	Barrieren der Therapieintegration	Affektive Einstellung	-0,181	4,375	ja	0,427	0,234	1,992
H4	Wirkung therapietreuen Verhaltens		0,490	10,029	ja			
H8	Gesundheitsmotivation		0,127	2,443	ja			
H9	Gesundheitsmotivation	Barrieren d. Therapie	-0,257	5,539	ja	0,211	-0,034	2,172
H12	Vertrauensverhältnis zum Arzt		-0,137	2,604	ja			
H17	Soziale Norm		-0,261	5,733	ja			
H6	Barrieren der Therapieintegration	Verh.kontr.	-0,501	9,255	ja	0,341	0,089	1,551
H11	Gesundheitsmotivation		0,176	3,494	ja			
H10	Gesundheitsmotivation	Ther.wirkung	0,325	5,284	ja	0,227	0,042	1,938
H13	Vertrauensverhältnis zum Arzt		0,284	4,642	ja			
H14	Verhaltenskontrolle	Vertrauensverhältnis	0,398	7,651	ja	0,249	0,002	2,110
H15	Gesundheitsmotivation		–	–	nein			
H18	Soziale Norm		0,165	2,861	ja			

Tabelle 82: Wirkungsbeziehungen im Modell Geschlecht weiblich
* Maximalwert der Variance Inflation Factors der einzelnen Indikatoren.

H	Von...	Auf...	Effekt	t-Wert	Sig.	R^2	Q^2	VIF*<10
H1	Barrieren der Therapieintegration	Verhaltensabsicht	-0,066	2,081	ja	0,604	0,520	3,152
H2	Wirkung therapietreuen Verhaltens		0,172	2,962	ja			
H5	Affektive Einstellung		0,158	3,556	ja			
H7	Verhaltenskontrolle		0,457	10,418	ja			
H16	Soziale Norm		0,122	3,659	ja			
H3	Barrieren der Therapieintegration	Affektive Einstellung	-0,253	7,018	ja	0,395	0,204	2,303
H4	Wirkung therapietreuen Verhaltens		0,424	8,613	ja			
H8	Gesundheitsmotivation		0,098	2,314	ja			
H9	Gesundheitsmotivation	Barrieren d. Therapie	-0,217	6,371	ja	0,211	0,012	2,303
H12	Vertrauensverhältnis zum Arzt		-0,227	6,346	ja			
H17	Soziale Norm		-0,210	4,648	ja			
H6	Barrieren der Therapieintegration	Verh.kontr.	-0,517	15,796	ja	0,328	0,081	1,752
H11	Gesundheitsmotivation		0,133	3,414	ja			
H10	Gesundheitsmotivation	Ther.wirkung	0,209	4,909	ja	0,283	0,048	2,109
H13	Vertrauensverhältnis zum Arzt		0,437	10,819	ja			
H14	Verhaltenskontrolle	Vertrauensverhältnis	0,392	10,882	ja	0,290	0,048	2,229
H15	Gesundheitsmotivation		0,115	3,306	ja			
H18	Soziale Norm		0,186	4,188	ja			

Tabelle 83: Wirkungsbeziehungen im Modell online Umfrage
* *Maximalwert der Variance Inflation Factors der einzelnen Indikatoren.*

H	Von...	Auf...	Effekt	t-Wert	Sig.	R^2	Q^2	VIF*<10
H1	Barrieren der Therapieintegration	Verhaltensabsicht	-0,105	3,824	ja	0,566	0,407	2,972
H2	Wirkung therapietreuen Verhaltens		0,087	1,923	ja			
H5	Affektive Einstellung		0,068	1,965	ja			
H7	Verhaltenskontrolle		0,555	9,564	ja			
H16	Soziale Norm		0,126	2,351	ja			
H3	Barrieren der Therapieintegration	Affektive Einstellung	-0,289	4,369	ja	0,430	0,226	2,511
H4	Wirkung therapietreuen Verhaltens		0,368	5,566	ja			
H8	Gesundheitsmotivation		0,199	3,738	ja			
H9	Gesundheitsmotivation	Barrieren d. Therapie	-0,189	3,351	ja	0,192	-0,042	1,973
H12	Vertrauensverhältnis zum Arzt		-0,193	2,559	ja			
H17	Soziale Norm		-0,256	4,313	ja			
H6	Barrieren der Therapieintegration	Verh.kontr.	-0,500	8,909	ja	0,333	0,059	1,955
H11	Gesundheitsmotivation		0,198	3,978	ja			
H10	Gesundheitsmotivation	Ther.wirkung	0,286	5,538	ja	0,235	0,044	2,991
H13	Vertrauensverhältnis zum Arzt		0,303	2,819	ja			
H14	Verhaltenskontrolle	Vertrauensverhältnis	0,293	3,613	ja	0,248	0,001	2,315
H15	Gesundheitsmotivation		–	–	nein			
H18	Soziale Norm		0,287	4,885	ja			

Tabelle 84: Wirkungsbeziehungen im Modell offline Umfrage
* *Maximalwert der Variance Inflation Factors der einzelnen Indikatoren.*

A.5 Gruppenvergleich zwischen Online- und Offlinestichprobe

Im Folgenden kommt es zur Untersuchung der Frage, ob von dem gewählten zweigleisigen Befragungsdesign ein moderierender Einfluss auf die Ergebnisse der Untersuchung ausgeht. Hierzu wird zwischen den beiden Teilstichproben der Onlinebefragung (ONL) mit $n = 792$ und der Offlinebefragung (OFF) mit $n = 243$ Datensätzen ein Gruppenvergleich nach Chin (Chin W W 2000) durchgeführt. Die Ergebnisse der Validitäts- und Reliabilitätsanalyse der Messmodelle der beiden Stichproben sind Anhang A.3 und Informationen zu den Wirkungszusammenhängen der Strukturmodelle Anhang A.4 zu entnehmen. Weder im ONL- noch im OFF-Modell ergaben sich größere Auffälligkeiten hinsichtlich der Gütekriterien, daher finden diese Ergebnisse keine weitere Erläuterung. Die geforderte Messmodellinvarianz, woraus sich die Vergleichbarkeit der Teilmodelle ableiten lässt, konnte durch Rückgriff auf alle im Basismodell verwendeten Items zur Messung der einzelnen Konstrukte erzielt werden. Hierdurch lässt sich sicherstellen, dass die Konstruktassoziationen in den beiden Stichproben auf denselben Konstruktinhalt zurückgreifen. Daher kommt es zu einer Prüfung der nachstehenden Hypothese:

> **H23:**
> *„In Abhängigkeit des Umfragedesigns unterscheiden sich die Compliance-Basismodelle hinsichtlich der Wirkungszusammenhänge signifikant voneinander."*

In Tabelle 85 sind die Differenzen der 18 Pfadkoeffizienten der beiden Modellvarianten mit den dazugehörigen t-Werten aufgeführt, Abbildung 41 veranschaulicht den Modellvergleich.

Der Modellvergleich kann bei 16 der 18 Hypothesen des Basismodells keine signifikanten Unterschiede der Strukturgleichungskoeffizienten feststellen. Lediglich zwei Beziehungen unterscheiden sich auf signifikantem Niveau voneinander. Hierbei handelt es sich zum einen um die Stärke des Einflusses der Arzt-Patient-Kommunikation auf das Konstrukt der wahrgen. Wirkung, welche im ONL-Modell einen um 0,13 stärkeren positiven Effekt misst (Hypothese $H13$). Zum anderen handelt es sich um den Impuls, welcher von der Gesundheitsmotivation auf die Arzt-Patient-Kommunikation ausgeht (Hypothese $H15$). Dieser Einfluss ist lediglich im ONL-Modell als signifikant von null unterschiedlich gemessen worden. Im OFF-Modell wird dieser Einfluss aufgrund eines zu geringen t-Wertes als null angenommen.

Die fünf Strukturgleichungskoeffizienten, welche die kausalen Abhängigkeiten des Zielkon-

---

[56]Hierbei wurden die Pfadkoeffizienten des Modells ONL zurundegelegt und davon diejenigen des Modells OFF subtrahiert. Ein positiver Wert indiziert eine stärkere Wirkung im ONL-Modell, ein negativer Wert eine stärkere Beziehung im OFF-Modell.

	Hypothese		Gruppe1 (ONL)		Gruppe2 (OFF)		Differenz* (t-Wert)	Sig.
	Von...	Auf...	Effekt	t-Wert	Effekt	t-Wert		
H1	Barrieren der Therapieintegration	Verhaltensabsicht	-0,066	2,081	-0,105	3,824	-0,039 (0,912)	nein
H2	Wirkung therapietreuen Verhaltens		0,172	2,962	0,087	1,923	0,085 (1,274)	nein
H5	Affektive Einstellung		0,158	3,556	0,068	1,965	0,090 (1,213)	nein
H7	Verhaltenskontrolle		0,457	10,418	0,555	9,564	-0,098 (1,147)	nein
H16	Soziale Norm		0,122	3,659	0,126	2,351	-0,004 (0,060)	nein
H3	Barrieren der Therapieintegration	Barrieren d. Therapie affektive Einstellung	-0,253	7,018	-0,289	4,369	-0,034 (0,442)	nein
H4	Wirkung therapietreuen Verhaltens		0,424	8,613	0,368	5,566	0,056 (0,583)	nein
H8	Gesundheitsmotivation		0,098	2,314	0,199	3,738	-0,101 (1,232)	nein
H9	Gesundheitsmotivation		-0,217	6,371	-0,189	3,351	0,028 (0,406)	nein
H12	Vertrauensverhältnis zum Arzt		-0,227	6,346	-0,193	2,559	0,034 (0,442)	nein
H17	Soziale Norm		-0,210	4,648	-0,256	4,313	-0,046 (0,523)	nein
H6	Barrieren der Therapieintegration	Verh.kontr.	-0,517	15,796	-0,500	8,909	0,017 (0,255)	nein
H11	Gesundheitsmotivation		0,133	3,414	0,198	3,978	-0,065 (0,860)	nein
H10	Gesundheitsmotivation	Ther.wirkung	0,209	4,909	0,286	5,538	-0,077 (0,939)	nein
H13	Vertrauensverhältnis zum Arzt		0,437	10,819	0,303	2,819	0,134 (1,921)	ja
H14	Verhaltenskontrolle		0,392	10,882	0,293	3,613	0,099 (1,255)	nein
H15	Gesundheitsmotivation	Vertrauensverhältnis	0,115	3,306	–	–	0,115 (–)	ja
H18	Soziale Norm		0,186	4,188	0,287	4,885	-0,101 (1,302)	nein

Tabelle 85: Prüfung des Moderatoreinflusses des Umfragedesigns
* *Ein negatives Vorzeichen gibt an, dass der höhere Wert im OFF-Modell vorliegt.*

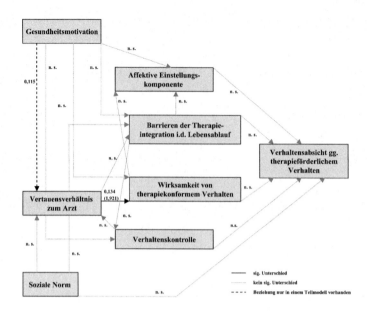

Abbildung 41: Modellvergleich[56] hinsichtlich des Umfragedesigns: ONL vs. OFF

strukts des Complianceverhaltens beschreiben, unterscheiden sich in den beiden Teilmodellen nicht signifikant voneinander. Da das Augenmerk der Untersuchungen auf der möglichst exakten Beschreibung dieses Konstrukts liegt, sind die vorstehenden Ergebnisse positiv zu beurteilen.

Der Impuls der Gesundheitsmotivation auf die Arzt-Patient-Kommunikation wurde bereits im Basismodell als wenig stark gemessen. Genannter Effekt wird durch die Einflüsse der Verhaltenskontrolle und der sozialen Norm auf die Arzt-Patient-Kommunikation dominiert. Von daher ist zwar eine geringe Abweichung in den beiden Teilmodellen messbar, diese hat jedoch eher untergeordneten Einfluss auf die Beschreibung des Complianceverhaltens.

Auf Grundlage des durchgeführten Gruppenvergleichs ergeben sich keine substanziellen Unterschiede in den beiden Stichproben. Die Tatsache, dass lediglich 2 Strukturgleichungskoeffizienten signifikant voneinander abweichen, unterstreicht diese Erkenntnis. Da es sich bei den beiden Abweichungen lediglich um moderate Unterschiede in der Effektintensität und nicht um das Vorliegen unterschiedlicher Vorzeichen in den Parameterpaaren handelt, kann die Gesamtstichprobe als weitestgehend homogen angesehen werden (Chin W W 2000). Somit wird Hypothese $H23$ abgelehnt, wodurch ein verzerrender Einfluss des Erhebungsdesigns auf das Untersuchungsmodell weitestgehend ausgeschlossen werden kann.

Literaturverzeichnis

Ahmad K et al. (2013), 'The Impact of Marketing Mix Strategy on Hospitals Performance Measured by Patient Satisfaction: An Empirical Investigation on Jeddah Private Sector Hospital Senior Managers Perspective', *International Journal of Marketing Studies* **5**(210-227).

Ajzen I (1985), From intentions to actions: A theory of planned behaviour, *in* Kuhl J, Beckman J, ed., 'Action Control', Vol. 1(11-39), Berlin.

Ajzen I (1988), *Attitudes, Personality and Behaviour*, Milton Keynes.

Ajzen I (1991), 'The Theory of Planned Behaviour', *Organizational Behaviour and Human Decision Processes* **50**(179-211).

Ajzen I (2001), 'Nature and Operation of Attitudes', *Annual Review of Psychology* **52**(27-58).

Ajzen I (2005), *Attitudes, Personality and Behaviour*, Vol. 2, Milton-Keynes.

Ajzen I (2006), *Constructing a TpB Questionnaire: Conceptual and Methodological Considerations*, http://people.umass.edu/aizen/pdf/tpb.measurement.pdf (03.04.2008).

Ajzen I, Fishbein M (1980), *Understanding attitudes and predicting social behaviour*, Vol. X, Englewood Cliffs, New York.

Ajzen I, Madden T J (1986), 'Prediction of Goal-Directed Behaviour: Attitudes, Intentions and Perceived Behavioral Control', *Journal of Experimental Social Psychology* **22**(453-474).

Albarracin D et al. (2001), 'Theories of reasoned action and planned behaviour as models of condom use: A meta-analysis', *Psychological Bulletin* **127**(142-161).

Alsleben B (2003), *Duden, Das große Fremdwörterbuch : Herkunft und Bedeutung der Fremdwörter*, Vol. 3. überarb. Auflage, Mannheim.

Andrews C J, Durvasulu S, Akhter S H (1990), 'A Framework for Conceptualizing and Measuring the Involvement Construct in Advertising Research', *Journal of Advertising* **19**(27-40).

Antil J H (1984), 'Conceptualization and Operationalization of Involvement', *Advances in Consumer Research* **11**(203-209).

Arnold N (2005), Compliance von Diabetikern - Eine Analyse von Einflussfaktoren anhand einer bevölkerungsbasierten Studie, PhD thesis, Ludwig-Maximilian-Universität München.

Arrow K J (1985), The Economics of Agency, *in* Pratt J W, Zeckhauser R J, ed., 'Principals and Agents: The Structure of Business', Vol. 1(37-51), Boston.

Avenhaus R, Canty M J (1996), *Compliance quantified : An introduction to data verification*, Vol. XIII, Cambridge u.a.

Ayalon L et al. (2006), 'Correlates of quality of life in primary care patients with hypertension', *International journal of psychiatry in medicine* **36**(483-497).

Baard P B, Deci E L, Ryan R M (2004), 'Intrinsic Need Satisfaction: A Motivational Basis of Performance and Well-Being in Two Work Settings', *Journal of Applied Social Psychology* **34**(2045-2068).

Backhaus K et al. (2016), *Multivariate Analysemethoden*, Vol. 14. überarb. Auflage, Berlin.

Bagozzi R P (1981), 'An Examination of the Validity of two Models of Attitude', *Multivariate Behavioural Research* **16**(323-359).

Bagozzi R P (1982), 'A Field Investigation of Causal Relations among Cognitions, Affects, Intentions, and Behaviour', *Journal of Marketing Research* **19**(562-583).

Bailey J E et al. (1996), 'Risk factors for antihypertensive medication failure by patients under Medicaid managed care', *Clinical Therapy* **18**(1252-1262).

Ballhaus J, Seibold M (2009), 'Therapiegewinn statt Rabatt', *pharma marketing journal* **1**(14-19).

Bandura A (1986), *Social Foundations of Thought and Action: A Social Cognitive Theory*, New York.

Bandura A (1989), 'Regulation of Cognitive Processes through Perceived Self-Efficacy', *Developmental Psychology* **25**(729-735).

Bandura A (1998), *Self-Efficacy: The Exercise of Control*, Vol. 2, New York.

Bandura A (1999), 'Self-efficacy pathways to childhood depression', *Journal of Personality and Social Psychology* **76**(258-269).

Barber M (2001), 'Fight illness with Information', *Health Management Technology* **22**(32).

Baroletti S, Dell'Orfano H (2010), 'Medication adherence in cardiovascular disease', *Circulation* **121**(1455-1458).

Bartels M, Voll S (2013), Welche Bedeutung hat das Patienten-Therapeutenverhältnis für die Compliance?, *in* Hammer S, ed., 'Mein Patient macht nicht mit - was nun? Compliance als Schlüssel zum Therapieerfolg', Idstein.

Barth D (1999), *Mediziner-Marketing: Vom Werbeverbot zur Patienteninformation*, Berlin.

Barth N, Nassehi A, Schneider A (2013), 'Umgang mit Unbestimmtheit zur Hypermodernität des Hausarztes', *Zeitschrift für Evidenz, Fortbildung und Qualität im Gesundheitswesen* (1).

Bauer R A (1960), Consumer Behaviour at Risk-Taking, *in* Hancock R, ed., 'Proceedings of the 43rd Conference of the American Marketing Association', Vol. 1(389-398), Chicago.

Bauer R A (1967), Consumer Behaviour at Risk-Taking, *in* Cox D, ed., 'Risk Taking and Information Handling in Consumer Behaviour', Vol. 1(23-33), Boston.

Baumgarth C (2003), *Wirkung des Co-Branding: Erkenntnisse durch Mastertechnikpluralismus*, Wiesbaden.

Becker M H et al. (1986), Wahrnehmung des Patienten und Compliance: Neuere Untersuchungen zum Health Belief Model, *in* Haynes R B, Taylor D W, Sackett D L, ed., 'Compliance-Handbuch', Vol. 2(94-131), München.

Becker M H, Haefner D P, Maiman L A (1977), 'The health belief model in the prediction of dietary compliance: A field experiment', *Journal of Health and Social Behaviour* **18**(348-366).

Betzin J, Henseler J (2005), Einführung in die Funktionsweise des PLS-Algorithmus, *in* Bliemel F, Eggert A, Fassot G, Henseler J, ed., 'Handbuch PLSPfadmodellierung: Methode- Anwendung- Praxisbeispiele', Vol. (49-70), Stuttgart.

Böhm A, Ellsäßer G, Lüdecke K (2007), 'Brandenburger Sozialindex: ein Werkzeug für die Gesundheits- und Sozialberichterstattung auf Landes- und kommunaler Ebene', *Gesundheitswesen* **69**(555-559).

Blanchard C, Vallerand R J (1996), *The mediating effects of perceptions of competence, autonomy, and relatedness on the social factors-self-determined situational motivation relationship*, Québec: unpublished manuscript.

Blanchard C, Vallerand R J (1998), *On the recursive relations between global motivation and contextual exercise motivation*, Québec: unpublished manuscript.

Bänsch A (2002), *Käuferverhalten*, Vol. 9, München u.a.

Bohner G (2002), Einstellungen, *in* Stephenson G, ed., 'Sozialpsychologie: Eine Einführung', Vol. 4(265-315), Berlin.

Bone L R et al. (1984), 'Update on the factors associated with high blood pressure compliance', *Mayland State Medical Journal* **33**(201-204).

Braunstein C (2001), *Ein Ansatz zur Erklärung der Kundenbindung auf Basis der Theorie des geplanten Verhaltens*, Wiesbaden.

Bürger C (2003), *Patientenorientierte Information und Kommunikation im Gesundheitswesen*, Wiesbaden.

Bruns W (2013), *Gesundheitsförderung durch soziale Netzwerke*, Wiesbaden.

Buhk H, Lotz-Rambaldi W (2001), 'Compliance und Patientenschulung bei Diabetes mellitus Typ 2', *Bundesgesundheitsblatt-Gesundheitsforschung-Gesundheitsschutz* **44**(5-13).

Bundesministerium für Gesundheit (2016), 'https://www.bundesgesundheitsministerium.de/service/gesetze-und-verordnungen/abgeschlossene-gesetzgebung-und-verordnungsverfahren/g/g.html (25.11.2016)'.

Bundesministerium für Gesundheit und Soziales (2007), 'http://www.die-gesundheitsreform.de/reform/gesetzgebung/ (12.12.2007)'.

Bundesministerium für Gesundheit und Soziales (2008), 'http://www.bmg.bund.de/nn_1119298/DE/Presse/Pressemitteilungen/Presse-2-2007/pm-26-06-07,param=.html (13.05.2008)'.

Bundesversicherungsamt (2008), 'Gesundheitsfonds - Informationsschreiben zum monatlichen Abschlagsverfahren', *Pressemitteilung - Bundesversicherungsamt* **VII 3 - 5510.0 - 2982 2008**.

Burner G, Hensel P, James K (2005), *Marketing Scales Handbook: A Compilation of Multi-Item Measures for Consumer Behavior & Advertising*, Mason.

Chan Y M, Molassiotis A (1999), 'The relationship between diabetes knowledge and compliance among Chinese with non-insulin dependent diabetes mellitus in Hong Kong', *Journal of Advanced Nursing* **30**(431-438).

Chanudet X, De Champvallins M (2001), 'Antihypertensive decay and tolerability of low-dose perindopril/indapamide combination compared with losartan in the treatment of essential hypertension', *International Journal of Clinical Practice* **55**(233-239).

Chatzisarantis N L D (2006), 'The influences of intrinsic motivation on execution of social behaviour within the theory of planned behaviour', *European Journal of Social Psychology* **36**(229-237).

Chaudhuri A (2000), 'A Macro Analysis of the Relationship of Product Involvement and Information Search: The Role of Risk', *Journal of Marketing Theory & Practice* **8**(1-15).

Chimhanzi J (2004), 'The Impact of Integration Mechanisms on Marketing/HR Dynamics', *Journal of Marketing Management* **20**(713-740).

Chin W W (1998), The Partiel Least Squares Approach to Structural Equation Modelling, *in* Marcoulides G A, ed., 'Modern Methods for Business Research', Vol. 1(295-336), Mahwah, New York.

Chin W W (2000), 'Frequently Asked Questions- PLS and PLS Graph', *http://discnt.cba.uh.edu/chin/plsfaq/plsfaq.htm. (21.07.2008)*.

Chin W W, Newsted P R (1999), Structural Equation Modelling Analysis with Small Samples Using Partiel Least Squares, *in* Hoyle R H, ed., 'Strategies for Small Sample Research', Vol. 1(307-341), Thousand Oaks.

Claxton A J, Cramer J, Pierce C (2001), 'A systematic review of the associations between dose regimens and medication compliance', *Clinical Therapeutics* **23**(1296-1310).

Cole T, Underhill A, Kennedy S (2016), 'Adherence behaviour in an acute pediatric hand trauma population: A pilot study of parental report of adherence levels and influencing factors', *Journal of Hand Therapy* **2**(26).

Coleman C I et al. (2012), 'Effect of dosing frequency on chronic cardiovascular disease medication adherence', *Current Medical Research Opinion* **28**(669-680).

Conchar M P et al. (2004), 'An Integrated Framework for the Conceptualization of Consumers' Perceived-Risk Processing', *Journal of the Academy of Marketing Science* **32**(418-436).

Conner M, Norman P, Bell R (2002), 'The theory of planned behaviour and healthy eating', *Health Psychology* **21**(194-201).

Conner M, Sparks P (1996), The theory of planned behaviour and health eating, *in* Conner M, Norman P, ed., 'Predicting health behaviour: Research and practice with social cognition models', Vol. 2, Buckingham.

Conroy R M et al. (1986), 'The relation of social class to risk factors, rehabilitation, compliance and mortality in survivors of acute coronary heart disease', *Scandinavian Journal of Social Mecicine* **14**(51-56).

Costley C L (1988), 'Meta analysis of involvement research', *Advances in Consumer Research* **15**(554-562).

Coulter A (1999), 'Paternalism or partnership? Patients have grown up-and there's no going back', *British Medical Association* **319**(719-720).

Coulter A, Magee H (2003), *The European Patient of the Future*, New York.

Cox D F, Rich U S (1967), Perceived Risk and Consumer Decision Making: The Case of Telephone Shopping, *in* Cox D F, ed., 'Risk Taking and Information Handling in Consumer Behaviour', Vol. 1(487-506), Boston.

Cromer B A, Tarnowski K J (1989), 'Noncompliance in adolescents: A review', *Developmental and Behavioural Paediatrics* **10**(207-215).

Cutler DM, Everett W (2010), 'Thinking outside the pillbox-medication adherance as a priority for health care reform', *New England Journal of Medicine* **362**(1553-1555).

Deber R B et al. (2005), 'Patient, consumer, client, or customer: what do people want to be called?', *Health Expect* **8**(345-351).

Deci E L (1991), 'Motivation and education: The Self-Determination perspective', *Educational Psychologist* **26**(325-346).

Deci E L, Ryan R M (1985), *Intrinsic motivation and self-determination in human behaviour*, New York.

Dellande S, Gilly M C, Graham J L (2004), 'Graining Compliance and Losing Weight: The Role of the Service Provider in Health Care Services', *Journal of Marketing* **68**(78-91).

Deutsche Herzstiftung e.V. (2008), *Homepage*, http://www.herzstiftung.de/ (28.02.2008).

Deutsche Hochdruckliga (2007), *Leitlinien für die Prävention, Erkennung, Diagnostik und Therapie der arteriellen Hypertonie*, Vol. 2, http://www.hochdruckliga.de/ (20.10.2007).

Deutsche Hochdruckliga (2016), '', *https://www.hochdruckliga.de/bluthochdruck-fachartikel.html* .

Dierks M L, Schwartz F W (2001), Nutzer und Kontrolleure von Gesundheitsinformationen, *in* Hurrelmann K, Leppin A, ed., 'Moderne Gesundheitskommunikation: Vom Aufklärungsgespräch zur E-Health', Vol. 1(290-306), Bern.

Dierks M L, Siebeneick S, Röseler S (2001), Patienten, Versicherte, Kunden: Eine neue Definition des Patienten?, *in* Dierks M L et al., ed., 'Patientensouveränität: Der autonome Patient im Mittelpunkt', Vol. 195(4-26), Stuttgart.

Dietz B (2006), *Patientenmündigkeit : Messung, Determinanten, Auswirkungen und Typologie mündiger Patienten*, Vol. 1, Wiesbaden.

DiMatteo M R (2004), 'Social support and patient adherence to medical treatment: a meta-analysis', *Health Psychology* **23**(207-218).

Dinger M (2002), Die Compliance und der Umgang mit Medikamenten bei Patienten älter als 65 Jahre, PhD thesis, Münster: Westfälische Wilhelms-Universität Münster.

Dirschedl P et al. (2007), 'DRG-Prüfergebnisse im Ländervergleich', *Gesundheitswesen* **69**(141-145).

Donnan P T, MacDonald T M (2002), 'Adherence to prescribed oral hypoglycaemic medication in a population of patients with Type 2 diabetes: a etrospective cohort study', *Diabetic Medicine* **19**(279-284).

Dowling G R, Staelin R (1994), 'A Model of Perceived Risk and Intended Risk-Handling Activity', *Journal of Consumer Research* **21**(119-134).

Drossaert C H, Boer H, Seydel E R (2003), 'Prospective study of the determinants of repeat attending and attendance patterns in breast cancer screening using the theory of panned behaviour', *Psychology and Health* **18**(551-565).

Eagle K et al. (2004), 'Adhärenz zu evidenzbasierten Therapien nach Entlassung aus der stationären Behandlung akuter Koronarsyndrome: Eine aktuelle prospektive Beobachtungsstudie', *The American Journal of Medicine* **117**(73-81).

Eagly A H, Chaiken S (1993), *The Psychology of Attitudes*, Fort Worth u.a.

Eberl M (2004), 'Formative und reflektive Indikatoren im Forschungsprozess: Enscheidungsregeln und die Dominanz des reflektiven Modells', *Schriften zur empirischen Forschung und Quantitativen Unternehmensplanung der Universität München* **19**(1-34).

Egger M, Razum O (2014), *Public Health*, Vol. 2, Berlin, Boston.

Eggert A, Fassott G (2003), 'Zur Verwendung formativer und reflektiver Indikatoren in Strukturgleichungsmodellen', *Kaiserslauterer Schriftenreihe Marketing* **20**(1-24).

Eggert B (2006), Ist der Wandel des Arzt-Patienten-Verhältnisses Folge des medizinischen Fortschritts?, *in* Schumpelick V, Vogel B, ed., 'Arzt und Patient - Eine Beziehung im Wandel', Vol. 1(81-97), Freiburg.

Eichhorn C, Loss J, Nagel E (2007), 'Erfüllen Ernährungsinterventionen für Kinder und Jugendliche in Deutschland Qualitätskriterien für Projektdesign und Evaluation?', *Gesundheitswesen* **69**(612-620).

Engel J E, Blackwell R D, Miniard P W (1993), *Consumer Behavior*, Vol. 7, Fort Worth.

Europäische Kommission (2008), 'Richtlinie des Europöischen Parlaments und des Rates zur Änderung der Richtlinie 2001/83/EG zur Schaffung eines Gemeinschaftskodexes für Humanarzneimittel in Bezug auf die Information der breiten Öffentlichkeit über verschreibungspflichtige Arzneimittel', **2008/0256 (COD)**.

Eversole K (2008), *Patient Compliance: Why is nothing being done?*, http://social.eyeforpharma.com/blogs/kate-eversole/patient-compliance-why-nothing-being-done (18.04.2008).

Fahrmeir L, Künstler R, Pigeot I, Tutz A (2007), *Statistik*, Vol. 5, Berlin u.a.

Fargel M (1991), Tendenzen im Gesundheitsmarkt, *in* Szallies R, Wiswede G, ed., 'Wertewandel und Konsum: Fakten, Perspektiven und Szenarien für Markt und Marketing', Vol. 2(11-40), Landsberg.

Farmer K C, Jacobs E W, Phillips C R (1994), 'Long-term Patient compliance with prescribed regimens of calcium channel blockers', *Clinical Therapy* **16**(316-326).

Fazio R H (1986), How do Attitudes Guide Behaviour?, *in* Sorrentino R M, Higgins T E, ed., 'Handbook of Motivation and Cognition: Foundation of Social Behaviour', Vol. 1(204-243), New York u.a.

Feldmann J A (1994), 'Medication non-compliance: an issue to consider in the drug selection process', *Hospital Formula* **29**(204-211).

Fink-Anthe C (2005), 'Mehr Mitsprache von Patienten', *Pharmazeutische Industrie* **67**(375-376).

Finset A (2013), Emotional Intelligence, Alexithymia, and the Doctor-Patient Relationship, *in* Kyung, Bong, Koh, ed., 'Somatization and Psychosomatic Symptoms', Vol. 1(91-98), New York.

Fishbein M (1967), *Readings in attitude theory and measurement*, Vol. 1, New York u.a.

Fishbein M, Ajzen I (1975), *Belief, Attitude, Intention and Behaviour: An Introduction to Theory and Research*, Reading.

Fishbein M. et al. (2001), Factors Influencing Behaviour and Behaviour Change, *in* Baum A, Revenson T A, Singer J E, ed., 'Handbook of Health Psychology', Vol. 1(3-18), London.

Fittschen B (2002), Compliance, *in* Schwarzer R, Jerusalem M, Weber H, ed., 'Gesundheitspsychologie von A bis Z', Vol. 1(60-64), Göttingen.

Flynn L R, Goldsmith R E (1993), 'Application of the Personal Involvement Inventory in Marketing', *Psychology & Marketing* **10**(357-366).

Fornell C (1987), A Second Generation of Multivariate Analysis: Classification of Methods and Implications for Marketing Research, *in* Houston M J, ed., 'Review of Marketing', Vol. 1(407-450), American Marketing Association, Chicago.

Fornell C, Bookstein F L (1982), 'Two Structural Equation Models: LISREL and PLS Applied to Consumer Exit-Voice Theory', *Journal of Marketing Research* **19**(440-452).

Fornell C, Cha J (1994), Partial Least Squares, *in* Bagozzi R P, ed., 'Advanced Methods of Marketing Research', Vol. 1(52-78), Cambridge.

Foscht T, Swoboda B (2007), *Käuferverhalten : Grundlagen - Perspektiven - Anwendungen*, Vol. 3, Wiesbaden.

Frank E et al. (1992), 'Relationship of pharmacologic compliance to long-term prophylaxis in recurrent depression', *Psychopharmacol Bull* **28**(231-235).

Frank U et al. (1998), Subjektive Gesundheitsvorstellungen gesunder Erwachsener, *in* Flick U, ed., 'Wann fühlen wir uns gesund?: Subjektive Vorstellungen von Gesundheit und Krankheit', Vol. 1(57-69), Weinheim.

Franzoi S L (1996), *Social Psychology*, New York.

Frey D, Stahlberg D, Gollwitzer P M (1993), Einstellung und Verhalten: Die Theorie das überlegten Handelns und die Theorie des geplanten Verhaltens, *in* Frey D, Irle M, ed., 'Theorien der Sozialpsychologie: Band I, Kognitive Theorien', Vol. 2(363-398), Bern.

Frisk J E (2003), *Mehr Markt und Wettbewerb in der deutschen Arzneimittelversorgung? Eine gesundheitsökonomische Untersuchung im Spiegel amerikanischer Erfahrungen*, Bayreuth.

Fürniß W et al. (1996), Kompetenz und Compliance in der Verhaltensmedizin, *in* Land E, Arnold K, ed., 'Die Arzt-Patienten-Beziehung im Wandel', Vol. 1(51-65), Stuttgart.

Gallant M P (2003), 'The influence of social support on chronic illness self-management: a review and directions for research', *Health Eduction & Behavior* **30**(170-195).

Gasse C et al. (2001), 'Assessing hypertension management in the community - Trends of prevalence, detection, treatment, and control of hypertension in the MONICA Project Augsburg 1984-1995', *Journal of Human Hypertens* **15**(27-36).

Gemünden H G (1985), 'Wahrgenommenes Risiko und Informationsnachfrage: Eine systematische Bestandsaufnahme der empirischen Befunde', *Marketing - Zeitschrift für Forschung und Praxis* **7**(27-38).

Geyer S (2016), Die quantitative Analyse von Gesundheit und Krankheit, *in* Richter, M., Hurrelmann, K. , ed., 'Soziologie von Gesundheit und Krankheit', Vol. 1(55-70), New York.

Gordis L (1986), Konzeptionelle und methodologische Probleme bei der Messung der Patienten-Compliance, *in* Haynes R B, Taylor D W, Sackett D L, ed., 'Compliance-Handbuch', Vol. 2, München.

Greißing C et al. (2016), 'Medikation und Adhärenz nach stationärer Entlassung', *Deutsches Ärzteblatt* **113**(719-756).

Gröppel-Klein A (2001), Einstellung, *in* Bruhn M, Homburg C, ed., 'Gabler Lexikon Marketing', Vol. 2(206-211), Wiesbaden.

Grusec J E (1992), 'Social Learning Theory and Developmental Psychology: The Legacies of Rovert Sears and Albert Bandura', *Developmental Psychology* **28**(776-786).

Güttler P O (2003), *Sozialpsychologie: Soziale Einstellungen, Vorurteile, Einstellungsänderungen*, Vol. 4, München.

Götz O, Liehr-Gobbers K (2004), 'Der Partial-Least-Square (PLS)-Ansatz zur Analyse von Strukturgleichungsmodellen', *Arbeitspapier des Instituts for Marketing - Universität Münster* **2**.

Guay F, Vallerand R J (1997), 'Social context, students' motivation and academic achievement: Toward a process model', *Social Psychology of Education* **1**(211-233).

Guay F, Vallerand R J, Blanchard C (2000), 'On the Assessment of Situational Intrinsic and Extrinsic Motivation: The Situational Motivation Scale (SIMS)', *Motivation and Emotion* **9**(139-150).

Hammann P, Erichson B (2000), *Marktforschung*, Vol. 4, Stuttgart.

Hammer S, Graf F (2013), Patientencompliance in der Heilmitteltherapie, *in* Hammer S, ed., 'Mein Patient macht nicht mit - was nun? Compliance als Schlüssel zum Therapieerfolg', Idstein.

Hammer S, Polchow S (2013), Das Forschungsprojekt: Compliance in der Heilmitteltherapie aus Patientenperspektive, *in* Hammer S, ed., 'Mein Patient macht nicht mit - was nun? Compliance als Schlüssel zum Therapieerfolg', Idstein.

Hannig J (2004), Prozess der Krankheitsverarbeitung als psychosoziale Prädiktoren von Lebensqualität und Compliance bei Bluthochdruckpatienten, PhD thesis, Münster: Westfälische Wilhelms-Universität Münster.

Harms F, Gänshirt D (2006), 'Direkte Patientenkommunikation als Herausforderung für die Pharmaindustrie', *Pharmazeutische Industrie* **68**(673-677).

Harris M (2009), 'Demand for region health study on rise', *Herald* **64**(1-2).

Harrison J A, Mullen P D, Green L W (1992), 'A meta-analysis fo studies of the health belief model with adults', *Health Education Research* **7**(107-116).

Hasford J, Behrend C, Sangha O (1998), Vergleichende Analyse und Bewertung von Methoden zur Erfassung der Compliance, *in* Petermann F, ed., 'Compliance und Selbstmanagement', Vol. 1(21-44), Göttingen.

Hausman A (2004), 'Modelling the Patient-Physician Service Encounter: Improving Patient Outcomes', *Journal of the Academy of Marketing Science* **32**(403-417).

Hayden B (2012), *Enhancing Medication Adherence: The Public Health Dilemma*, London.

Haynes R B (1979), *Compliance in health care*, Baltimore.

Haynes R B (1986), Einleitung, *in* Haynes R B, Taylor D W, Sackett D L, ed., 'Compliance-Handbuch', Vol. 2(11-18), München.

Heckhausen J, Heckhausen H (2006), *Motivation und Handeln*, Vol. 3, Irvine.

Heilmann K (1988), *Arzneimittelsicherheit: Die Rolle des Patienten*, Vol. 1, Köln.

Hernández-Ronquillo L, Téllez-Zenteno J F (2003), 'Factors associated with therapy non-compliance in type-2 diabetes patients', *Salud Publica de México* **45**(191-197).

Herrmann A, Huber F, Kressmann F (2006), 'Varianz- und kovarianzbasierte Strukturgleichungsmodelle - Ein Leitfaden zu deren Spezifikation, Schätzung und Beurteilung', *Schmalenbachs Zeitschrift für betriebswirtschaftliche Forschung* **58**(34-66).

Heuer H O, Heuer S H (1999*a*), Definitionen von compliance und formen der non-compliance, *in* Heuer H O, Heuer S H, Lennecke K, Meyer C, ed., 'Compliance in der Arzneitherapie', Vol. 5-20, Wissenschaftliche Verlags-Gesellschaft, Stuttgart.

Heuer H O, Heuer S H (1999*b*), Definitionen von Compliance und Formen der Non-Compliance, *in* Heuer H O, Heuer S H, Lennecke K, ed., 'Compliance in der Arzneitherapie', Vol. 1(5-20), Stuttgart.

Heuer H O, Heuer S H (1999*c*), Methoden zur Bestimmung der Compliance, *in* Heuer H O, Heuer S H, Lennecke K, ed., 'Compliance in der Arzneitherapie', Vol. 1(21-40), Stuttgart.

Heuer H O, Heuer S H (1999*d*), Ursachen der Non-Compliance, *in* Heuer H O, Heuer S H, Lennecke K, ed., 'Compliance in der Arzneitherapie', Vol. 1(53-76), Stuttgart.

Hirt F (2004), Krankheitsverarbeitung von Typ-I-Diabetes-Patienten, PhD thesis, Düsseldorf: Heinrich-Heine-Universität Düsseldorf.

Hofmann T (2003), Einfluss der therapeutischen Beziehung auf Lebensqualität und Blutzuckerkontrolle bei Diabetes mellitus, PhD thesis, Berlin: Humboldt-Universität Berlin.

Hohensohn H (1997), *Patientenorientiertes Pharmamarketing: Kommunikation und Entscheidungsverhalten am Markt für verschreibungspflichtige Medikamente*, Wiesbaden.

Hohensohn H (1998), *Patientenorientiertes Pharmamarketing: Kommunikation und Entscheidungsverhalten am Markt für verschreibungspflichtige Medikamente*, Wiesbaden.

Homburg C (1992), 'Die Kausalanalyse - Eine Einführung', *Wirtschaftswissenschaftliches Studium* **10**(499-508).

Homburg C, Dietz B (2006), 'Patientenmündigkeit - Ausprägungen und Einfluss auf das Arzt-Patienten-Verhältnis', *Pharmazeutische Industrie* **68**(288-293).

Homburg C, Dobratz A (1998), Iterative Modellselektion in der Kausalanalyse, *in* Hildebrandt L, Homburg C, ed., 'Die Kausalanalyse: Ein Instrument der empirischen betriebswirtschaftlichen Forschung', Vol. 1(447-474), Stuttgart.

Homburg C, Giering A (1996), 'Konzeptualisierung und Operationalisierung komplexer Konstrukte', *Marketing-Zeitschrift für Forschung und Praxis* **18**(5-24).

Homburg C, Krohmer H (2003), *Marketingmanagment: Strategien, Instrumente, Umsetzung und Unternehmensführung*, Wiesbaden.

Homburg C, Pflesser C (2000), Strukturgleichungsmodelle mit latenten Variablen: Kausalanalyse, *in* Herrmann A, Homburg C, ed., 'Marktforschung', Vol. 2(635-659), Wiesbaden.

Homburg C, Stock R (2003), Theoretische Perspektiven zur Kundenzufriedenheit, *in* Homburg C, ed., 'Kundenzufriedenheit: Konzepte, Methoden, Erfahrungen', Vol. 5(17-51), Wiesbaden.

Homburg C, Stock R M (2004), 'The Link between Salespeople's Job Satisfaction and Customer Satisfaction in a Business-to-Business Context: A Dyadic Analysis', *Journal of the Academy of Marketing Science* **32**(144-158).

Hoyer W D, MacInnes D J (2004), *Consumer Behaviour*, Vol. 3, Boston.

Härter M (2004), 'Patizipative Entscheidungsfindung (Shared Desision Making) - ein von Patienten, Ärzten und der Gesundheitspolitik geforderter Ansatz setzt sich durch', *Zeitschrift für ärztliche Fortbildung und Qualität im Gesundheitswesen* **98**(89-92).

Hrubes D, Ajzen I, Daigle J J (2001), 'Predicting Hunting Intentions and Behaviour: An Application of the Theory of Planned Behaviour', *Leisure Sciences* **23**(165-178).

Huber F (2004), *Erfolgsfaktoren von Markenallianzen : Analyse aus der Sicht des strategischen Markenmanagements*, Vol. 1, Wiesbaden.

Huber F et al. (2007), *Kausalmodellierung mit Partiel Least Squares - eine anwendungsorientierte Einführung*, Wiesbaden.

Hurrelmann K (2001), Wie lässt sich die Rolle des Patienten stärken?, *in* Reibnitz C, Schnabel P-E, Hurrelmann K, ed., 'Der mündige Patient', Vol. 1(35-48), Weinheim.

Hurrle B, Kieser A (2005a), 'Sind Key Informants verlässliche Datenlieferanten?', *Die Betriebswirtschaft* **65**(584-602).

Hurrle B, Kieser A (2005b), 'Sind key informants verlässliche Datenlieferanten?', *Betriebswirtschaft* **65**(584-602).

Iannotti R J, Bush P J (1993), Toward a developmental theory of compliance, *in* Krasnegor N A, Epstein L, Bennett-Johnson S, Yaffe S J, ed., 'Developmental aspects of health compliance behaviour', Vol. 1(59-76), Hillsdale.

Illert G et al. (2004), 'Marketing in der Pharmaindustrie - Neue Zielgruppen bieten neue Chancen', *Pharmazeutische Industrie* **66**(719-724).

Immes S (1993), *Wahrgenommenes Risiko bei industriellen Kaufentscheidungen*, Trier.

Jain D (1994), Regression Analysis for Marketing Decisions, *in* Bagozzi R P, ed., 'Principles of Marketing Research', Vol. 1(162-194), Cambridge.

Jakob K, Fischer K (2013), Welche Rolle spielt der Patient? Barrieren und Förderfaktoren der Compliance, *in* Hammer S, ed., 'Mein Patient macht nicht mit - was nun? Compliance als Schlüssel zum Therapieerfolg', Idstein.

Jankowska-Polanska B et al. (2016), 'The influence of illness acceptance on the adherence to pharmacological and non-pharmacological therapy in patients with hypertension ', *European Journal of Cardiovascular Nursing* **1**(44).

Janssen J, Laatz W (2007), *Statistische Datenanalyse mit SPSS für Windows*, Vol. 6, Berlin.

Jarvis C B, MacKenzie S B, Podsakoff P M (2003), 'A Critical Review of Construct Indicators and Measurement Model Missspecification in Marketing and Consumer Research', *Journal of Consumer Research* **30**(199-218).

Jayanti R K, Burns A C (1998), 'The Antecedents of Preventive Health Care Behaviour: An Empirical Study', *Journal of the Academy of Marketing Science* **26**(6-15).

Johnson M D, Herrmann A, Huber F (2006), 'The Evolution of Loyalty Intentions', *Journal of Marketing* **70**(122-132).

Johnston K L, White K M (2003), 'Binge-drinking: A test of the role of group norms in the theory of planned behaviour', *Psychology and Health* **18**(63-77).

Jonas K, Brömer P (2002), Die sozial-kognitive Theorie von Bandura, *in* Frey D, Irle M, ed., 'Theorien der Sozialpsychologie: Band 3, Motivations-, Selbst- und Informationsverarbeitungstheorien', Bern.

Jones F et al. (2001), 'From knowledge to action regulation: Modelling the cognitive prerequisites of sun screen use in Australian and UK samples', *Psychology and Health* **16**(191-206).

Jöreskog K G (1970), 'A General Method for Analysis of Covariance Structures', *Biometrika* **57**(293-351).

Kaluweit I (2008), 'Gesundheitsreform', *pharma marketing journal* **5**(14).

Kanther V (2001), *Facetten hybriden Kaufverhaltens: ein kausalanalytischer Erklärungsansatz auf Basis des Involvement-Konstrukts*, Wiesbaden.

Karmasin F, Karmasin H (1977), *Einführung in Methoden und Probleme der Umfrageforschung*, Köln.

Kartte J, Neumann K (2008), *Der Gesundheitsmarkt: Sicht der Bürger - Strategien der Anbieter*, München.

Kassarjian H H, Kassarjian W M (1979), Attitudes under Low Commitment Conditions, *in* Maloney J C, Silverman B, ed., 'Attitude Research Plays for High Stakes', Vol. 1(3-15), Chicago.

Keller T (2002), *Beziehungsmanagement im Arzt-Patienten-Verhältnis: Der Einfluss der Qualität ärztlicher Dienstleistungen auf die Patientenbindung*, Wiesbaden.

Kühnemund H (2006), Die Arzt-Patienten-Beziehung aus Sicht der Soziologie, *in* Schumpelick V, Vogel B, ed., 'Arzt und Patient - Eine Beziehung im Wandel', Vol. 1(168-177), Freiburg.

Kühner K M (1987), Eine prospektive Studie über die Bedeutung des Health-Belief-Models für die Patienten-Compliance bei der systematischen Parodontalbehandlung, PhD thesis, Frankfurt a.M.: Wolfgang Goethe Universität Frankfurt.

Kühnert K M (1987), Eine prospektive Studie über die Bedeutung des Health Belief Models für die Patienten-Compliance bei der systematischen Paradontalbehandlung, PhD thesis, Frankfurt: Universität Frankfurt.

Kiviniemi M (2004), *Affective and Cognitive Influences on Individual's Health Behavioural Choices*, Honolulu.

Klas C (2000), *Gestaltungsmöglichkeiten im Gesundheitswesen*, Wiesbaden.

Klemperer D (2015), *Sozialmedizin - Public Health - Gesundheitswissenschaften*, Vol. 3, Bern.

Kliche T, Kröger G (2008), 'The Theory of Reasoned Ation: A Metaanalysis of past Research with Recommendations for Modification and Future Research', *Gesundheitswesen* **70**(715-720).

Knight A (2013), 'Patient-centered prescribing', *Australian Prescriber* **36**(199-201).

Knoll N, Scholz U, Rieckmann N (2005), *Einführung in die Gesundheitspsychologie*, München.

Kober M, Johnson M (2007), 'Balance: Anreiz zu Erfindungen - Preise für Medizinprodukte', *Medizinprodukte Journal* **14**(185-186).

Kolodinsky J (1993), 'Complaints, Redress, and Subsequent Purchase of Medical Services by Dissatisfied Consumers', *Journal of Consumer Policy* **16**(193-214).

Kotler P, Wong V, Saunders J, Armstrong G (2005), *Principles of Marketing*, Vol. 4, Harlow.

Kroeber-Riel W, Weinberg P (2003), *Konsumentenverhalten*, Vol. 8, München.

Krugmann H E (1965), 'The Impact of Television Advertising: Learning without Involvement', *The Public Opinion Quarterly* **29**(349-356).

Kuss A, Tomczak T (2004), *Käuferverhalten - Eine marktorientierte Einführung*, Vol. 3, Stuttgart.

Kyngäs H (2000), 'Compliance of Adolescents with diabetes', *Journal of Pediatric Nursing* **15**(260-267).

Laaksonen P (1994), *Consumer Involvement: Concepts and Research*, London u.a.

Lafferty B A, Goldsmith R E (1999), 'Corporate Creditability's Role in Consumer's Attitudes and Purchase Intentions When a High versus a Low Creditability Endorser is used in the Ad', *Journal of Business Research* **44**(109-116).

Lambrecht A, Skiera B (2006), 'Ursachen eines Flatratebias - Systematisierung und Messung der Einflussfaktoren', *zfbf* **58**(588-615).

Landgraf R, Huber F, Bartel R (2006), *Patient als Partner*, Wiesbaden.

Laufs U et al. (2011), 'Strategien zur Verbesserung der Einnahmetreue von Medikamenten', *Deutsche Medizinische Wochenschrift* **136**(1616-1621).

Ledermann T, Bodenmann G (2006), 'Moderator- und Mediatoreffekte bei dyadischen Daten. Zwei Erweiterungen des Akteur-Partner-Interdependenz-Modells', *Zeitschrift für Sozialpsychologie* **37**(27-40).

Leventhal H, Diefenbach M, Leventahl E A (1992), 'Illness cognition: using common sense to understand treatment adherence and affect cognition interactions', *Cognitive Therapy and Research* **16**(143-163).

Lüscher T F et al. (1985), 'Compliance in hypertension: Facts and concept', *Journal of Hypertension* **3**(3-10).

MacKenzie S B, Lutz R J (1989), 'An Empirical Examination of the Structural Antecedents of Attitude Toward the Ad in Advertising Pretesting Context', *Journal of Marketing* **53**(48-65).

Madrigal R (2001), 'Social Identity Effects in a Belief-Attitude-Intentions Hierarchy: Implications for Corporate Sponsorship', *Psychology & Marketing* **18**(145-165).

Magin S (2003), *Markenwahlverhalten, Produkt-, persönlichkeits- und situationsbezogene Determinanten*, Wiesbaden.

Magin S (2004), *Markenwahlverhalten: Produkt-, persönlichkeits- und situationsbezogene Determinanten*, Wiesbaden.

Maschewsky-Schneider U, Babitsch B, Ducki A (1998), Geschlecht und Gesundheit, *in* Hurrelmann K, Laaser U, ed., 'Entwicklung und Perspektive der Gesundheitswissenschaften', Vol. 1(357-370), Weinheim.

Matzler K (1997), *Kundenzufriedenheit und Involvement*, Wiesbaden.

McCarthy M S, Norris D G (1999), 'Improving Competitive Position using Branded Ingredients', *Journal of Product and Brand Management* **8**(267-280).

Meckel A-K (2013), *Strategisches Management bei gesetzlichen Krankenkassen*, Wiesbaden.

Meffert H (2000), *Marketing : Grundlagen marktorientierter Unternehmensführung*, Vol. 8, Wiesbaden.

Meichenbaum D, Turk D C (1994), *Therapiemotivation des Patienten : ihre Förderung in Medizin und Psychotherapie ; ein Handbuch*, Vol. 1, Bern.

Meißel T (1996), *Placebo, Compliance und der Traum von Irmas Injektionen*, Linz.

Meyer C (2005), Stimmungsverändernde Medikamente aus Sicht von Arzt und Patient, PhD thesis, Göttingen: Georg August Universität Göttingen.

Mühlbacher H (1988), 'Ein situatives Modell der Motivation zur Informationsaufnahme und -verarbeitung bei Werbekontakten', *Marketing: Zeitschrift für Forschung und Praxis* **10**(85-94).

Mühlig S (1998), 'Das Compliance-Problem', *Deutsche Apotheker Zeitung* **138**(1279-1280).

Mielck A (2005), *Soziale Ungleichheit und Gesundheit : Einführung in die aktuelle Diskussion*, Bern.

Miller P, Wikoff R, Hiatt A (1992), 'Fishbein's model of reasoned action and compliance behavior of hypertensive patients', *Nursing Research* **41**(104-109).

Mitra K, Reiss M C, Capella L M (1999), 'An Examination of Perceived Risk, Information Search and Behavioural Intentions in Search, Experience and Credence Services', *The Journal of Services Marketing* **13**(208-228).

Müller-Hagedorn L (1998), *Der Handel*, Stuttgart.

Mooney C Z, Duval R D (1993), *Bootstrapping: A Nonparametric Approach to Statistical Inference*, Newbury Park.

Moore K A et al. (2002), 'Scaling Back Survey Scales', *Sociological Methods & Research* **30**(530-567).

Moore W L, Lehmann P R (1980), 'Individual Differences in Search Behaviour for a Nondurable', *Journal of Consumer Research* **7**(296-307).

Moorman C (1990), 'The Effects of Stimulus and Consumer Characteristics on the Utilization of Nutrition Information', *Journal of Consumer Research* **17**(362-374).

Moorman C, Matulich E (1993), 'A Model of Consumers' Preventive Health Motivation and Health Ability', *Journal of Consumer Research* **20**(208-228).

Moormann C (2002), 'Consumer Health under the Scope', *Journal of Consumer Research* **29**(152-158).

Mowen J C (1992), 'The Time and Outcome Validation: Implications for Understanding Reactance and Risky Choices in Consumer Decision-Marketing', *Advances in Consumer Research* **19**(182-189).

Muehling D, Laczniak D, Russell N (1988), 'Advertising's Immediate and Delayed Influence on Brand Attitudes: Consideration Across Message-Involvement Levels', *Journal of Advertising* **17**(23-34).

Murphy G C et al. (1999), 'The development of a locus of control measure predictive of injured athletes' adherence to treatment', *Journal of science and medicine in sport* **2**(145-152).

Murray K B (1991), 'A Test of Services Marketing Theory: Consumer Information Acquisition Activities', *Journal of Marketing* **55**(10-25).

Nell M (1993), *Versicherungsinduzierte Verhaltensänderungen von Versicherungsnehmern: Eine Analyse der Substitutions-, Moral Hazard- und Markteffekte unter besonderer Berücksichtigung der Krankenversicherung*, Karlsruhe.

Nelson P (1970), 'Information and Consumer Behaviour', *The Journal of Political Economy* **78**(311-329).

netdoktor (2008), *Homepage*, http://www.netdoktor.de/ (28.02.2008).

Neuhauser H, Thamm M, Ellert U (2013), 'Blutdruck in Deutschland 20082011', *Bundesgesundheitsblatt* **56**(795801).

Nieschlag R, Dichtl E, Hörschgen H (2002), *Marketing*, Vol. 19, Berlin.

Ohlbrecht H (2016), Die qualitative Analyse von Gesundheit und Krankheit, *in* Richter, M., Hurrelmann, K., ed., 'Soziologie von Gesundheit und Krankheit', Vol. 1(71-87), New York.

Opp K-D (2005), *Methodologie der Sozialwissenschaften*, Vol. 6, Wiesbaden.

Orbell S et al. (2006), 'Comparing two theories of health behaviour: A prospective study of noncompletion of treatment following cervical cancer screening', *Health Psychology* **25**(604-615).

Osgood C E, Suci G J, Tannenbaum P H (1957), *The Measurement of Meaning*, Urbana.

Pechtel H (2005), *Preispolitik*, Vol. 3, Stuttgart u.a.

Peintinger M (2003), *Therapeutische Partnerschaft: Aufklärung zwischen Patientenautonomie und ärztlicher Selbstbestimmung*, Wien.

Pelletier L G et al. (2002), 'Associations among perceived autonomy support, forms of self-regulation, and persistence : A prospective study', *Motivation and Emotion* **25**(279-306).

Peperell K, Lones R, Devlin N (2012), 'The UK Contribution to Real World Research: Review of Published Data at ISPOR', *Value in Health* **15**(A460-A461).

Peruche B, Hagedorn M, Schulz M (1995), 'Förderung und Messung der Patienten-Compliance', *Pharmazeutische Zeitung* **140**(2815-2822).

Petermann F (1994), Ärztliche Verordnung und Patientenverhalten: Fortschritte in der Compliance bei Asthma, *in* Wettengel R, ed., 'Inhalationstherapie. Methoden-Nutzen-Grenzen', Vol. 1(68-98), München-Deisenhofen.

Petermann F (1998), Einführung in die Themenbereiche, *in* Petermann F, ed., 'Compliance und Selbstmanagement', Vol. 1(9-20), Göttingen.

Petermann F, Mühlig S (1998), Grundlagen und Möglichkeiten der Compliance-Verbesserung, *in* Petermann F, ed., 'Compliance und Selbstmanagement', Vol. 1(73-102), Göttingen.

Petty R E, Cacioppo J T (1986), *Communication and Persuasion: Central and Peripheral Routes to Attitude Change*, New York.

Petty R E, Cacioppo J T, Schumann D (1983), 'Central and Peripheral Routes to Advertising Effectiveness: The Moderating Role of Involvement', *Journal of Consumer Research* **22**(448-452).

Pfaff H et al. (2003), *Der Kölner Patientenfragebogen (KPF): Entwicklung und Validierung eines Fragebogens zur Erfassung der Einbindung des Patienten als Kotherapeuten*, Sankt Augustin.

Picot A, Dietel H, Franck E (2005), *Organisation*, Vol. 4, Stuttgart.

Poiesz T B, de Bont C J (1995), 'Do We Need Involvement to Understand Consumer Behaviour?', *Advances in Consumer Research* **22**(448-452).

Prigge J-K et al. (2015), 'Patient empowerment: A cross-disease exploration of antecedents and consequences', *International Journal of Research in Marketing* **32**(375386).

Pschyrembel W (2015), *Pschyrembel Klinisches Wörterbuch*, Berlin u.a.

Quaas M, Zuck R (2004), *Medizinrecht*, München.

Radi S M (2006), Motivation, Problem-Solving Sills and Perception of Adherence to Diet Regimen in Cardiac Rehabilitation, PhD thesis, Bolton: Case Western Reserve University.

Reibnitz C, Schnabel P-E, Hurrelmann K (2001), *Der mündige Patient: Konzepte zur Patientenberatung und Konsumentensouveränität im Gesundheitswesen*, Weinheim.

Reis H T et al. (2000), 'Daily Well-Being: The Role of Autonomy, Competence and Relatedness', *Personality and Social Psychology Bulletin* **26**(419-435).

Reuter P (2015), *Springer Großwörterbuch Medizin*, Berlin.

Richer S, Vallerand R J (1998), 'Construction and validation of the Relatedness Feeling Scale', *Reveu Européenne de Psychologie Alliquée* **48**(129-137).

Rigdon E E (1998), Structural Equation Modelling, *in* Marcoulides G A, ed., 'Modern Methods for Business Research', Vol. 1(251-294), Mahwah, New York.

Ringle C M (2004*a*), *Gütemaße für den Partiel Least Squares-Ansatz zur Bestimmung von Kausalmodellen*, Hamburg.

Ringle C M (2004*b*), *Messung von Kausalmodellen - Ein Methodenvergleich*, Hamburg.

Rivis A, Sheeran P (2003), 'Social influences and the theory of planned behaviour: Evidence for a direct relationship between prototypes and young people's exercise behaviour', *Psychology and Health* **18**(567-583).

Robert-Koch-Institut (2016), *Organisation*, www.rki.de (15.06.2016).

Rodgers S (2004), 'The Effects of Sponsor Relevance on Consumers Reactions to Internet Sponsorship', *Journal of Advertising* **32**(67-76).

Roner L (2008), *Thinking like patients to improve adherence*, http://social.eyeforpharma.com/content/patient-compliance/thinking-patients-improve-adherence (18.04.2008).

Rosenstock I M (1966), 'Why people use health services', *Milbank Memorial Fund Quarterly* **44**(94-127).

Rosenstock I M (1974), 'Historical origins of the health belief model', *Health Education Monographs* **2**(328-335).

Ross I (1975), 'Perceived Risk and Consumer Behaviour: A Critical Review', *Advances in Consumer Research* **2**(1-19).

Rotter J B (1966), 'Generalised expectancies of internal versus external control of reinforcements', *Psychological Monographs* **80**(1-28).

Ruth J, Simonin A, Bernard L (2003), 'Brought to you by Brand A and Brand B', *Journal of Advertising* **32**(19-30).

Ryan R M, Deci E L (2004), An Overview of Self-Determination Theory: An Organismic-Dialectic Perspective, *in* Deci E L, Ryan R M, ed., 'Handbook of Self-Determination Research', Vol. 1(3-36), Rochester.

Rychlik R (2005), *Nutzenbewertung von Arzneimitteln - zehn Fallbeispiele*, Berlin.

Sachverständigenrat für die Konzertierte Aktion im Gesundheitswesen (2001/2002), *Bedarfsgerechtigkeit und Wirtschaftlichkeit*, Berlin.

Sandy R, Connor U (2015), 'Variation in medication adherence across patient behavioral segments: a multi-country study in hypertension', *Patient Preference and Adherence* **9**(1539-1548).

Sauer N E (2003), *Consumer Sophistication: Messung, Determinanten und Wirkungen auf Kindenzufriedenheit und Loyalität*, Wiesbaden.

Schachenhofer B (1997), *Gesundheitsbewusstsein versus Selbstbeteiligung: Über die Notwendigkeit einer Bewusstseinsänderung hinsichtlich unserer Gesundheit*, Linz.

Schafer L C, McCaul K D, Glasgow R E (1986), 'Supportive and nonsupportive family behaviors: relationships to adherence and metabolic control in persons with type I diabetes', *Diabetes Care* **9**(179-185).

Scheibler J (2004), *Shared Decision-Making : von der Compliance zur partnerschaftlichen Entscheidungsfindung*, Vol. 1, Bern.

Schöffski O, Fricke F-U, Guminski W (2008), *Pharmabetriebslehre*, Vol. 2, Berlin.

Schmädel D (1980), 'Die Zusammenarbeit zwischen Arzt und Patient aus medizinisch-soziologischer Sicht', *Arzt und Patient* **1**(10-15).

Schumpelick V, Vogel B (2006), *Arzt und Patient - Eine Beziehung im Wandel*, Vol. 1, Freiburg.

Schwartz F W (2000), 'Gesundheitspolitik im 21. Jahrhundert', *Gesellschaftspolitische Kommentare* **41**(3-6).

Schwarzer R (2004), *Psychologie des Gesundheitsverhaltens : Einführung in die Gesundheitspsychologie*, Vol. 3, Göttingen.

Sheeran C, Abraham C (1996), The health belief model, *in* Conner M, Norman P, ed., 'Predicting health behaviour: Research and practice with social cognition models', Vol. 2(23-61), London.

Sherbourne C D et al. (1992), 'Antecedents of adherence to medical recommendations: results from the Medical Outcomes Study', *Journal of behavioral medicine* **15**(447-468).

Sherif M, Sherif C W (1967), Attitudes as the Individual's Won Categories: The Social Judgment-Involvement Approach to Attitude and Attitude Change, *in* Sherif C W, Sherif M, ed., 'Attitude, Ego-Involvement, and Change', Vol. 1(105-139), New York u.a.

Simon M (2005), *Das Gesundheitssystem in Deutschland: eine Einführung in Struktur und Funktionsweise*, Vol. 1, Bern.

Simonin B L, Ruth J A (1998), 'Is a Company Known by the Company it Keeps? Assessing the Spill over Effects of Brand Alliances on Consumer Brand Attitudes', *Journal of Marketing Research* **35**(30-42).

Singh J, Cuttler L, Silvers J B (2004), 'Toward Understanding Consumers' Role in Medical Decisions for Emerging Treatments: Issues, Framework and Hypotheses', *Journal of Business Research* **57**(1054-1065).

Solomon M R, Bamossy G, Askegaard S (2001), *Konsumentenverhalten: Der europäische Markt*, Vol. 1, München.

Sonnenmoser M (2002), *Compliance in der Arzneimitteltherapie*, ABDA-Referat.

Spiegel B (1961), *Die Struktur der Meinungsverteilung im sozialen Feld - Das psychologische Marktmodell*, Stuttgart.

Stadelhofer C, Marquard M (2004), 'SeniorInnen und Online-Medien', *Medien + Erziehung* **48**(9-17).

Standage M, Treasure D C (2002), 'Relationship among achievement goal orientations and multidimensional situational motivation in physical education', *British Journal of Educational Psychology* **72**(87-103).

Statistisches Bundesamt (2006), *Statistisches Jahrbuch 2006*, Wiesbaden.

Stosberg M (1996), Medizinsoziologische Ansätze zur Verbesserung des Arzt-Patienten-Verhältnisses, *in* Lang E, Arnold K, ed., 'Die Arzt-Patienten-Beziehung im Wandel', Vol. 1(66-75), Stuttgart.

Stroebe W, Stroebe M (1998), *Lehrbuch der Gesundheitspsychologie: Ein sozialpsychologischer Ansatz*, Frankfurt.

Swain M A, Steckel S B (1981), 'Inuencing adherence among hypertensives', *Research in Nursing and Health* **4**(213-222).

Takala J, Leminen A, Telaranta T (1985), 'Strategies for improving compliance in hyertensive patients', *Scandinavian Journal of Primary Health Care* **3**(233-238).

Toljamo M, Hentinen M (2001), 'Adherence to self-care and glycaemic control among people with insulin-dependent diabetes mellitus', *Journal of Advanced Nursing* **34**(780-786).

Trommsdorff V (1995), Involvement, *in* Tietz B, Köhler R, Zentes J, ed., 'Handwörterbuch des Marketing', Vol. 2(1067-1078), Stuttgart.

Trommsdorff V (2004), *Konsumentenverhalten*, Vol. 6, Stuttgart.

Trosche Freiherr v J (1998), Gesundheits- und Krankheitsverhalten, *in* Hurrelmann K, Laaser U, ed., 'Entwicklung und Perspektive der Gesundheitswirtschaften', Vol. 1(371-394), Weinheim.

Turner L W et al. (2004), 'Design and Implementation of an Osteoporosis Prevention Program Using The Health Belief Model', *American Journal of Health Studies* **19**(115-121).

Urquart J (1993), 'Variable patient compliance in ambulatory trails-nuisance, threat, opportunity', *Journal of Antimicrobial Chemotherapy* **32**(643-649).

Vallerand R J (1997), Toward a Hierarchical Model of Intrinsic and Extrinsic Motivation, *in* Zanna M P, ed., 'Advances in Experimental Social Psychology', Vol. 29, San Diego, London.

Vallerand R J (2000), 'Deci and Ryan's Self-Determination Theory: A View from the Hierarchical Model of Intrinsic and Extrinsic Motivation', *Psychological Inquiry* **11**(312-318).

Vallerand R J et al. (1992), 'The Academic Motivation Scale: A measure of intrinsic, extrinsic, and amotivation in education', *Educational and Psychological Measurement* **52**(1003-1019).

Vallerand R J, Ratelle C F (2002), Intrinsic and extrinsic motivation: A hierarchical model, *in* Deci E L, Ryan R M, ed., 'Handbook of Selfdetermination Research', Vol. 1(37-63), Rochester.

Vallerand R J, Ratelle C F (2004), Intrinsic and Extrinsic Motivation: A Hierarchical Model, *in* Deci E L, Ryan R M, ed., 'Handbook of Self-Determination Research', Vol. 1(37-64), Rochester.

Vann J W (1984), 'A Mulit-Distibutional, Conceptual Framework for the Study of Perceived Risk, Advances in Consumer Research', *Advances in Consumer Research* **11**(442-446).

Velicer W F, Prochaska J O, Fava J L (1999), 'Interacitve versus noninteractive and dose-response realtionships for stage-matched smoking cessation programs in a managed care setting', *Health Psychology* **18**(21-28).

Vincze G, Barner J C (2004), 'Factors associated with adherence to selfmonitoring of blood glucose among persons with diabetes', *Diabetes Educator* **30**(112-125).

Vogelgesang F (2003), Die Suffizienz der Theorie des geplanten Verhaltens bei der Vorhersage von Verhaltensintentionen - Eine empirische Untersuchung am Beispiel der Intention zur Karrierewahl von zukünftigen Diplom-FortwirtInnen, PhD thesis, Dresden: TU-Dresden.

Volmer T, Kielhorn A (1998), Compliance und Gesundheitsökonomie, *in* Petermann F, ed., 'Compliance und Selbstmanagement', Vol. 1(45-72), Göttingen.

Warschburger P (1998), Lebensqualität und Compliance - Sie Sichtweise des Patienten, *in* Petermann F, ed., 'Compliance und Selbstmanagement', Vol. 1(101-138), Göttingen.

Wasem J (2005), *Kundenflexibilität - Ökonomie und Compliance*, Hamburg.

Webb P A (1980), 'Effeciveness of patient education and psycholsocail counseling in promoting compliance and control among hypertensive patients', *Journal of Family Practice* **10**(1047-1055).

Weber E (1982), Problematik der Befolgung therapeutischer Maßnahmen aus klinischer Sicht, *in* Fischer B, Lehrl S, ed., 'Patienten-Compliance: Stellenwert, bisherige Ergebnisse, Verbesserungsmöglichkeiten', Vol. 2(23-35), Ingelheim.

Weiber R (1996), *Was ist Marketing?: Ein informationsökonomischer Erklärungsansatz*, Universität Trier: Arbeitspapier zur Marketingtheorie.

Weis J (2002), *Leben nach Krebs: Belastungen und Krankheitsverarbeitung im Verlauf einer Krebserkrankung*, Bern.

Wentura D, Greve W, Klauer T (2002), Theorien der Bewältigung, *in* Frey D, Irle M, ed., 'Theorien der Sozialpsychologie', Vol. 1(101-125), Band 3, Motivations-, Selbst- und Informationsverarbeitungstheorien.

Wilker F-W (1994), Compliance, *in* Wilker F-W, Bischoff C, Novak P, ed., 'Medizinische Psychologie und medizinische Soziologie', Vol. 1(284-297), München.

Wille E, Ulrich V (1991), Bestimmungsfaktoren der Ausgabenentwicklung in der gesetzlichen Krankenversicherung (GKV), *in* Hansmeyer K, ed., 'Finanzierungsprobleme der sozialen Sicherung II - Schriften des Vereins für Socialpolitik', Vol. 194(9-115), Berlin.

Williams K, Bond M (2002), 'The roles of self-efficacy, outcome expectancies and social support in the self-care behaviours of diabetes', *Psychology, Health & Medicine* **7**(127-141).

Winkelhofer H M, Diamantopoulos A (2002), 'Managerial evaluation of sales forecasting effectiveness: A MIMIC modeling approach', *International Journal of Research in Marketing* **19**(151-166).

Wiswede G (1995), *Einführung in die Wirtschaftspychologie*, Vol. 2, München u.a.

Wöllstein H (2003), 'Mehr Power für Patienten', *Gesundheit und Gesellschaft* **3**(28-33).

Wold H (1985), Partial Least Squares, *in* Kotz S, Johanson N L, ed., 'Encyclopaedia of Statistical Sciences', Vol. 6(581-591), New York.

Woodgate J, Brawley L R, Weston Z J (2005), 'Maintenance Cardiac Rehabilitation Exercise Adherence: Effects of Task and Self-Regulatory Self-Efficacy', *Journal of Applied Social Psychology* **35**(183-197).

World Health Organization (1999), 'International Society of Hypertension Guidelines for the Management of Hypertension', *Journal of Hypertension* **17**(151-183).

World Health Organization (2003), *Adherence to long-term therapies: evidence for action*, Genf.

Wricke M (2000), *Preistoleranz von Nachfragern*, Wiesbaden.

Zaichkowsky J L (1985), 'Measuring the Involvement Construct', *Advances in Consumer Research* **12**(341-352).

Zaichkowsky J L (1994), 'The Personal Involvement Inventory: Reduction, Revision, and Application to Advertising', *Journal of Advertising* **23**(59-70).

Printed by Printforce, the Netherlands